ROBERT SCHUMANN
UND DIE FRANZÖSISCHE ROMANTIK

D1731390

SCHUMANN FORSCHUNGEN

Herausgegeben von der
ROBERT-SCHUMANN-GESELLSCHAFT
DÜSSELDORF
durch Klaus Wolfgang Niemöller

SCHOTT

Mainz · London · Madrid · New York · Paris · Tokyo · Toronto

SCHUMANN FORSCHUNGEN

BAND 6

ROBERT SCHUMANN UND DIE FRANZÖSISCHE ROMANTIK

Bericht über das 5. Internationale
Schumann-Symposium
der Robert-Schumann-Gesellschaft
am 9. und 10. Juli 1994 in Düsseldorf

Herausgegeben von Ute Bär

 SCHOTT

Mainz · London · Madrid · New York · Paris · Tokyo · Toronto

Akio Mayeda
zum 60. Geburtstag gewidmet

Gedruckt mit Unterstützung der Deutschen Bank AG, Frankfurt,
und der Westdeutschen Landesbank Girozentrale, Düsseldorf

Bestellnummer: ED 8775
© 1997 Schott Musik International, Mainz
Printed in Germany · BSS 49 147
ISBN 3-7957-0335-2

Inhalt

Widmung

Dieser Bericht über das 5. Schumann-Symposion ist Herrn Prof. Dr. Akio Mayeda zum 60. Geburtstag gewidmet, den er am 18. April 1995 begehen konnte.

Die Schumann-Gesellschaft Düsseldorf, die Neue Schumann-Gesamtausgabe und die Schumann-Forschung insgesamt verdanken Akio Mayeda entscheidende Impulse. Seit er nicht nur in Japan an der Kunitachi Musikhochschule von Tokyo wirkt, sondern nach seinem Studium in Wien auch in der Schweiz an der Universität Zürich (seit 1972) und in Deutschland an der Universität Heidelberg als Privatdozent (seit 1987) lehrt, hat Mayeda den Schwerpunkt seiner wissenschaftlichen Arbeit auf die Schumann-Forschung gelegt.

Als 1979 die Robert-Schumann-Gesellschaft Düsseldorf gegründet wurde, gehörte Akio Mayeda zu denjenigen Mitbegründern, die den Gedanken einer neuen Gesamtausgabe der Werke Schumanns als die vordringlichste Aufgabe ansahen, um *der Verantwortung gegenüber dem Genie Schumann* gerecht zu werden. Sein engagierter Aufruf beim 1. Schumann-Fest 1981 in Düsseldorf führte 1982 zum Beschluß der Schumann-Gesellschaft, die Trägerschaft für die Neue Robert-Schumann-Gesamtausgabe zu übernehmen, die 1985 in die Koordinierung der Konferenz der Deutschen Akademien der Wissenschaften einbezogen wurde. Als Editionsleiter hat er seine bisherigen philologischen, editorischen und interpretatorischen Schumann-Forschungen in die Arbeit der 1986 begründeten Robert-Schumann-Forschungsstelle für die Gesamtausgabe eingebracht und vom Editionsplan über die ersten herausgegebenen Bände bis heute Wesentliches beigetragen.

Durch seine 1992 im Schott-Verlag erschienene Monographie *Robert Schumanns Weg zur Symphonie* hat Akio Mayeda sich mit der Integration mehrerer Betrachtungsmethoden zu Leben und Schaffen an die Spitze der internationalen Schumann-Forschung gestellt.

Schumanns Musik mit ihrer durch Motti bestimmten poetischen Gesamtkonzeption ist Akio Mayeda auf seinem Lebensweg gleichsam selbst zu einem Lebens-Motto geworden, das ihn auch in den zukünftigen Jahrzehnten tragen und zu einem weiteren erfolgreichen Wirken beflügeln möge.

Im Namen des Vorstandes
der Robert-Schumann-Gesellschaft e.V., Düsseldorf:
Klaus Wolfgang Niemöller

Vorwort

Mit dem Thema des 5. Internationalen Schumann-Symposions *Robert Schumann und die französische Romantik* wurde erstmals ein Thema gewählt, das nicht auf Schumann allein bezogen ist. Das Symposion fand im Rahmen des 5. Schumann-Festes statt, das *Schumann im Spannungsfeld von Berlioz und Liszt* repräsentierte. Der 125. Todestag von Hector Berlioz 1994 war mit ein Anlaß dafür, diesen Schwerpunkt zu setzen. Damit erfuhr die Schumann-Forschung in ihren Aspekten eine bewußte europäische Ausweitung zur Musikkultur der westlichen Nachbarnation. Mit dem Motto *Phantastik und Virtuosität* sind zugleich Bereiche angesprochen, die alle drei Komponisten miteinander verbanden. Das Verhältnis Schumanns zu französischen Komponisten wie Berlioz, aber auch zu in Paris wirkenden Komponisten wie Chopin, Herz, Meyerbeer und Liszt spiegelt sich in mehrfacher Art und Weise wider. Zunächst sind es Schumanns Kritiken und Besprechungen in der *Neuen Zeitschrift für Musik*, die seine nähere Befassung mit diesen Komponisten bezeugen. Im Falle des jungen Chopin bewies er in besonderer Weise seine künstlerische Urteilskraft. Die Begriffe *Phantastik* und *Virtuosität* finden sich im Zentrum von Schumanns berühmter Besprechung der *Symphonie fantastique* von Berlioz. Der Klavierauszug von Franz Liszt, aus dem Schumann auch Instrumentations-angaben ersehen konnte, veranlaßte ihn, angesichts der *ungeheuren* Anforderungen an die Instrumentalisten von Berlioz als dem *gebornen Virtuos auf dem Orchester* zu sprechen und gleichzeitig die sinfonische Behandlung des Pianofortes im Lisztschen Klavierauszug als zukunftsweisend zu bezeichnen. Wenn sich auch Berlioz wie Schumann in der *Kreisleriana. Phantasieen für das Pianoforte* auf E. T. A. Hoffmann und seine *contes fantastiques* bezog, so zeigen sich zweifelsohne gerade an der unterschiedlichen literarischen Orientierung – hier Jean Paul, dort Lord Byron, Victor Hugo und Alphon-se de Lamartine – Unterschiede in der musikalischen Auffassung. Hintergründig bezie-hen sich darauf auch die gegenseitigen Widmungen: von Schumann die *Fantasie* op. 17 und von Liszt die fantasieartige *Sonate für das Pianoforte* h-Moll. Signifikant für die eige-ne künstlerische Haltung ist die Annäherung, die Berlioz, Schumann und Liszt an Goe-thes *Faust* je auf ihre Weise musikalisch realisieren.

Über die persönliche Bekanntschaft mit Liszt (1840) und Berlioz (1843) hinaus stellen die Briefwechsel eine wichtige musikhistorische Quelle dar, um das komplexe Ver-hältnis von Schumann zu den Komponisten in Frankreich näher zu beleuchten. Der hier mitgeteilte Briefwechsel mit J.-J.-B. Laurens kann so als eine wertvolle Ergänzung betrachtet werden. Erinnert sei in diesem Zusammenhang auch an den gemeinsamen Brief von Stephen Heller, Heinrich Panofka, Albert Franck und Charles Hallé, die 1839, *débordants d'enthousiasme et d'amour* für die *Kinderszenen* und den *Carnaval*, aus Paris eine Adresse an Schumann richteten[1]. Auf diesem Hintergrund gewinnt die Unter-suchung zum französischen Erstdruck des *Carnaval* besonderes Interesse. Damit ver-bindet sich dann auch die wichtige Frage nach der Rezeption Schumanns in Frankreich in der 2. Hälfte des 19. Jahrhunderts, die für das Symposion einen weiteren zentralen

---

[1] Rudolf Schütz, *Stephen Heller. Ein Künstlerleben*, Leipzig 1911, S. 94–96; Jean-Jacques Eigeldinger, *Stephen Heller. Lettres d'un musicien romantique à Paris*, Thèse Univ. Neuchâtel, Neuchâtel 1981, S. 100f.

Aspekt darstellte. Wenn Jules Combarieu 1896 unter den Namen deutscher Komponisten, die die französische Musik beeinflußten, als zeitlich letzten Schumann benennt, so macht es schon nachdenklich, wenn er einleitend diesen Einfluß nicht nur bestimmend und fruchtbar nennt, sondern auch gefährlich[2]. Umgekehrt verbindet sich für Schumann sein Verhältnis zum Begriff *Romantik* mit der zunehmenden Distanz zu Tendenzen französischer Musik, wenn er 1837 von einem *Materialismus* spricht, *worin sich die französischen Neuromantiker gefallen,* und damit auch für die Entwicklung in Deutschland eine heftige Diskussion einläutet[3]. Die hier skizzierten Fragestellungen konnten auf diesem Symposion in einer Form ins Licht gerückt werden, die als Ausgangspunkt für die notwendige Vertiefung der Perspektiven gewertet werden kann.

Der Schumann-Forschung mit der Gesamtausgabe im engeren Sinne war der abschließende Roundtable *Zum Quellenwert von Originalausgaben* gewidmet, in dem auch das projektierte Werkverzeichnis vorgestellt werden konnte.

Die Robert-Schumann-Gesellschaft dankt der Fritz Thyssen Stiftung (Köln) für die finanzielle Absicherung des Symposions, der Deutschen Bank (Düsseldorf) für die wiederholt gewährte Gastlichkeit in den Räumen des David-Hansemann-Hauses sowie Frau Dr. Ute Bär von der Arbeitsstelle der Schumann-Gesamtausgabe im Robert-Schumann-Haus in Zwickau für die engagierte und sorgfältige Redaktion des Symposion-Berichtes.

Klaus Wolfgang Niemöller

---

[2] Jules Combarieu schreibt: *L'influence allemande sur l'esprit français a été à tour décisive, féconde et dangereuse.* (Jules Combarieu, *L'influence de la musique allemande sur la musique française*, in: *Jahrbuch Peters*, Jg.2/1895, Leipzig 1896, S. 23)

[3] Carl Dahlhaus, *Neuromatik*, in: *Handwörterbuch der musikalischen Terminologie*, Mainz 1973, S. 2

Abkürzungen

Corr	*Korespondencja Schumanna*, Biblioteka Jagiellońska Kraków, Polen
Erler I, II	Hermann Erler, *Robert Schumanns Leben. Aus seinen Briefen geschildert*, 2 Bde., Berlin 1887
Gesammelte Schriften I, II	*Robert Schumann. Gesammelte Schriften über Musik und Musiker*, hg. von Martin Kreisig, Leipzig ⁵1914
Litzmann I	Berthold Litzmann, *Clara Schumann. Ein Künstlerleben. Nach Tagebüchern und Briefen*, 1. Bd.: Mädchenjahre 1819–1840, Leipzig ²1903
Litzmann II	Berthold Litzmann, *Clara Schumann. Ein Künstlerleben. Nach Tagebüchern und Briefen*, 2. Bd.: Ehejahre 1840–1856, Leipzig ²1906
Litzmann III	Berthold Litzmann, *Clara Schumann. Ein Künstlerleben. Nach Tagebüchern und Briefen*, 3. Bd.: *Clara Schumann und ihre Freunde 1856–1896*, Leipzig ²1909
NZfM	*Neue Zeitschrift für Musik*
Tb I	*Robert Schumann. Tagebücher*, Bd. I: 1827–1838, hg. von Georg Eismann, Leipzig [²1987]
Tb II	*Robert Schumann. Tagebücher*, Bd. II: 1836–1854, hg. von Gerd Nauhaus, Leipzig [1987]
Tb III	*Robert Schumann. Tagebücher*, Bd. III: 1837–1856, hg. von Gerd Nauhaus, Leipzig [1982]

Serge Gut

Schumann und Frankreich

In den Wechselbeziehungen zwischen Schumann und Frankreich gibt es zwangsläufig zwei Aspekte: Einerseits den Einfluß der französischen Kultur, speziell der Musik, auf Schumann, andererseits die Rezeption der Schumannschen Musik in Frankreich.

Der erste Aspekt kann ziemlich schnell abgehandelt werden, denn Schumann hat sehr wenig von der französischen Kultur aufgenommen. Daß er sich auf dem Gebiet der Literatur mit den großen französischen Schriftstellern kaum beschäftigte, überrascht um so mehr, als er sehr gebildet und seine Neigung zur Kunst des Schreibens groß war. Sicher haben ihn seine schlechten Kenntnisse der französischen Sprache benachteiligt[1]. Er hätte aber zu den deutschen Übersetzungen greifen können, ein Weg, den er zum Kennenlernen der englischen Dichter einschlug. So ist es also offenkundig, daß seine Interessen anderswo lagen. Goethe, Schiller, Eichendorff, Heine und noch mehr Hoffmann und Jean Paul waren seine bevorzugten Autoren. Wenn er seinen Blick über die deutschen Grenzen hinauslenkte, da war es weder der Süden noch der Westen, sondern der Norden, dem seine Aufmerksamkeit galt – den Engländern Shakespeare und Byron, dem Schotten Robert Burns und dem Dänen Andersen. Die Franzosen jedoch blieben von seiner literarischen Zuwendung ausgeschlossen.

Auf dem Gebiet der Musik kann man besser verstehen, warum Schumann an Frankreich eher desinteressiert war. Zwischen dem Tod Rameaus 1764 und dem Auftreten von Berlioz ist kein einziger großer französischer Komponist zu finden. Schumann wußte aber trotzdem die Kunst auf dem Gebiet der französischen opéra comique zu schätzen, und war z. B. von *Jean de Paris* von Boieldieu ziemlich begeistert[2]. Er konnte auch anerkennende Worte über bestimmte Komponisten wie Méhul oder Ambroise Thomas finden[3]. Aber sie waren, en passant bemerkt, immer flüchtig. Das Herz war nicht dabei. Eigentlich waren – wenn man Berlioz ausnimmt – die einzigen in Paris lebenden Komponisten, die Schumann schätzte, Cherubini, Chopin und Liszt, also Ausländer, die mehr oder weniger französiert worden waren. Anders verhält es sich mit Berlioz. Sofort, nachdem Schumann dessen Werke kennengelernt hatte, begeisterte er sich sehr für diesen Komponisten. Seine eingehende und ausgezeichnete Analyse der *Symphonie fantastique* ist berühmt geworden. Auch anderen Werken des französischen Meisters galt seine Aufmerksamkeit, jedoch nicht ohne Vorbehalte. Das folgende Zitat beschreibt treffend seine Meinung über Berlioz: *Vieles Unerträgliche in seiner Musik, aber gewiß auch außerordentlich Geistreiches, selbst Geniales.*[4]

Eigentlich blieb Schumann immer reserviert und kritisch gegenüber allem, was aus Paris oder aus Italien kam. Die auffällige, extravertierte Virtuosität, die in der französischen Hauptstadt gepflegt wurde, erschien ihm ebenso wie die billigen Effekte des

---

[1] So klagt er, daß er sich kaum mit Berlioz unterhalten konnte, da dieser nicht deutsch sprach; siehe *Tb II*, S. 256.
[2] vgl. *Gesammelte Schriften II*, S. 160
[3] vgl. ebd., Bd. 1, S. 376; siehe auch Elisabeth Rogeboz-Malfroy, *Ambroise Thomas*, Besançon 1994, S. 31–32
[4] *Tb II*, S. 256

italienischen Belcanto als eine Kunst niederen Grades. Ihre Ausstrahlung hielt er für gefährlich, und deshalb war sie zu bekämpfen. Und damit ist der Einfluß Frankreichs auf Schumann in seinen wesentlichen Zügen bereits umrissen.

Vor der Betrachtung des zweiten, viel wichtigeren Aspekts sei eine Bemerkung über die Eigenart von Schumanns Persönlichkeit gestattet, eine Bemerkung, die eigentlich aus dem Vorhergesagten resultiert. Da Schumann sich weitgehend gegen die kulturellen Einflüsse aus Frankreich und Italien verwahrte, entwickelte er sich zu einer ausgesprochen deutschen Erscheinung. In dieser Hinsicht steht er Brahms nahe. Dagegen sind Beethoven und Wagner, die doch oft als Inbegriff des deutschen Geistes angesehen werden, viel mehr von italienischen und französischen Elementen durchdrungen. Diese Authentizität des Deutschtums bei Schumann wurde in Frankreich sehr schnell wahrgenommen. Dabei taucht die Frage auf, inwieweit dieses Merkmal seines Genies die Rezeption seiner Werke an den Ufern der Seine begünstigt oder beeinträchtigt hat.

Um ein besseres Verständnis der Rezeption Schumannscher Musik in Frankreich zu vermitteln, erscheint ein kurzer, allgemeiner Rückblick auf die Situation der deutschen Musik in diesem Land hilfreich. Bis zur großen Revolution von 1789 ist diese Musik als Symbol einer eigenen Identität praktisch unbekannt. Der einzige deutsche Komponist, der in Paris bis dahin berühmt wurde, Christoph Willibald Gluck, wurde vor allem als Verteidiger des französischen Stils geschätzt, nicht aber als Vertreter eines deutschen musikalischen Idioms. Große Genies wie Heinrich Schütz und Johann Sebastian Bach waren überhaupt kein Begriff in Frankreich. Es ist eine Tatsache, daß zwei Jahrhunderte lang die Hauptaufmerksamkeit der Franzosen nur auf zwei Strömungen der Musik gerichtet war, auf die italienische und die französische, die in ständigem Wettstreit miteinander lagen. Die Zeit der Revolution und des ersten Kaiserreichs – also von 1789 bis 1815 – kann als eine Übergangsperiode betrachtet werden. So wurden Kammermusikstücke und Sinfonien von Haydn und Mozart seit dem Ende des 18. Jahrhunderts gespielt. *Die Schöpfung* von Haydn wurde 1800 und *Die Zauberflöte* – unter dem kuriosen Namen *Les Mystères d'Isis* – 1801 in der Pariser Grand Opéra aufgeführt[5]. Diese beiden Komponisten sind seit dem Anfang des 19. Jahrhunderts in Frankreich berühmt geworden. Ab 1815, also in der Zeit der Restauration, ist die deutsche Musik kein unbeschriebenes Blatt mehr. Sie ist ein Begriff geworden und wird bewundert und geliebt. Mit Weber und der Erstaufführung des *Freischütz* am 7. Dezember 1824 im Théâtre de l'Odéon wird ein neuer Höhepunkt erreicht[6]. Aber der Komponist, der in den zwanziger und dreißiger Jahren des 19. Jahrhunderts die größten Erfolge erzielte, war Ludwig van Beethoven. Die häufigen, meisterhaften Aufführungen seiner sämtlichen Sinfonien ab 1828 durch die *Société des Concerts du Conservatoire* unter der Leitung von Habeneck haben ihm einen unvergleichbaren Ruhm eingebracht[7]. So läßt sich zusammenfassend

---

5 S. Danièle Pistone, *La Musique en France de la Révolution à 1900*, Paris 1979, S. 69, 166f. [Die deutschen Übersetzungen in diesem Referat erfolgten durch Serge Gut.]

6 ebd., S. 167

7 ebd., S. 168. Eine ausführliche Darstellung der Rolle der *Société des Concerts du Conservatoire* ist zu finden in: Serge Gut, *Die Bedeutung von François Antoine Habeneck für die Verbreitung der deutschen Musik in Frankreich während der ersten Hälfte des 19. Jahrhunderts*, in: *Deutsche Musik im Wegekreuz zwischen Polen und Frankreich – zum Problem musikalischer Wechselbeziehungen im 19. und 20. Jahrhundert, Symposion Mainz 1988*, hg. von Christoph-Hellmut Mahling und Kristina Pfarr, Tutzing 1996 (*Mainzer Studien zur Musikwissenschaft* 34), S. 121–134.

feststellen, daß die deutsche Musik innerhalb weniger Jahrzehnte – ungefähr von 1790 bis 1830 – in den Augen der Franzosen aus einer Art Dornröschenschlaf erwacht und zu einer der bedeutendsten Erscheinungen des europäischen Kulturlebens geworden ist, stark genug, um die Vorherrschaft der französischen und italienischen Musik in Frage zu stellen. In dieser Situation betritt Schumann um 1830 die Musikszene. Wie werden seine Werke in Frankreich aufgenommen? Welches sind die verschiedenen Etappen der Rezeption seiner Musik? Das sind die Fragen, die im folgenden beantwortet werden sollen.

Die allmähliche Aufnahme der Werke Schumanns erfolgte approximativ in drei verschiedenen Etappen: 1. von 1837 bis ca. 1860, 2. von 1860 bis ca. 1890, 3. von 1890 bis heute.

1837 war das allererste Jahr, in dem der Name Schumann in Paris eine bescheidene Resonanz fand. Nachdem der sächsische Komponist die *Symphonie fantastique* im Frühjahr 1835 hervorragend analysiert hatte, wollte sich Berlioz revanchieren und schrieb am 19. Februar 1837 einen offenen Brief an Schumann in der *Revue et Gazette musicale*, in dem er eigentlich nur seine eigenen Kompositionen behandelte und erst am Ende ein paar anerkennende Sätze über die *wunderbaren Klavierwerke* seines Korrespondenten formuliert, die *in der logischen Nachfolge derer von Weber, Beethoven und Schubert stehen*[8]. In Wirklichkeit war Berlioz nicht in der Lage, die Werke Schumanns richtig einzuschätzen. Daher beauftragte er seinen Freund Liszt mit der Analyse von drei Klavierwerken, die er ihm geschickt hatte[9]. Am 12. November 1837 erschien der gewünschte Artikel, der wahrscheinlich die allererste kompetente und sachkundige Würdigung des deutschen Komponisten darstellt. Darin heißt es: *De toutes les compositions récentes parvenues à notre connaissance, la musique de Chopin exceptée, (les oeuvres de Schumann) sont celles dans lesquelles nous avons remarqué le plus d'individualité, de nouveauté et de savoir.*[10] Um seine Worte noch zu unterstreichen, spielte Liszt mehrere Stücke Schumanns vor seinen Freunden und in der intimen Sphäre der Salons. Er wagte jedoch nicht, sie öffentlich vorzutragen, denn der Widerstand des Publikums war groß. So blieb diese Musik

---

[8] Der gesamte Text des offenen Briefes ist zu finden in: *Hector Berlioz. Correspondance générale*, hg. von Pierre Citron, Paris 1975, Bd. II, S. 327–332.

[9] Berlioz schrieb an Liszt am 22. Mai: *Fais-moi le plaisir d'analyser pour la „Gazette musicale" les oeuvres de Schumann que je t'ai envoyées.* – „Mach' mir die Freude, für die *Gazette musicale* die Werke von Schumann, die ich Dir geschickt habe, zu analysieren." (*Hector Berlioz. Correspondance générale*, a.a.O., Bd. II, S. 348) Liszt mußte noch zweimal von Berlioz ermahnt werden, ehe er den gewünschten Artikel schieb; vgl. ebd., S. 352 und 357. Liszt hatte schon direkt von Schumann die Klaviersonate fis-Moll op. 11 und die *Etudes symphoniques* op. 13 erhalten. Erstere wurde am 23. Juni 1836, das zweite Werk am 20. August 1837 von Schumann abgeschickt; vgl. *Robert Schumann, Briefverzeichnis*, Robert-Schumann-Haus Zwickau, Sign.: *4871/VII, C, 10-A3, Abgesandte Briefe*, Nr. 140e und 246b.

[10] *Revue et Gazette musicale*, 4. Jg., 12. November 1837, S. 488–490;
„Von allen neueren Kompositionen, die zu unserer Kenntnis gelangten, sind es, wenn man die Musik von Chopin ausnimmt, diejenigen [die Werke Schumanns], in denen wir am meisten Individualität, Neuheit und Können bemerkt haben."; siehe auch *Franz Liszt. Sämtliche Schriften*, hg. von Detlef Altenburg, Bd. 1, *Frühe Schriften*, hg. von Rainer Kleinertz, Wiesbaden (Druck in Vorbereitung). Die drei analysierten Klavierstücke sind op. 5, 11, 14.

lange Zeit nur einem kleinen Kreis von Eingeweihten vorbehalten. Selbst Clara Wieck traute sich nicht, als sie 1839 nach Paris kam, Schumanns Musik in ihr Programm aufzunehmen[11]. Diese Situation veränderte sich kaum bis zum Tode des Komponisten[12]. Selbst noch in diesem Jahr waren die Kompositionen des Meisters – wie Jules Massenet in seinen *Souvenirs* berichtet – *recht wenig bekannt*[13]. Erst nach 1860 kommt in Frankreich Bewegung in die Schumann-Rezeption. Man kann die Periode von ca. 1860 bis ca. 1890 als ein Übergangsstadium bezeichnen. 1860 stellt Jean-Joseph-Bonaventure Laurens fest, *daß man in Frankreich beginnt, Schumann kennenzulernen und zu diskutieren und sich für oder gegen ihn zu ereifern*[14]. Zehn Jahre später, 1870, fragt Blaze de Bury: *Qu'est-ce, par example, que ce Schumann dont le nom revient si souvent à nos oreilles?*[15] Tatsache ist, daß seine Werke häufiger aufgeführt werden, aber ihre Aufnahme geschieht nicht ohne Widerstand. So kann Fétis 1864 schreiben: *Tous les essais qui ont été faits pour y populariser sa musique ont échoué, et les salles de concerts sont désertées lorsqu'on y fait entendre ses grandes compositions.*[16]

Die Kritik wertete die Werke während dieser Periode im allgemeinen reserviert und abneigend. Vor 1870 ist äußerst selten eine positive Rezension zu finden. Bei ihrer dritten und letzten Konzertreihe in Paris 1862 wagte Clara Schumann endlich doch, ermutigt durch die Erfolge der Werke ihres Mannes in seiner Heimat, einige Kompositionen von ihm aufzuführen[17]. Das Resultat war jedoch enttäuschend. Wie sehr auch die Virtuosin selbst gelobt wurde, so scharf wurden die Stücke ihres Mannes beurteilt. Paul Scudo schreibt z.B. über den *Carnaval,* mit dem Clara ihr Konzert am 27. März beendete[18]:

---

[11] Clara Wieck spielte am 19. März, 16. April und 18. Mai 1839 in Paris; vgl. S. Monique Wohlwend-Sanchis, *Clara Schumann-Wieck,* Paris 1987, S. 141; *Hector Berlioz. Correspondance générale,* a.a.O., Bd. II, S. 533.

[12] Zu beachten ist der Unterschied zu Mendelssohn, der von 1832 bis 1848 bei der berühmten *Société des Concerts* 21mal aufgeführt wurde; vgl. S. Gut, a.a.O., Tabellen IV und V.

[13] Jules Massenet, *Mes Souvenirs,* Paris 1912, S. 24

[14] Jean-Joseph-Bonaventure Laurens, *Robert Schumann,* in: *Le Magasin pittoresque,* 26. Jg./1860, S. 140. Wir danken Herrn Dr. Matthias Wendt von der Robert-Schumann-Forschungsstelle für die Fotokopie dieses Artikels.

[15] *La Revue des Deux Mondes,* Paris 15. Januar 1870, S. 525;
„Was ist zum Beispiel an diesem Schumann, dessen Name uns so oft zu Ohren kommt?"

[16] François Joseph Fétis, *Biographie universelle des musiciens,* Paris 1860–1865, Bd. 7, S. 529;
„Alle Versuche, die unternommen wurden, um seine Musik hier beliebt zu machen, sind gescheitert, und die Konzertsäle werden verlassen, sobald dort seine großen Kompositionen erklingen."

[17] Nach ihrer Ankunft am 7. März 1862 in Paris gab Clara Schumann ihr erstes Konzert am 20. und ihr zweites am 27. März, beide in den Salons Erard. Im zweiten Konzert spielte sie von Schumann mit Armingaud eine Sonate für Violine und Klavier und zum Schluß den *Carnaval.* Das dritte Konzert folgte am 6. April mit der *Société des Concerts* und das vierte am 27. April; vgl. S. M. Wohlwend-Sanchis, a.a.O., S. 145.

On ne peut se faire une idée d'un pareil assemblage de rêves creux, quand on n'a pas entendu exécuter cette composition étrange par Mme Schumann, qui, seule, comprend bien, dit on, la musique de son mari! Le morceau dure au moins une demi-heure, et votre imagination haletante et votre oreille éperdue, ne peuvent s'attraper à un motif, à un dessin, à une image, à un rythme un peu saillant! C'est le cauchemar d'un malade, le rêve d'un halluciné, qui s'embrouille dans son récit et qui vous fait assister à tous les transports qu'il éprouve pour articuler quelque chose d'intelligible. J'ai vu le moment où le public distingué qui assistait à ce concert, allait se lever et quitter la salle, d'ennui et d'impatience. Voilà pourtant ce qu'on aime en Allemagne, ce qui fait l'admiration des connaisseurs à Leipsick, à Berlin, à Dresde, et ce qu'on nous recommande comme la dernière et suprême transformation de l'art de charmer les hommes, par la combinaison des sons! Nous sommes bien malades, en France, mais il vaut mieux applaudir les flonflons de „ Giralda" et les ariettes de „ La chatte merveilleuse", que de succomber sous les rêvasseries maladives d'un Robert Schumann. Vive le gai savoir!

Natürlich waren nicht alle Kritiken in so starkem Maße vernichtend, aber eine negative Tendenz überwog doch meistens. In dieser Hinsicht ist die folgende Bemerkung von Fétis aus dem Jahr 1864 über die damals allgemein herrschende Meinung in Frankreich sehr aufschlußreich: *Il est hors de doute qu'en ce moment [1864] Schumann est placé trop haut dans l'opinion des artistes de sa patrie, et trop bas dans d'autres pays.*[19] Man kann aber auch einige seltene, ermutigende Zeichen in Frankreich aufspüren. So schreibt Gustave Chouquet 1862 über das Klavierquintett op. 44, es zeige *ein ungeheures Können, bei dem man zugeben muß, daß nicht jeder imstande ist, so ein Werk zu schreiben*[20]. Als *Das Paradies und die Peri* 1869 im Théâtre Italien erstaufgeführt wurde, ergriff Adolphe

---

18 *L'Art musical*, Paris 3. April 1862, S. 1;
„Man kann sich keine Vorstellung von so einem Gemisch von hohlen Träumen machen, wenn man nicht die seltsame Komposition gehört hat, die Madame Schumann spielte, von der man sagt, sie allein verstehe die Musik ihres Mannes! Das Stück dauert mindestens eine halbe Stunde, und unsere sehnsüchtige Erwartung und unser hingeneigtes Ohr können nicht ein Motiv, einen Entwurf, ein Bild, nicht einen Rhythmus erfassen, der wirklich markant hervorsticht! Das ist der Alptraum eines Kranken, der Traum eines Verrückten, der sein Konzept verwirrt und der uns an allen seinen Verzückungen teilnehmen läßt, die er durchlebt, um etwas Verständliches auszudrücken. Ich habe den Augenblick gesehen, wo die Hautevolee, die anwesend war, sich erhob und gelangweilt und ungeduldig den Saal verließ. Und dennoch – das ist es, was man in Deutschland liebt, was die Bewunderung der Kenner in Leipzig, in Berlin und in Dresden hervorruft, und was man uns als letzte und höchste Gestaltung der Kunst empfiehlt, um die Menschen durch die Kombination der Töne zu bezaubern! Wir sind sicher krank in Frankreich, aber es ist immer noch besser, den Kehrreimen von *Giralda* und den Liedchen von *La Chatte merveilleuse* zu applaudieren, als den krankhaften Hirngespinsten eines Robert Schumann zu erliegen. Es lebe die fröhliche Wissenschaft!"

19 F.J. Fétis, a.a.O., S. 530;
„Es steht außer Zweifel, daß im Augenblick [1864] Schumann von den Künstlern seines Vaterlandes zu hoch und in anderen Ländern zu tief eingeschätzt wird."

20 *La France musicale*, Paris 9. Februar 1862. Das Klavierquintett op. 44 wurde von dem Ensemble Alard und Franchomme Anfang 1862 in Paris aufgeführt. In demselben Jahr wurde auch das Klaviertrio op. 80 von dem Ensemble Armingaud und Jacquard gespielt; siehe Alain Escaravage, *La Musique de chambre à Paris en 1862*, in: *Revue Internationale de Musique Française*, Nr. 13/1864, S. 99.

Jullien seine Verteidigung[21]. Als Zeichen unbestreitbarer Wende gegenüber den Werken Schumanns entstand in demselben Jahr 1869 eine Streichquartett-Gesellschaft, die den Namen *Société Schumann* trug. Der Gründer dieser neuen Société war Monsieur Delahaye, der Direktor des Théâtre-de-la-Porte-Saint-Martin. Er setzte es sich, wie er an Clara Schumann schrieb, zum Ziel, die Werke Robert Schumanns so gut wie möglich aufzuführen[22]. Von dieser Zeit an mehren sich die positiven Wertungen des deutschen Meisters. Dieses Umschwenken der Meinung in Frankreich wird von *Le Ménestrel* als erfreulich hervorgehoben, indem das Blatt die warme Aufnahme der 4. Sinfonie 1874 bei der *Société des Concerts* mit der kühlen der 1. Sinfonie 1866 vergleicht[23]. Dabei dürfen aber die immer noch beträchtlichen Meinungsverschiedenheiten nicht übersehen werden. So gab es in demselben Jahr 1874 bei der Aufführung der 2. Sinfonie, gespielt von den *Concerts Pasdeloup*, einerseits begeisterte Bravorufe, andererseits starke Protestäußerungen[24]. 1876 betrachtet Blaze de Bury Schumann als *eine Art musikalischen Jean Paul, in Parenthesen verstrickt und chaotisch, aber mit den Erleuchtungen eines Genies*[25]. Wie man sieht, zeigen die Beurteilungen in dieser Zeit immer noch erhebliche Vorbehalte. Vier Jahre später, 1880, sind jedoch nach der Aufführung der *Faust-Szenen* sowohl Adolphe Jullien als auch Edmond Stoullig des Lobes voll. Für den ersten ist Schumann der einzige Komponist, der die Gedanken Goethes verstanden hat. Für den zweiten ist Schumanns Partitur unvergleichbar in ihrer gelungenen Übertragung des Goethe-Werks in die Musik[26].

In der dritten und letzten Phase der Schumann-Rezeption in Frankreich, etwa ab 1890, stabilisiert sich allmählich das Bild seiner Musik und nimmt festere Konturen an, die, abgesehen von einigen Veränderungen, im großen und ganzen bis heute gültig sind. Das ist auch die Phase, in der die musikalischen Gattungen schärfer voneinander abgegrenzt und unterschiedlich gewürdigt werden. Dementsprechend ist jetzt mehr als früher die Aufnahme der Werke nach Gattungen zu verfolgen.

Das Ende des 19. Jahrhunderts ist die Zeit, in der die Begeisterung für Wagner immer stärker wird. Wenn der Anfang des Jahrhunderts unter dem Stern Beethovens stand, so steht sein Ausklang unter dem Zauber der Wagnerischen Musik. Diese rollt wie eine Lawine über das französische Publikum hinweg, bei den einen Verzückung, bei den anderen Abscheu auslösend[27]. Man sollte immer die ungeheure Durchschlagskraft dieser Musik in Frankreich vor Augen haben, wenn man die musikalischen Rezeptionsproble-

[21] vgl. *Le Ménestrel*, Paris 19. Dezember 1869, S. 19f.

[22] vgl. Brief des Théâtre de la Porte Saint Martin an Clara Schumann, Paris 20. Oktober 1869, Staatsbibliothek zu Berlin-Preußischer Kulturbesitz, Musikabteilung, Sign.: *Mus. Nachlaß C. Schumann, Bd. 2, Nr. 285*

[23] vgl. *Le Ménestrel*, Paris 22. Februar 1874, S. 95

[24] *Le Ménestrel*, Paris 22. März 1874, S. 125

[25] *La Revue des Deux Mondes*, Paris 15. Januar 1870, S. 525

[26] Adolphe Jullien, *Goethe et la musique. Ses jugements, son influence. Les œuvres qu'il a inspirées*, Paris 1880, S. 144ff.; Edmond Stoullig, Edouard Noel, *Les Annales du Théâtre et de la Musique*, 41 Bde., Paris 1875–1916, Bd. 6/1880, S. 699. Die Kritik verfaßte Edmond Stoullig.

[27] Viele Publikationen haben sich mit dem Vorrang der Musik Wagners in Frankreich am Ende des 19. Jahrhunderts befaßt; vgl. u. a. Christian Goubault, *La Critique musicale dans la presse française de 1870 à 1914*, Genève-Paris 1984, S. 213–276; Martine Kahane, Nicole Wild, *Wagner et la France*, Paris 1983; Danièle Pistone, *Wagner et Paris (1839–1900)*, in: *Revue Internationale de Musique Française*, Nr. 1/1980, S. 7–84.

me der damaligen Zeit verstehen will. Es stellt sich also jetzt die Frage, wie sich der zarte Schumann gegenüber dem gigantischen Wagner behaupten konnte. Niemand hat darauf eine treffendere Antwort gegeben als der ausgezeichnete Komponist und scharfsinnige Kritiker Paul Dukas, der 1894 feststellt[28]:

En France, le courant d'admiration qui devait entraîner tant d'artistes vers l'oeuvre de Schumann fut assez long à s'établir. On sait les luttes qu'il fallut pour imposer son nom et ses compositions. Si Wagner n'eût pas été là pour servir de plastron à toutes les sottises et à toutes les bonnes plaisanteries, il est hors de doute que c'eût été Schumann qui, à un moment donné, eût pris place aux cotés de Berlioz comme bête noire des dilettanti bien pensants. Certes, il eût alors été plus difficile de le faire accepter du public. [...] Mais il passa assez aisément, grâce au tapage qui se faisait autour de Wagner, si bien qu'aujourd'hui son oeuvre est chez nous presque populaire. Il n'est à présent point de pianiste qui ne possède et n'exécute ses compositions, il n'est pas de chanteur qui de temps à autre ne chante quelqu'un de ses „lieder", il n'est point d'orchestre qui ne joue annuellement quelqu'une de ses symphonies. Sa musique de chambre est répandue parmi les amateurs et ses grandes oeuvres chorales nous sont de temps à autre révélées. En France, comme en Allemagne, Schumann est donc en pleine possession de sa gloire.

Man hätte keine bessere Bilanz der Schumann-Rezeption in Frankreich am Ende des 19. Jahrhunderts ziehen können. Diese erfreuliche Zunahme der Aufführungen wird von Clara Schumann selbst in einem Brief an Rosalie Leser 1894 bestätigt: *Sie wissen ich bekomme aus Paris immer Tantièmen jährlich für Roberts in Frankreich aufgeführte Werke. Das fing an mit 3–400 Francs. Vorm Jahr (seit 3 Jahren schon) waren es an 1000 Francs, dies Jahr 1500 Francs. Dies ist doch ein schlagender Beweis trotz Wagner, Berlioz, Liszt etc . . .* [29]

Es ist trotzdem wichtig, in diesen letzten Jahren des vorigen Jahrhunderts, wie schon gesagt, die Werke nach ihren Gattungen zu betrachten. Wenn das Musikleben in Paris im 19. Jahrhundert von Beethoven und Wagner beherrscht wurde, so muß man doch präzisieren, daß sich der erste hauptsächlich auf dem Gebiet der Sinfonie und der zweite auf dem Gebiet der Oper durchgesetzt und behauptet hatte. In diesen beiden Gattungen war es deshalb am Ende des 19. Jahrhunderts für einen Komponisten, ob Franzose oder Ausländer, sehr schwer, sich durchzusetzen, wobei es sicher Schumann zugute kommt, daß er sich in den genannten Gattungen nicht von seiner stärksten Seite zeigt, was ihm eine direkte Konfrontation mit Wagner ersparte. Seine einzige Oper *Geno-*

---

28 Paul Dukas, *Ecrits sur la musique*, Paris 1948, S. 178f.;
„In Frankreich brauchte der Strom der Bewunderung, der so viele Künstler zum Werke Schumanns hinziehen sollte, eine geraume Zeit, um sich seinen Weg zu bahnen. Man kennt die Kämpfe, derer es bedurfte, um seinen Namen und seine Kompositionen durchzusetzen [...]. Aber schließlich wurde er dank des Wirbels, den man um Wagner machte, verhältnismäßig leicht angenommen, so daß heute sein Werk bei uns fast populär ist. Es gibt gegenwärtig überhaupt keinen Pianisten, der nicht seine Kompositionen besäße und spielte, es gibt keinen Sänger, der nicht irgendwann eines seiner Lieder sänge, es gibt kein Orchester, das nicht wenigstens eine seiner Sinfonien jährlich aufführte. Seine Kammermusik ist unter den Musikliebhabern verbreitet, und seine großen Chorwerke werden uns von Zeit zu Zeit enthüllt. In Frankreich wie in Deutschland wird also Schumann großer Ruhm zuteil."

29 *Litzmann III*, S. 586

veva, erstmals am 16. Dezember 1894 in Paris von Eugène d'Harcourt konzertant aufgeführt, fand nur geringe Resonanz, wie später bestätigt wurde. Daß Schumanns Begabung nicht auf dem Gebiet der Opernkomposition lag, wird seitdem generell auch in seiner Heimat akzeptiert[30].

Auf dem Gebiet der Sinfonie dagegen ist der Sachverhalt nuancierter. Die vier Sinfonien Schumanns werden im allgemeinen sehr geschätzt, aber nicht ohne Vorbehalte aufgenommen. Die Schwierigkeit des Komponisten, sich in der großen Form, besonders in den Durchführungen, zurechtzufinden, wird mehrfach betont; vor allem aber wird die blasse Orchestrierung beanstandet. Trotzdem werden die Sinfonien wegen der Spontaneität ihrer Einfälle, der Schönheit ihrer Melodien und wegen ihrer zyklischen Konstruktion gebührend gelobt. So resümiert Jacques Chailley: *Les symphonies de SCHUMANN sont placées immédiatement après celles de Beethoven dans l'audience universelle. [...] Par leur densité expressive, s'opposant à la fluidité de l'orchestre de Mendelssohn, les symphonies de Schumann apparaissent comme l'un des témoignages les plus généreux des aspirations romantiques et de la sensibilité à l'état pur.*[31] Allerdings ist festzustellen, daß in den letzten drei Jahrzehnten die Sinfonien von Brahms, nachdem dieser um 1960 endlich einen Durchbruch beim französischen Publikum erzielt hatte, sich immer mehr neben denen von Beethoven in den Vordergrund drängten, ohne jedoch Schumanns Sinfonien zu schaden[32].

Bei den großen Chorwerken mit Orchester verliert *Das Paradies und die Peri* seit der ersten französischen Aufführung 1869 an Bedeutung. Dagegen werden die *Szenen aus Goethes Faust,* ausgenommen die Ouvertüre, seit 1880 immer wieder gelobt, wobei die Kritiker besonders den dritten Teil bewundern, was u.a. das folgende Zitat von Paul Dukas aus dem Jahr 1894 bestätigt: *La troisième partie forme à elle seule un ensemble magnifiquement gradué, une sorte de finale gigantesque, comparable pour l'ampleur et la diversité des développements au finale de la symphonie avec chœur de Beethoven.*[33] *Manfred* wird noch mehr gepriesen. Hier spricht die Kritik von einem *absoluten Meisterwerk*[34], von der *romantischsten Musik, die Schumann je schrieb*[35]. Die Ouvertüre wird *unbedingt als die ergreifendste und vielleicht schönste* bezeichnet, *die Schumann überhaupt komponiert hat*[36]. Auch das Klavierkonzert wird immer wieder bewundert,

---

[30] zur Rezepzion der *Genoveva* vgl. Ch. Goubault, a.a.O., S. 434

[31] Jacques Chailley, *Cours d'Histoire de la Musique,* Bd. III/1, Paris 1983, S. 83;
„Die Sinfonien von Schumann haben in der weltweiten Zuhörerschaft ihren Platz sofort nach denen von Beethoven. [...] Wegen ihrer ausdrucksvollen Fülle, die im Gegensatz zu dem flüssigen Dahingleiten des Orchesters von Mendelssohn steht, erscheinen die Sinfonien von Schumann als eines der reichsten Zeugnisse der romantischen Bestrebungen sowie des reinsten Gefühls."

[32] zu Problemen der Durchsetzung der Musik von Brahms in Frankreich vgl. Ch. Goubault, a.a.O., S. 435–437. Auch der berühmte Roman von Françoise Sagan *Aimez-vous Brahms?* aus dem Jahre 1959 ist bezeichnend für den Umschwung des damaligen französischen Publikums.

[33] P. Dukas, a.a.O., S. 159;
„Der dritte Teil bildet für sich allein ein großartig sich steigerndes Ensemble, eine Art gigantisches Finale, das man wegen des Umfangs und der Vielfalt der Durchführungen mit dem Finale der 9. Sinfonie [Symphonie avec chœur] von Beethoven vergleichen kann."

[34] Camille Mauclair, *Schumann,* Paris 1906, S. 92

[35] Andrée Coeuroy, *Schumann,* in: *La Musique des origines à nos jours,* hg. von Norbert Dufourcq, Paris 1946, S. 280

[36] Louis Schneider, Marcel Maréchal, *Schumann,* Paris 1905, S. 339

und die Kammermusik, besonders das Klavierquintett, steht hoch im Kurs bei den Kritikern, die sie oft als Vermittlerin zwischen den Streichquartetten Beethovens und den Kammermusikwerken Francks und Gabriel Faurés ansehen. Diese letzte Gattung führt uns in der Tat in die Sphäre der Intimität, in der sich nach der allgemeinen Ansicht der französischen Kritiker Schumann am persönlichsten und am besten ausdrückt. In dieser Hinsicht können die folgenden Zeilen, die Camille Mauclair 1909 schrieb, als Widerspiegelung einer bis heute weit verbreiteten Meinung gelten: *Mais si pourtant on peut [. . .] citer „Manfred" et presque tout le „Faust" comme incontestables chefs-d'oeuvre symphoniques, on ne sera pas amené à confesser l'amoindrissement de la plus ardente admiration pour Schumann en déclarant que sa musique de piano et ses „Lieder" concentrent tout son génie. Là est le royaume de Schumann, là sont les éléments de l'état d'âme schumannien.*[37]

Wegen ihrer Vielzahl wäre es an dieser Stelle müßig, eine Zusammenfassung der positiven Kritiken über die Klavierstücke und Lieder zu geben. Interessanter erscheint der Versuch, die Bedeutung dieser Werke für die Musiker, Kritiker und Musikliebhaber im Vergleich mit den Werken anderer Komponisten auf diesem Gebiet herauszuarbeiten. Quantitativ gesehen steht Schumann im Bereich der Klaviermusik weit im Vordergrund. Schon um 1900 wurden z.B. seine Stücke in Paris nach denen von Beethoven, Chopin, Liszt und Saint-Saëns am meisten gespielt[38]. Wenn man Saint-Saëns ausnimmt, ist diese Rangordnung auch heute noch dieselbe. Qualitativ betrachtet, steht Schumann als Inbegriff der romantischen Klaviermusik, einer Musik, die sich in kurzen poetischen und phantasievollen Stücken manifestiert, neben Chopin und sicher noch vor Liszt. Paul Landormy charakterisiert 1942 diese Musik treffend mit folgenden Worten: *Schumann [. . .] introduit dans ce domaine [du piano] la fantaisie, le caprice [. . .] et son âme rêveuse y chante le charme du soir, ou les jeux innocents de l'enfance, ou bien la joie et la douleur d'aimer.*[39] Selbst vierzig Jahre später sagt Jacques Chailley eigentlich nichts wesentlich anderes, nur kurz und bündig: *Schumann a été avec Chopin le poète du piano par excellence.*[40]

Last but not least ist noch die Gattung des Liedes zu betrachten, bei der sich ähnliche Rezeptionstendenzen wie bei der Klaviermusik feststellen lassen, jedoch mit einer spezifischen Prägung. Wenn Schumann auf dem Gebiet der Klaviermusik sozusagen in Konkurrenz mit dem großen Vorgänger Beethoven, mit den Zeitgenossen Chopin und Liszt

---

[37] Camille Mauclair, *La Religion de la musique*, Paris 2/1928, S. 154;
„Aber wenn man doch *Manfred* und fast den ganzen *Faust* als unbestrittene sinfonische Meisterwerke zitieren kann, sollte unsere glühendste Bewunderung für Schumann nicht vermindert werden, wenn man zugibt, daß sich sein eigentliches Genie auf die Klaviermusik und die Lieder konzentriert. Hier ist das wirkliche Königreich von Schumann, hier findet man die charakteristischen Züge von Schumanns Seele."

[38] vgl. Danièle Pistone, *Le Piano à Paris en 1900*, in: *Revue Internationale de Musique Française*, Bd. 12/1983, S. 53

[39] Paul Landormy, *Histoire de la musique*, Paris 1942, S. 277;
„Schumann führt auf diesem Gebiet [der Klaviermusik] die Fantasie, die Caprice ein [. . .], und seine träumerische Seele besingt den Zauber des Abends oder die unschuldigen Spiele der Kindheit oder Liebesglück und Liebesschmerz."

[40] J. Chailley, a.a.O., S. 104;
„Schumann war mit Chopin der Poet des Klaviers par excellence."

und mit Nachfolgern wie Brahms u. a. stand, so ist er in diesem Bereich unvergleichbar ein *König des Liedes*, wie Camille Mauclair es formulierte[41], ein König, der nur mit Schubert zu rivalisieren hatte. Aber hier gibt es keine Vorherrschaft, nur eine Verteilung der Rollen: Schubert singt in breiten Bögen, während Schumann tiefer in die psychogenetischen Nuancen eindringt. Was von beiden den Zuhörer mehr anspricht, ist Geschmackssache oder eine Laune des Augenblicks. So erklärt Jules Combarieu, daß *seine Lieder* [Schumanns] *wertvoller sind als die Schuberts*[42], während Camille Mauclair sich verlegen dahingehend äußert, daß, *wenn Schumann der König des Liedes ist, Schubert das Lied selbst ist*[43]. Fest steht, daß Schumann der große Meister des Liedes bleibt, mit oder ohne Schubert neben sich. Brahms, Hugo Wolf und alle anderen dagegen treten in der französischen Bewertung in den Hintergrund.

Letztlich soll noch darauf hingewiesen werden, daß Schumann in Frankreich auf dem Gebiet der musikalischen Technik noch eine besondere Würdigung und Ehre erfährt. Im Rahmen des Harmonieunterrichts wurde an den Musikhochschulen vor ungefähr drei Jahrzehnten ein Studium des Stils eingeführt. Dabei werden immer mindestens vier verschiedene Stile behandelt – die von Bach, Mozart, Schumann und Gabriel Fauré. Bei Schumann würdigen die Harmonielehrer stets aufs neue den Reichtum der Einfälle in der geschickten Verwendung der harmoniefremden Töne, die Eleganz der Ausweichungen und die Beherrschung der simultanen Handhabung von Harmonie und Kontrapunkt[44].

Abschließend soll zur Rezeption Schumanns in Frankreich kurz und zusammenfassend die Frage beantwortet werden, welche Wertung seiner Musik sich, belegt durch zahlreiche Schriften und Studien, im Verlauf der letzten hundert Jahre herauskristallisiert hat.

Erstens ist diese Musik der Inbegriff der deutschen Romantik[45], eigentlich der Romantik überhaupt, da, von Paris aus gesehen, auf dem Gebiet der Musik Romantik und Deutsch gleichgestellt werden und oft sogar austauschbar sind.

Zweitens empfindet man Schumann als *einen Meister der Innigkeit und Intimität*[46]. Die Neigung zur intimen Sphäre hat zum Vergleich mit Gabriel Fauré geführt, der sich wie Schumann in den Bereichen der Klaviermusik, der Melodie und der Kammermusik auszeichnete, während er – ebenfalls wie Schumann – auf dem Gebiet der Orchestermusik umstritten blieb.

---

[41] C. Mauclair, a.a.O., S. 164
[42] Jules Combarieu, René Dumesnil, *Histoire de la musique*, Bd. 3, Paris 1955, S. 294. Das Kapitel über Schumann verfaßte Jules Combarieu.
[43] C. Mauclair, a.a.O., S. 180
[44] zur Beschreibung der Originalität der Schumannschen Harmonie aus französischer Sicht siehe Olivier Alain, *L'Harmonie*, Paris 1965, S. 89f.; Robert Bernard, *Le „Lied" de Schumann*, in: *La Revue musicale*, Sondernummer *Schumann*, Paris 1935, S. 75–80
[45] Das belegen u.a. folgende Meinungen: *La manifestation la plus lyrique et la plus profonde de tout le romantisme musical, c'est Robert Schumann.* – „Robert Schumann ist es, der das lyrischste und tiefste Zeugnis der musikalischen Romantik überhaupt ablegt." (Jean Chantavoine, Jean Gaudefroy-Demombynes, *Le Romantisme dans la musique européenne*, Paris 1955, S. 250);
Ce sublime révélateur de l'âme romantique qu'il [Schumann] *est pour nous.* – „Für uns hat er [Schumann] die romantische Seele in erhabener Weise enthüllt." (Marcel Brion, *Schumann et l'âme romantique*, Paris 1954, S. 130)
[46] Norbert Dufourcq, *Petite histoire de la musique en Europe*, Paris 1942, S. 107

Drittens jedoch erschließt der deutsche Komponist darüber hinaus das tiefgründige Reich der Seele, einer Seele, der einmal Reinheit, Treuherzigkeit und Unschuld eigen sind, zum anderen aber auch Frische, Phantasie und Spontaneität[47].

Viertens öffnet diese Musik das mysteriöse Reich der Träume.

Fünftens versteht und erfühlt sie die feinsten Nuancen der Liebe, Sehnsucht, Zärtlichkeit, Innigkeit, Melancholie, Hingebung und Leidenschaft[48].

Sechstens ist die Musik stark poetisch geprägt, so daß Schumann immer wieder als der *Dichter-Musiker*[49] oder als der Dichter der Töne bezeichnet wird. Diese Poetisierung, besonders der Klaviermusik, wird als ein Hauptmerkmal des Komponisten betrachtet. Sie verleiht seinem Werk einen unvergleichlichen Charme „sui generis", der nirgendwo anders zu finden ist.

[47] Das belegen u.a. folgende Zitate: [. . .] *moi, il me parle à l'âme.*– „[. . .] für mich spricht er zur Seele" (Henri Gauthier-Villars, *Lettres de l'Ouvreuse*, Paris 1890, S.3f.); *L'Ame de Schumann* [. . .]. – „Die Seele Schumanns [. . .]. (Adolphe Boschot, *Chez les musiciens*, Paris 1922, S. 82; wiederabgedruckt in: *La Revue musicale*, Sondernummer *Schumann*, a.a.O., S. 7–21)

[48] vgl. hierzu J. Chantavoine, J. Gaudefroy-Demombynes, a.a.O., S. 266. Dort heißt es: *Toute la musique de Schumann est imprégnée d'amour.* – „Schumanns ganze Musik ist von Liebe durchdrungen."

[49] vgl. J. Combarieu, R. Dumesnil, a.a.O. S. 304; René Chalupt, *Schumann musicien-poète*, in: *La Revue musicale*, Sondernummer *Schumann*, a.a.O., S. 60–68

Christoph-Hellmut Mahling

... *pour oublier le monde trivial* ...

Bemerkungen zum Briefwechsel zwischen Jean-Joseph-Bonaventure Laurens und Robert Schumann (1848–1853)*

Robert Schumann, qu'on regardait comme le rival ou plutôt comme l'émule de Mendelssohn, restait le seul digne soutien de la gloire musicale allemande [. . .] Quoique Schumann eût reçu une éducation littéraire très-complète, quoiqu'il ait beaucoup écrit d'articles de critique musicale, on peut dire que la musique fut la seule langue dans laquelle s'exprimèrent les idées de son esprit profond, et dans laquelle s'épanchèrent les affections, les chimères, les joies et les tourments de son âme passionnée. [. . .] Il a composé trois quatuors pour instruments à cordes qui furent dédiés à Mendelssohn. De ses quatre symphonies, nous avons seulement entendu la derniere, qui a causé une profonde émotion dans un des derniers grands festivals d'Allemagne; ses Lieders, très-nombreux, sont tous remarquables par leur originalité et pénétrants d'expression. Il a fait représenter un opéra de Geneviève de Brabant, dont l'apparition a excité un vif intérêt et qui n'a pas eu de succès auprès du public. Ses cantates et son oratorio romantique du Paradis et la Peri, sont souvent chantés dans les sociétés musicales d'Allemagne [. . .] En France, on commence à connaître, à discuter Schumann, et à se passionner pour ou contre lui [. . .].[1]

Dieser Auszug aus einem kleinen Artikel über Robert Schumann 1860 im *Magasin Pittoresque* ist nur ein Beispiel dafür, mit welchem Enthusiasmus sich der Schumann-Verehrer Jean-Joseph-Bonaventure Laurens für „seinen" Komponisten, den er für den ernsthaftesten, tiefgründigsten und fortschrittlichsten der Zeit um 1840/50 hielt, einsetzte. Und mit einer gewissen Befriedigung konnte er feststellen, daß man in Frankreich nun allmählich beginne, über die Werke Schumanns zu diskutieren und diese somit allgemeiner zur Kenntnis zu nehmen.

* Mein besonderer Dank gilt Herrn Dr. Bernhard R. Appel für die Überlassung des Materials sowie meinen Mitarbeiterinnen Frau Dr. Kristina Pfarr und Frau Ruth Seiberts MA für vielfache Hilfe bei Übertragung und Übersetzung der Briefe.

1 *Le magasin Pittoresque*, Paris, 28. Jg./1860, S. 139/140;
„Robert Schumann, den man als den Rivalen oder eher noch als den Nacheiferer Mendelssohns ansah, blieb die einzig würdige Stütze des deutschen musikalischen Ruhms. [. . .] Obwohl Schumann eine äußerst umfangreiche literarische Erziehung genossen hatte, obwohl er viele Musikkritiken geschrieben hatte, kann man sagen, daß die Musik die einzige Sprache war, in der sich die Einfälle seines großen Geistes ausdrückten und in der sich die Zuneigungen, Phantasiegebilde, Freuden und Qualen seiner leidenschaftlichen Seele ergossen. [. . .] Er hat drei Streichquartette komponiert, die er Mendelssohn widmete. Von seinen vier Sinfonien haben wir nur die letzte gehört, die auf einem der großen Musikfeste eine große Aufregung verursacht hat; seine Lieder, sehr zahlreich, sind alle bemerkenswert wegen ihrer Originalität und ihres intensiven Ausdrucks. Er ließ eine Oper über Genoveva von Brabant aufführen, deren Erscheinung ein lebhaftes Interesse hervorgerufen hat und [sic!] die keinen Erfolg beim Publikum hatte. Seine Kantaten und sein romantisches Oratorium vom *Paradies und der Peri* werden oft in den musikalischen Gesellschaften Deutschlands aufgeführt. [. . .] In Frankreich beginnt man, Schumann kennenzulernen, über ihn zu reden und sich für oder gegen ihn zu ereifern."

Laurens, zunächst Buchhalter eines Bankhauses in seiner Heimatstadt Carpentras, dann Beamter der städtischen Hauptkasse zu Montpellier und schließlich Sekretär der medizinischen Fakultät an der Universität Montpellier, hatte sich eine umfassende Bildung angeeignet. Seine Hauptinteressen und Fähigkeiten galten aber der Literatur, der Musik und der bildenden Kunst. Er besaß eine umfangreiche Bibliothek, in der Werke alter und zeitgenössischer Musik einen wichtigen Platz einnahmen. Als ausübender Musiker bevorzugte er das Klavier und besonders die Orgel, spielte aber auch Violoncello. Laurens suchte und pflegte Kontakte nicht nur zu den führenden Musikern in Paris, sondern – ungewöhnlicherweise – auch zu deutschen Musikern. Aus einer musikalischen Korrespondenz mit dem Stadt- und Hoforganisten Johann Christian Heinrich Rinck entwickelte sich nach einem Besuch 1841 in Darmstadt eine herzliche Freundschaft, so daß sich Laurens in den folgenden Jahren bis zum Tode Rincks 1846 mehrmals in Darmstadt aufhielt. Durch Rinck lernte er vor allem die Musik Johann Sebastian Bachs kennen und schätzen. Von Darmstadt aus besuchte Laurens öfter Frankfurt und pflegte wohl auch Kontakte zum Verlagshaus André. Aus einer Begegnung mit Felix Mendelssohn Bartholdy 1841 in Frankfurt entwickelte sich ebenfalls eine enge Freundschaft, die durch den Tod Mendelssohns 1847 ein jähes Ende fand.

Mendelssohn war es auch, der Laurens offenbar regelmäßig mit den neuesten Werken, die auf dem Musikalienmarkt erschienen, aber vor allem auch mit seinen eigenen Werken, versorgte. Gleichzeitig unterrichtete er ihn über die neuesten Entwicklungen und Tendenzen auf dem Gebiet der Musik und des Musiklebens. In diesem Zusammenhang hat Mendelssohn Laurens wohl auch auf Robert Schumann aufmerksam gemacht und ihm in einer Sendung von Musikalien, die er in einem Brief vom 4. April 1847 ankündigte, unter anderem dessen *Myrthen* op. 25 beigelegt. Laurens war von diesen Liedern begeistert, und von da an galt diesem Komponisten ein erhöhtes Interesse. Nach dem Tode Mendelssohns war es daher naheliegend, daß sich Laurens im April 1848 an Schumann mit der Bitte wandte, ihn über Neuerscheinungen auf dem Musikmarkt, vornehmlich auch über seine eigenen Werke, sowie über das allgemeine Musikleben von Zeit zu Zeit zu unterrichten. In einem Antwortbrief aus Dresden vom 23. April 1848 erklärte Schumann sein Einverständnis, an die Stelle Mendelssohns zu treten.

Anstatt Mendelssohns Ihnen manchmal Nachricht über Deutschlands musikalische Zustände zu geben, bin ich gern bereit, – wäre der Tausch nur nicht zu ungleich [. . .]. Und nun folgt eine Klage über dessen frühen Tod. Zugleich sandte Schumann eine umfangreiche Liste von gedruckten eigenen Werken und Werken anderer Komponisten, wobei er Laurens besonders auf Nils W. Gade hinwies: *Gade ist der genialste unter den jüngeren Musikern, ein ganzer Meister.* Unter seinen eigenen Werken hatte Schumann die, *die mir selbst am liebsten, wiederum mit einem rothen Strich bezeichnet*[2]. Damit begann ein Briefwechsel, der aus 6 Briefen von Schumann und 14 Briefen von Laurens besteht. Schumann hatte in seinen ersten Briefen verhältnismäßig ausführlich auf die Briefe von Laurens geantwortet, aber dann wurden die Zeitabstände bis zu einer Antwort immer länger, die Briefe jedoch kürzer, wobei sie vor allem das eigene Schaffen zum Inhalt hatten. Man hat den Eindruck, Schumann war dieser Briefkontakt nicht so besonders wichtig, wenngleich es ihm durchaus gut tat, von Laurens hohe Anerkennung, ja Solidarität zu erfahren. Laurens brachte großes Verständnis für den Verzug der Antworten

---

[2] Bibliothèque Inguimbertine, Carpentras, Sign.: *MS 1093, No. 214*

auf, bemühte sich aber darum, den Kontakt nicht abbrechen zu lassen. Dabei scheute er sich auch nicht, Schumann gelegentlich an sein Versprechen zu erinnern, so zum Beispiel in einem Brief vom 26. Januar 1852, wo es unter anderem heißt: *Nun ist es schon einige Zeit her, daß ich Ihnen geschrieben habe. Das geschah nicht etwa aus Gleichgültigkeit Ihnen und Ihren Werken gegenüber, auch kann ich nicht sagen, daß ich nicht das Bedürfnis verspürte, Ihnen für die zarten täglichen Ergötzungen zu danken, die mir Ihre Musik gibt, sondern aus reiner Zurückhaltung und Respekt für Ihre Zeit. Dennoch habe ich schließlich gedacht, daß ich, so französisch und daher barbarisch wie ich bin, doch einer derjenigen bin, die Sie am besten verstehen und die sich am meisten für Ihren Ruhm einsetzen. So schulden Sie mir also ein wenig von jenem Wohlwollen, das Mendelssohn mir so gerne entgegenbrachte und das Sie mir sogar versprochen haben. Ich wage also zu kommen, um es von Ihnen einzufordern, wobei ich Ihnen sage, daß es weit entfernt von Ihnen lebhafte Sympathie für alles, was Sie tun, gibt. Wenn man sich übrigens über die Trivialität der Mode stellt, und wenn der Tod nicht alle Wißbegierigen verstummen läßt, sind in jedem Land, auch in Deutschland, die wahren „Seele-Verwandte" ziemlich selten, zu selten, um nicht jenen Aufmerksamkeit zu schenken, die man als solche erkennt.*[3] Und da er die Seele des Komponisten schon durch die Werke zu kennen glaube, bleibe nur noch, Schumann persönlich aufzusuchen, was allerdings dann nicht wie vorgesehen im Oktober 1852, sondern erst ein Jahr später, im Oktober 1853, geschah.

Während Laurens sich über Kompositionen, die er studierte, vor allem aber über die Werke Schumanns mit Enthusiasmus, aber auch mit Sachverstand äußerte, ließ sich Schumann kaum auf eine fachliche Diskussion ein. Daß er dies auch nicht tun wollte, zumindest was seine eigenen Werke betraf, hatte er schon in einem ersten Brief vom 23. April 1848 deutlich erklärt. *Gern möchte ich Ihnen recht viel über meine Compositionen sagen. Dann denke ich wieder, gerade die, die so aufrichtigen Antheil an ihnen nehmen und sympathisch von ihnen getroffen werden, bedürfen meiner Worte am wenigsten. So mögen denn die Töne, ihre Schmerzen und Freuden selber zu Ihnen reden.*[4] Auch diese „Botschaften" die durch die Werke Schumanns vermittelt wurden, waren Laurens so wichtig, daß er am 29. März 1849 unter anderem schrieb: *Ich habe einen solch starken Glauben in das, was Sie machen, eine solche Sympathie für Ihr so tiefes und poetisches Talent, daß ich mir lebhaft wünsche, von Ihnen bald ein neues Werk zu erhalten, um die alltägliche Welt, die mich umgibt, zu vergessen (. . . pour oublier le monde trivial . . .!). Ich hoffe, Sie geruhen immer einem armen einsamen Menschen einige Zeilen mit Ihren Neuigkeiten zukommen zu lassen.*[5]

Diese Diktion und die hier verwendeten Formulierungen scheinen deutlich zu machen, wie stark Laurens offenbar auch von der deutschen romantischen Literatur beeinflußt war und wie nahe er hier dem Schumannschen Denken und der Musikanschauung des Komponisten gestanden hat. In diese Richtung deuten vielleicht auch folgende Zeilen, mit denen sich Laurens zu den *Myrthen* op. 25 äußerte[6]: *Von den Gesängen für eine Stimme habe ich das erste Heft, Myrthen op. 25, das Mendelssohn mir gegeben hat. Es ist köstlich!*

---

3   *Corr* Bd. 24, Nr. 4379; Die französischen Originaltexte sind im Anschluß an diesen Beitrag im Briefwechsel zwischen Jean-Joseph-Bonaventure Laurens und Robert Schumann abgedruckt.
4   vgl. Anm. 2
5   *Corr* Bd. 20, Nr. 3624
6   Brief Laurens vom 6. Mai 1848, *Corr* Bd. 19, Nr. 3469

Von dieser Art können Sie mir gerne alles mögliche schicken. Ich lasse Sie nur wissen, daß ich am liebsten träumerische Liebeslieder hätte, und auf diesem Gebiet halte ich viel von den acht Liedern von Chamisso und der Dichterliebe von Heine.

Aus dem Brief vom 19. Februar 1853 wird unter anderem deutlich, daß Schumanns Werke zumindest in Paris so unbekannt auch nicht waren. Zwar erklangen sie nicht in der breiten Öffentlichkeit, aber sie scheinen ihren Platz „im Salon", zumindest aber im Freundeskreis von Laurens durchaus gehabt zu haben. Laurens berichtet von einem seiner Aufenthalte in Paris: *Die reizende Wilhelmine Clauss, die gerade aus London zurückkam, hat mich mit einer unsagbaren „Freundlichkeit" wiedergetroffen, während zwei Treffen hat sie für mich gespielt, und zwar Ihre Musik, wobei sie sich jeden Augenblick unterbrach um auszurufen: Oh, wie ich Schumann liebe! Bei diesen Konzerten hatte ich das Vergnügen, drei bewundernswerte Werke kennenzulernen, die bis dahin meiner Aufmerksamkeit entgangen waren, das sind Ihre 2. Sonate, Ihre Fantasie, die Sie Liszt gewidmet haben, und der Faschingsschwank [. . .].*[7] Im übrigen erfährt der Leser im Verlauf des Briefwechsels einiges über das Schicksal Stephen Hellers, mit dem Laurens sehr befreundet war, über Verleger und den musikalischen Geschmack in Paris, über die Tätigkeit von Laurens als Maler, über seine Ansicht zu den Illustrationen von Ludwig Richter für das *Album für die Jugend (– gewiß der würdigste, der ihre Kompositionen illustrieren konnte [. . .]*[8] *–)*, über die Einschätzung Schumanns als Zukunftsträger der Musik und die mangelnde Anerkennung seines Schaffens, über Reisepläne nach Deutschland, nach Korsika und innerhalb Frankreichs sowie über die bestellten und neu erhaltenen Musikalien. Schumann seinerseits teilte zumeist mit, welche neuen Kompositionen von ihm erschienen waren und woran er gerade arbeitete. Im übrigen ging er auf die eine oder andere Frage oder Ausführung von Laurens ein und gab meist eine sehr knappe Antwort. Nachdrücklich forderte er Laurens zu einem Besuch in Düsseldorf auf und stellte ihm in Aussicht, daß er viel Musik zu hören bekommen werde: *Kommen Sie nach Deutschland, so soll es mich freuen, Ihnen recht Vieles hören zu laßen, wozu auch meine Frau ihre Hand bieten wird.*[9]

Wie wir aus dem Tagebuch von Clara Schumann wissen, haben die Schumanns bei dem Besuch der Familie Laurens im Oktober 1853 Wort gehalten und gemeinsam mit Joseph Joachim und Johannes Brahms, die sich ebenfalls in Düsseldorf aufhielten, an drei Nachmittagen Hauskonzerte veranstaltet. Der überwältigende Eindruck, den dieser Besuch im Hause Schumanns bei Laurens hinterlassen hat, ist auch in seinem letzten Brief vom 31. Dezember 1853 noch deutlich zu spüren[10]:

Nach dem Rausch, in den mich meine letzte Reise nach Deutschland versetzt hat, nach der Vollendung einer lange ersehnten Pilgerfahrt, die ich mir nicht glücklicher hätte wünschen können, nach so vielen Herzens- und Geistesfreuden, bin ich nun melancholisch und traurig, wie man es nach einem schönen Traum ist. Mit Ihrer so sanften Seele müssen Sie ja wissen, daß nichts erfreulicher ist als ein tiefes Glück. In diesem Zustand von Andacht und Betäubung, in dem ich mich befand und immer

---

[7] *Corr* Bd. 26/2, Nr. 4644
[8] Brief Laurens vom 29. März 1849, *Corr* Bd. 20, Nr. 3624
[9] Bibliothèque Inguimbertine, Carpentras, Sign.: *Ms 1093, Nr. 222*
[10] *Corr* Bd. 26/2, Nr. 169

noch befinde, wage ich kaum, an Düsseldorf zu denken, aus Angst vor zu tiefem Nachtrauern. Dennoch darf ich Sie nicht glauben lassen, daß mir jetzt alles gleichgültig geworden ist, weil ich Sie kennengelernt habe. Seien Sie versichert, es ist ganz das Gegenteil, denn jedes Mal, wenn ich eines Ihrer Stücke spiele, bin ich glücklicher als zuvor, es scheint mir, als könne ich Sie sehen, so sehr sind Ihre Werke Ausdruck Ihrer Person [. . .].

Mit welcher Offenheit dieser Briefwechsel geführt wurde, sei abschließend noch an zwei Beispielen verdeutlicht. In einem Brief vom 28. August 1848 aus Montpellier machte Laurens einige Bemerkungen zu Kompositionen Schumanns, die ihm vorlagen, und zog dabei auch einen Vergleich zu Mendelssohn. Hier heißt es unter anderem[11]:

Nun komme ich endlich zu Ihnen, und zwar um Sie König von allen zu nennen. „König der Ehre(n)“. Ich muß Ihnen sagen, daß seit der schon etwas zurückliegenden Zeit, in der ich die Werke von J. S. Bach gründlich kennenlernte, keine mich so interessiert haben wie die Ihren. Sie sind die mächtigste Musikorganisation [?] unserer Zeit, aber Sie werden niemals populär sein. Wenn unser armer Mendelssohn bekannt geworden ist, dann deshalb, weil er viel reiste – und schließlich hatten seine Werke, wenn sie auch voller Geschmack sind – nicht die Tiefe der Ihrigen. Die Inspiration, die ihm so oft fehlte, wurde oft durch Geschmack und Gelehrsamkeit (das Wissen) ersetzt. Bei Ihnen fehlen die Inspiration, die Originalität und Neuheit harmonischer Formen nie. [. . .] Ihre Liederkreise (op. 24 und 39) machen mich vor Begeisterung verrückt. „Dreimal entzückend!!!“

Zweifellos haben Schumann derartige Ausführungen gut getan. Mußte er sich doch in der Tat von diesem Franzosen völlig verstanden fühlen, er, dem das „Tief-Kombinatorische“ stets ein Herzensanliegen war. Ob ihn allerdings die Feststellung, daß er „niemals populär sein werde“, so erfreut hat – man kann diese Feststellung natürlich sowohl positiv als auch negativ interpretieren –, mag dahingestellt bleiben.

In seinem Brief vom 3. November 1848 teilte Schumann Laurens mit, daß er *von Anfang Januar bis etwa Ende August eine Oper Genoveva fertig componirt habe. [. . .] Und seitdem gehen mir schon wieder allerhand Pläne, namentlich dramatische, durch den Kopf. Der Oper namentlich denke ich in Zukunft meine Kraft zuzuwenden. –* [12] Diese Mitteilung ließ Laurens aufhorchen, und er konnte es kaum erwarten, die Noten in Händen zu haben, um sich selbst ein Bild machen zu können. Am 23. November 1849 schreibt er in einem Brief, in dem er sich der deutschen Sprache bedient, u. a.: *Seitdem Sie haben mir gesagt, daß Sie hatten ein Oper: Genoveva componirt, ich bin sehr ungeduldig, Nachrichten von ihm zu bekommen. Denn zweifle ich nicht daß dieses Werk wie diese alle andere die Sie componirt haben, d.h. ganz original, Fantasie und Empfindungsvoll. Sagen Sie mir Etwas darüber und über Ihre weitere Arbeiten. Ich sehe durch die neue Zeitschrift* [13] *daß Sie haben immer und beständig fleißig arbeitet; [. . .].* [14]

11 *Corr* Bd. 20, Nr. 3504
12 Bibliothèque Inguimbertine, Carpentras, Sign.: *Ms 1093, Nr. 212*
13 Laurens hatte sie abonniert.
14 *Corr* Bd. 21, Nr. 3848

Am 11. August 1850 antwortete Schumann endlich auf vier Briefe von Laurens und nahm dabei auch auf seine Oper *Genoveva* Bezug: *Von meiner Oper haben Sie vielleicht gelesen. Sie ist noch nicht vollständig zur Geltung gekomen (die Ausführung war eine ziemlich mittelmäßige); mit der Zeit, hoffe ich, werden meine Bestrebungen auch auf diesem, dem dramatischen Felde ihre richtige Würdigung erhalten. Der Clavierauszug wird binnen 6 Wochen erscheinen. Dann sehen Sie sich ihn vielleicht selbst an. Die Ouvertüre ist bereits erschienen [. . .]*.[15]

Laurens antwortete umgehend am 19. August 1850: *Natürlich habe ich gelesen, was man in der Neuen Zeitschrift für Musik über Ihre Genoveva sagt. Und was man auch darüber sagt – alles jenes, was ich von Ihren Werken kenne, erlaubt mir nicht, daran zu zweifeln, daß es ein Meisterwerk ist. Auch warte ich mit Ungeduld auf die Partitur des Werks. Ich würde mir wünschen, daß ein Mann Ihres Talents sich einmal daran macht, eine Oper in der italienischen Art wie bei Donizetti oder Verdi zu schreiben. Das könnten Sie wesentlich besser als diese Komponisten machen [. . .]*.[16]

Am 13. März 1851 bestätigte Laurens endlich den Erhalt der Noten, zeigte sich gleichzeitig aber enttäuscht über die Art der Kritik in der *Neuen Zeitschrift für Musik*, in der *man viel über die Dichtung gesagt hat, aber nichts über die Musik, höchstens einige allgemeine Sätze. Offensichtlich hat man Sie nicht verstanden. [. . .] Der Stil dieses Werkes ist so erhaben, es finden sich keine Zugeständnisse an den Geschmack des profanum vulgus und die Mode, so daß der Erfolg mich eher überraschte denn freute [. . .]*[17].

Schließlich teilte Laurens am 26. Januar 1852 Schumann mit: *Seit den Artikeln der Zeitschrift für Musik über Genoveva habe ich meine Achtung für diese Zeitschrift verloren, und ich habe gerade mein Abonnement gekündigt. Es scheint mir, daß die gute Kritik das Gemeine zur Intelligenz des Höheren führen muß und nicht im Gegenteil zum Trivialen herabsteigen darf*.[18]

In der Tat gehen weder die ausführliche Kritik Franz Brendels noch die Rezension des Klavierauszuges zimperlich mit der neuen Oper Schumanns um, eine Tatsache, die Schumann als den einstigen Gründer dieser Zeitschrift sehr getroffen haben mag[19].

Bleibt schließlich noch der Hinweis, daß Laurens die Absicht hatte, *für unser Jahrhundert das [zu] machen, was der Doktor Burney für das letzte getan hat [. . .]*. Da Schumann ihm als die am höchsten *plazierte und bedeutendste Persönlichkeit der musikalischen Kunst Deutschlands* galt, sei es notwendig, sich nahe bei ihm ein Bild zu machen *über den aktuellen Zustand und den Gang der Kunst in unendlichen Wandlungen. Der*

---

[15] Bibliothèque Inguimbertine, Carpentras; Sign.: *Ms 1093, Nr. 216*

[16] *Corr* Bd. 22, Nr. 2985

[17] *Corr* Bd.26/1, Nr. 4271

[18] *Corr* Bd. 24, Nr. 4379

[19] Helmut Kirchmeyer hat kürzlich in einer Arbeit auf die Rolle hingewiesen, die diese Zeitschrift im Negativen für Schumann in seinen letzten Jahren gespielt hat. *Schumann ist in dem Werke fortwährend bedeutend, er behandelt Alles und Jedes mit gleicher Sorgfalt, und das Geistreiche wird dadurch zu einer monotonen Folge. Als ein Hauptgebrechen in diesem Sinne bezeichne ich darum in dem Werke den Mangel an Licht und Schatten [. . .]*. (NZfM, Bd. 30, Nr. 1, 2. Juli 1850, S. 4 bis Nr. 14, 4. April 1851, S. 144) In der Rezension des Klavierauszuges heißt es: [. . .] *aber wir erkennen, daß die Aufgabe einer ächten Oper hier nicht erfüllt ist, auch nicht der Keim einer künftigen . . . Die Oper Genoveva wird sich nicht lange erhalten, nicht so lange vielleicht als Jacob Meyer Beer's nichtswürdiges Gewäsche* [. . .].

Besuch fand zwar im Oktober 1853 statt, aber Laurens sah seine Erwartungen in dieser Hinsicht sicher nicht erfüllt. Berichtet er doch später: *Schumann stand mit auf dem Rücken verschränkten Händen, zusammengepreßten Lippen, schweigsam, in sich versunken da. Trotz unserer vorangegangenen Korrespondenz redete Schumann mit mir wenig wie mit allen übrigen. Ich war darauf vorbereitet. In jenen Tagen machte ich mit ihm täglich gegen fünf Uhr abends einen Spaziergang zu einer am Rande der Stadt gelegenen Brauerei. Er nahm am Gespräch nur durch kurze Antworten auf meine vielen Fragen teil.*[20]

So aufschlußreich für die Beziehungen von Laurens zu Schumann und für die Musikanschauung dieses französischen Liebhabers – oder besser Kenners? – dieser Briefwechsel auch sein mag, so unbefriedigend ist er in der Sache. Denn, um mit Clara Schumann zu sprechen, *ich [. . .] fand aber leider nicht, was ich gehofft, ausführlicheres, namentlich über Musik darin.*[21]

---

[20] Marcelle Herrmann, *J.-J.-B. Laurens' Beziehungen zu deutschen Musikern*, in: *Schweizerische Musikzeitung* Jg. 105/1965, S. 257–266, hier S. 264
[21] M. Herrmann, a.a.O., S. 266

Christoph-Hellmut Mahling und Ruth Seiberts

Der Briefwechsel zwischen Jean-Joseph-Bonaventure Laurens und Robert Schumann

Vorbemerkung

In den Jahren 1848 bis 1853 entspann sich ein Briefwechsel zwischen Jean-Joseph-Bonaventure Laurens und Robert Schumann. Laurens hatte sich nach dem Tode Felix Mendelssohns, mit dem er in enger Beziehung stand, an Robert Schumann mit der Bitte gewandt, ihn einerseits über interessante Neuerscheinungen auf dem Musikalienmarkt in Deutschland, andererseits über Schumanns eigenes Schaffen auf dem laufenden zu halten. Obwohl sich Schumann zunächst zur Erfüllung dieser Wünsche bereit erklärt hat, bleiben seine Antworten doch in der Folge eher zurückhaltend und erfolgen oft erst nach mehrmaligem Drängen seitens Laurens'. Laurens verehrte Schumann von ganzem Herzen, und der Besuch in Düsseldorf 1853 ist wohl zugleich als beglückender Höhepunkt dieser Verbindung anzusehen. Dieser Briefwechsel ist zugleich aber auch eine Dokumentation der Rezeption der Schumannschen Werke in Frankreich. Die Herausgeber haben sich daher entschlossen, die Briefe in ihrer chronologischen Reihenfolge anzuordnen. In einem Anhang werden die Briefe von Laurens dann in der Übersetzung von Ruth Seiberts beigefügt. Die originale Schreibweise wurde beibehalten, und nur ganz offensichtliche Schreibfehler wurden stillschweigend berichtigt. Im Falle der Briefe Schumanns wurden Abweichungen in bisher vorliegenden Editionen angemerkt. Die Herausgeber danken auch an dieser Stelle Herrn Dr. Bernhard Appel für die Überlassung des Briefkonvolutes Laurens und für die wohlwollende Begleitung der vorliegenden Edition.

Nr. 1

[Laurens an Schumann, Sächsische Landesbibliothek Dresden, Sign. *373ᶜ, Schu 150*[1]]

A Monsieur
Robert – Schumann Tonkunstler

---

[1] Eine gedruckte Fassung dieses Initialbriefes von Laurens an Schumann ist abgedruckt in: *Briefe und Gedichte aus dem Album Robert und Clara Schumanns*, hg. von Wolfgang Boetticher, Leipzig 1981, S. 104–106

Von fremden Ländern und Menschen

Dresde – Saxe
Montpellier, am Ufer des mittelländischen Meers.
April 1848

Hochverehrter Meister,
Nein! Keine wichtige Begebenheit; Nur aber eine Seltenheit. Was denn für eine Seltenheit? Ein Franzose, der ist ein Dilletante der tüchtigen Musik und welcher aus seiner Liebe und Achtung die deutsche Sprache gelernt hat. Aber als Sie sind ein zu gelehrter Mann, um nicht seine mutterliche Sprache zu verstehen und auch er zu viele Fehler begeben würde, so er auf Französische schreiben wird.

Je viens donc de vous dire que je suis français. Oui, j'avoue avec la plus profonde humilité que j'appartiens à cette nation qui n'a jamais compris les grands musiciens allemands, si ce n'est quelques fois vingt ans après leur mort, mais quelle que soit l'inintelligence de la France pour la vraie et grande musique (rein Tonkunst), croyez qu'il y a des hommes qui savent ce qui se fait hors de leur nation et qui y prennent le plus vif intérêt. Pour mon compte, quoique pauvre, j'ai passé trois fois le Rhin [pour] aller vivre auprès de l'organiste Rinck et de Felix Mendelssohn; j'ai la plus intéressante collection musicale qui existe en France, je reçois le journal fondé par vous (Neue Zeitschrift) et sans cesse mes regards sont tournées vers l'Allemagne. Après avoir pris connaissance de toutes les œuvres importantes qui indiquent les transformations de l'art dans le passé, rien ne m'intéresse comme les œuvres qui indiquent les révolutions et les progrès du présent et de l'avenir.

Pour ce motif, j'ai dû porter une affection spéciale à vos compositions qui me paraissent être ce qu'il y a de plus original, de plus significatif et de plus parfait à notre époque. Malheureusement vos compositions ne me sont qu'imparfaitement – connues, car je n'ai dans ma collection que l'Arabesque op. [18[2]], le humoresque [op. 20], les Scènes d'Enfans [op. 15], le Carnaval [op. 9], les 3 œuvres d'Etudes, le Quatuor (Wunderschön) Op. 47 et un cahier de Lieder op. 29 que Mendelssohn m'avait envoyé.

J'ai trop bien compris le mérite de ces quelques œuvres pour n'avoir pas un désir ardent d'en connaître d'autres; par malheur, je ne sais pas assez en quoi elles consistent, ni le prix, ni leur éditeur et c'est pour avoir ces renseignemens que je vous écris; mais non! Je vous écris pour d'autres motifs: d'abord pour vous remercier des moments de bonheurs que je dois à la connaissance de vos œuvres; Ensuite, parceque depuis que la mort m'a privé de mes relations avec Rinck et Mendelssohn, je n'ai plus d'amis dans cette chère Allemagne et je viens vous demander pour consolation quelques témoignages de votre bienveillance

---

[2] Laurens hat anstelle der Opuszahl eine Lücke im Text gelassen.

et de votre sympathie. – J'avais un grand moyen de séduction sur Mendelssohn; il aimait beaucoup mes dessins, il voulait même venir me voir à Montpellier pour prendre chez moi des leçons de paysage (genre que j'ai beaucoup cultivé), il était séduit de[s] petites têtes de femmes pénétrées de <u>Sehnsucht</u> qu'exprimait sa musique tendre et mélancolique et qu'exprime aussi la vôtre. Qui mieux qu'un grand musicien peut comprendre la poésie de la femme? La musique est-elle autre chose que la langue de l'amour idéal? Aussi j'essaie[3] sur vous mon moyen de séduction en vous envoyant un tout petit échantillon de mes délassements de peintre. Plus tard j'espère avoir l'occasion de vous montrer que j'ai porté à l'art de la peinture, l'application la plus profonde et la tournure d'esprit qui me fait rechercher le beau partout. Je vous ai donné plus haut la liste trop courte des œuvres de votre composition en vous demandant l'indication de celles qui me sont inconnues et que je suis pressé de connaître; je dois vous faire des observations sur mes moyens d'exécution et de faire leur connaissance. Ainsi j'attendrai du tems[4] pour avoir les compositions pour grand orchestre. La lecture des partitions ne sert qu'à me donner le désir impuissant de les entendre. Dans la ville que j'habite bien que peuplée de quarante mille âmes, bien qu'il y ait des pianos partout, il est fort difficile d'arriver à faire un Quatuor ou un Quintetto. Du reste voici mes moyens d'exécution: je joue assez bien de tous les instruments à cordes (Geige), je suis peu habile au piano, car ce n'est qu'avec beaucoup d'étude que je parviens à exécuter quelques unes de vos œuvres, je chante avec une voix faible, j'aime cependant beaucoup à murmurer les Lieder allemands; enfin je touche beaucoup de l'orgue, même avec Pédale obligée (ce qui est presque un miracle en France) pour arriver à cela, j'étudie sur mon piano (un grand Pleyel à queue) auquel a été adapté un clavier de pédale. Vous voyez donc que si je manque d'aide pour l'exécution venant du dehors, je suis suffisamment pourvu[5] en moi-même pour varier et augmenter mes jouissances musicales. Quoique les journaux de musique française soient pitoyables et qu'ils ne soient publiés que dans l'intérêt de quelque boutique d'éditeur, j'ai écrit parfois des articles tendant à appeler l'attention des amateurs sur les compositions de mon intime Heller, un grand novateur comme vous; mais placé à Paris dans un monde inintelligent. J'ai été le seul à signaler des œuvres de Mendelssohn. Quant à vous, personne n'en a jamais parlé, si ce n'est [Stephen] Heller et Ch. Hallé[6] dans nos conversations; mais lorsque j'aurai acquis[7] une connaissance suffisamment étendue de vos principales compositions, je me[8] ferais un devoir d'en publier un compte rendu dont vous n'aurez pas à vous plaindre.

Maintenant il reste à parler des conditions matérielles nécessaires pour que mon esprit jouisse de vos inspirations. Eh! bien! lorsque vous m'aurez donné le catalogue de celles de vos œuvres que vous croyez les plus convenables à mes goûts et à mon intelligence, avec l'indication des éditeurs et du rabais qu'ils[9] pourront faire, j'enverrai un mandat pour m'acquitter le montant. J'aurais envoyé ce mandat aujourd'hui si j'avais été bien certain que ma lettre vous parvint. L'envoi de la musique devra être adressé à MM. Treuttel et

---

3   W. Boetticher, a.a.O., S. 105: *attrie statt essaie*

4   ebd., S. 106: *du tous statt du tems*

5   ebd., S. 106: *pauvre statt pourvu*

6   Charles Hallé (Karl Halle) (1819–1895), deutscher Dirigent und Pianist, seit 1836 in Paris lebend

7   W. Boetticher, a.a.O., S. 106: *auprès statt acquis*

8   ebd., S. 106: *ne*

9   ebd., S. 106: *qu'le*

Würtz à Strasbourg, ce sont d'honnêtes libraires qui, tout le long de l'année m'adressent des livres pour la faculté de médecine dont je suis le secrétaire et l'agent comptable.

N'oubliez pas dans votre catalogue La Peri. Je vous prierai de me donner également quelques indications sur les œuvres de Gade dont l'appréciation pourrait m'être facile. Jadis Mendelssohn me rendait le service de me tenir au courant de ce qui se publiait de très remarquable en Allemagne. J'aime à croire que je trouverai chez vous la même sympathie pour un pauvre solitaire qui vous honore grandement au fond de sa retraite.
Ihrer ergebenster Bewunderer
Laurens
Sec.re bei der medecinischen
Facultät

P. S. auriez-vous la bonté de m'expliquer les 4 notes qui constituent l'enigme ou Sphinxes du Carnaval

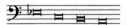

Nr. 2

[Schumann an Laurens, Bibliothèque Inguimbertine, Carpentras, Sign.: *MS 1093, No. 214*][10]

Dresden, den 23ten April 1848

Verehrter Herr,
Haben Sie Dank für Ihren Brief, der in dieser sturmbewegten Zeit doppelten Wohllaut für mich hatte. Dank auch für das zarte Bildchen mit dem Motto darunter, ich habe es mir oft betrachtet.

Die Compositionen von mir, von denen Sie schrieben, daß Sie sie kennten, gehören bis auf das Quartett sämmtlich einer früheren Zeit an. Auf dem beiliegenden Zeddel habe ich Ihnen nun andere bemerkt[11], und wollen Sie unter diesen meine[12] Auswahl, so habe ich die, die mir selbst am liebsten, wiederum mit einem rothen[13] Strich bezeichnet.

Außerdem habe ich Ihnen nach Ihrem Wunsch die Titel einiger anderer Compositionen aufgeschrieben[14], die mir als die bedeutendsten unter den in den letzten Jahren erschienenen vorkommen. Gade ist der genialste unter den Meistern, – ein ganzer Musiker.

---

[10] Ein Teil der Briefe Schumanns an Laurens ist bereits veröffentlicht; vgl. hierzu: *Robert Schumanns Briefe. Neue Folge*, hg. von F. Gustav Jansen, Leipzig ²1904 (im folgenden abgekürzt: *Briefe NF*); Marcelle Herrmann, *J.-J.-B. Laurens' Beziehungen zu deutschen Musikern*, in: *Schweizerische Musikzeitung* 105. Jg./1965, S. 257–266. Die folgenden Hinweise auf die beiden bisherigen Ausgaben der Briefe beschränken sich auf wesentliche Unterschiede. Differenzen in der Zeichensetzung werden nicht eigens erwähnt.

[11] Bei Jansen heißt es: [. . .] *habe ich Ihnen nun die anderen* [. . .].; vgl. *Briefe NF*, S. 281.

[12] Herrmann und Jansen schreiben: *eine Auswahl*; vgl. M. Herrmann, a.a.O., S. 261, *Briefe NF*, S. 281.

[13] Bei Jansen fehlt *rothen*; vgl. *Briefe NF*, S. 281.

[14] Die Liste mit Schumanns Empfehlungen ist nicht überliefert.

Anstatt Mendelssohns Ihnen manchmal Nachricht über Deutschlands musikalische Zustände zu geben, bin ich gern bereit, – wäre der Tausch nur nicht zu ungleich! Zu ihm müßen[15] wir alle mit Verehrung hinaufblicken. Er erschien, wie jenes Wunderbild, Einem stets um einige Zoll höher, als man selbst sich fühlte, und so gut, so bescheiden war er dabei! – Nun ist ihm wohl! Zeuge der letzten großen Welterschütterung sollte er nicht mehr sein, war doch seine Mission eine andere, die des Glückes und Friedens. Er starb gerade am 4ten November, am Tage, wo in der Schweiz die ersten Kriegsrufe erklangen. In die Zeit, die wir seitdem erlebt, hätte er sich nicht zu schicken gewußt. Man kann nicht aufhören, immer und immer wieder an ihn zu denken, von ihm zu sprechen. Darum verzeihen Sie meine Klage!

Gern möchte ich Ihnen recht viel über meine Kompositionen sagen. Dann denk ich wieder, gerade die, die so aufrichtigen Antheil an ihnen nehmen und sympathisch von Ihnen getroffen werden, bedürfen meiner Worte am wenigsten. So mögen denn die Töne, ihre Schmerzen und Freuden selber zu Ihnen reden.

Was die vier großen Noten in m. *Carnaval* [op. 9] betrifft, so bilden sie den Namen einer kleinen Stadt – Asch –, in der eine Dame lebte, für die ich diese Stücke componiert, zugleich sind sie aber auch zufälliger Weise die musikalischen Buchstaben meines Namens S-c-h-a.

Dies ist das ganze Geheimniß der Noten, die immer, oder meistens, die Anfangstakte der einzelnen Nummern bilden[16].

Daß Sie auch Clavier mit Pedal spielen, hat mir besondere Freude gemacht, da auch ich es in den vorigen Jahren cultivirt[17] und auch einige Stücke für diesen Zweck geschrieben. Sie finden Sie auf dem beiliegenden Zeddel genauer angegeben.

Als Mittelmann für Ihren Compositionsbedarf empfehle ich Ihnen Hrn. Whistling in Leipzig, dem ich auch diesen Brief mit Beilagen zur Besorgung übergeben mit der Bitte, seine Rabbatbedingungen etc. etc. Ihnen selbst mitzutheilen[18].

Schreiben Sie mir recht bald wieder; es wird mir immer zur Freude gereichen, Ihnen zu antworten, dem „Einsiedler" am fernen Meer aus der stürmischen Welt, in der ich lebe, ein Erinnerungszeichen zu senden.
Ihr ergebener
Robert Schumann.

Nr. 3

[Laurens an Schumann, *Corr* Bd. 19, Nr. 3469]

Montpellier 6 Mai 1848

Cher et illustre Maître,
Si vous ne m'aviez pas écrit ces cinq mots Schreiben Sie mir recht bald wieder: je serais suffisamment heureux et vous seriez débarassé de mon importunité mais je vois que mein Tausch gegen Mendelssohn n'est pas si ungleich que vous le dites et que, comme lui, vous

---

15 *Briefe NF*, S. 261: *müßten*; M. Herrmann, a.a.O., S. 282: *mußten*
16 Der Abschnitt von *Was die vier* [...] bis [...] *Nummern bilden.* fehlt in *Briefe NF*.
17 M. Herrmann, a.a.O., S. 261: *cultiviert*
18 Der Abschnitt von *Als Mittelmann* [...] bis [...] *mitzutheilen.* fehlt in *Briefe NF*.

réunissez au talent d'un grand artiste du 1.er ordre, un cœur noble et bon qui vous rend sympathique pour un pauvre Einsiedeler qui vit bien loin de vous au bout de ce pays de mauvais goût musical qui se nomme la France. Oui, je suis ici comme le Rat qui s'est retiré du monde; [mais?] dans le creux d'un bon fromage. Mon fromage, c'est ma bibliothèque, mon portefeuille de dessin, ma musique, enfin tout cet entourage qui comble mon obscure existence des plus vives jouissances du cœur et de l'esprit.

Puisque donc vous avez la bonté de vouloir soigner mes provisions et de me guider le plus loin possible de la voie des philistins j'envois ci-joint un petit effet d'environ 15 Th. sur MM. Treuttel et Wurtz de Strasbourg. Le banquier ne faisant aucune affaire en ce moment je n'ai pu me procurer directement du papier sur Leipzig. Cette somme, quoi-que faible servira à me procurer des objets interessans d'étude pendant quelques mois. Après cette provision épuisée, j'en demanderai de nouvelle. Le nombre des œuvres que je puis recevoir maintenant est d'ailleurs d'autant plus grand que vous m'avez fait obtenir un grand rabais, qui est après tout, bien nécessaire, à cause des frais de port et de douan-ne énormes. Enfin ce qui est consolant, c'est que la musique comme la vôtre est au dessus de tout prix, si on la compare surtout à ce tas de papier blanc, indignement noirci de notes et qu'on vend tout aussi cher que ce qu'il y a de meilleur.

Ne connaissant nullement les œuvres dont vous avez eu la bonté de me donner la note, je ne puis dire que j'ai fait un choix. J'indique seulement les genres que je crois plus à la portée de mon intelligence et de mes goûts, qui sont, je le répète, pour les choses faciles, tendres, rêveuses et mélancoliques. Bien que mon esprit prenne un vif intérêt aux œuvres d'une grande facture, je préfère les jouissances du cœur, à celles de l'esprit, et quand il y a science et sentiment comme chez vous, je suis doublement heureux. Voici donc ma liste accompagnée de réflexions:

Robert Schumann. une de vos Symphonies arrangée à 4 mains (la plus facile pour com-mencer?) ou la 3.e [op. 61?][19].

idem Studien für den Pedalflügel [op. 56] et les Fugues sur le nom de Bach [op. 60] j'ai quantités de fugues sur ce nom, mais je suis persuadé que vous avez fait quelque chose d'original et de nouveau sur ce thème tant travaillé.

Davidsbündlertänze [op. 6], Sonate op. 11, Fantasie Stücke [op. 12], Kreisleriana [op. 16], Novelletten op. 21, 3 Romanzen [op. 28]. (de toutes ces compositions pr. piano seul ne pas envoyer celles qui seraient d'une exécution trop difficile.).

Des Gesänge für eine Stimme j'ai le premier cahier des Myrthen op. 25 que Mendels-sohn m'avait donné. C'est délicieux! Vous pouvez me faire envoyer tout ce que vous voudrez dans ce genre. Je vous ferai seulement observer que j'aurai de préférence les Lieder d'amour rêveur et sous ce rapport j'ai bonne opinion des 8 Lieder von Chamisso [Frauenliebe und -leben op. 42] et de Dichterliebe de Heine [op. 48].

Je compte sur Paradies und die Peri [op. 50] (Clavierauszug, Enfin sur votre Trio de Piano op. 63.

---

[19] Laut Werkverzeichnis ist die 3. Sinfonie erst 1850 entstanden. Herr Dr. Bernhard R. Appel wies dar-auf hin, daß Laurens die 2. Sinfonie op. 61 (komponiert 1845/46) meinen könnte. Die Zählung *dritte* könnte dadurch entstanden sein, daß Schumann nach der 1. Sinfonie die Erstfassung der späteren 4. Sinfonie d-moll op. 120 komponiert hat, worauf als *dritte* die C-Dur-Sinfonie op. 61 folgte. Mögli-cherweise war Laurens über diese Kompositionsreihenfolge durch Schumanns *Zeddel* selbst infor-miert worden.

L'expression de votre opinion sur M. N.[iels] Gade augmente ma curiosité pour ses compositions. Faites-moi alors envoyer ce que vous croirez le plus capable à me donner une idée de son originalité. (La sonate op. 6 pour Piano et Viol. et quelqu'une de ses ouvertures ou Symphonies arrangées pr Piano.[)]

Je désire beaucoup avoir des choses les plus significatives, en même tems les plus faciles de M. Bennett.

Mendelssohn m'ayant envoyé 3 cahiers de R.[obert] Franz, je n'ai pas besoin d'autres, mais je désire au contraire beaucoup connaître les choses les plus caractéristiques de Josephine Lang.

M. Whistling me désigne (dringend Empfohlen) deux œuvres de Flügel Gustav[20].

Il me reste à vous demander une œuvre des Lieder de Mendelssohn dans lequel se trouve un Jägerlied de Eichendorf[f] très connu à ce qu'il paraît et que je regrette de ne pas connaître.

L'indication que je viens de donner n'étant pas déterminée, je ne puis savoir si la somme que j'envoie est suffisante pour payer ma demande. M. Whistling fera ce qu'il voudra: ou il n'enverra que pour l'argent que je lui donne ou bien, il me donnera la note de la différence que je lui ferai compter par M. Treuttel et Würtz. J'écris aujourd'hui à ces libraires pour les prier de recevoir le paquet qui leur sera adressé de Leipzick.

Puisque vous trouvez avec juste raison qu'on ne peut cesser de penser à notre cher Mendelssohn, ni d'en parler, parlons en toujours. Dernièrement j'ai lu avec un profond intérêt et avec une vive émotion le livre de Lampadin Denkmal für seine Freunde[21]. Au reste tout ce qui est dans cette biographie m'était à peu près connu. En jugeant Mendelssohn comme artiste, j'ai toujours trouvé qu'il n'avait pas eu cette force d'originalité qui fait habilement transformer l'art, il a beaucoup suivi la tradition mais par son goût exquis, par son érudition, par sa science, par la distinc[tion] de sa nature morale, il a fait des œuvres vraiment dignes de l'Allemagne qui a vu naître Handel, Bach, Mozart et Beethoven. Depuis peu de tems je connais son dernier cahier de Lieder op. 71 et j'en suis ravi. Il m'avait envoyé le 1.er Tröstung, copié de sa main lorsqu'il le composa. J'ai pris aussi une connaissance récente de ses Kinderscènes [6 Kinderstücke op. 72], qui m'ont paru bien faibles à côté des vôtres.

Je ne sais si vous connaissez bien les compositions de Piano de Stephen Heller. Elles sont des plus significatives pour notre tems. Il est déplorable que Heller vive à Paris, où ses œuvres sont à peine remarquées. Je suis celui de ses amis dont l'estime l'a le plus consolé de l'indifférence du monde musical vulgaire. Maintenant, comme je dois respecter le tems des hommes qui l'emploient comme vous, je vous prie de ne vous faire aucune obligation de répondre à cette lettre, quelque plaisir que j'éprouverai toujours à recevoir une marque de Sympathie de la part d'un homme dont les œuvres me procurent une des meilleures jouissances de ma vie.

Si j'étais moins pressé et surtout si j'avais la croyance que mes dessins vous fussent agréables comme ils l'étaient à Mendelssohn, je vous en ferai une. Ce sera pour la prochaine fois, lorsque je devrai vous dire tout le plaisir que m'aura procuré la lecture des œuvres que je vais attendre avec une grande impatience.

---

[20] Gustav Flügel (1812–1900), deutscher Komponist und Organist
[21] gemeint ist W. A. Lampadius, *Felix Mendelssohn Bartholdy. Ein Denkmal für seine Freunde*, Leipzig 1848

Pardon pour la peine que je vous donne pour ma commission auprès de M. Whistling. Je charge aujourd'hui M.M. Treuttel et Wurtz d'une demande de livres de Science et de Médecine pour la famille; ces livres et la musique adressé par M. Whistling arriveront dans le même paquet.
Votre très humble et Sympathique admirateur
Laurens. S.re
de la faculté de médecine

Nr. 4

[Laurens an Schumann, *Corr* Bd. 20, Nr. 3504]

Montpellier 28. Aout 1848

Verehrter und lieber Meister,
Von einem Sehnsucht nach Wälder und Berge getrieben, verlasse ich Morgen meine See-gegend und, mit Stift, Pinsel und Farben überladen, reise ich ab um die Natur anbeten, um sie zu studieren, und vom Landleben zu genießen und meine Port-Folios zu vermehren. En termes, sans doute plus corrects, je veux vous dire que je quitte pour quelque tems ma vie universitaire pour mener uniquement celle d'artiste, en profitant des vacances et j'éprouve le besoin, avant de laisser la plume et l'écritoire, de vous témoigner le noble plaisir que j'ai eu à connaître les belles compositions musicales qui me sont parvenues de Leipzick d'après vos ordres et vos conseils.

A cause des chaleurs accablantes de l'été et, à cause du manque de tems, je n'ai pu prendre qu'une connaissance peu approfondi de cette musique et je ne vous donne pas comme définitif le jugement que je vais vous exprimer, mais quoi qu'il y soit voici mes impressions.

La 1ere Symphonie de Gade [op. 5] est charmante. Je n'y ai point trouvé de cette originalité qui frappe par l'étrangeté et la bizarrerie. Au Contraire; les choses neuves qu'elle renferme se présentent de la manière la plus simple et la plus naturelle. Je n'ai pas eu l'occasion d'exécuter la Sonate avec Violon; mais à la lecture, cette œuvre m'a paru fort intéressante. Je crois qu'il y a dans le génie de Gade, quelques rapports avec celui de Haydn et de Mozart. En somme j'accorde toute ma Sympathie à ce jeune compositeur et je suis impatient de faire une plus ample connaissance avec ses œuvres.

Le cahier de Bennet op. 24 est l'œuvre d'un très habile pianiste compositeur. Cette musique étant difficile pour mes doigts je n'ai pu l'exécuter encore convenablement. Les deux cahiers des Lieder de Josephine Lang op. 8 et 11 m'ont fait le plus grand plaisir, cette musique est distinguée, habilement faite et part d'une âme tendre et poétique. Aussi je désire connaître d'autres œuvres de cette femme que, je le dis à ma honte, je ne connaissais pas même de nom. Merci à vous qui me l'avez fait connaître.

Sur la recommandation de M. Whistling (dringend empfohlen) j'ai eu le Nachtfalter de Gustav Flügel. J'ai trouvé dans cette œuvre un certain sentiment mélodique et une originalité qui n'est pas toujours naturelle, mais c'est par trop faible comme Facture. (Darstellung)

Enfin j'arrive à vos œuvres et c'est pour vous proclamer Roi entre tous. König der Ehre. Je vous affirme que depuis l'époque déjà un peu ancienne à laquelle j'ai pris une connaissance approfondie des œuvres de J. S. Bach aucunes ne m'avaient autant intéressé que les vôtres. Vous êtes la plus puissante organisation[?] musicale de notre tems; mais vous ne serez jamais populaire; si notre pauvre Mendelssohn a été connu, c'est qu'il voyageait beaucoup et ensuite ses compositions pleines de tant de goût, n'avaient pas la profondeur des vôtres (nicht so tüchtige Werke als die Ihrige). L'inspiration, qui lui manquait souvent était remplacée par le goût et le savoir. Chez vous l'inspiration, l'originalité, la nouveauté des formes harmoniques ne manquent jamais. Parlons avec détail de vos chefs-d'œuvres. Fantasie-Stücke, Novelletten, Romanzen (Petits diamans brillans d'originalité, de grâce, de sentiment et de Fantaisie.).

Je suis moins content de la grande sonate op. 11. Je devrais peut-être plutôt avouer qu'elle est trop difficile pour mes doigts.

Fughen [sic!] über den Namen BACH et Etuden pour le Pedalflügel, œuvres dignes de Bach lui-même par la grandeur des idées et de la science.

La P e r i, je ne connais pas encore suffisamment ce grand ouvrage pour l'apprécier à sa véritable valeur. Une grande partition avec chœur est une chose longue à se peindre dans l'esprit. Cependant quelques passages me reviennent souvent à la mémoire et j'en suis même poursuivi, tel que le refrain Ein Blümlein des Himmels ist schöner denn alle!

Vos Liederkreise me rendent fou d'enthousiasme. Dreimal entzückend!!!

J'adore surtout l'op. 35 sur la poésie de Kerner à cause des sentimens doux et tendres qui sont exprimés avec tant de bonheur. Aureste, il n'y a rien à citer dans vos Lieder de particulier, car tout est parfait.

Vous intéressez, vous charmez, vous excitez l'admiration après ce délicieux Franz Schubert que vous surpassez souvent sous plusieurs rapports.

Les Lieder étant le genre de composition dont il m'est le plus facile de jouir dans ma presque solitude, je tiens à posséder dans une bibliothèque toutes celles de vos œuvres que je n'ai pas.

Voici du reste la note de ce que je vous prie de me faire expédier par M. Whistling au moyen de l'intermédiaire de M.M. Treuttel et Würtz de Strasbourg.

R. Schumann – Lieder op. 45-49-53-64-24-39-40

————————	Trio für Pianoforte [,Violine und Violoncell]. op. 63.
————————	Davidsbündlertänze. op. 6 et Kreisleriana. op. 16
	4 Duette für Sopran und Tenor. op. 34.
	3 Duette für 2 Frauenstimmen. op. 43.
	Skizzen für den Pedalflügel. op. 58.
Gade	Comala. op. 12 et une ouverture à 4 mains.
Kufferath[22]	op. 9. Trio für Piano Forte. [sic!]
Robert Franz	Lieder. celles que vous désignerez excepté les œuvres 2 et 4 que j'ai. Mendelssohn me les avait envoyées.
Josephine Lang	Lieder. quelques œuvres excepté les N. 8 et 11 que j'ai.
Mendelssohn	op. 63 zweistimmige Lieder.

Il est inutile de vous dire que non seulement je vous laisse la liberté de me faire envoyer quelque œuvre nouvelle que vous estimerez digne de m'intéresser, mais que je vous prie d'avoir cette bonté, si toute fois des apparitions remarquables ont lieu par le tems de troubles politiques où nous vivons.

---

22 Hubert Ferdinand Kufferath (1818–1896), Komponist

Ce que je vous demande instamment c'est votre portrait, pour le placer à côté de ceux de Rinck, de Mendelssohn, de Heller (Stephen) que j'ai dessinés moi même d'après nature. Je rêve au plaisir que j'aurais à me procurer le vôtre de la même manière, par malheur vous demeurez bien loin de ma demeure et les circonstances politiques actuelles ne me permettent pas de regarder comme très prochain le jour où je traverserai le Rhin pour la 4.e fois dans le but de faire visite aux grands artistes qui ont de tout tems honoré l'Allemagne. Mendelssohn devait venir me voir l'année de sa mort. Il était séduit par les images que je lui avais faites de nos contrées méridionales. Il voulait prendre des leçons de moi pour faire des paysages et surtout des ciels à l'aquarelle. Il devait donc me faire l'honneur de me prendre comme son maître et par conséquent comme successeur de Schirmer de Dusseldorf, hélas tout cela c'est évanoui. Aimant à répéter avec vous ce que je faisais dans ma correspondance avec Mendelssohn, je mets dans cette feuille une petite peinture qui vous donnera une idée du caractère de la campagne de Montpellier. J'aurai voulu peindre au reste une petite figure; mais le papier est trop mince et j'ai été obligé de discontinuer la petite Mägdelein.

La dernière fois j'avais envoyé un mandat de 60 f. sur Strasbourg par M. Whistling; mais, voyant que ce moyen est peu commode, je chargerai M.M. Treuttel et Würtz de faire payer cet éditeur, aussitôt que je connaîtrai le montant de ce que je lui dois. M.M. Treuttel, recevant habituellement de bons services de ma part, mettront le plus grand empressement à m'obliger à leur tour. Devant rentrer à Montpellier vers la fin d'octobre, M. Whistling a beaucoup de tems pour me faire son envoi. Si vous voulez pour cette époque me donner deux lignes de vos nouvelles, j'y serai profondément sensible. Votre reconnaissant admirateur.
Laurens
S.re de la faculté de médecine

Nr. 5

[Schumann an Laurens, Bibliothèque Inguimbertine, Carpentras, Sign.: *MS 1093, No.212*]

Dresden, den 3ten November 1848

Geehrter Herr,
auf zwei freundliche Schreiben von Ihnen war ich undankbar genug, bis heute zu schweigen. Verzeihen Sie es dem <u>Musiker</u>, der im̅er lieber ♩♩ schreibt als eben[23] Buchstaben. Und dann welche Zeit, welche furchtbare Empörung der Volksmassen, auch bei uns. Nun – schweigen wir davon und laßen uns lieber von unserer geliebten Kunst sprechen, der ja Sie auch mit Leib und Seele ergeben sind.

Sie nehmen so herzlichen Theil an meinen Bestrebungen; ich danke es Ihnen. Je älter der Künstler wird, je mehr bedarf er der Aufmunterung Gleichgesinnter oder wenigstens Wohlwollender.

Zwar will ich mich nicht beklagen; es werden mir von fern und nah Zeichen der Theilnahme, die mich innig erfreuen. Indeß sind es auch nicht immer die Besten[24], wie ich sie

---

[23] *Briefe NF*, S. 293: *eben zwischen im̅er* und *lieber*
[24] ebd., S. 293: *Rechten*

mir als Kritiker wünsche, d. h. sie loben oft, wo nichts[25] zu loben, und tadeln an unrechter Stelle. Sie aber, mein geehrter Herr, sind mir ein lieber Richter – und fassen's, womit nun einmal alle Musik gefaßt werden muß, mit dem Herzen.

Möchten auch meine ferneren Arbeiten Ihnen zusagen! An Fleiß wenigstens laß' ich es nicht fehlen. So war dieses Jahr – trotz aller Aufregung von außen – eines meiner fleißigsten. Ich habe von Anfang Januar bis etwa Ende August eine Oper „Genoveva" [op. 81] fertig componirt – dann ein Werk, in das der eigene Vater ziemlich verliebt ist – ein Weihnachtsalbum für <u>Kinder</u> (kleine und große) – gegen 40 Stücke für Clavier [*Album für die Jugend* op. 68].

Ich denke, manches davon soll Ihnen Veranlaßung zu einem[26] Bildchen geben, zu einem gar zierlichen, sinnigen, wie Sie mir schon mitgetheilt. – Und seitdem gehen mir schon wieder allerhand Pläne, namentlich dramatische, durch den Kopf. Der Oper namentlich denke ich in Zukunft meine Kraft zuzuwenden. –

Hier haben Sie einen kleinen Abriß von meinem letzten Thun und Schaffen; theilen Sie mir nun auch recht bald von dem Ihrigen mit.

Ob ich Stephen Heller kenne? Zwar nicht persönlich[27] – aber den Componisten von seinem ersten Auftreten an. Er ist der geistreichste unter allen jetzt lebenden Clavier-

---

[25] ebd., S. 293: *nicht*

[26] ebd., S. 293: *neuen*

[27] Immerhin standen die beiden Komponisten Heller und Schumann seit 1836 in regem Briefkontakt und bekundeten häufig ihre geistige Nähe und gegenseitige Anerkennung; vgl. hierzu: Stephen Heller, *Briefe an Robert Schumann*, hg. v. Ursula Kersten, Frankfurt/M., Bern 1988 (= Europäische Hochschulschriften, Reihe 36, *Musikwissenschaft*, Bd. 37); vgl. auch Rudolf Schütz, *Stephen Heller. Ein Künstlerleben*, Leipzig 1911, S. 78–101. Ein kürzlich wiederentdeckter Brief Hellers an Laurens bestätigt erneut Hellers Hochachtung gegenüber Schumann und zeigt zugleich, wie Heller den ausbleibenden Erfolg der Schumannschen Musik beim Publikum analysierte:
Si les Chopin, les Henselt, Les Schumanns et Taubert etc. ne réussissent pas à faire des œuvres aussi complètes que Clementi, Cramer et Hummel, c'est qu'ils se sont donné une tâche autrement difficile. Le style et la facture des œuvres des pianistes-compositeurs de talent est aussi pur, aussi soigné que celui qu'on honore chez nos davanciers; j'oserais même dire que souvent les premiers surpassent les derniers même sous ce rapport, quoiqu'on en dise.
Die neue Aufgabe, von der Heller spricht, präzisiert er folgendermaßen: *la richesse de l'invention, la hardiesse du rythme, de la mélodie et de l'harmonie, la précision de la forme, et l'intérêt qui doit s'attacher au développement de la pensée-mère, secondée à son tour par des thèmes secondaires se maintenant un par l'autre, et formant un tout, aussi irréprochable comme facture, qu'attrayant par le fond.*
Den Pianisten der Zeit, die sich über die angeblichen Schwierigkeiten bei der Aufführung der Schumannschen, als auch seiner eigenen Musik beklagen, wirft Heller vor:
J'ai remarqué que les pianotteurs de Paris, si habiles qu'ils soient, se plaignent toujours de la difficulté de mes compositions, ainsi que de celles de Chopin ou de Schumann, et de Mendelssohn, tandis qu'ils [exécutent] *à qui mieux les plus effrayantes compilations de Prudent, Liszt, et Thalberg, etc. Cependant ces dernieres sont autrement hérissées de difficultés inextricables.*
Während die von Heller angesprochenen Pianisten jedoch technische Schwierigkeiten durch lange Übung meistern *(On travaille des mois entiers pour se rendre maître d'une gamme en double tierces, ou en octavesplaquées)*, liegt für Heller die wahre Schwierigkeit woanders:
Mais le sens poétique et mystérieux leur échappe; qu'ils aient entendu le morceau par l'auteur, ou non, ils ne voient pas, et ne comprennent pas cette musique, qui leur paraît pâle, froide, insignifiante, mauvaise en un mot, car c'est une langue qu'ils ne comprennent pas, et avec la meilleure volonté du monde ils n'en peuvent être touchés. (vgl. Sylvia l'Écuyer, *Une nouvelle lettre de Stephen Heller*, in: *Revue de Musicologie* 80 Jg./1994, S. 299–306)

componisten. Ich kenne ihn, wie mich selbst, glaub' ich. Käme er nur einmal eine Zeitlang von Paris weg; er zersplittert sich dort.

Über Gade werden Sie anders urtheilen, d. h. vortheilhafter, wenn Sie seine Symphonien vom Orchester gehört; er ist ein vollständiger Meister, ein excellenter Mensch! –

Die zuletzt von Ihnen gewünschten Musikalien sind wohl nun in Ihren Händen. Namentlich über mein Trio [op. 63] wünschte ich Ihre Ansicht[28].

Empfangen Sie noch meine freundlichsten Grüße und schreiben Sie mir[29] recht bald wieder

Ihrem ergebenen R. Schumann.

Nr. 6

[Laurens an Schumann, *Corr* Bd. 20, Nr. 3572(a)]

Montpellier 2t Januar 1849

Liebster Meister

Es sind fast zwei Monaten zerfloßen seit habe ich Ihren letzten Brief bekommen. Zweimal Sie haben in diesem Brief diese Worte geschrieben. „Schreiben Sie mir recht bald." Und ich habe nicht es gethan, darum bin ich ganz beschämt. Übrigens wollte ich nicht an Ihnen schreiben, ohne von neuen Musikalien zu sprechen und diese sind mir sehr spät angekommen. Von einer andere Seite war ich außerördentlich beschäftig mit Ar[?]elei und Malerei. Endlich ich kann heute das Vergnügen an Ihnen zu schreiben mir verschaffen.

Es ist wahr, daß ich nehme ein ganz herzlich Theil an Ihren Arbeiten und das weil Sie sind die würdigste und die vollkommste die sind mir bekannt. Die Zukunft der Kunst in Ihren Händen liegt. Nicht nur ist von Ihren Werke mein Herz berührt, aber mein Geist und Verstand auch. Bei Ihnen kein Trivialität ect, nichts gemein, aber Alles neues, originel, erhabene, und von einer ausgezeichnete Seele gesprossen.

Jetzt Ihre Duetten und zweistimmige Lieder sind mir auswendig bekannt. Ich habe mit hübsche Frauenzimmer gesungen oder singen gemacht habe [sic!]. Entzückend!! besonders unter'm Fenster [op. 34/3]und Ständchen [op. 36/2][30], recht Drôle und geistvoll! Ihre neue einstimmige Lieder beglücken mich wie die erstbekannt. Ich habe noch zu wenig viele andere Werke einstudirt um von ihnen gehörig zu sprechen. Die c-Dur N.° 3 Ouverture von Gade hat mich sehr zufrieden gemacht.

Je suis si maladroit pour écrire dans votre langue et je dois faire tant d'horribles et ridicules fautes dont je ne m'aperçois pas, que je me hâte de parler français.

Votre Weihnacht Album excite tant mon désir de le connaître, que pensant qu'il paraîtrait à Leipzig pour la Noël, je l'ai fait demander par mon correspondant. Puis j'ai appris par mon bon Ami Heller vous aviez désiré faire éditer cette œuvre à Paris. Que Dieu vous préserve! Si vous intendez quelque Tremolo, quelque tour de jongleur sur

---

[28] Der Abschnitt von *Die zuletzt* [. . .] bis [. . .] *Ansicht.* fehlt in *Briefe NF*, S. 294.

[29] M. Herrmann, a.a.O., S. 262: *nur*

[30] Vermerk am Rand, quer: *En exécutant vos Duetti, je n'ai pu m'empêcher de penser à ceux de Sari* [Domenico Sarri (1679–1744, italienischer Komponist, Neffe von A. Durante], *Händel, de Durante surtout de ceux qu'on rencontre dans les Psalms d. Marcello. Je crois que l'Allemagne ne rend pas assez de justice à ces vieux maitres italiens avec lesquels les modernes n'ont rien de commun.*

votre piano et que vous veniez en personne donner aux badauds parisiens le spectacle de votre jonglerie, vous serez à la mode et vous trouverez cinquante éditeurs qui se disputeraient pour publier toutes les ordures que vous voudriez bien leur livrer; mais composeriez vous loin Paris des œuvres qui auraient le mérite réuni de celles de Bach, de Mozart, de Beethoven ou de Weber, aucun éditeur ne publierait une ligne de ces œuvres, parce qu'aucun amateur n'en acheterait.

Tous les grands artistes de votre Germanie se sont bien gardés de venir nous offrir le fruit de leurs inspirations et ils ont bien fait. Cependant si vous faites des opéras et que vous ayez cent mille francs à dépenser pour payer des décors et les dettes d'un directeur, pour salarier les journalistes, pour faire des cadeaux aux acteurs et aux musiciens de toute espèce, en un mot, si vous pouviez faire ce qu'a fait Meyerbeer pour son Robert le Diable et que le cours et l'influence des astres vous soit favorable, vous serez représenté et peut-être vous réussirez; mais souvenez-vous bien que la dernière des conditions pour réussir au théâtre en France, c'est de faire un chef-d'œuvre. Je sens dans mon existence un bonheur dont je rends grâce à Dieu tous les jours, c'est celui de n'être pas compositeur par profession. A Paris ceux qu'on nomme les connaisseurs et les amateurs de la bonne musique, sont ceux qui se sont aperçus que Beethoven avait du mérite, vingt ans après sa mort. Ces connaisseurs ne connaissent rien de plus avancé que les quatuors de Haydn, Mozart, Beethoven. Quant aux morceaux de Weber enfin ils en sont encore à des œuvres fort belles sans doute, mais dont je suis rassasié depuis 21 ans. Ils ne savent rien de Sa direction imprimée à l'art et des chefs d'œuvres créés par Mendelssohn, par vous, par Gade. En résumé ne songez jamais à Paris ni à la France. A moins, que vous n'aimiez mon midi, plus beau que l'Italie par ses monumens, par sa campagne et par son ciel. Vous trouveriez outre cela au moins un homme qui aime l'art et s'en occupe von Liebe und Seele.

Mais revenons à notre pauvre Heller. Croiriez-vous que parcequ'il a un éditeur à Paris, le monde musical lui rend justice? Pas le moins du monde. Schlesinger qui était riche, bon garçon, aimait personnellement Heller, était pour ainsi dire avec lui et lui donnait un peu d'argent pour le faire travailler. Heller vit bien modestement et péniblement. Il n'a jamais pu subsis[ter?] qu'on fesant [sic!] des dettes (Schuld). Pour vous donner une idée de sa personne, je viens de frotter un peu de crayon sur du papier. J'ai répété ainsi un portrait fait dem Leben nach il y a 3 ans et qui est d'une ressemblance complète. Dans cette petite copie, je n'ai pas rendu toute la distinction de la physionomie du modèle, j'ajouterai que Heller est grand et svelte, qu'il parle un peu en traînant, qu'il se fatigue la vue en passant une partie de la nuit à lire et quand il se donne mal à ses gros yeux, il semble qu'ils vont sortir de leur orbite.

Puisque vous me demandez des nouvelles de mes travaux, je vous dirai que j'ai énormément dessiné pendant les mois de vacances universitaires. Je suis rentré avec 140 feuilles d'études d'après notre belle nature méridionale, belles forêts, belles montagnes, belles et jolies filles, fleures, ruisseaux, débris d'antiquité, etc. tout ce qui a ravi mes yeux a été fixé sur mon papier. J'ai grimpé jusque sur les Alpes aux picus où j'allais herboriser avec passion, il y a près de 30 ans. J'ai touché tous les Dimanches, à Carpentras, l'orgue de l'église où je chantais le Discant lorsque j'étais enfant. J'ai vecu avec mon père et ma mère encore vivans. En un mot j'ai beaucoup vécu par le co[eur] et par l'esprit. J'ai revu Vaucluse et dessiné dans ce lieu célèbre par le séjour de Pétrarque. J'ai eu presque toujours mon plus intime ami, mon élève, mon maître, c'est-à-dire ma fille qui, à l'âge de 20 ans, possède un talent très élévé dans la peinture du Paysage.

En rentrant je me suis activement occupé de mon ouvrage sur la Théorie du Beau pittoresque, sur l'application de cette théorie à la composition, au clair-obscur, à la couleur et à l'interprétation de la nature. C'est une œuvre modeste en apparence, mais très neuf pr le fonds et pour la forme. Il y aura 15 planches charmantes. Je vous en donnerai des exemplaires pour vous et pour vos amis peintres. Maintenant faites en sorte que je sache tout ce que vous faites, écrivez-moi quand vous pourrez.
et croyez-moi votre tout dévoué   Laurens

Nr. 7

[Laurens an Schumann, *Corr.* Bd. 20, Nr. 3624]

Montpellier le 29 mars 1849

Cher et illustre Maître,
Au milieu des tristesses que me causent l'abandon et la souffrance des arts, j'ai éprouvé une bien douce consolation. Lorsque toute la musique se réduit à des chants dits patriotiques hurlés dans les rues et dans les salles de spectacle, lorsque toute la société n'est préoccupée que des dangers que la menacent et qu'on ne trouve plus un individu disposé à faire un Duo, Votre Album für die Jugend m'est arrivé! Et depuis dix ou douze jours que je l'ai placé sur le pupitre de mon piano, il ne l'a plus quitté. Vu la facilité d'exécution de ces petites compositions, j'ai pu les exécuter tout de suite et me régaler de tout le charme qu'elles ont. Depuis les pièces de Clavecin de S. Bach, de Couperin, de Handel, je n'ai rien vu d'aussi bien. Quant au caractère idéal poétique de l'inspiration, je ne trouve rien à comparer à ce que je viens de connaître de vous que quelques unes des petites pièces les plus inspirées de Mendelssohn et de Heller. Chez vous l'inspiration, l'originalité sont toujours au service d'un talent parfait de facture. Au moins que la Barbarie ne vienne tout détruire, votre Album vivra longtemps et restera comme un des chefs-d'œuvres significatifs de notre époque. Je pensais de vous dire quelles étaient les pièces que j'avais préférées, mais je les aimes toutes à un si haut degré, que je ne sais lesquelles citer. Seulement je vous dirai que celle qui en ce moment me poursuit le plus c'est la Kleine Romanze en A-moll. La modulation à fis moll est une de ses hardiesses et de ces

nouveautés heureuses que seul le génie sait trouver. En résumé, j'ai eu trop de plaisir à connaître votre Album, pour ne pas me faire un devoir ou plutôt pour ne pas éprouver l'irrésistible besoin de vous l'exprimer.

Je ne serais pas complètement satisfait si j'omettais de vous dire un autre genre de plaisir que m'a causé la réception de cet Album. Je veux parler du Frontispice comp. par L. Richter[31] de votre ville. C'était bien le plus digne d'illustrer vos compositions, car personne plus que lui n'a su peindre les graces naives de l'enfance et de la jeunesse. Dites-lui qu'il y a au coin de la France un amateur qui [comprend la valeur] des artistes allemands, dites à Richter que je connais et j'aime Ses œuvres depuis plusieurs années. Je possède des Radierungen de lui dans le 3. Volume des Lieder de Heine, j'ai des Holzschnitten dans les

---

[31] Ludwig Richter (1803–1884), deutscher Maler, Zeichner und Illustrator

Volksmärchen de Musaeus[32]. Je viens demander le Landpredigter aussi que l'Album: Si Richter avait publié quelques autres œuvres pleines du sentiment poétique qu'il possède de la grace feminine et enfantine, priez-le de me les indiquer. Priez-le en même tems de vous désigner quels sont ceux de ses Kunstgenoßen qui se distinguent dans l'expression du même sentiment.

Votre petite pièce intitulée Nachklänge aus dem Theater se trouve avec une illustration dans un Album de Voyage, voici comment un soir j'assistais à Francfort à une représentation d'Eurianthe de Weber et pendant tout le tems mon attention fut fixée sur l'expression de physionomie de deux toutes jeunes filles, qui paraissaient très émues du spectacle. J'avais eu tout le plaisir à étudier ces deux petites têtes, qu'en rentrant au logis, je m'empressai de les dessiner sur mon Album! En qualité de Tondichter vous m'avez parfaitement rappelé mes observations au théâtre de Francfort.

Que faites-vous? que publiez-vous? Où y en est Genoveva? J'ai une telle foi en ce que vous faites, une telle sympathie pour votre talent si profond et si poétique, que je désire vivement avoir bientôt quelque nouvelle œuvre de vous, pour oublier le monde trivial qui m'entoure. J'espère que vous daignerez toujours donner quelques lignes de vos nouvelles au pauvre solitaire.

Laurens.

Nr. 8

[Laurens an Schumann, *Corr* Bd. 21, Nr. 3848[33]]

Montpellier, 23. November 1849

Lieber und großer Meister,

Bei die politische Umstände, die schöne Künste sind nirgends blühend; in Frankreich aber und besonders in meiner Umkreise die Tonkunst ist gestorben. Man redet und nur reden will von Republik, von Rom, von dem Pabst, von den Socialistes, von den Legitimistes u.s.w. und es ist unmöglich im Duett zu singen oder im Terzett auszufahren. Das ist freilich traurig sowie für die Künstler als für die wahren Dilettante. Bei unserer Eingenommenheit gegen Politik würden ein Seb. Bach, zwey Mozart und drei Beethoven erscheinen, sie würden nicht bemerkt sein. Es übrigt uns in Einsamkeit mit dichterischen Beschäftigung zu leben und zeit zu zeit, ein Wort von Sympathie und Bewunderung an unseren lieben Meister zu richten. Ja, großer Meister, Ihre schöne und entzückende Werke sind für mich eine wirksame Trostung und das beste Mittel ein wenig aus dieser sündlichen Welt zu leben. Wenn Bach, Haendel, Mozart und Beethoven sind für mich eine gut bekannte Vergangenheit, Sie sind die gegenwärtige Zeit und die Zukunft die ich bin sehr begierig zu kennen, und um diesen Studien und Gedanken nachzuhangen, ich habe nicht längst meinen Buchhandler aufgetragen Ihre letzten Werke mir zu senden

---

32 Johann Karl August Musäus (1735–1787), *Volksmärchen der Deutschen*. 1782–86. Richters Illustrationen erschienen 1842.

33 Textverluste durch Bindung sind in eckigen Klammern ergänzt.

d. h. 3.° Symphonie[34], Quartette für Streichinstrumente in Partitur [op. 41], Lieder op. 25. mehrere Pianoforte Stücke zu vier Händen, u.s.w. Wenn auch sehr entfernte von Ihnen und von Deutschland ich sey, so will ich nicht unkundiger und unwißender in der Kunst fortschritten; und werden häuptsachlich dieselben durch Ihrer Wirkung sich volkommen. Ich will nicht ähnlich sein an diesen allen Menschen die nur verstehen was in ihrer Jugend gehört haben. Nichts zuvor nichts nachher. d. h. Nichts der Vergangenheit, nichts der Gegenwart, nicht[s] der Zukunft. Als ich war noch ganz jung (es sind seitdem 29 [?] Jahre verfloßen), ich war sehr begierig die Beethoven's Werke zu hören i[?] sie hören zu machen, aber überall man findet sie abscheulich. Und nun man will nur dießelbe Werke hören. Freilich die Mus[ik] ist ein Kunst' sehr schlecht studirt. Seit langer Zeit ich habe darü[ber] viele Beobachtung gemacht, viele Erfahrungen mich ich bin ganz mutlos. Indeß wenn ich noch lebend wahrend sechs Monate ein bedeutend Schrift über die Zustand der Musik will ich schrei[ben.] In diese letzten Tage ich habe die Briefe von Fetis über Deutschland gelesen, und ich habe (Leider!) gesehen daß er w[ie] ein alter Mann geworden. Er spricht nur von den Bibliothèq[ue] und er gesteht Nichts von Gade und sagt Nichts von Ihnen zu kennen. Das ist schändlich für einen Mann der war ein sehr ausgezeichneter und gelehrter Schriftsteller über Musik. Er ist nicht nur an die Neue Zeitschrift für Musik abonnirt. Aber genug davon: ich will nun Ihnen sagen daß ich habe mich sehr gefreut als ich habe durch diese Zeitung geler[nt,] daß Sie haben ein zweites Band des Album für Jugend componiert, denn ich meine daß es muß so ausgezeichnet [sein] als das erstes. Das freut mich desto mehr, als ich bin ein Kind in Piano Forte Spiel, meine Finger fehlen an Schnelligkeit und Fertigkeit. Ich bin nicht so schwach auf die Org[el] und als in dem Reich der Einäugiger, die Blinden, die Einäugig[en] sind König, ich bin hier und weit ein verehrter König.

Seitdem Sie haben mir gesagt, daß Sie hatten ein Oper: Genoveva componirt, ich bin sehr ungeduldig, Nachrichten von ihm zu bekommen <h>. Denn verzweifle ich nicht daß dieses Werk sei wie die alle andere die Sie componirt haben, d. h. ganz original, Fantasie u. Empfindungvoll. Sagen Sie mir Etwas darüber und über <Ihrge> Ihre weitere Arbeiten. Ich sehe durch die neue Zeitschrift daß Sie haben immer und beständigt fleißig arbeitet; das beweist daß Sie sind ein großer Meister, denn der Fleiß das Siegel des Genius.

Als Sie sind Mitbürger von Ludwig Richter, sagen Sie ihm, daß seine Werke bis in meiner Bibliothek kommen und daß sie sind von mir entzückend, gefunden. Sagen Sie ihm noch, daß bald ich werde Ihn geschenk mit einem wichtigen Werk von meiner Feder im Stich. Ein Theorie des malerische Schönheit, ein B. in 4° mit mehr als 100. Exemplar illustrirt. Und er wird sehen daß es sind hier, in meinen Ecke ein fleißiger Denker. Dieser Denker möchte unter die deutsche Künstler leben, und als er ist zu fern, er bittet Sehr ein Erinnerungszeichen ihm zu geben, wenn Sie haben Zeit genug einige Zeilen zu schreiben.

Nun verzeihen Sie mir die unzählige Fehler die ich habe hier begeben mit meiner deutsche Schreibung. Mais on dit chez nous qu'on peut commetre des fautes d'ortographe et être un très galant homme. Veuillez, après avoir ri de mes fautes, me les pardonne[r], et me croire un de vos plus Sympathiques admirateurs.
Laurens. [S.]re de la faculté de médecine.

---

[34] Es kann nur die 2. Sinfonie op. 61 gemeint sein, die 1847 im Partiturdruck und 1848 als Klavierauszug zu vier Händen erschien.

Nr. 9

[Laurens an Schumann, *Corr* Bd. 22, Nr. 3937]

Montpellier 8 Juin 1850

Illustre Maître,

Lorsque un peintre ou un statuaire a produit une œuvre de grand mérite, il l'expose et il peut compter jusqu'à un certain point que justice lui sera rendue, c'est que dans cette œuvre, s'il y a des qualités que les esprits seulement très distingués peuvent apprécier, il y a beaucoup d'autres mérites que les yeux les plus vulgaires comprennent; Mais les musiciens ne sont pas aussi heureux, et presque personne n'est capable de les comprendre à la simple lecture; partout d'ailleurs où quelques hommes sont capables de deviner la poésie, le sentiment, le mérite de facture d'une composition musicale, ces hommes sont isolés au milieu d'un monde musical qui les regarde comme des originaux dévoués au style savant et baroque. Il faut alors des interprètes de l'œuvre produite par le compositeur et aulieu d'interprètes intelligens, on ne trouve que des machines plus ou moins maladroites. Aussi ai-je toujours trouvé la condition de compositeur une condition très malheureuse et plus on est grand et poétique, plus on est incompris. Je vous dirai même, qu'à l'exception de Seb. Bach, vous devez être celui de tous les compositeurs de votre pays à qui l'on rend le moins justice. Dans cet état, j'ai toujours pensé qu'une marque d'intelligence et de sympathie devait vous être agréable, quoique celui qui vous la donne soit bien loin et bien petit pour vous. Il ne peut que vous être agréable de penser qu'aux rives de la mer méditerannée là wo die Zitronen blüthen, vos œuvres sont à peu près toutes dans ma bibliothèque et que leur étude fait le charme incessant de mon cœur et de mon esprit. Comme le Flugel est l'instrument sur lequel j'ai le moins de Fertigkeit, je ne puis m'occuper comme je voudrais de vos grandes œuvres; mais par compensation, il n'y a pas de jour, que je n'exécute les petites. Il y a plus d'un an que votre Album für die Jugend n'a pas quitté le pupitre de mon piano et je jouis de la poésie, de la grace et de la facture de ces petits Diamans comme un grand et vieil enfant que je suis. Votre dernier <u>Lieder-Album</u> mit Worte [op. 79] me rend tout aussi heureux. Cela a beau être tout petit, c'est grand et sublime de sentiment.

Votre premier Trio op. 63 m'a singulièrement occupé. – J'avais à faire à des amateurs pour qui les formes et les idées de cette composition étaient un peu trop nouvelles, mais j'ai persisté et vous avez vaincu. Je viens de recevoir d'autres œuvres de vous demandées depuis longtems: Savoir: Le Quintetto de Piano [op. 44], le 3 Quartetti [sic!] für Streichstrumente [sic!] [op. 41] et les Ritornelle von Rückert [op. 65]. Voilà donc de quoi me donner de grandes jouissances.

Enfin j'ai reçu un objet qui a comblé et audelà un souhait que je fesais depuis longtems: Votre portrait et celui de votre dig[ne] Clara. Il faut vous dire que je n'ai guère l'habitude de séparer dans mes affections et dans mon estime l'homme de ses œuvres et j'ai à peu près connu personnellement tous les grands artistes vivans dont les œuvres avaient mon admiration. Je passe assez souvent mes vacances à Paris en société journalière des grands peintres et sculpteurs de notre époque que j'estime beaucoup. Je n'estime pas autant nos musiciens et je n'ai jamais vu avec grande estime Cherubini, et Stephen Heller et Chopin.

J'ai été très heureux de voir longuement Mendelssohn à Francfort et de vivre à trois époques différentes dans la maison de Rinck à Darmstadt comme son fils. Quel excellent homme! Maintenant je rêve un Voyage à Dresde pour vous connaître, pour vous rendre mes hommages comme au premier compositeur de notre époque.

Je me sens aussi singulièrement attiré vers votre peintre Ludwig Richter et Votre belle galerie de tableaux promet également un bon aliment à mes études comme peintre; Mais quand pourrais-je faire un Voyage si lointain? That is the question. Si vous étiez seulement un Virtuose, j'aurais quelqu'espoir de vous voir à Paris, mais semblable sous tant de rapports à vos illustres prédecesseurs, Vous mépriserez, vous fuirez la France et vous aurez raison, car le goût musical y est perverti et détestable; vous n'y trouveriez accueil que sous la protection de votre Clara. Plus tard, lorsque vous aurez 70 ou 80 ans, on commencera par s'appercevoir que vous avez quelque mérite et Si vous venez à Paris, le Conservatoire vous traitera comme le vieux et froid Spohr, en exécutant une de vos Symphonies.

J'ai lu dernièrement vos Haus und Lebenregeln avec tant de plaisir que j'en ai envoyé la traduction à notre Gazette musicale de Paris qui m'imprime constamment au nombre de ses rédacteurs, mais je crois qu'on n'inserera pas ces axiomes attendu qu'ils doivent paraître des <u>Paradoxes</u>: quoiqu'il en soit – je les ferai imprimer à part avec de longs commentaires et une traduction ou analyse de l'ouvrage de Thibaut über Reihnheit [sic!] der Tonkunst[35]. J'ai été très satisfait de voir les anciennes œuvres appréciées par vous qui êtes le génie le plus novateur de l'Allemagne. Je publierais tout cela pour votre gloire.

J'ai beaucoup joué et mis en partition une œuvre très significative de Gade, son Octeto [op. 17] dont cependant le Neue Zeitschrift für Musik n'a pas dit mot. Pourquoi ce silence! Et que devient Gade? Quoique ses pensées ne soient pas très élevées, sont [sic!] style calme et gracieux est cependant celui d'un maître.

Maintenant que j'ai fait sur ce papier une conversation avec le Maître dont les compositions jettent dans de charme dans mes amusemens artistiques, je suis tranquille et satisfait. Veuillez accueillir les temoignages de ma sympathie avec bonté et vous réjouir de ce que les accords de votre lyre retentissent si loin de vous.

Votre profond admirateur   Laurens
membre de l'académie des sciences et lettres

Nr. 10

[Schumann an Laurens, Bibliothèque Inguimbertine, Carpentras, Sign.: *MS 1093, No. 216*]

Dresden, den 11ten August 1850

Theurer Herr,

Wüßte ich nicht, daß Sie es wüßten, wie fleißig ich im letzten Jahre war und wie vielfältig in Anspruch genom̄en durch das Leben und die Menschen, so würde ich mich vor allem bei Ihnen zu entschuldigen suchen wegen meines langen Schweigens auf so viele freundliche Zeichen Ihrer fortdauernden Theilnahme. Haben Sie Dank dafür! Sie haben Recht; es beglückt, in so großen Entfernungen Herzen zu wißen, die unsern Bestrebungen Aufmerksamkeit schenken. Zwar will ich mich nicht über die Heimath beklagen, wo namentlich in der jüngeren Generation meine Musik Wurzel gefaßt, mir oft sogar unver-

---

[35] Anton Friedrich Justus Thibaut, *Ueber Reinheit der Tonkunst*, Heidelberg 1825 (recte: 1824), 2. vermehrte Auflage, Heidelberg 1826

diente Ehre geschehen; aber es freut überall die wahrhaftige Theilnahme, und der Beifall eines Einzelnen, der mich recht und ganz versteht, wiegt mir den des großen nachsprechenden Haufens vollkommen auf.

Daß der Himmel den schöpferischen Geist in uns immer frisch erhalte, dafür sei ihm immer am wärmsten Dank gesagt. Der irdische Glanz thut es nicht.

Von meiner Oper haben Sie vielleicht gelesen. Sie ist noch nicht vollständig zur Geltung gekommen (die Ausführung war eine ziemlich mittelmäßige); mit der Zeit, hoffe ich, werden meine Bestrebungen auch auf diesem, dem dramatischen Felde ihre richtige Würdigung erhalten. Der Clavierauszug wird binnen etwa 6 Wochen erscheinen. Dann sehen Sie sich ihn vielleicht selbst an. Die Ouvertüre ist bereits erschienen. Auch von anderen Compositionen viele: zwölf Stücke zu 4 Händen f. Pianoforte[36, 37], mehrere Hefte Gesänge, ein 2tes Trio f. Pfte, Violine u. Violoncell [op. 80], *4 Märsche für das Pfte* [op. 76], *Phantasiestücke für Pianoforte u. Clarinette* [op. 73], dann eine ziemliche Menge Chorsachen. Von einem *„Spanischen Liederspiel"* [op. 74], und dem *Adventlied* von Rückert für Chor u. Orchester (ein Kirchenstück) [op. 71] schrieb ich Ihnen wohl schon früher[38, 39].

Sonst sieht es in Deutschland ziemlich still aus. Von Mendelssohn erscheint noch manches Bedeutende aus seinem Nachlaß, namentlich ein herrliches Finale aus seiner *Loreley* [op. 98], die Musik zum Oedipus [op. 93] u. A. Von Gade ist seit seinem *Octett*[40] nichts Neues erschienen; doch hat er Manches fertig. Als sehr interessant und von poëtischem Geist zeugend wüßte ich nur noch ein Opus I von J. Schäffer[41] unter dem Namen *Phantasiestücke*.

Daß Ihnen meine „Hausregeln" zusagten, dachte ich mir wohl. Es sollte mich freuen, wenn Sie sie in Frankreich einschmuggeln könnten.

Schreiben Sie mir bald wieder, wie ich hoffe, so addressiren Sie nach Düsseldorf, wo ich den nächsten Winter[42] vom September an sein werde.

Es grüßt Sie auf das Herzlichste
Ihr ergebener
R. Schumann.

Nr. 11

[Laurens an Schumann, *Corr* Bd. 22, Nr. 3985]

Montpellier 19 Aout 1850

Cher et illustre Maître,
Vous n'avez nullement besoin de me faire des excuses sur la rareté de vos lettres. Je suis trop petit à votre égard, pour prétendre à votre tems et à vos attentions que vous pouvez

---

36 *12 vierhändige Klavierstücke für kleine und große Kinder* op. 85
37 M. Herrmann, a.a.O., S. 262: *Pfte*
38 An dieser Stelle werden die beiden Werktitel erstmalig erwähnt.
39 Der Abschnitt von *Auch von anderen* bis *früher.* fehlt in *Briefe NF*, S. 330.
40 M. Herrman, a.a.O., S. 262: *Ossian*
41 Julius Schäffer (1823–1902), deutscher Dirigent, Musikschriftsteller und Komponist
42 Bei M. Herrmann, a.a.O., S. 262 fehlt *den nächsten Winter.*

incontestablement mieux appliquer. En vous écrivant je n'ai d'autre intention que de céder au besoin de vous rendre grace pour les heureux momens que me procure la connaissance de vos œuvres. Cela fait, je suis soulagé et satisfait. Je suis assez raisonnable et assez modeste pour savoir que s'il falloit que les hommes de génie se mettent en correspondance régulière avec tous ceux qui leur témoignent de l'admiration et qui recherchent l'honneur de les connaitre, ils perdraient un tems qui ne doit pas être distrait de leur noble travail. Vous comprendrez donc qu'une lettre de votre part me fait d'autant plus de plaisir, que je l'espère moins. Je vous avouerai même que, malgré mon parti modestement pris à cet égard, votre attention me fait plaisir par ce qu'elle me prouve que vous êtes un homme simple, naturel et que vous n'avez pas la fierté, assez rare du reste, de quelques hommes illustres, qui posent devant leurs admirateurs comme des évèques ou des papes à qui l'on vient demander leur bénédiction.

Certainement j'ai lu ce qui a été dit dans le *Neue Zeitschrift für Musik* sur votre Genoveva quoiqu'on en dise, tout ce que je connais de vos œuvres ne me permet pas de douter que ce ne soit un Chef d'œuvre. Aussi j'en attends la partition avec impatience. Je voudrais bien une fois, qu'un homme de votre talent se met à écrire un opera à la manière italienne de Donizetti ou de Verdi. Vous pourriez faire cela beaucoup mieux que ces compositeurs, en tenant la plume d'une main, riant et buvant ou mangeant de l'autre, ce défaut de conscience dans les œuvres d'art, ce procédé de faire des airs ou des Duos à la mode, comme un chapelier fait des chapeaux au gout du jour, ce sans façon me dégoute, me révolte et je voudrai bien qu'en forme de Charge (Carikatur) un vrai musicien allemand s'en moque en les contrefaisant.

J'aime tant vos compositions qui sont à la portée de mes moyens d'éxécution, que je ne les quitte pas un moment. Si ce n'est quelques fois pour donner un souvenir à mon aimable Mendelssohn. Il avait bien du gout, bien du talent, bien de la noblesse et de la poésie dans la pensée, mais de combien vous l'emportez sur lui en originalité en force d'individualité musicale.

Mon cher et intime ami Stephen Heller revient de Londres et je vais le trouver à Paris avant quinze jours. C'est bien dommage que vous ne le connaissiez pas. Il est plein de distinction dans l'âme, dans Sa personne et dans ses manières. Je puis vous assurer que nous parlerons beaucoup de vous. Ce pauvre Heller est comme une âme en peine au milieu des français où personne ou à peu près ne comprend sa valeur, mais il aime Paris comme on aime une maitresse cruelle et il revient toujours à Paris. C'est qu'en effet, Paris est une merveille, mais pas pour les musiciens, à mon avis.

Ceux qui ont une véritable valeur y vivent [toutefois?] peu méconnus. Si ma conscience ne me fesait des reproches à cet égard, je vous engagerais de venir nous voir avec Heller, lorsque vous serez à Dusseldorf, la visite chez les musiciens célèbres sera bientôt faite, mais si vous vouliez voir nos musées, nos grands peintres, nos grands statuaires et ce côté des arts est vraiment digne d'éstime chez nous, je serais votre Cicerone partout.

Qui sait, si vous persitez [=persistez?] à ne pas visiter Paris pendant votre séjour à Dusseldorf, si je ne ferai pas quelque effort pour aller vous y trouver. J'ai là un ami, un excellent peintre de Paysage, un ami de Mendelssohn, c'est M. W. Schirmer[43] professeur

---

[43] Johann Wilhelm Schirmer (1807–1863) studierte und lehrte ab 1833 an der Düsseldorfer Kunstakademie. Der musikbegeisterte Landschaftsmaler (Sänger und Cellist) war mit Mendelssohn befreundet, der ihm den *114. Psalm* op. 51 gewidmet hat.

de l'institut artistique que j'ai le regret de ne connaitre que par correspondance. Enfin arrivez le plutôt possible sur les bords du Rhin et écrivez moi à Paris rue Mazarine 38. Je suis capable de faire un sacrifice pour aller vous voir. Seulement il faut que vous sachiez que je suis obligé de rentrer dans mes foyers au milieu d'Octobre et avant de m'écrire aussitôt arrivé, voyez W. Schirmer qui bondira de joie à la pensée de me voir arriver. Quoiqu'il en soit, vous faites bien de voyager, c'est le vrai moyen de vous faire connaitre, apprécier et de chasser le gout du trivial qui envahirait tout si on le laissait faire, au profit des manœuvres (Handwerker).

Je ne saurais vous dire autre chose. La pensée et l'éspérance de vous voir bientôt m'absorbe. Dieu veuille protéger mes projets. Je pense que vous ne voyagez pas sans l'illustre moitié, qui doit être si fertile interprète de vos œuvres. Adieu, vivez bien, portez vous bien, travaillez bien. Vous êtes aussi grand que tout ce que l'Allemagne a produit de grand.
Laurens

Nr. 12

[Laurens an Schumann, *Corr* Bd. 26, Nr. 4271]

Montpellier 13 Mars 1851

Cher et illustre Maître,
De crainte de manquer à la vénération que m'inspirent vos œuvres pour votre personne: de crainte surtout de noyer par de l'ennui de l'immense plaisir que vous me procurez par vos compositions, je me suis imposé le devoir de peu vous écrire. Cependant lorsque l'esprit et le cœur débordent de tout ce que vous y savez jeter, il faut bien que j'épanche le trop plein et à qui mieux qu'à vous puis-je m'adresser pour parler de vos œuvres.

Cette <u>Génoveva</u> si long tems attendue m'est enfin arrivée il y a peu de jours. Quoique je n'aie pu en prendre qu'une connaissance superficielle, j'ai pu cependant reconnaitre que je ne m'étais pas trompé dans l'attente où j'étais d'une œuvre qui fournirait une substantielle matière à ruminer. N'ayant pas trop mauvaise opinion de la littérature musicale allemande et du Neue Zeitschrift en particulier, je suis profondément surpris que la publication d'une œuvre aussi significative que votre Genoveva n'occupe pas vivement l'attention de tous les critiques: Lorsqu'on voit paraitre un tel ouvrage on peut lui reprocher mille défauts, mais il n'est pas permis de ne pas s'appercevoir qu'il est arrivé dans le monde quelque chose qui mérite qu'on y prenne garde. En me rappelant ce qui fut écrit lors des premières représentations de votre chef d'œuvre, je trouve qu'on a beaucoup parlé du poème et qu'on n'a rien dit sur la musique, si ce n'est quelques phrases générales. Evidemment vous n'avez pas été compris et j'espère peu que vous ne trouviez jamais à réunir sur un point quelconque de notre partie, même en Allemagne des hommes suffisamment organisés et assez nombreux pour constituer un ensemble d'exécutions et d'auditeurs pour Genoveva. Le style de cette œuvre est tellement élévé, il y a une telle absence de sacrifice ou concession quelconque au gout du <u>profanum vulgus</u> et à la mode que son succès m'étonnerait peut-être encore plus qu'il ne me réjouirait. Au reste Genoveva dût-elle ne vivre jamais que sur le pupitre de quelques amateurs solitaires comme moi, elle vivra long tems et si le gout de la bonne musique se répandrait, ce que je n'éspère pas, elle serait glorifiée un jour comme on glorifie Fidelio ou les Opéras de Gluck.

J'ai lu dans la Gazette musicale de Paris ou entendu dire, lorsque j'étais dans cette capitale en Septembre et Octobre dernier, que votre Genoveva était de la musique de concert et non de la musique dramatique. Eh! bien, maintenant que je connais votre partition je vous dirai qu'il est impossible d'entendre un jugement plus faux que celui là. Il me semble qu'on pourrait plus raisonnablement vous reprocher d'avoir trop d'égard au caractère des paroles, et par considération pour la vérité dramatique d'avoir banni tous ces morceaux à coupe carrée, chansons, Duos ou Chœurs qui par leur rhythme où leur vulgarité de mélodie se placent tout de suite dans la mémoire du spectateur et font le succès d'un opera. Quant à moi, je trouve que votre œuvre résume les qualités réunies de Gluck et de Weber. Il y a une foule de phrases qui m'empèchent de dormir et qui me pénètrent de la plus profonde mélancolie. En résumé je ne connais aucune œuvre dramatique plus poétiquement comprise.

Avant que Genoveva me parvint, je m'étais délicieusement charmé avec votre Vierhändige Album. [op. 85] Cette œuvre renferme des choses assez legères, mais elles n'en portent pas moins ce cachet d'originalité et de poésie qui distingue tout ce que vous faites. Les N.ºs Garten Melodie, Trauer, Reigen, Verstecken, m'ont particulièrement plu.

J'attends maintenant le dernier œuvre de vos Lieder et les Waldscenen [op. 82] qui viennent de paraitre.

Mon cher Ami Heller travaille peu, il m'a fait entendre à Paris trois arrangements de Lieder de Mendelssohn et 3 petites pièces originales distinguées comme tout ce qu'il fait. Heller revenait assez satisfait de Londres, cependant son caractère était d'une tristesse presque insociable. Pendant que j'étais dans notre capitale, il s'en est fallu de peu que je fusse vous trouver à Dusseldorf où vous veniez d'arriver. C'est que je suis si désireux de vous connaitre personnellement, vous qui serez certainement au nombre de ces grands artistes qui font la gloire de l'Allemagne. Un de mes amis de Dusseldorf était venu me trouver à Paris et j'aurais voulu l'accompagner à sa rentrée. C'est le peintre paysagiste [Johann] W.[ilhelm] Schirmer, qui a été l'ami et le maître de Mendelssohn. Schirmer qui a le bonheur de vous entendre et qui chante même un peu, m'écrivait l'autre jour sa haute admiration pour vos œuvres et pour le talent de votre Clara. Si vous voyez cet excellent et habile Schirmer, il pourrait vous parler de moi, de mes œuvres et de celles de ma famille. Il doit venir et il viendra étudier nos paysages méridionaux l'été prochain. Mendelssohn qui s'était épris du pays des lavandes et des oliviers, allait venir passer un été près de moi, lorsque sa sœur mourut, et quelques mois plus tard, il fut mort lui même. Je voudrais bien savoir si, comme lui, vous aimez la nature champètre.

Je voudrais savoir aussi ce à quoi vous travaillez en ce moment, et où vous comptez passer la saison d'été. Si vous vous trouvez près de F. Hiller qui m'avait fort bien accueilli à Francfort présentez lui mes hommages.

Enfin écrivez moi quelques lignes, si cela ne vous ennuye pas et n'affranchissez pas votre lettre.
Votre très sympatique admirateur
Laurens

Nr. 13

[Laurens an Schumann, *Corr* Bd. 24, Nr. 4379]

Montpellier 26 Januar 1852

Cher et illustre Maître,

Voilà bien du tems que je ne vous ai adressé aucun mot. Cela a été non par indifférence pour vos œuvres et pour vous, non que je n'eusse éprouvé le besoin de vous remercier des douces jouissances journalières que me donne votre musique, mais par pure discrétion et par respect pour votre tems. Cependant je finis par me dire que tout français et par conséquent tout barbare que je puis être dans votre esprit, je suis encore un de ceux qui vous comprennent le mieux et qui combattent le plus vivement pour votre gloire.

Ainsi vous me devez un peu de cette bienveillance que Mendelssohn m'accordait si volontiers et que vous m'avez même promise. J'ose donc venir vous le réclamer en vous disant qu'il y a loin de vous des vives sympathies pour tout ce que vous faites.

D'ailleurs lorsqu'on s'élève au dessus des trivialités de la mode et que la mort n'a pas fait taire tous les curieux, En tout pays même en Allemagne les vrais Seele-Verwandte sont assez, sont trop rares pour ne pas [avoir]⁴⁴ des égards pour ceux qu'on sait être tels.

Maintenant que cette âme de grand artiste est bien connu par vos œuvres, il me reste à connaitre votre personne, et entendre le son de votre voix et j'éspère me satisfaire cette année (en 8bre). J'ai toujours voulu que l'image de l'homme m'appa[raisse] en souvenir, au moment où je vivais avec son œuvre. Cela est d'ailleurs si intéressant d'étudier les rapports de l'intelligence avec la forme matérielle de l'homme. J'en sais quelque chose, car j'ai connu personnellement beaucoup de personnes célèbres surtout parmi les peintres de Paris. Parmi les grands musiciens qui ont habité cette capitale, j'ai eu l'avantage de connaitre Cherubini et Chopin . . . Maintenant Auber, Ad. Adam, Zimmermann me tiennent souvent compagnie lorsque je dessine chez notre ami commun le Statuaire [Pra?] mais nous ne parlons jamais de musique, ce dont je ne [suis?] pas fâché, car nous ne nous entendrions pas avec ces auteurs de mu[sique]. Il n'en [est?] pas ainsi avec mon très cher et très fidèle Stephen Heller si distingué, si triste, si dégoûté du monde et pourtant n'ayant pas la force de quitter Paris, tant il est ce que nous appelons acoquiné (verwöhnt) à la vie active de cette capitale.

Pendant l'été dernier mon existence artistique a été assez favorisée. Dans un chateau un peu rustique à une heure de Montpellier Mdme Sabatier – jadis M.lle Ungher⁴⁵ avait amené près d'elle la gentille Wilhelmina Clauss⁴⁶ et le poète Moritz Hartmann⁴⁷. Vous devez penser que trouvant à parler de vous avec cette jeune virtuose que vous avez bien connue, j'ai été très heureux et elle aussi, qui venant dans le pays des barbares, a trouvé un musicien un peu civilisé. Hartmann et Heller désiraient beaucoup se connaitre et j'ai été leur moyen. Je sais maintenant qu'ils se rencontrent souvent à Paris, surtout chez Ferdinand Hiller dont je n'oublierai pas le cordial accueil qu'il me fit à Francfort.

---

⁴⁴ Das Wort fehlt im Text und wurde sinnvollerweise ergänzt.
⁴⁵ Caroline Unger-Sabatier (1803–1877), Altistin
⁴⁶ Wilhelmine Clauß (1834–1907), Pianistin
⁴⁷ Moritz Hartmann (1821–1872), Dichter; 1848 Mitglied des Frankfurter Parlaments

J'ai eu ensuite, soit comme hôte dans ma maison, soit comme camarade de voyage mon confrère et ami Wilhem m[sic!] Schirmer à qui j'ai fait faire une magnifique récolte de matériaux pittoresques. L'Allgemeine Zeitung a parlé du succès qu'avaient obtenu ses beaux dessins à son retour à Dusseldorf. Attendu que Schirmer est un de vos chanteurs et par conséquent très à portée de vous, il pourrait longuement vous donner de mes nouvelles si vous lui en demandiez.

J'attends impatiemment un envoi d'Allemagne contenant les quatre ou cinq dernières compositions que vous avez publiées. En attendant je me régale assez souvent de vos Lieder, de vos Bilder aus Osten [op. 66], des Waldscenen, des Phantasie Stücke [op. 111]. En même tems, j'ai eu le plaisir de voir les Promenades d'un Solitaire de Heller [op. 78], œuvre charmante qui doit beaucoup, selon moi étendre le succès de son nom. Voici ce qu'il m'écrivait lui même l'autre jour à ce sujet: „Je pense que si je me mettais maintenant à écrire 3 [à?] 4 cahiers semblables aux Promenades, c'est à dire dans cette forme [et?] peut être un peu avec cette tournure, cela me rendrait plus populaire que 50 autres ouvrages dont chacun serait dans un style différent et hardi. Peut-être ferais-je ainsi, car j'ai besoin enfin d'une vogue plus grande. Dites moi vos pensées là dessus."

Depuis les articles du Zeitschrift für Musik sur Genoveva, j'ai perdu mon estime pour ce journal et je viens de cesser mon abonnement. Il me semble que la bonne critique doit faire monter le vulgaire à l'intelligence des choses élevées et ne pas descendre au contraire vers les choses triviales. J'espère que s'il parait quelque œuvre saillante, vous voudrez bien, une fois par an, me le dire. Au reste, si vous trouviez que j'ai tort de ne plus vouloir lire le Zeitschrift, vous n'auriez qu'à m'en prévenir et je vous obéirais. Dans tous les cas, v[ous] feriez un acte de véritable charité, si vous vouliez m'écrire quelques lignes, on les attendra et toujours je suis votre fidèle admira[teur] et votre vrai Seele Verwandt.   Laurens

Nr. 14

[Schumann an Laurens, Bibliothèque Inguimbertine, Carpentras, Sign.: *MS 1093, No. 218*]

Geehrter Herr,
Oft habe ich Ihrer gedacht. Meine Zeit ist sehr in Anspruch genommen; darum verzeihen Sie das lange Schweigen.

Manches Neue ist in der Zeit, wo Sie nichts von mir hörten, entstanden; auch bis zu Ihnen, der Sie so freundlichen Antheil nehmen, wird vielleicht dies und jenes dringen[48].

Sehr sollte es mich freuen, Sie in Deutschland einmal zu begrüssen. Ich hoffe, dass Sie mir es zeitig genug schreiben, damit wir uns nicht etwa verfehlen.

Hrn. Schirmer kenne ich leider persönlich nur vom Ansehen und habe mir deshalb schon Vorwürfe gemacht. Wir hatten es im Anfang unserer Hierherkunft versäumt, ihm unsern Besuch zu machen, und so ist Monat nach Monat vergangen. Gewiss aber hoffe ich, mit dem vortrefflichen Künstler noch bekannt zu werden.

Morgen, den 5ten, haben wir die erste Aufführung einer Composition von mir: „Die Pilgerfahrt der Rose" [op. 112], eines Mährchens von einem jungen deutschen Dichter,

---

[48] Der Abschnitt von *Manches* [. . .] bis [. . .] *dringen.* fehlt in *Briefe NF,* S. 354

das ich für Solostimen, Chor und Orchester componirt habe. Wie wünschte ich, dass Sie dabei sein könnten! Sonst ist in der letzten Zeit noch Manches von mir erschienen: eine *Ouverture zur Braut von Messina* [op. 100], eine Symphonie [Nr. 4, op. 120], die Lieder und Gesänge aus Göthe's Wilhelm Meister [op. 98a], eine Sonate für Violine und Pianoforte[49], ein Cyklus ein- und mehrstimmiger Gesänge *„Minnespiel"* [op. 101] und manches andere. Auch ist ein Catalog meiner sämmtlichen bis jetzt gedruckten Compositionen vor Kurzem erschienen, in dem Sie alles auf das Genaueste angezeigt finden.

Die „Spaziergänge" von St. Heller sind ganz köstliche Stücke, auch sein letztes *„Saltarello"* [über ein Thema der 4. Sinfonie von Mendelssohn op. 77]. Ich bin darüber mit Ihnen ganz einverstanden.

Die Recensionen über meine *Genoveva* lassen Sie sich nicht verdriessen. Das sind die Zäune und Hecken, durch die Jeder hindurch muss, der zum Parnass will. Ich lese dergleichen nur, wenn es mir zufällig in die Hände geräth. Will ich mir Raths erholen, so <finde> weiss ich schon, wo ihn <hol>[50] finden — in meinen Partituren nämlich, von Händel und Bach und Mozart u. Beethoven.

Nun genug für heute! So Manches wünschte ich Ihnen noch zu sagen; aber es steht mir heute noch viel bevor.

Schreiben Sie mir bald wieder!

Ihr ergebener R. Schumann.

Düsseldorf,

4. Februar 1852.

Nr. 15

[Laurens an Schumann, *Corr* Bd. 26, Nr. 4667]

Montpellier 3 Avril 1852

Cher et illustre Maître

Les français terminent leurs lettres en priant ceux à qui ils écrivent d'agréer l'assurance de leur parfaite considération, ce qui n'est nullement sincère dans beaucoup de cas: C'est donc une formule d'usage. Je connais peu quelles sont les formules exigées dans la correspondance allemande et, par cette raison, j'ai un peu peur que lorsque vous m'écrivez, à la fin de vos lettres: Schreiben Sie mir bald wieder, ce ne soit là qu'une simple formule de bienveillance; d'un autre côté j'ai toujours connu les allemands si francs et si freuntlich que je reste dans le doute: Je balance entre le plaisir de vous écrire et la crainte de vous ennuyer. Enfin je finis par faire en cela comme je fais en tout d'autre jouissance: J'use avec modération. Vous paraissiez croire qu'étant freundlich moi même à ce que vous écrivez. J'ai dû être affecté très péniblement de nos évenemens politiques. C'est qu'en effet il y aurait de quoi, mais la passion que j'ai eue de tout tems pour la douce nature, pour l'art, pour le travail, a empéché de naitre toute passion politique et j'ai donc pu observer très froidement les partis. Eh! bien. Ils ont tous mérité ce qui leur est arrivé. Bien plus, à la manière aveugle dont ils se conduisaient, ils méritaient encore pire; Mais laissons cela pour parler de l'art. Depuis que je vous ai écrit j'ai connu de vous les Lieder sur les poé-

---

[49] Gemeint ist Nr. 1 op. 105.

[50] Das gestrichene Wort ist nicht eindeutig zu entziffern.

sies d'Elisabeth Kulmann[51] et les 5 Stücke im Volkston [op. 102]. Il y a accez de tristesse dans les Lieder. Le dernier a cependant excité mon enthousiasme à cause de la dissonnance qui est placée sur les mots entzürnten. Si les musiciens philister vous reprochent ces hardiesses d'harmonie, je les admire comme des traits de génie. C'est par ces tentatives que l'art de[52] transforme et il n'y a que les têtes fortes qui en soient capables. Les morceaux populaires (im Volkston) me paraissent une réponse adressée à ceux qui vous accusent d'être trop mistique et trop mélancolique. J'espère avoir assez tôt la Sonate pour Piano et Violon que vous me dites avoir composé récemment; mais je ne sais si, n'ayant pu donner l'adresse d'un éditeur on pourra me la procurer. S'il vous était facile de m'envoyer quelques feuilles de vos œuvres vous pourriez me les adresser par l'occasion de M.ᵣ Fr. Lehmann qui va passer 8 jours à Frankenthal (Palatinat du Rhin) et qui reviendra ensuite à Montpellier.

Je suis toujours dans la même intention d'aller vous voir où vous serez au commencement d'octobre prochain. Je serais vraiment faché que vous ne fussiez pas en rapport très bienveillant avec mon brave confrère en peinture W. Schirmer, qui est peut-être un peu classique rétrograde en musique, mais qui est un artiste d'un grand talent et un excellent homme. Il a trouvé mon pays méridional tellement beau que je m'attends à l'y revoir accompagné de toute son école. Pourquoi faut-il que dans un si beau pays, on y fasse si peu de musique! C'est hélas! par[ce]que le bon Dieu ne donne pas tout aux uns et rien aux autres.

Depuis que la Photographie est inventée les bons peintres l'ont admirée, mais ne l'ont pas pratiquée. Ce sont les artistes manquées qui ont expérimentés et les résultats obtenus ont prouvé qu'avec des connaissances convenables on obtiendrait mieux. C'est ce que j'essaie depuis deux mois, je suis si émerveillé de voir naitre des dessins dans des cuvettes d'acides et de sels que je me suis passionné comme je me passionne pour tout ce qui honore l'intelligence humaine. Aujourd'hui je retire d'une de mes cuvettes la tête d'un rustique amateur de la nature et de l'art, d'un bon vieil homme qui pense bien souvent à vous dans sa solitude éloignée, d'un de vos plus sympatiques admirateurs qui se nomme Laurens

Nr. 16

[Laurens an Schumann, *Corr* Bd. 26, Nr. 4644]

Montpellier 19 Février 1853

Cher et illustre Maître,
Voilà bien long tems que je suis sans nouvelles de l'art musical en Allemagne ni de vous qui en êtes le plus digne représentant. Si je vous écris peu, ce n'est pas parceque je pourrais porter un moindre interêt à ce que vous faites et à tout ce qui se fait dans la patrie de Bach et de Beethoven, mais parcequ'il faut infiniment respecter le tems d'un artiste placé aussi haut que vous, et savoir que je suis un de ces barbares musiciens appelés français. La preuve de cette barbarie est écrite dans la liste des membres de la Bach Geßelschaft où l'érudition musicale française ne compte que deux membres: Alkan et moi. C'est bien

---

[51] *Mädchenlieder* op. 103, 7 Lieder op. 104
[52] Recte muß es wohl *se* heißen.

triste et bien honteux! Vous devez comprendre par là mon isolement et mes aspirations vers l'Allemagne. C'était comme je vous l'avais dit, mon projet, d'y aller passer mes dernières vacances, mais des circonstances entièrement imprévues, dépendantes de ma qualité de fonctionnaire de l'instruction publique supérieure, ont dérangé ce projet. Cependant ne pouvant me passer d'art, tout en rôdant pour remplir mes fonctions, j'ai dessiné dans les Alpes, à la grande chartreuse, je me suis arrêté à Lyon, dans le centre de la France; je me suis reposé pendant trois jours, crayon en mains, dans la belle forêt de Fontainebleau et me suis arrêté une semaine à Paris où j'ai vu Ferd. Hiller, Stephen Heller tous les deux peu contents. Ils m'ont fait entendre de jolies choses.

La gentille Wilhelmine Clauss, qui revenait de Londres, m'a revu avec une Freundlichkeit inexprimable; elle a joué pour moi pendant deux séances et pendant ces deux séances, elle ne m'a exécuté que de votre musique, en s'interrompant à tout moment: pour s'écrier: Oh! que j'aime Schumann! J'ai gagné à ces auditions l'avantage de connaitre trois œuvres admirables qui avaient jusqu'à présent échapé à mon attention, ce sont votre 2.e Sonate [op. 22], votre Fantaisie [op. 17] dédiée à Listz [Liszt] et le Faschingsschwank [op. 26]. Depuis lors j'ai eu ces œuvres dans ma collection et j'en ai eu bien du plaisir. J'ai vu aussi à Paris Alkan, qui connait et qui aime vos œuvres: nous nous sommes quittés, après une seule visite, bien fachés l'un et l'autre de ne pouvoir nous entretenir de choses incomprises autour de nous. Le 30 septembre, j'étais à Montpellier et deux jours après j'errais de nouveau dans la Provence, à Aix, à Draguignan, à Marseille et le reste de mes vacances a été employé à visiter la Corse. Je n'ai pu entendre dans cette île d'autre musique que le Giuramento de Mercadante massacré par une misérable compagnie italienne. Je me suis consolé en dessinant les sites extra-sauvages de ce pays peuplé d'hommes également sauvages. Le journal d'images l'Illustration dont je suis un assez actif collaborateur publiera prochainement mon voyage en cinq articles accompagnés d'une trentaine de dessins.

Je rêve maintenant à la publication d'un voyage en Allemagne qui serait exécuté en Septembre et Octobre 1853. Où serez-vous à cette époque? Je veux le savoir, car votre connaissance personnelle est toujours le principal motif d'un pareil voyage. Ce serait assez piquant de faire pour les musiciens de notre époque ce que Lord Burney fit, il y a un siècle pour les artistes de son tems. J'aurais un avantage sur lui, celui de pouvoir raconter avec mon crayon.

Ayant cessé mon abonnement au Neue Zeitschrift zur Musik depuis un an, je ne sais plus depuis cette époque s'il a paru quelque œuvre significative. Les vôtres le sont toutes, mais qu'avez vous publié? Voilà une question à la quelle je vous prie de me donner une réponse. Mendelssohn y aurait répondu et vous avez bien voulu, me donner déjà, comme lui, d'utiles conseils. J'espère que vous voudriez bien me les continuer.

Quoique plongé dans la barbarie, je fais pourtant quelques efforts heureux pour entendre et faire entendre de la bonne musique. Ainsi dans ce moment je me régale très fort avec votre admirable Quintette pr Piano qui fait l'admiration de tout l'auditoire.

Il se fait à Paris aussi quelques efforts vers la bonne musique. On voit sur des Programmes de Concert des pièces de S. Bach, de Gade et tout cela, est, par malheur peu compris et la presse musicale de Paris est toujours ignorante ou venale.

Haberbier, qui passa dernièrement à Montpellier, fut très heureux de trouver, sous mon toit, un petit temple élevé à l'art allemand. Le Violoniste Ernst passait jadis de longues heures dans ma bibliothèque, il doit revenir un de ces jours. Si un jour vous deviez entrer

avec Mad.e Clara Schumann dans se temple, qu'on appelle vulgairement mon atelier, il est probable que les portes s'ouvriraient toutes seules.
Votre très dévoué admirateur.
Laurens

Nr. 17

[Schumann an Laurens, Bibliothèque Inguimbertine, Carpentras, Sign.: *MS 1093, No.* (die Angabe der Nummer fehlt auf dem Autograph)]

Düsseldorf, den 10ten April 1853

Theurer Herr,
Oft habe ich Ihrer gedacht – trotz meines langen Schweigens. Die Zeit, da ich Ihnen nicht schrieb, war eine schwere Leidenszeit; ich war 6 Monate krank und habe mich erst seit kurzer Zeit wieder erholt. Im vergangenen Herbst erwartete ich, daß sich einmal die Thür öffnen <würde> und Sie hereintreten würden. So holen Sie es[53] denn in diesem Jahre nach!

Ihre treue Teilnahme an meinen Kunstbestrebungen ist mir sehr werth. Es wird Sie vielleicht interessiren, zu hören, daß sich meine Musik in den letzten Jahren sehr zu verbreiten anfängt, auch in fremden Ländern, namentlich in Holland und England. Ich erhalte viele Anzeichen davon.

In der Zeit, wo ich Ihnen nicht schrieb, sind ziemlich viele Compositionen erschienen: die Pilgerfahrt der Rose (ein Mährchen) [op. 112], ein Trio (das 3te) [op. 110], Ouverture und Musik zu Lord Bÿrons *Manfred* [op. 115], „*Mährchenbilder*" Stücke für Viola und Pianoforte [op. 113], ein Heft Phantasiestücke für Pianoforte [op. 111], ein *Nachtlied* v. Hebbel für Chor und Orchester [op. 108] und manches noch. Kommen Sie nach Deutschland, so soll es mich freuen, Ihnen recht Vieles hören zu laßen, wozu auch meine Frau ihre[54] Hand bieten wird.

Von sonstigen bedeutenden musikalischen Erscheinungen ist nicht gar zu viel zu berichten. Die Opern von R. Wagner machen viel von sich sprechen; aber es ist auch Manches dagegen zu sagen. Er ist kein guter Musiker. Auf eine Sammlung *Clavierstücke* von Theodor Kirchner (Cassel, bei Luckhardt) möchte ich Sie aufmerksam machen; sie zeigen wahrhafte Genialität und werden Ihnen, wie ich glaube, großen Genuß gewähren.

Was Sie mir über Wilhelmine Claus[s] schreiben, hat mich erfreut. Ich kenne sie noch als Anfängerin; sie war schon damals die lieblichste Erscheinung, einem Feenkinde vergleichbar. Gewiß mag sie, seitdem ich sie nicht gehört, – es sind wohl fünf Jahre her – noch ungeheuer vorgeschritten sein.

Wir sind in starken Zurüstungen zu dem großen Musikfest, das am 15ten Mai hier beginnen und von F. Hiller und mir dirigirt wird. Es wird dabei der *Messias*, die 9te Symphonie, Ouvertüre und 1ter Act der *Alceste* von Gluck, ein Psalm von Hiller und eine Symphonie von mir aufgeführt. Könnten Sie doch dabei sein! Ist es nicht möglich?

---

[53] *Es* ist im Text nachträglich eingefügt.
[54] Bei M. Herrmann, a.a.O., S. 263 fehlt *ihre.*

So nehme ich denn heute von Ihnen Abschied! Vergeßen Sie nicht, mir recht oft zu schreiben. Wenn ich Ihre Addresse[55] erkenne, so kommt mir immer ein freudiges Behagen an.
Mit vielen Grüßen
der Ihrige
R. Schumann.

Nr. 18

[Laurens an Schumann, *Corr* Bd. 26, Nr. 42][56]

Montpellier 13 Juillet 1853

Cher et illustre Maître,
Je me sers de l'occasion d'un de mes meilleurs amis, M.r Renouvier de Montpellier qui va se rendre à Berlin à Dresde pour satisfaire une passion: celle que je partage de voir et d'accaparer de vieux morceaux de papier portans la trace des Radierungen d'Albert Dierer[57], de Lucas de Leyde de Rembrandt. Quoiqu'il en soit il remettra si non entre vos mains, du moins dans vos environs cette lettre. Mon projet est plus arrêté que jamais de passer mes vacances en Allemagne et d'y ramasser des matériaux qui ajoutées à ceux que j'ai déjà me permettront de publier mon voyage. Je veux faire pour notre époque ce qu'a fait le docteur Burney dans le siècle dernier ou plutôt je veux prendre le prétexte d'un Voyage pittoresque et musical, je veux au milieu d'une foule d'images de villes, d'architecture, de portraits, de costumes, de forêts, dires des choses sur la musique plus sérieuses, plus vraies, plus dignes, plus instructives qu'on ne les dit dans nos journaux français et je publierai mon travail dans notre illustrierte Zeitung, qui a 20 000 abonnés.
Attendu que je vous considère comme la personnalité la plus haut placée et la plus significative de l'art musical en Allemagne, c'est près de vous que je dois recueillir les notes les plus précieuses de mon voyage, c'est près de vous que je compte prendre les idées les plus justes sur l'état actuel et la marche de l'art dans ses transformations incessantes. Puisque je vais vous trouver avec tant de confiance et d'admiration j'espère recevoir de votre part un accueil qui me fera aimer l'homme autant que j'admire ses œuvres.
Voulant visiter convenablément Nüremberg, Dresde, Leipsig, revoir mes amis de Francfort et vivre quelques jours dans la famille de ce bon Rinck à Darmstadt, là où j'étais comme l'enfant de la maison, je ne pense pas arriver à Dusseldorf avant le 14 octobre. Si vous ne deviez pas vous y trouver, veuillez bien me dire en quel lieu il faudrait aller vous chercher. Je recevrais aussi bien volontiers quelques conseils et recommandations pour être bien dirigé dans mes observations à Dresde et Leipsig. Si vous pouvez m'en donner, ayez la bonté de me les adresser avant la fin du mois d'Août.
Il n'y a pas cinq jours que j'ai reçu votre 3.e Trio [op. 110] malgré que je l'eusse demandé depuis plus de deux mois. J'avais demandé toutes les autres œuvres que vous m'aviez indiquées, mais il y a eu erreur dans la commission et je n'ai que le 3.e Trio, que je n'ai pu encore exécuter.

---

55 M. Herrmann, a.a.O., S. 263: *Adresse*
56 Vermerk unten auf der Seite: M^r. *Robert Schumann maître des concerts à Dusseldorf.*
57 Gemeint ist Albrecht Dürer.

Je n'ai pas eu le tems non plus de connaitre les Fantasie-Stücke[58] de Kirchner que j'ai reçues.

Stephen Heller a publié une seconde serie de Promenades d'un solitaire[59] et 24 petits préludes [op. 81], qui sont distingués, comme tout ce qu'il fait.

Ainsi que je vous l'avais annoncé, Ernst a passé plusieurs jours à Montpellier où je lui fis entendre plusieurs de vos Lieder, après quoi il dit quand on a entendu cela une fois, on ne l'oublie jamais.

Je lui prêtai vos quatuors fur Streichinstrumente qu'ils voulut aller faire entendre à Marseille.

Avec l'espoir d'aller continuer cette causerie de vive voix, dans trois mois à Dusseldorf, je suis votre très affectionné Verehrer.

Je serai également bien heureux de témoigner meine Verehrung à la grande virtuose de l'Allemagne à Clara Schumann.

Laurens

Nr. 19

[Schumann an Laurens, Bibliothèque Inguimbertine, Carpentras, Sign.: *MS 1093, No. 222*]

Düsseldorf, den 21ten August 1853

Geehrter Freund,
Ihren Brief habe ich erst vorgestern erhalten. Wir bleiben gewiss in Düsseldorf bis zum November. Es soll uns[60] sehr freuen, Sie bald hier zu begrüssen. Meine Frau soll Ihnen recht vorspielen. Kommen Sie denn bald!
Ihr
ergebener
R. Schumann.

Nr. 20

[Laurens an Schumann, *Corr* Bd. 26, Nr. 169]

Montpellier 31 Décembre 1853

Cher et illustre Maître.
Après l'enivrement où m'avait jeté mon dernier voyage en Allemagne, après l'accomplissement le plus heureux qu'il m'eut été possible de souhaiter d'un pélérinage longtems désiré, après tant de jouissances du cœur et de l'esprit, je me suis trouvé mélancolique et

---

[58] Kirchners *Fantasiestücke* op. 14 entstanden erst 1873. Stattdessen könnten die 10 *Clavierstücke* op. 2 gemeint sein.

[59] Aufgrund der zeitlichen Einordnung handelt es sich vermutlich um die *Wanderstudien eines Einsamen* op. 80 (1852) und nicht um die eigentliche zweite Folge der *Spaziergänge eines Einsamen*, die laut Werkverzeichnis erst 1856 entstanden.

[60] M. Herrmann, a.a.O., S. 263; *Briefe NF*, S. 378: *mich*

triste comme on l'est après un beau rêve. Avec votre âme si tendre, vous devez savoir que rien n'est moins gai qu'un profond bonheur. Dans cet état de recueillement et de stupeur où je me suis trouvé et où je me trouve encore, j'ose à peine penser à Dusseldorf, de peur de sentir de trop vifs regrets[61]. Cependant il ne faut pas vous laisser croire que pour vous avoir connu, je suis devenu indifférent. Certes! C'est tout le contraire, car chaque fois que je joue quelqu'un de vos morceaux je suis plus heureux qu'auparavant, il me semble vous voir, tant vos œuvres sont l'expression de votre personne. Cela se passe surtout ainsi avec les MärchenBilder [op. 113] que je trouve ravissants. C'est bien cette rêverie tendre et caressante, qui fait le fond de votre caractère. Ces accens doux et sourds de la Viola peignent bien votre gout de la solitude et du calme. Enfin ces mouvemens brusques et agités du N. 2 et 3 reproduisent bien ces moments d'émotion vide auxquels vous fesiez allusion lorsque vous me disiez: ich bin sehr leidenschaftlich.

Pensant que cela pourra vous interresser je vous donnerai des nouvelles de mes entrevues avec Heller à Paris, nous nous sommes vus quatre ou cinq fois pendant les huit jours seulement que j'ai passés dans notre Capitale. Il a pris comme beaucoup d'autres hommes distingués, beaucoup de part à tout ce que j'ai pu lui raconter de l'Allemagne en général et de vous, en particulier.

J'ai vu par des journaux que votre ouverture de Manfred [op. 115] exécutée aux concerts de la societé de S.te Cecile avait excité de l'admiration, mais on vous juge comme on jugeait Beethoven lorsqu'on ne le connaissait presque pas. Vous êtes présenté comme un écrivain distingué, come un compositeur très savant ayant un style très recherché; l'artiste plein d'inspiration et de poésie leur échappe encore, mais cela viendra et j'espère que j'y aiderai.

Quoique pressé de publier bientôt mes études pittoresques et musicales sur l'Allemagne dans le journal de Paris: L'Illustration, j'ai fait le paresseux étant distrait de ce grand travail par la séduction journalière de tout ce qui passe journellement devant les yeux: arbres, horizons, rochers, costumes, figures dont je veux fixer des souvenirs avec mon crayon. Cependant je tiens mon premier article par la fin, il a trait à Freiburg im Breisgau et au Schwarzwald, il renferme huit dessins et un texte très étendu redigé en grande partie par ma fille qui garde le pseudonyme de son [?] second et mon 3.e article [trait?] de l'Erudition musicale en général. Vous y serez nommé, en attendant qu'un article spécial vous soit uniquement consacré.

Dans tous les cas il me tarde de dire quelques dures vérités à ces ignorans écrivains de Paris, qui parlent [?] en juger de ce qu'ils ignorent complètement. J'en suis honteux pour mon pays.

Ayant resté long tems de vous écrire j'ai peu de droits à vous demander de vos nouvelles devenues maintenant plus interessantes. Cependant vous m'accorderez j'espère bientôt la faveur de quelques mots de votre main et que vous me désignerez les dernieres œuvres de votre composition qui ont été publiés, afin que je les fasse venir le plutôt possible. Vous me parlerez aussi de cette douce moitié de vous même, de cette Clara qui fait avec vous un tout si complet et si admirable. Dites-lui bien que je suis ému au souvenir de la tendresse qu'elle a pour vous. Et le charmant Brahms, est-il illustre déjà? Offrez lui un

---

[61] Laurens hatte Schumann Mitte Oktober 1853 besucht; vgl. hierzu *Litzmann II*, S. 283 und die beiliegende Kopie aus dem jüngst erschienenen Katalog.

sympathique souvenir de ma part, aussi qu'à M.r Dietterich[62] et aux amateurs de Violon et de Violoncello qui ont contribué à mes jouissances musicales dans votre salon, mais j'irai tous vous revoir aux vacances prochaines.

Votre affectionné admirateur

Laurens

---

[62] Albert Dietrich (1829–1908), Komponist und Dirigent, Schüler Schumanns in Düsseldorf

Anhang

Ruth Seiberts
Die Übersetzung der französischen Briefe Laurens'

Nr. 1[63]

A Monsieur
Robert – Schumann Tonkunstler

Dresde – Saxe
Montpellier, am Ufer des mittelländischen Meers.
April 1848

Hochverehrter Meister,
Nein! Keine wichtige Begebenheit; Nur aber eine Seltenheit. Was denn für eine Seltenheit?
Ein Franzose, der ist ein Dilletante der tüchtigen Musik und welcher aus seiner Liebe und
Achtung die deutsche Sprache gelernt hat. Aber als Sie sind ein zu gelehrter Mann, um
nicht seine mutterliche Sprache zu verstehen und auch er zu viele Fehler begeben würde,
so er auf Französische schreiben wird[64].
    Ich teilte Ihnen also gerade mit, daß ich Franzose bin. Ja, ich gestehe mit tiefster Demut,
daß ich zu jener Nation gehöre, die niemals die großen deutschen Musiker verstanden
hat, abgesehen von den wenigen Fällen, wo dies zwanzig Jahre nach ihrem Tod geschehen ist; aber wie es auch um die Unverständigkeit Frankreichs gegenüber der wahren und
großen Musik (*rein*[e] *Tonkunst*) bestellt ist, glauben Sie mir, es gibt noch Menschen, die
wissen, was um ihr Land herum passiert und die sich lebhaft dafür interessieren.

---

63 Die Durchnumerierung der Briefe bezieht sich auf die bereits in der Wiedergabe des Briefwechsels ver-
   gebene.
64 Um zwischen dem Übersetzungstext und den Passagen, die Laurens selbst in deutsch verfaßte, unterscheiden zu können, wird im folgenden der schon im Original deutsche Text durch Kursivschreibung
   kenntlich gemacht.

Was mich betrifft, bin ich zwar arm, habe aber dennoch dreimal den Rhein überquert, um bei dem Organisten Rinck und Felix Mendelssohn zu leben; ich habe die interessanteste Musiksammlung in Frankreich, ich erhalte die von Ihnen gegründete Zeitschrift (*Neue Zeitschrift*), und meine Blicke sind stets nach Deutschland gerichtet. Nachdem ich alle wichtigen Werke kennengelernt habe, die in der Vergangenheit Veränderungen in der Kunst angezeigt haben, interessiert mich nun nichts so sehr wie die Werke, die in der Gegenwart und Zukunft von Umwälzungen und Fortschritt künden. Aus diesem Grund mußte ich natürlich eine besondere Aufmerksamkeit Ihren Kompositionen widmen, die mir als das erscheinen, was in unserer Zeit mit von der höchsten Originalität, Bedeutsamkeit und Vollendung ist. Leider sind mir Ihre Kompositionen nur unzulänglich bekannt, denn in meiner Sammlung habe ich lediglich die *Arabeske* op. [18], die *Humoreske* [op. 20], die Kinderszenen [op. 15], den *Carnaval* [op. 9], die 3 Etüden-Werke, das Quartett (*Wunderschön*) op. 47 und ein *Lieder*heft op. 29, das Mendelssohn mir geschickt hat.

Den Wert dieser wenigen Werke habe ich nur zu gut verstanden, um nicht den brennenden Wunsch zu verspüren, weitere kennenzulernen; leider weiß ich nicht genau, worin sie bestehen, kenne weder den Preis noch den Verleger, und um das zu erfahren, schreibe ich Ihnen – aber nein! Ich schreibe Ihnen noch aus anderen Gründen: Zuallererst möchte ich Ihnen für die Augenblicke des Glücks danken, die die Bekanntschaft mit Ihren Werken ausgelöst hat. Dann schreibe ich Ihnen, weil ich – seitdem der Tod mich meiner Beziehungen zu Rinck und Mendelssohn beraubt hat – keine Freunde mehr in diesem teuren Deutschland habe. Um mich zu trösten, bitte ich Sie um einige Zeugnisse Ihres Wohlwollens und Ihrer Sympathie. Um Mendelssohn zu verführen, hatte ich ein probates Mittel: Er liebte meine Bilder sehr, er wollte mich sogar in Montpellier besuchen kommen, um bei mir Unterricht in Landschaftsmalerei zu nehmen (ein Genre, das ich sehr gepflegt habe), er war hingerissen von den kleinen Frauenköpfen, die von jener *Sehnsucht* ergriffen waren, die seine zarte und melancholische Musik ausdrückte und die auch die Ihre ausdrückt. Wer kann besser die Poesie einer Frau verstehen als ein großer Musiker? Ist die Musik etwas anderes als die Sprache der idealen Liebe? Auch Sie versuche ich mit meinem Verführungsmittel zu gewinnen, indem ich Ihnen ein Probestück meiner Liebhaberbeschäftigung, der Malerei, schicke. Ich hoffe, später noch die Gelegenheit zu erhalten, Ihnen zu zeigen, daß ich zur Kunst der Malerei den größten Fleiß und eine Geisteshaltung aufbringe, die immer auf der Suche nach dem Schönen ist.

Oben habe ich Ihnen die allzu kurze Liste der von Ihnen komponierten Werke mitgeteilt und bat sie darum, mir jene zu nennen, die mir unbekannt sind und die ich so gerne kennenlernen möchte. Ich muß Ihnen aber noch etwas über meine Spielfähigkeiten und meine Mittel, die Werke kennenzulernen, mitteilen. So werde ich eine Weile auf Werke für großes Orchester warten. Die Partiturlektüre dient nur dazu, in mir den unerfüllbaren Wunsch zu wecken, die Werke zu hören. Obwohl die Stadt, in der ich lebe, mit 40 000 Seelen bevölkert ist, und zwar mit einer sehr gelehrten Bevölkerung, und obwohl es überall Klaviere gibt, ist es schon recht schwierig, ein Quartett oder Quintett aufzuführen. Und was meine Ausführungsmöglichkeiten betrifft: ich spiele recht gut alle Streichinstrumente (*Geige*), auf dem Klavier bin ich wenig begabt, denn nur mit viel Übung gelingt es mir, einige Ihrer Werke zu spielen; ich singe mit schwacher Stimme, dennoch brumme ich gerne die deutschen *Lieder*, schließlich spiele ich viel Orgel, sogar mit obligatem Pedal (was in Frankreich fast ein Wunder ist). Und um dahin zu kommen, übe ich auf meinem

Klavier (ein großer Pleyel-Flügel), dem ein Pedalklavier angepaßt wurde. Sie sehen also: Obwohl mir eine Ausführungshilfe von auswärts fehlt, bin ich bei mir selbst ganz gut ausgestattet, um meine musikalischen Vergnügungen zu variieren und zu steigern.

Obschon die französischen Musikzeitschriften erbärmlich sind und nur wegen des Geschäftssinns der Verleger veröffentlicht werden, habe ich schon mehrmals Artikel geschrieben, in denen ich versuchte, die Aufmerksamkeit der Liebhaber auf die Kompositionen meines werten Freundes Heller zu lenken, ein großer Erneuerer wie Sie, jedoch in Paris, und damit in einer unverständigen Welt. Der einzige, der auf die Werke Mendelssohns aufmerksam machte, war ich. Was Sie betrifft, von Ihnen hat noch nie jemand gesprochen, außer Heller und Ch. Hallé in unseren Unterhaltungen; aber sobald ich eine ausreichend breite Kenntnis Ihrer Hauptwerke erworben habe, werde ich es mir zur Aufgabe machen, davon einen Bericht zu geben, über den Sie sich nicht werden beklagen können.

Bleibt noch, über die notwendigen materiellen Bedingungen zu sprechen, damit mein Geist sich an Ihren Eingebungen erfreuen kann. Nun gut, sobald Sie mir den Katalog mit den Werken, die die Sie für meinen Geschmack und meine Intelligenz am geeignetsten halten, haben zukommen lassen, und zwar mit Angabe der Verleger und dem Rabatt, den sie geben können, werde ich eine Zahlungsanweisung schicken, um meine Schuld zu begleichen. Ich hätte Ihnen diese Zahlungsanweisung schon heute geschickt, wenn ich sicher gewesen wäre, daß mein Brief bei Ihnen ankommt. Die Musiksendung sollte an MM. Treuttel und Würtz in Straßburg adressiert werden. Sie sind ehrliche Buchhändler, die mir das ganze Jahr über Bücher für die medizinische Fakultät schicken, in der ich Sekretär und Buchhalter bin.

Vergessen Sie in Ihrem Katalog die Peri nicht. Auch würde ich Sie bitten, mir einige Angaben über die Werke von Gade zu machen, deren Anerkennung mir leichtfallen könnte. Früher tat mir Mendelssohn den Gefallen, mich über das, was in Deutschland an Bedeutsamem veröffentlicht wird, auf dem laufenden zu halten. Ich will wohl glauben, bei Ihnen die selbe Sympathie für einen armen Einsamen vorzufinden, der Sie in seiner Zurückgezogenheit sehr verehrt.

Ihrer [sic!] *ergebenster Bewunderer*

Laurens

Secr.re bei der medecinischen

Facultät

P. S.: Hätten Sie die Güte, mir die vier Noten zu erklären, die das Rätsel oder die Sphinxen im Carnaval bilden?

Nr. 3

Montpellier, 6. Mai 1848

Teurer und berühmter Meister,

Auch wenn Sie mir nicht diese fünf Worte *Schreiben Sie mir recht bald wieder* geschrieben hätten, wäre ich hinreichend glücklich und Sie wären meiner Zudringlichkeit entledigt, aber ich sehe, daß mein *Tausch gegen Mendelssohn* nicht so *ungleich* ist, wie Sie sagen und daß Sie – wie er – das Talent eines großen Komponisten ersten Ranges mit einem edlen und guten Herzen vereinen, das Sie einem armen *Einsiedeler* sympathisch macht, der recht weit von Ihnen am Ende dieses Landes des schlechten Geschmacks, das sich Frankreich nennt, lebt. Ja, ich lebe hier wie die Ratte, die sich von der Welt zurückgezogen hat; [aber] im Herzen eines guten Käses. Mein Käse, das ist meine Bibliothek, meine Zeichenmappe und meine Musik, letztlich die ganze Umgebung, die meine düstere Existenz mit den lebhaftesten Herzens- und Geistesgenüssen erfüllt.

Da Sie also die Güte haben, sich um meine Vorräte zu sorgen und mich so weit wie möglich vom Weg der Philister wegzuführen, schicke ich Ihnen hiermit ein kleines Wertpapier von ungefähr 15 Th. über MM [die Herren] Treuttel und Würtz aus Straßburg. Da der Banquier zur Zeit keine großen Geschäfte macht, konnte ich mir das Papier nicht direkt aus Leipzig beschaffen. Diese Summe, so gering sie auch ist, hilft mir, mir für einige Monate ein paar interessante Studienobjekte zu beschaffen. Wenn dieser Vorrat erschöpft ist, werde ich neue beantragen. Die Zahl der Werke, die ich zur Zeit bekommen kann, ist übrigens jetzt viel größer durch den großen Rabatt, den Sie mir haben zukommen lassen. Jener war aber auch notwendig aufgrund der enormen Porto- und Zollgebühren. Nun, was mich tröstet, ist, daß Musik wie die Ihre über jedem Preis steht, wenn man sie vor allem mit diesem Berg voll weißem Papier vergleicht, auf unwürdige Art mit Noten geschwärzt, das man genauso teuer verkauft wie das, was es an Besserem gibt.

Da ich die Werke, die Sie mir gütigerweise notiert haben, überhaupt nicht kenne, kann ich nicht sagen, daß ich eine Auswahl getroffen habe. So gebe ich nur die Gattungen an, von denen ich glaube, daß sie am ehesten für meine Intelligenz und meinen Geschmack geeignet sind, der, ich wiederhole es, den einfachen, zarten, träumerischen und melancholischen Stücken zugetan ist. Obwohl mein Verstand ein lebhaftes Interesse für Werke von großer musikalischer Faktur zeigt, ziehe ich doch die Herzensfreuden denen des Verstands vor, und wenn es wie bei Ihnen Gelehrtes und Gefühlvolles gibt, bin ich gleich doppelt glücklich. Hier also meine Auflistung mit Anmerkungen:

Robert Schumann. Eine Ihrer Sinfonien für vier Hände arrangiert (die leichteste zum Beginnen?) oder die dritte [op. 61?].

derselbe: *Studien für den Pedalflügel* [op. 56] und die Fugen über den Namen Bach [op. 60]. Ich habe eine Unmenge an Fugen über diesen Namen, aber ich bin überzeugt, daß Sie etwas Eigenständiges und Neues über dieses so strapazierte Thema gemacht haben.

Davidsbündlertänze [op. 6], Sonate op. 11, *Fantasie Stücke* [op. 12], *Kreisleriana* [op. 16], *Novelletten* op. 21, *3 Romanzen* [op. 28] (von all diesen Stücken für Klavier solo schicken Sie mir bitte nicht jene, die von zu schwieriger Ausführung wären).

Von den *Gesänge*[n] *für eine Stimme* habe ich das erste Heft, *Myrthen* op. 25, das Mendelssohn mir gegeben hat. Es ist köstlich! Von dieser Art können Sie mir gerne alles mögliche schicken. Ich lasse Sie nur wissen, daß ich am liebsten träumerische Liebeslieder hätte, und auf diesem Gebiet halte ich viel von den acht Liedern von Chamisso [*Frauenliebe und Leben* op. 42] und der *Dichterliebe* von Heine [op. 48].

Ich zähle auf das *Paradies und die Peri* [op. 50] (*Clavierauszug*) und schließlich auf Ihr Klaviertrio op. 63.

Ihre Meinungsäußerung über M. N. Gade steigert meine Neugierde auf seine Kompositionen. Lassen Sie mir also das schicken, was sie am ehesten für geeignet halten, mir einen Eindruck seiner Originalität zu verschaffen. (Die Sonate op. 6 für Klavier und Viol. und einige seiner Ouvertüren oder Sinfonien, für Klavier gesetzt.[)]

Ich wünsche mir sehr, die bedeutendsten und zugleich leichtesten Sachen von M. Bennett zu haben.

Da Mendelssohn mir drei Hefte von R. Franz geschickt hat, brauche ich keine weiteren, hingegen möchte ich gerne die charakteristischsten Sachen von Josephine Lang kennenlernen.

M. Whistling rät mir (*dringend Empfohlen*) zu zwei Werken von Gustav Flügel.

Und schließlich möchte ich von Ihnen noch ein Werk mit *Liedern* von Mendelssohn bestellen, das ein – wie es scheint – sehr bekanntes *Jägerlied* von Eichendorf[f] enthält, das ich bedauerlicherweise nicht kenne.

Da der Betrag nicht festgelegt war, kann ich nicht wissen, ob die Summe, die ich geschickt habe, ausreichte, um meine Bestellung zu bezahlen. M. Whistling wird es so halten, wie er will: Entweder schickt er mir nur soviel, wie ich bezahlt habe, oder er nennt mir den fehlenden Betrag, den ich dann über Herrn Treuttel und Herrn Würtz bezahlen lassen werde. Ich schreibe heute noch diesen beiden Buchhändlern, um sie zu bitten, das Paket, das ihnen aus Leipzig zukommen wird, in Empfang zu nehmen.

Weil Sie recht haben, daß man nicht aufhören kann, an unseren lieben Mendelssohn zu denken und von ihm zu sprechen, nun, sprechen wir doch über ihn. Neulich habe ich mit großem Interesse und tiefer Bewegung das Buch von Lampadins, *Denkmal für seine Freunde*, gelesen. Aber fast alles, was in dieser Biographie stand, war mir schon bekannt. Wenn ich über Mendelssohn als Künstler urteile, finde ich immer, daß er nicht diese kraftvolle Originalität hatte, die geschickt die Kunst umwandelt. Er ist häufig der Tradition gefolgt, aber durch seinen exquisiten Geschmack, seine Gelehrsamkeit und Bildung und durch die Vornehmheit seiner moralischen Haltung hat er wahrhaft würdige Werke für ein Deutschland geschaffen, das Händel, Bach, Mozart und Beethoven hervorgebracht hat. Seit kurzem kenne ich sein letztes Heft *Lieder* op. 71, das mich entzückt hat. Das erste, *Tröstung*, hatte er mir von Hand abgeschrieben und geschickt, als er es komponierte. Ich habe auch einen kurzen Blick über seine *Kinderscènen* [op. 72] geworfen, die mir allerdings neben den Ihren recht schwach vorkommen.

Ich weiß nicht, ob Sie die Kompositionen von Stephen Heller gut kennen. Sie sind sehr bedeutend für unsere Zeit. Es ist bedauernswert, daß Heller in Paris lebt, wo seine Werke kaum bemerkt werden. Von seinen Freunden bin ich derjenige, dessen Achtung ihn am meisten über die Gleichgültigkeit der einfachen musikalischen Welt hinweggetröstet hat.

Nun, da ich die Zeit der Menschen, die sie so nutzen wie Sie, sehr wohl respektieren muß, bitte ich Sie, sich überhaupt nicht verpflichtet zu fühlen, auf diesen Brief zu antworten, soviel Freude ich auch immer verspüre, wenn ich ein Zeichen der Sympathie von einem Mann erhalte, dessen Werke mir eine der größten Freuden meines Lebens bereiten.

Wenn ich weniger beschäftigt wäre und vor allem wenn ich die Gewißheit hätte, daß meine Bilder Ihnen so gefallen, wie sie Mendelssohn zusagten, würde ich Ihnen eins malen. Vielleicht beim nächsten Mal, wenn ich Ihnen all meine Freude ausdrücken werde, die mir die Lektüre Ihrer Werke, die ich mit großer Ungeduld erwarte, bereitet.

Entschuldigung für die Umstände, die ich Ihnen durch meine Bestellung bei M. Whistling mache. Ich beauftrage heute die Herren Treuttel und Wurtz mit einer Bestellung über wissenschaftliche und medizinische Bücher für die Familie; diese Bücher und die Noten, die über M. Whistling adressiert sind, werden im selben Paket ankommen.

Ihr bescheidener und Ihnen zugeneigter Bewunderer

Laurens

Sekretär der medizinischen Fakultät

Nr. 4

Montpellier, 28. August 1848

Von einem Sehnsucht nach Wälder und Berge getrieben, verlasse ich Morgen meine Seegegend und, mit Stift, Pinsel und Farben überladen, reise ich ab um die Natur anbeten [sic!], um sie zu studieren, und vom Landleben zu genießen und meine Port-Folios zu vermehren. Mit anderen, ohne Zweifel korrekteren Worten will ich Ihnen sagen, daß ich für einige Zeit mein universitäres Leben hinter mir lasse, um nur das eines Künstlers zu führen, wobei ich von den Ferien profitiere, und bevor ich die Feder und die Schreiberei lasse, komme ich dem drängenden Wunsch nach, Ihnen die edle Freude mitzuteilen, die ich empfand, als ich die schönen Kompositionen kennenlernte, die mir gemäß Ihren Anweisungen und Ratschlägen von Leipzig zugekommen sind.

Aufgrund der momentan drückenden Sommerhitze und aus Zeitmangel konnte ich mit dieser Musik nur eine flüchtige Bekanntschaft machen, die noch zu vertiefen ist, und das Urteil, das ich Ihnen nun verkünden will, ist nur ein vorläufiges, aber wie dem auch sei, hier sind meine Eindrücke.

Die erste Sinfonie von Gade [op. 5] ist charmant, ich habe nichts von jener Originalität gefunden, die durch Merkwürdigkeit und Bizarrerie auffällt. Im Gegenteil, die Neuerungen, die sie umfaßt, zeigen sich von der einfachsten und natürlichsten Art. Ich hatte keine Gelegenheit, die Sonate mit Violine zu spielen, aber beim Lesen erschien mir dieses Werk sehr interessant. Ich glaube, daß es zwischen dem Genie von Gade und jenem von Haydn und von Mozart Ähnlichkeiten gibt. Alles in allem schenke ich diesem jungen Komponisten meine ganze Sympathie und bin ungeduldig, eine umfassendere Bekanntschaft mit seinen Werken zu machen.

Das Heft von Bennett op. 24 ist das Werk eines sehr geschickten Klavierkomponisten. Diese Musik konnte ich noch nicht anständig spielen, da sie zu schwer für meine Finger ist. Die zwei *Lieder*hefte von Josephine Lang op. 8 und op. 11 haben mir die größte Freude gemacht, diese Musik ist vornehm, geschickt gemacht und kommt von einer zarten und poetischen Seele. Auch würde ich gerne andere Werke dieser Frau kennenlernen, die ich – ich muß es zu meiner Schande gestehen – noch nicht einmal mit Namen kannte. Danke, daß Sie sie mir bekannt gemacht haben.

Auf die Empfehlung von M. Whistling (*dringend empfohlen*) habe ich den *Nachtfalter* von Gustav Flügel bekommen. In diesem Werk habe ich ein gewisses melodisches Gefühl und eine nicht immer natürliche Originalität gefunden, aber das ist zu schwach als Faktur (*Darstellung*).

Nun komme ich endlich zu Ihnen, und zwar um Sie König von allen zu nennen. *König der Ehre.* Ich muß Ihnen sagen, daß seit der schon etwas zurückliegenden Zeit, in der ich die Werke von J. S. Bach gründlich kennenlernte, keine mich so interessiert haben wie die Ihren. Sie sind die mächtigste Musikorganisation[?] unserer Zeit, aber Sie werden niemals populär sein. Wenn unser armer Mendelssohn bekannt geworden ist, dann deshalb, weil er viel reise – und schließlich hatten seine Werke, wenn sie auch voller Geschmack sind – nicht die Tiefe der Ihrigen (*nicht so tüchtige Werke als die Ihrige*). Die Inspiration, die ihm so oft fehlte, wurde oft durch den Geschmack und Gelehrsamkeit [*savoir*] ersetzt. Bei Ihnen fehlen die Inspiration, die Originalität und Neuheit harmonischer Formen nie. Reden wir im einzelnen von Ihren Meisterwerken. *Fantasie-Stücke, Novelletten, Romanzen* (kleine Diamanten, die von Originalität, Anmut, Gefühl und Phantasie glänzen).

Weniger zufrieden bin ich mit der *Grande Sonate* op. 11. Vielleicht müßte ich aber eher gestehen, daß sie zu schwer für meine Finger ist.

Fughen [sic!] *über den Namen BACH* und Studien für den *Pedalflügel*. Werke, die wegen der Größe ihrer Ideen und des Wissens eines Bach selbst würdig sind.

Die *Peri*, dieses großes Werk, kenne ich noch nicht ausreichend, um es in seinem ganzen Wert zu schätzen. Eine große Partitur mit Chor ist etwas, das nur langsam im Geist Gestalt annimmt. Dennoch kommen mir oft einige Passagen ins Gedächtnis, und ich werde davon sogar verfolgt, z. B. von dem Refrain *Ein Blümlein des Himmels ist schöner denn alle!*

Ihre *Liederkreise* machen mich vor Begeisterung verrückt. *Dreimal entzückend!!!*

Ich bewundere vor allem das op. 35 nach den Worten von Kerner wegen seiner sanften und zarten Empfindungen, die mit soviel Glück ausgedrückt werden. Sonst gibt es zu Ihren *Liedern* nichts besonderes zu sagen, weil alles perfekt ist.

Sie wissen zu interessieren, Sie bezaubern, Sie rufen Bewunderung hervor, gleich nach diesem köstlichen Franz Schubert, den Sie allerdings oft in vielerlei Hinsicht übertreffen.

Da die *Lieder* das Genre sind, an dem ich mich in meiner Fast-Einsamkeit am leichtesten erfreuen kann, besäße ich gerne in einer Bibliothek all jene Ihrer Werke, die ich nicht habe.

Im übrigen ist hier die Auflistung dessen, was ich Sie bitte, mir durch M. Whistling mittels der Herren Treuttel und Würtz aus Straßburg schicken zu lassen.

R. Schumann – *Lieder* op. 45-49-53-64-24-39-40
——————— *Trio für Pianoforte* [, *Violine und Violoncell*]. op. 63.
——————— *Davidsbündlertänze*. op. 6 und *Kreisleriana*. op. 16
4 Duette für Sopran und Tenor. op. 34.
3 Duette für 2 Frauenstimmen. op. 43.
Skizzen für den Pedalflügel. op. 58.

Gade	*Comala*. op. 12 und eine Ouvertüre zu vier Händen.
Kufferath	op. 9. *Trio für Piano Forte*. [sic!]
Robert Franz	*Lieder*. jene, die Sie bestimmen, außer den œuvres 2 et 4, die ich habe. Mendelssohn hatte sie mir geschickt.
Josephine Lang	*Lieder*. einige Werke außer N. 8 et 11, die ich habe.
Mendelssohn	op. 63 *zweistimmige Lieder*.

Unnötig, Ihnen zu sagen, daß ich Ihnen nicht nur die Freiheit lasse, mir etwas Neues zu schicken, von dem Sie denken, daß es mich interessieren könnte, sondern Sie sogar bitte, die Güte [dazu] zu haben, wenn trotz allem in dieser politisch bewegten Zeit, in der wir leben, bemerkenswerte Werke erscheinen.

Nachdrücklich möchte ich Sie um Ihr Porträt bitten, um es neben jene von Rinck, Mendelssohn und Heller (Stephen), die ich selbst frei gezeichnet habe, zu hängen. Ich träume davon, mir Ihres auf dieselbe Art zu besorgen, leider ist Ihr Aufenthaltsort zu weit von meinem entfernt, und die aktuellen politischen Umstände lassen mir den Tag noch sehr weit erscheinen, an dem ich zum vierten Mal den Rhein mit dem Ziel überquere, den großen Künstlern, die jederzeit eine Ehre für Deutschland waren, meine Aufwartung zu machen. Mendelssohn sollte mich in seinem Todesjahr besuchen. Er war von den Bildern der südlichen Gegenden, die ich ihm gemalt hatte, sehr angetan. Er wollte bei mir Unterricht nehmen, um Landschaften und vor allem Himmel in Aquarell zu malen. Er sollte mir also die Ehre machen, mich als seinen Meister zu nehmen und somit in die Nachfolge von Schirmer aus Düsseldorf zu stellen. Ach, leider ist das alles nun vergangen! Ich möchte es gerne mit Ihnen so wie mit Mendelssohn machen und schicke Ihnen deshalb in diesem Umschlag eine kleine Zeichnung, die Ihnen einen Eindruck von der Art der Landschaft um Montpellier verschafft. Ich hätte Ihnen gerne auf den verbleibenden Rest eine kleine Personenzeichnung gemacht, aber das Papier war zu dünn, und so war ich gezwungen, mit dem kleinen *Mägdelein* wieder aufzuhören.

Beim letzten Mal hatte ich eine Überweisung von 60 f. über Straßburg durch M. Whistling geschickt, aber da ich sehe, wie umständlich diese Methode ist, werde ich M. M. Treuttel und Würtz beauftragen, den Verleger zu bezahlen, sobald ich die Höhe des Betrags, den ich ihm schulde, erfahren habe. Die Herren Treuttel, denen ich normalerweise gute Dienste leiste, werden den größten Eifer zeigen, mich wieder in ihrer Schuld stehen zu lassen. Vor der Rückkehr nach Montpellier Ende Oktober hat M. Whistling viel Zeit, um mir seine Sendung zu schicken. Wenn Sie mir bis dahin zwei Zeilen mit Ihren Neuigkeiten schicken, wäre ich dafür zutiefst empfänglich. Ihr dankbarer Bewunderer Laurens
Sekretär der medizinischen Fakultät

Nr. 6

Montpellier, 2t Januar 1849

Liebster Meister
Es sind fast zwei Monaten zerfloßen seit habe ich Ihren letzten Brief bekommen. Zweimal Sie haben in diesem Brief diese Worte geschrieben. „Schreiben Sie mir recht bald." Und ich habe nicht es gethan, darum bin ich ganz beschämt. Übrigens wollte ich nicht an Ihnen schreiben, ohne von neuen Musikalien zu sprechen und diese sind mir sehr spät angekommen. Von einer andere Seite war ich außerördentlich beschäftig mit Ar[?]elei und Malerei. Endlich ich kann heute das Vergnügen an Ihnen zu schreiben mir verschaffen.

Es ist wahr, daß ich nehme ein ganz herzlich Theil an Ihren Arbeiten und das weil Sie sind die würdigste und die vollkommste die sind mir bekannt. Die Zukunft der Kunst in Ihren Händen liegt. Nicht nur ist von Ihren Werke mein Herz berührt, aber mein Geist und Verstand auch. Bei Ihnen kein Trivialität ect, nichts gemein, aber Alles neues, originel, erhabene, und von einer ausgezeichnete Seele gesprossen.

Jetzt Ihre Duetten und zweistimmige Lieder sind mir auswendig bekannt. Ich habe mit hübsche Frauenzimmer gesungen oder singen gemacht habe. Entzückend!! besonders unter'm Fenster und Ständchen[65], recht Drôle und geistvoll! Ihre neue einstimmige Lieder beglücken mich wie die erstbekannt. Ich habe noch zu wenig viele andere Werke einstudirt um von ihnen gehörig zu sprechen. Die c-Dur N.° 3 Ouverture von Gade hat mich sehr zufrieden gemacht.

Ich bin so ungeschickt, wenn ich in Ihrer Sprache schreibe, muß soviele scheußliche und lächerliche Fehler, die ich gar nicht merke, machen, daß ich schnell wieder Französisch spreche.

Ihr *Weihnacht Album* erregt meinen ganzen Wunsch, es kennenzulernen, so daß ich es in dem Glauben, daß es Weihnachten in Leipzig erscheint, durch meinen Korrespondenten bestellen ließ. Dann habe ich durch meinen guten Freund Heller erfahren, daß Sie dieses Werk in Paris herausgeben lassen wollen. Möge Gott Sie davor bewahren! Wenn Sie ein *Tremolo* beabsichtigen, einige Kunststückchen auf dem Klavier und wenn Sie selbst kommen würden, um den gaffenden Parisern eine Vorführung Ihrer Kunststücke geben zu wollen, werden Sie in Mode sein (à la mode) und 50 Verleger finden, die sich darum schlagen, jeden Müll, den Sie Ihnen liefern, herauszugeben, aber wenn Sie außerhalb von Paris Werke komponieren, die es verdienten, mit jenen von Bach, Mozart, Beethoven oder Weber vereint zu werden, würde kein Verleger eine Zeile dieser Werke drucken, weil kein Liebhaber etwas kaufen würde.

Alle großen Künstler aus Ihrem Deutschland haben sich davor sehr gehütet, hierher zu kommen, um uns die Früchte ihrer Eingebung anzubieten, und sie haben gut daran getan. Wenn Sie aber trotz alledem Opern komponieren, wenn Sie hunderttausend Francs auszugeben haben, um die Bühnenbilder und die Schulden eines Direktors zu bezahlen, um die Journalisten zu entlohnen, um den Schauspielern und Musikern Geschenke aller Art zu machen, mit einem Wort, wenn Sie es so machen können, wie Meyerbeer es für seinen Robert le Diable gemacht hat, damit der Lauf und der Einfluß der Gestirne Ihnen günstig ist, werden Sie gespielt werden und Erfolg haben. Aber merken Sie sich gut, daß die letzte der Bedingungen, um in Frankreich am Theater zu reüssieren, die ist, ein Meisterwerk zu schaffen. Ich fühle in meinem Leben ein Glück, für das ich Gott täglich danke, das ist jenes, kein Berufskomponist zu sein. In Paris sind die, die man Kenner und Liebhaber der guten Musik nennt, jene, die Beethovens Verdienst zwanzig Jahre nach seinem Tod erkannt haben. Diese Kenner kennen nichts Fortschrittlicheres als Quartette von Haydn, Mozart, Beethoven. Was die Werke Webers betrifft, sie sind ohne Zweifel sehr schön, aber ich bin ihrer seit 21 Jahren gesättigt. Sie wissen nichts von seiner *Direction imprimée à l'art*, von den von Mendelssohn, Ihnen und Gade geschaffenen Meisterwerken. Denken Sie also weder an Paris noch an Frankreich, wenn Sie nicht meinen Süden lieben, mit seinen Sehenswürdigkeiten, seinem Land und seinem Himmel, der noch schöner als in Italien ist. Abgesehen davon würden Sie [dort] zumindest einen Menschen finden, der die Kunst liebt und sich mit ihr *von Liebe und Seele* beschäftigt.

Aber zurück zu unserem armen Heller. Glauben Sie, daß die musikalische Welt ihm Gerechtigkeit widerfahren ließe, weil er einen Verleger in Paris hat? Weit gefehlt. Schlesinger, der reich war und ein guter Mensch, mochte Heller persönlich, war, um es so zu nennen, mit ihm und gab ihm ein wenig Geld, um ihn arbeiten zu lassen. Heller lebte recht bescheiden und mühsam. Er hat nie ertragen, Schulden zu [machen?]. Um Ihnen eine Vor-

---

65 Vermerk am Rand, quer: *Beim Spielen Ihrer Duette mußte ich an jene von Sari* [= Sarri], *Händel, Durante und vor allem jene, die man in den Psalmen von Marcello trifft, denken. Ich glaube, daß Deutschland diesen alten italienischen Meistern, mit denen die jungen nichts gemeinsam haben, nicht genug Gerechtigkeit widerfahren läßt.*

stellung seiner Person zu verschaffen, habe ich gerade ein wenig Kreide auf Papier gerieben. Ich habe somit ein Portrait, vor drei Jahren *dem Leben nach* gemacht, wiederholt, das ihm vollends gleicht. Auf dieser kleinen Kopie habe ich nicht die ganze Physiognomie des Modells wiedergegeben, ich füge hinzu, daß Heller groß und schlank ist, daß er ein wenig die Worte zieht, daß er sich die Augen verdirbt, weil er nachts liest, und wenn er seine großen Augen anstrengt, scheint es, als wollen sie aus den Höhlen treten.

Wo Sie schon nach Neuigkeiten bezüglich meiner Arbeiten fragen, sage ich Ihnen, daß ich während der Universitätsferien unglaublich viel gezeichnet habe. Ich bin mit 140 Studien über unsere schöne südländische Natur, Wälder, Berge, schöne und junge Mädchen, Blumen, Bäche und antike Ruinen zurückgekehrt. Alles, was mein Auge entzückt hat, ist auf Papier gebannt. Ich bin in den Alpen bis auf die Gipfel geklettert, wo ich vor 30 Jahren mit Leidenschaft Kräuter sammelte. In Carpentras habe ich jeden Sonntag die Orgel in der Kirche gespielt, in der ich als Knabe im Sopran sang. Ich habe bei meinem Vater und bei meiner Mutter gewohnt, die beide noch leben. Mit einem Wort: Ich habe viel mit Herz und Geist gelebt. Ich habe mir Vaucluse noch einmal angesehen und an diesem durch Petrarcas Aufenthalt berühmten Ort gemalt. Ich war fast immer in Begleitung meiner vertrautesten Freundin, Schülerin, Meisterin, das heißt meiner Tochter, die im Alter von 20 Jahren [schon] ein beachtliches Talent in der Landschaftsmalerei besitzt.

Nach meiner Rückkehr habe ich mich intensiv mit meiner Arbeit über die Theorie des malerischen Schönen beschäftigt, mit der Anwendung dieser Theorie auf die Mischung, auf Licht, Farben und die Ausdeutung der Natur. Es ist ein Werk von bescheidenem Umfang, aber sehr neu in seinem Inneren und in der Form. Es wird 15 reizende Darstellungen enthalten. Ich werde Ihnen und Ihren Malerfreunden einige Exemplare zukommen lassen. Nun halten Sie mich auf dem Laufenden über das, was Sie machen, schreiben Sie mir, sobald Sie können,
und wissen Sie mich als Ihren ergebensten   Laurens

Nr. 7

Montpellier, 29. März 1849

Teurer und berühmter Meister,
inmitten der Trauer, die die Vernachlässigung (die Preisgabe) und das Darniederliegen der Künste in mir hervorrufen, habe ich einen sanften Trost erhalten. Wo die ganze Musik sich auf sogenannte patriotische Gesänge beschränkt, die in den Straßen und Aufführungssälen geschrien werden, wo die ganze Gesellschaft nur mit den Gefahren, die sie bedrohen, beschäftigt ist, und wo man kein Individuum mehr findet, das bereit ist, ein Duo zu schreiben, da ist Ihr *Album für die Jugend* angekommen! Und seit den zehn oder zwölf Tagen, wo ich es auf das Pult meines Klaviers gelegt habe, ist es von dort noch nicht wieder verschwunden. Wegen der leichten Ausführbarkeit der kleinen Kompositionen konnte ich es sofort spielen und mich an allen Reizen, die sie haben, erfreuen. Seit den Cembalo-Stücken von S. Bach, Couperin und Händel habe ich nichts so Gutes gesehen. Was den idealen poetischen Charakter der Eingebung betrifft, finde ich nichts Vergleichbares unter dem, was ich von Ihnen kenne, außer einigen äußerst inspirierten kleinen Stücken von Mendelssohn und Heller. Bei Ihnen sind Inspiration und Originalität immer zu Diensten eines perfekten Talents zum Komponieren. Wenn nur die Barbarei nicht alles

zerstört, wird Ihr *Album* für immer leben und eines der bedeutsamsten Meisterwerke unserer Zeit bleiben. Ich wollte Ihnen [eigentlich] sagen, welche meine Lieblingsstücke seien, aber ich mag sie alle so sehr, daß ich nicht weiß, welche ich nennen soll. Ich kann Ihnen bloß sagen, daß das, was mich zur Zeit am meisten verfolgt, die *Kleine Romanze* in a-Moll ist. Die Modulation nach fis-Moll ist eine ihrer Kühnheiten und glücklichsten  Neuheiten, die nur das Genie zu finden weiß. Insgesamt hatte ich soviel Freude, Ihr *Album* kennenzulernen, daß ich gleich die Aufgabe, ja die unwiderstehliche Pflicht verspürte, sie Ihnen mitzuteilen.

Ich wäre nicht ganz zufrieden, wenn ich es unterlassen würde, Ihnen von einer anderen Freude zu berichten, die mir Ihr *Album* bereitet hat. Ich rede von dem Frontispiz [comp?] von L. Richter aus Ihrer Stadt. Das war gewiß der würdigste, der Ihre Kompositionen illustrieren konnte, denn niemand außer ihm konnte die naive Anmut der Kindheit und der Jugend malen. Sagen Sie ihm doch, daß es in einem Winkel Frankreichs einen Liebhaber gibt, der den Wert der deutschen Künstler versteht, Sagen Sie Richter, daß ich seine Werke seit mehreren Jahren kenne und liebe. Ich besitze *Radierungen* im dritten Band der *Lieder* von Heine, ich habe *Holzschnitten* in den *Volksmärchen* von Musäus. Ich habe gerade sowohl den *Landprediger* als auch das Album bestellt: Wenn Richter noch einige andere Werke voller poetischen Gefühls [so wie er feminine und kindliche Anmut besitzt?] veröffentlicht haben sollte, bitten Sie ihn, sie mir anzugeben. Bitten Sie ihn ebenfalls, mir von seinen *Kunstgenoßen* jene zu nennen, die sich im Ausdruck durch dasselbe Gefühl auszeichnen.

Ihr kleines Stück mit Namen *Nachklänge aus dem Theater* befindet sich mit einer Illustra-  tion in einem Reisealbum, hier sehen Sie, wie ich eines Abends in Frankfurt einer Vorstellung der Euryanthe von Weber beiwohnte, und während der ganzen Zeit war meine Aufmerksamkeit vollkommen auf den Gesichtsausdruck zweier junger Mädchen gerichtet, die von der Aufführung sehr ergriffen waren. Ich hatte so sehr meine ganze Freude daran, die beiden kleinen Köpfe zu studieren, daß ich gleich, als ich in mein Quartier zurückkehrte, mich daranmachte, sie in mein Album zu malen! Als Tondichter haben Sie meine Beobachtungen im Theater von Frankfurt hervorgerufen.

Was machen Sie? Was veröffentlichen Sie? [Wie geht es mit] *Genoveva*? Ich habe einen solch starken Glauben in das, was Sie machen, eine solche Sympathie für Ihr so tiefes und poetisches Talent, daß ich mir lebhaft wünsche, von Ihnen bald ein neues Werk zu erhalten, um die alltägliche Welt, die mich umgibt, zu vergessen. Ich hoffe, Sie geruhen immer einem armen einsamen Menschen einige Zeilen mit Ihren Neuigkeiten zukommen zu lassen.

Laurens.

Nr. 9

Montpellier, 8. Juni 1850

Berühmter Meister,
Wenn ein Maler oder Bildhauer ein Werk von großem Verdienst geschaffen hat, stellt er es aus, und bis zu einem gewissen Punkt kann er darauf zählen, daß ihm Gerechtigkeit widerfahren wird, wenn es also in diesem Werk Qualitäten geben wird, die nur die sehr gebildeten Geister schätzen können, wird es darüber hinaus auch noch andere Verdienste aufweisen, die selbst die einfachsten Augen verstehen können. Die Musiker hingegen sind nicht so glücklich, und fast niemand ist fähig, sie beim einfachen Lesen zu verstehen; überall wo einige Menschen in der Lage sind, die Poesie, das *sentiment* und den Verdienst der Machart einer musikalischen Komposition zu begreifen, sind jene Männer isoliert inmitten einer musikalischen Welt, die sie als Originale betrachtet, die sich dem gelehrten und barocken Stil verschrieben haben. Man braucht also Interpreten des Werkes, das der Komponist geschaffen hat, und statt intelligenter Interpreten findet man nur mehr oder weniger ungeschickte Maschinen. Auch habe ich schon immer die Schaffensbedingungen als sehr unglücklich empfunden, und je größer und und poetischer man ist, desto unverstandener. Ich muß Ihnen sogar sagen, daß – mit Ausnahme von Seb. Bach – Sie wohl derjenige aller Komponisten Ihres Landes sind, dem man am wenigsten Gerechtigkeit widerfahren läßt. Daher dachte ich schon immer, daß Ihnen ein Zeichen der Intelligenz und Sympathie willkommen sein müsse, wenn sich auch derjenige, der es Ihnen zukommen läßt, ziemlich weit entfernt von Ihnen aufhält und recht klein für Sie ist. Es kann Ihnen aber doch nur angenehm sein, daran zu denken, daß an den Ufern des Mittelmeers, da *wo die Zitronen blüthen*, Ihre Werke fast alle in meiner Bibliothek vereint sind, und daß ihr Studium mir unaufhörliche Herzens- und Geistesergötzungen bereitet. Da der *Flugel* dasjenige Instrument ist, auf dem ich die geringste *Fertigkeit* besitze, kann ich mich nicht so mit Ihren großen Werken befassen, wie ich eigentlich möchte; aber zum Ausgleich dafür gibt es kaum einen Tag, an dem ich nicht die kleinen spiele. Seit mehr als einem Jahr hat Ihr *Album für die Jugend* das Pult meines Klaviers nicht verlassen, und ich erfreue mich an der Poesie, Anmut und Faktur dieser kleinen Diamanten wie ein großes altes Kind, das ich nun einmal bin. Ihr letztes *Lieder-Album mit Worte* macht mich genauso glücklich. So klein es auch ist, es steckt soviel erhabene Empfindung darin.

Ihr erstes Trio op. 63 hat mich besonders beschäftigt, ich mußte einige Kunstliebhaber, für die Form und Ideen dieser Komposition ein wenig zu neu waren, erst [an sie] gewöhnen, aber ich war beharrlich, und Sie haben gesiegt. Ich habe gerade andere Werke erhalten, um die ich Sie vor langer Zeit gebeten habe. Das sind: Das Klavierquintett, die 3 *Quartetti für Streichstrumente* und die *Ritornelle von Rückert* – etwas, das mir große Freude verschafft.

Schließlich habe ich etwas erhalten, das einen lange Zeit gehegten Wunsch erfüllt hat: Ihr Porträt und das Ihrer ehrwürdigen Clara. Ich muß Ihnen sagen, daß ich nicht die Gewohnheit habe, in meiner Zuneigung und Wertschätzung den Menschen von seinem Werk zu trennen, und ich habe fast alle großen lebenden Künstler, deren Werke ich bewunderte, persönlich kennengelernt. Oft verbringe ich meine Ferien in Paris in täglicher Gesellschaft großer Maler und Bildhauer, die ich sehr schätze. Unsere Musiker schätze ich nicht so sehr, und ich habe Cherubini, Stephen Heller und Chopin nie mit so großer Achtung gesehen.

Ich war sehr glücklich, Mendelssohn häufig in Frankfurt zu sehen und zu drei verschiedenen Epochen in Darmstadt im Hause Rinck wie ein Sohn zu leben. Was für ein vortrefflicher Mensch! Nun träume ich von einer Reise nach Dresden, um Sie kennenzulernen, um Ihnen als erster Komponist unserer Zeit meine Achtung zu zollen.

Auch von Ihrem Maler Ludwig Richter fühle ich mich einzigartig angezogen, und Ihre schöne Bildergalerie verspricht ebenfalls eine gute Nahrung meiner Studien als Maler. Aber wann könnte ich eine so weite Reise unternehmen? *That is the question.* Wenn Sie bloß ein Virtuose wären, hätte ich einige Hoffnung, Sie in Paris zu sehen, aber in jeder Hinsicht vergleichbar mit Ihren berühmten Vorgängern werden Sie sich hüten, werden Sie Frankreich meiden und werden recht haben. Denn der musikalische Geschmack ist dort verdorben und verachtenswert. Sie werden dort nur mit dem Beistand Ihrer Clara empfangen. Später, wenn Sie 70 oder 80 Jahre alt sind, wird man langsam feststellen, daß Sie etwas geleistet haben, und wenn Sie nach Paris kommen, wird Sie das Konservatorium wie den alten und kalten Spohr behandeln, indem es eine Ihrer Sinfonien ausführt.

Vor kurzem habe ich Ihre *Haus und Lebensregeln* mit soviel Freude gelesen, daß ich eine Übersetzung davon an unsere *Gazette musicale* von Paris geschickt habe, die meinen Namen stets im Impressum aufführt, aber ich glaube, daß man diese Grundregeln nicht aufnimmt, da wohl einiges widersprüchlich erscheinen muß. Wie dem auch sei, ich werde sie mit langen Kommentaren und einer Übersetzung oder Analyse des Werks von Thibaut *über Reihnheit der Tonkunst* gesondert drucken lassen. Ich habe mit Zufriedenheit gesehen, daß Sie, der Sie das innovativste Genie in Deutschland sind, diese alten Werke schätzen. Ich werde das alles zu Ihrem Ruhme veröffentlichen.

Ich habe ein sehr bedeutendes Werk von Gade häufig gespielt und in Partitur gesetzt, sein Oktett, von dem jedoch die *Neue Zeitschrift für Musik* kein Wort sagt. Warum dieses Schweigen! Und wie steht es mit Gade? Wenn auch seine Einfälle nicht sehr erhaben sind, ist sein ruhiger und anmutiger Stil doch der eines Meisters.

Nun, da ich auf diesem Papier eine Konversation mit dem Meister, dessen Kompositionen den Reiz meiner künstlerischen Vergnügen ausmachen, betrieben habe, bin ich ruhig und zufrieden. Empfangen Sie meine Sympathiebezeugungen mit Wohlwollen und freuen Sie sich, daß die Klänge Ihrer Lyra so weit von Ihnen widerhallen.
Ihr großer Bewunderer   Laurens
Mitglied der Akademie der Wissenschaften und Literatur

Nr. 11

Montpellier, 19. August 1850

Teurer und berühmter Meister,
Sie brauchen sich überhaupt nicht zu entschuldigen wegen der Seltenheit Ihrer Briefe. Was Sie betrifft, bin ich viel zu klein, um Ihre Zeit und Aufmerksamkeit zu beanspruchen, die Sie unbestreitbar besser nutzen können. Wenn ich Ihnen schreibe, dann nur aus dem Bedürfnis, Ihnen Dank für die glücklichen Augenblicke, die mir die Bekanntschaft mit Ihren Werken verschafft, auszusprechen. Dann bin ich getröstet und zufrieden. Ich bin vernünftig und bescheiden genug, um zu wissen, daß Menschen von Genie Zeit, die nicht von Ihrer edlen Arbeit abgezogen werden darf, verlieren würden, wenn sie eine regel-

mäßige Korrespondenz mit all jenen, die ihnen Bewunderung bezeugen und die Ehre, sie kennenzulernen, suchen, aufrechterhalten wollten. Sie werden also verstehen, daß ein Brief von Ihnen mir umso mehr Freude bereitet, je weniger ich ihn erwarte. Ich gestehe Ihnen sogar, daß mir trotz meiner in dieser Hinsicht bescheidenen Einstellung Ihre Aufmerksamkeit Freude macht, weil sie mir beweist, daß Sie ein einfacher, natürlicher Mensch sind, und daß Sie nicht – was übrigens selten genug vorkommt – den Stolz einiger berühmter Männer haben, die vor ihren Bewunderern wie Bischöfe oder Päpste stehen, zu denen man kommt, um sie um Segen zu bitten.

Natürlich habe ich gelesen, was man in der *Neuen Zeitschrift für Musik* über Ihre *Genoveva* sagt. Und was man auch darüber sagt – all jenes, was ich von Ihren Werken kenne, erlaubt mir nicht, daran zu zweifeln, daß es ein Meisterwerk ist. Auch warte ich mit Ungeduld auf die Partitur des Werks. Ich würde mir wünschen, daß ein Mann Ihres Talents sich einmal daran macht, eine Oper in der italienischen Art wie bei Donizetti oder Verdi zu schreiben. Das könnten Sie wesentlich besser als diese Komponisten, mit der einen Hand die Feder haltend, lachend und mit der anderen trinkend oder essend. Dieser Mangel an Ernsthaftigkeit, Kunstwerke betreffend, dieses Vorgehen, Arien oder Duos *a la mode* zu machen, so wie ein Hutmacher Hüte nach dem Geschmack des Tages macht, dieses Einfach-so-dahin widert mich an, bringt mich auf, und ich wünschte mir, daß ein wahrhaftiger deutscher Musiker sich in Form einer *charge (Carikatur)* darüber lustig macht.

Ich mag alle diejenigen Ihrer Kompositionen, die ich mit meinen Mitteln ausführen kann, so sehr, daß ich sie keinen Moment verlasse, höchstens ab und zu, um mich an den liebenswürdigen Mendelssohn zu erinnern. Er hatte sehr wohl Geschmack, Talent, Vornehmheit und Poesie im Sinn, aber wie sehr übertreffen Sie ihn an Originalität und Stärke musikalischer Individualität.

Mein lieber und enger Freund Stephen Heller kommt aus London, und ich werde ihn in den nächsten zwei Wochen in Paris besuchen. Es ist so schade, daß Sie ihn nicht kennen. Er ist voller Vornehmheit in Seele, Person und seinem Benehmen. Ich kann Ihnen versichern, daß wir viel von Ihnen reden werden. Dieser arme Heller ist wie eine Seele voller Kummer inmitten aller Franzosen, wo niemand oder fast niemand seinen Wert erkennt, aber er liebt Paris, so wie man eine grausame Mätresse liebt, und kehrt immer wieder nach Paris zurück. Und in der Tat ist Paris ein Wunder, aber meiner Meinung nach nicht für die Musiker.

Diejenigen, die einen echten Wert haben, sind dort alle [?] verkannt. Wenn mir mein Gewissen nicht in dieser Hinsicht Vorwürfe machte, würde ich Sie engagieren, uns zusammen mit Heller besuchen zu kommen, wenn Sie in Düsseldorf sind. Der Besuch bei den berühmten Musikern wird schnell gemacht sein, aber wenn Sie gerne unsere Museen, unsere großen Maler, unsere großen Bildhauer sehen würden – und diese Seite der Kunst ist bei uns wirklich der Achtung würdig – dann wäre ich überall Ihr Cicerone.

Wer weiß, wenn Sie darauf bestehen, Paris während Ihres Aufenthalts in Düsseldorf nicht zu besuchen, vielleicht werde ich ja eine Anstrengung unternehmen, um Sie dort zu besuchen. Ich habe dort einen Freund, einen ausgezeichneten Landschaftsmaler, ein Freund Mendelssohns, das ist M. W. Schirmer, Professor am Kunstinstitut, den ich leider nur durch die Korrespondenz kenne. Kommen Sie also so schnell wie möglich ans Rheinufer und schreiben Sie mir bald nach Paris, rue Mazarine 38. Ich bin bereit, ein Opfer zu bringen, um Sie besuchen zu kommen. Sie müssen nur wissen, daß ich Mitte Oktober in meine Unterkunft zurückkehren muß, und bevor Sie mir schreiben, wenn Sie angekommen sind, schauen Sie bei W. Schirmer vorbei, der bei dem Gedanken an meine Ankunft vor Freude Luftsprünge machen wird. Wie dem auch sei, Sie tun gut daran zu reisen, das ist das wahre Mittel für Sie, sich bekannt und beliebt zu machen und den trivialen Geschmack, der zum Nutzen der *manœuvres (Handwerker)* alles einnehmen würde, wenn man ihn ließe, zu vertreiben.

Ansonsten wüßte ich Ihnen nichts mehr zu erzählen. Der Gedanke und die Hoffnung, Sie bald zu sehen, nimmt mich völlig in Anspruch. Gott schütze meine Pläne. Ich glaube nicht, daß Sie ohne Ihre berühmte bessere Hälfte, die eine so geschickte Interpretin Ihrer Werke sein soll, reisen. Adieu, leben Sie wohl, lassen Sie es sich gut gehen, arbeiten Sie gut. Sie sind so groß, wie alles, was Deutschland Großes hervorgebracht hat.
Laurens

Nr. 12

Montpellier, 13. März 1851

Teurer und berühmter Meister,
Aus Furcht, die Hochachtung, die Ihre Werke in mir auslösen, Ihnen gegenüber nicht gebührend auszudrücken, vor allem aber aus Furcht, die große Freude, die mir Ihre Kompositionen bereiten, im Überdruß Ihrerseits zu ertränken, habe ich mir selbst auferlegt, Ihnen nur wenig zu schreiben. Wenn aber Geist und Herz überborden vor dem, was Sie alles hineinwerfen, muß ich es wohl ausschütten, und an wen könnte ich mich besser wenden als an Sie, um von Ihren Werken zu sprechen.

Endlich ist vor einigen Tagen die lange erwartete *Genoveva* angekommen. Zwar konnte ich nur ganz oberflächlich einen Blick darüber werfen, jedoch konnte ich bereits erkennen, daß ich mich in der Erwartung eines Werkes, das mir einigen Stoff zu überdenken geben wird, nicht getäuscht hatte. Eigentlich hatte ich keine allzu schlechte Meinung über die deutsche musikalische Presse und die *Neue Zeitschrift* im besonderen, umsomehr bin ich überrascht, daß die Veröffentlichung eines so bedeutenden Werkes wie Ihre *Genoveva* nicht die lebhafte Aufmerksamkeit aller Kritiken hervorruft. Wenn ein solches Werk erscheint, kann man ihm tausend Fehler vorwerfen, aber man darf es nicht einfach übersehen, wenn in der Welt etwas auftaucht, das es verdient, beachtet zu werden. Bei der Erinnerung an die Kritiken der Erstaufführungen Ihres Meisterwerks finde ich, daß man viel über die Dichtung gesagt hat, aber nichts über die Musik, höchstens einige allgemeine Sätze. Offensichtlich hat man Sie nicht verstanden, und ich kann kaum hoffen, daß Sie jemals irgendwo, selbst in Deutschland, genug geeignete Menschen finden, um für die Aufführung der *Genoveva* sowohl ein Ensemble als auch ein Publikum zu gewinnen. Der Stil dieses Werkes ist so erhaben, es finden sich keine Zugeständnisse an den Geschmack des *profanum vulgus* und die Mode, so daß der Erfolg mich wohl eher überraschte denn freute. Sollte auch *Genoveva* immer nur auf dem Pult einiger einsamer Kunstliebhaber wie mir leben, sie wird lange leben, und wenn die gute Musik sich eines Tages ausbreiten sollte, was ich nicht glaube, wird sie glorifiziert werden wie *Fidelio* oder die Opern von Gluck.

Als ich letzten September und Oktober in der Hauptstadt war, habe ich gehört und in der *Gazette musicale de Paris* gelesen, daß Ihre Genoveva Konzertmusik und keine Theatermusik sei. Nun gut, nun, da ich die Partitur kenne, kann ich Ihnen sagen, daß man kein falscheres Urteil hören könnte als jenes. Mir scheint, man könnte Ihnen eher vorwerfen, zuviel auf die Worte zu achten und aus Rücksicht vor der dramatischen Wahrheit all jene grob gegliederten Stücke wie z. B. Lieder, Duos oder Chöre verbannt zu haben, die sich durch den Rhythmus oder die Einfachheit der Melodie sofort im Kopf des Zuschauers festsetzen und den Erfolg einer Oper ausmachen. Was mich betrifft, ich finde, daß Ihr Werk die gesamten Qualitäten von Gluck und Weber vereint. Es gibt eine Menge von Phrasen, die mich am Schlaf hindern und mich mit tiefster Melancholie erfüllen. Insgesamt kenne ich kein poetischeres Bühnenwerk.

Bevor ich die *Genoveva* erhielt, habe ich mich sehr mit Ihrem *Vierhändigen Album* [op. 85] vergnügt. Dieses Werk enthält ziemlich leichte Stücke, aber deswegen tragen sie nicht weniger den Stempel von Originalität und Poesie, die alles, was Sie machen, auszeichnet. Die Nummern *Garten Melodie, Trauer, Reigen* und *Verstecken* haben mir besonders gefallen.

Nun erwarte ich den letzten Band Ihrer *Lieder* [op. 83] und die *Waldscenen* [op. 82], die gerade erschienen sind.

Mein guter Freund Heller arbeitet wenig, er hat mir in Paris drei Bearbeitungen von *Liedern* von Mendelssohn und drei kleine eigene, die wie alles, was er macht, sehr gebildet sind, vorgespielt. Heller war ziemlich zufrieden aus London zurückgekehrt, dennoch war er von einer fast unzugänglichen Traurigkeit erfüllt. Während ich in unserer Hauptstadt war, fehlte nicht viel, und ich hätte Sie in Düsseldorf, wo Sie gerade angekommen waren, aufgesucht. Ich wünsche mir doch so sehr, Sie persönlich kennenzulernen, Sie, der Sie gewiß zu der Zahl der großen Komponisten gehören, die den Ruhm Deutschlands ausmachen. Nun war einer meiner Freunde aus Düsseldorf zu mir nach Paris gekommen, und ich wollte ihn eigentlich auf seiner Rückreise begleiten. Es ist der Landschaftsmaler W. Schirmer, Freund und Lehrer Mendelssohns. Schirmer, der das Vergnügen hat, Sie zu hören und der selbst ein wenig singt, schrieb mir kürzlich über seine große Bewunderung gegenüber Ihren Werken und dem Talent Ihrer Clara. Wenn Sie diesen ausgezeichneten und geschickten Schirmer sehen, könnte er Ihnen von mir, meinen Werken und denen meiner Familie berichten. Er soll und wird im nächsten Sommer kommen, um unsere südländischen Landschaften zu studieren. Mendelssohn, der sich für das Land des Lavendels und der Olivenbäume begeistert hatte, wollte einen Sommer bei mir verbringen, als seine Schwester starb, und einige Monate später starb er selbst. Ich wüßte gerne, ob Sie das Ländliche ebenso lieben wie er.

Ich wüßte auch gerne, woran Sie im Moment arbeiten und wo Sie den Sommer zu verbringen gedenken. Sollten Sie in der Nähe von F. Hiller sein, der mich in Frankfurt so gut empfangen hat, richten Sie ihm bitte meine Hochachtung aus.

Nun, schreiben Sie mir einige Zeilen, wenn es Sie nicht verdrießt, und frankieren Sie Ihren Brief nicht.
Ihr sehr geneigter Bewunderer
Laurens

Nr. 13

Montpellier, 26. Januar 1852

Teurer und berühmter Meister

Nun ist es schon einige Zeit her, daß ich Ihnen nicht geschrieben habe. Das geschah nicht etwa aus Gleichgültigkeit gegenüber Ihnen und Ihren Werken, auch kann ich nicht sagen, daß ich nicht das Bedürfnis verspürte, Ihnen für die zarten täglichen Ergötzungen zu danken, die mir Ihre Musik gibt, sondern aus reiner Zurückhaltung und Respekt für Ihre Zeit. Dennoch habe ich schließlich gedacht, daß ich, so französisch und daher barbarisch wie ich bin, ich doch einer derjenigen bin, die Sie am besten verstehen und die sich am meisten für Ihren Ruhm einsetzen.

So schulden Sie mir also ein wenig von jenem Wohlwollen, das Mendelssohn mir so gerne entgegenbrachte und das Sie mir sogar versprochen haben. Ich wage also, es von Ihnen einzufordern, wobei ich Ihnen sage, daß es weit entfernt von Ihnen lebhafte Sympathie für alles, was Sie tun, gibt.

Wenn man sich übrigens über die Trivialität der Mode stellt, und wenn der Tod nicht alle Wißbegierigen verstummen läßt, sind in jedem Land, auch in Deutschland, die wahren *Seele-Verwandte* ziemlich selten, zu selten, um nicht jenen Aufmerksamkeit zu schenken, die man als solche erkennt.

Nun, da diese Seele eines großen Künstlers durch Ihre Werke ziemlich [bekannt? = connu] geworden ist, bleibt mir noch, Sie persönlich kennenzulernen und den Klang Ihrer Stimme zu vernehmen, und ich hoffe, [mir das alles] in diesem Jahr (im Oktober) zu erfüllen. Ich hatte mir immer gewünscht, daß das Bild des Menschen mir im Gedächtnis erscheint, sobald ich mit seinem Werk lebe. Es ist übrigens so interessant, die Beziehungen zwischen der Intelligenz und dem äußeren Erscheinungsbild des Menschen zu studieren. Davon verstehe ich etwas, weil ich viele berühmte Menschen, vor allem unter den Malern von Paris, persönlich kennengelernt habe. Unter den großen Musikern, die in dieser Stadt wohnten, hatte ich das Vergnügen, Cherubini und Chopin . . . kennenzulernen. Nun leisten mir Auber, Ad. Adam und Zimmermann oft Gesellschaft, wenn ich bei unserem gemeinsamen Freund, dem Bildhauer Pra[?] male, aber wir reden nie über Musik, worüber ich nicht verärgert bin, weil wir uns nicht mit diesen Tondichtern verstehen würden. Anders verhält es sich mit meinem sehr teuren und sehr treuen, so gebildeten, so traurigen Freund Heller, der von der Welt so abgelehnt wird und der dennoch nicht die Kraft hat, Paris zu verlassen, so sehr ist er, wie wir sagen, *acoquiné (verwöhnt)* vom aktiven Leben in dieser Hauptstadt.

Während des letzten Sommers war mein künstlerisches Leben recht begünstigt. Madame Sabatier, geborene Ungher, hatte in ihrem Landschloß, eine Stunde von Montpellier entfernt, die reizende Wilhelmina Clauss und den Dichter Moritz Hartmann zu Gast. Sie glauben mir sicher, daß ich sehr glücklich war, als es sich fand, daß ich mit dieser jungen Virtuosin, die Sie gut kannten, über Sie sprach, und auch sie, die ins Land der Barbaren kam, war recht glücklich, einen Musiker zu finden, der ein wenig gebildet war. Hartmann und Heller wollten sich gerne kennenlernen, und ich war dabei ihr Vermittler. Nun weiß ich, daß sie sich häufig in Paris treffen, vor allem bei Ferdinand Hiller, dem ich nie den herzlichen Empfang, den er mir in Frankfurt bereitete, vergessen werde.

Schließlich war mein Mitbruder und Freund Wilhelm Schirmer da, und zwar sowohl als Gast in meinem Haus, als auch als Reisegefährte. Ich verhalf ihm zu einer hervorragenden Sammlung malerischer Motive. Die *Allgemeine Zeitung* hat vom Erfolg seiner schönen Bilder bei seiner Rückkehr nach Düsseldorf gesprochen. In anbetracht der Tatsache, daß Schirmer einer Ihrer Sänger ist und daher stets in Ihrer Nähe, könnte er Ihnen auf lange Zeit Nachrichten von mir geben, wenn Sie ihn danach fragen.

Ich warte ungeduldig auf eine Sendung aus Deutschland mit den vier oder fünf letzten Kompositionen, die Sie veröffentlicht haben. Während des Wartens tröste ich mich recht häufig mit Ihren *Liedern*, Ihren *Bildern aus Osten* [op. 66], den *Waldscenen* und den *Phantasiestücken* [op. 111]. Zugleich hatte ich die Freude, die *Promenades d'un Solitaire* [op. 78] von Heller zu sehen, ein reizendes Werk, das meiner Meinung nach seinen Erfolg sehr seinem Namen verdankt. Folgendes schrieb er [Heller] mir neulich zu diesem Thema: „Ich glaube, wenn ich mich nun daran machte, drei oder vier Hefte so wie die *Promenades* zu schreiben, das heißt in dieser Form und vielleicht ein wenig mit dieser Wendung, würde mich das berühmter machen als 50 andere Werke, von denen jedes in einem anderen und gewagten Stil wäre. Vielleicht mache ich es ja so, denn ich brauche endlich eine größere [Erfolgs]welle. Sagen Sie mir doch, was Sie darüber denken."

Seit den Artikeln der *Zeitschrift für Musik* über *Genoveva* habe ich meine Achtung für diese Zeitschrift verloren, und ich habe gerade mein Abonnement gekündigt. Es scheint mir, daß die gute Kritik das Gemeine zur Intelligenz des Höheren führen muß und nicht im Gegenteil zum Trivialen herabsteigen darf. Ich hoffe, daß Sie mir einmal jährlich sagen, wenn etwas Außergewöhnliches erscheint. Wenn Sie übrigens finden, daß ich Unrecht tue, die *Zeitschrift* nicht mehr zu lesen, müssen Sie es mir nur sagen, und ich würde Ihnen gehorchen. Auf jeden Fall würden Sie einen wahrhaft guten Akt der Nächstenliebe vollbringen, wenn Sie mir einige Zeilen schrieben. Darauf wartend verbleibe ich als für immer treuer Bewunderer und Ihr echter *Seele Verwandt*.   Laurens

Nr. 15

Montpellier, 3 April 1852

Teurer und berühmter Meister

Die Franzosen beenden ihre Briefe indem sie die, denen sie schreiben, bitten, an die <u>Versicherung der vollkommenen Hochachtung</u> zu glauben, was in vielen Fällen überhaupt nicht ehrlich gemeint ist. Es handelt sich also um eine Umgangsfloskel. Ich weiß kaum, wie in der deutschen Korrespondenz diese Floskeln lauten, und deshalb habe ich ein wenig Angst, wenn Sie mir am Ende Ihrer Briefe schreiben: *Schreiben Sie mir bald wieder*, daß es sich hierbei um eine bloße Floskel des Wohlwollens handelt. Auf der anderen Seite habe ich die Deutschen immer als sehr ehrlich und *freundlich* kennengelernt, so daß ich weiterhin zweifle. Ich schwanke zwischen der Freude, Ihnen zu schreiben und der Angst, Sie zu langweilen. So verfahre ich letzten Endes wie mit allen anderen Genüssen: maßvoll. Sie haben sicherlich geglaubt, daß ich meinerseits *freundlich* gegenüber Ihren Worten bin. Ich hätte mich wohl sehr über die politischen Geschehnisse bei uns aufregen müssen. Es gäbe ja allen Grund dazu, aber die Leidenschaft, die ich schon immer für die sanfte Natur, die Kunst und die Arbeit hatte, hat verhindert, daß jegliches politisches Engagement sich in mir ausbreiten konnte, und so konnte ich die Parteien ganz kühl beobachten. Nun gut. Sie haben alle verdient, was ihnen zugestoßen ist. Mehr noch, so blind, wie sie sich verhielten, würden sie noch Schlimmeres verdienen. Aber lassen wir das beiseite, um von der Kunst zu reden. Seit meinem letzten Brief habe ich von Ihnen die *Lieder* nach Gedichten von Elisabeth Kulmann [op. 103, op. 104] und die fünf *Stücke im Volkston* [op. 102] kennengelernt. Es gibt einen Anflug von Traurigkeit in den Liedern. Dennoch hat das letzte wegen der Dissonanz bei den Worten *entzürnten* meine Begeisterung ausgelöst. Während die spießbürgerlichen Musiker Ihnen diese Kühnheiten in der Harmonie vorwerfen, bewundere ich sie als Spuren des Genies. Durch diese Wagnisse wandelt sich die Kunst, und nur starke Köpfe sind dazu in der Lage. Die *morceaux populaires (im Volkston)* erscheinen mir als Antwort, die sich an diejenigen richtet, die Sie beschuldigen, zu mystisch und zu melancholisch zu sein. Ich hoffe, sehr bald die Sonate für Klavier und Geige zu haben, die Sie, wie Sie mir sagen, kürzlich komponiert haben. Aber ich weiß nicht, ob man sie mir besorgen kann, da ich keine Adresse eines Verlegers angegeben habe. Wenn es Ihnen leicht möglich ist, mir einige Blätter Ihrer Werke zu schicken, können Sie sie mir durch M. F. Lehmann zukommen lassen, der acht Tage in Frankenthal (Rheinpfalz) verbringen und dann nach Montpellier zurückkommen wird.

Ich habe immer noch dieselbe Absicht, Sie besuchen zu kommen, und zwar da, wo Sie Anfang nächsten Oktobers sein werden. Ich wäre wirklich verärgert, wenn Sie nicht in den sehr wohlwollenden Kontakt mit meinem guten Malergenossen W. Schirmer treten würden, der vielleicht ein wenig rückständig auf dem Gebiet der Musik ist, aber dafür ein Künstler mit großem Talent und ein ausgezeichneter Mensch. Er fand mein südliches Land so schön, daß ich ihn jetzt in Begleitung seiner ganzen Schule wieder bei mir erwarte. Wie kommt es, daß man in einem so schönen Land so wenig Musik macht? Schade, aber der gute Gott gibt nicht den einen alles und den anderen nichts.

Seit die Photographie erfunden worden ist, haben die guten Maler sie bewundert, aber nicht angewandt. Nur die Versager in der Kunst haben damit experimentiert, und die Ergebnisse haben bewiesen, daß man mit anständigen Kenntnissen noch besseres erreichen würde. Und das versuche ich seit zwei Monaten, ich bin so erstaunt, Bilder in den Schalen mit Säure und Salzen entstehen zu sehen, daß ich mich dafür begeistere wie für alles, was die menschliche Intelligenz rühmt. Heute ziehe ich aus einer meiner Schalen den Kopf eines ländlichen Natur- und Kunstliebhabers, eines guten alten Mannes, der ziemlich oft in seiner entfernten Einsamkeit an Sie denkt, eines Ihrer mitfühlendsten Bewunderer mit Namen

Laurens

Nr. 16

Montpellier, 19. Februar

Teurer und berühmter Meister,
Nun bin ich schon ziemlich lange ohne Nachrichten über die Kunst der Musik in Deutschland und über Sie, ihren würdigsten Vertreter. Wenn ich Ihnen so wenig schreibe, dann nicht, weil ich kein bißchen Interesse an dem, was Sie machen, und allem, was in der Heimat von Bach und Beethoven passiert, zeige, sondern weil man unbedingt die Zeit eines so hoch wie Sie stehenden Künstlers respektieren und obendrein wissen muß, daß ich einer dieser Barbaren-Musiker bin, die man Franzosen nennt. Der Beweis dieser Barbarei steht auf der Mitgliederliste der *Bach-Geßelschaft,* wo die musikalische französische Gelehrsamkeit nur zwei Mitglieder zählt: Alkan und mich. Das ist doch ziemlich traurig und schändlich! Von daher müssen Sie meine Isolation und mein Sehnen nach

Deutschland verstehen. Dazu zählte, wie ich Ihnen gesagt hatte, mein Plan, dort meine letzten Ferien zu verbringen, aber vollkommen unvorhergesehene Umstände in Zusammenhang mit meiner Tätigkeit als Beamter für höhere allgemeine Bildung haben meine Pläne zerstört. Da ich aber die Kunst nicht entbehren konnte, habe ich – obwohl ich häufig unterwegs war, um mein Amt zu verrichten – in den Alpen in Chartreuse gemalt, in Lyon, im Herzen Frankreichs, haltgemacht, drei Tage lang im schönen Wald von Fontainebleau ausgeruht, die Kreide in der Hand, und eine Woche bin ich in Paris geblieben und habe dort Ferd. Hiller und Stephen Heller gesehen, die beide nicht sehr zufrieden waren. Sie ließen mich Schönes hören.

Die reizende Wilhelmine Clauss, die gerade aus London zurückkam, hat mich mit einer unsagbaren *Freundlichkeit* wiedergetroffen, während zweier Treffen hat sie für mich gespielt, und zwar nur Ihre Musik, wobei sie sich jeden Augenblick unterbrach, um auszurufen: Oh, wie ich Schumann liebe! Bei diesen Konzerten hatte ich das Vergnügen, drei bewundernswerte Werke kennenzulernen, die bis dahin meiner Aufmerksamkeit entgangen waren, das sind Ihre 2. Sonate [op. 22], Ihre *Fantasie* [op. 17], die Sie Listz [Liszt] gewidmet haben, und der *Faschingsschwank* [op. 26]. Seitdem habe ich diese Werke in meiner Sammlung und erfreue mich sehr daran. In Paris habe ich auch Alkan getroffen, der Ihre Werke kennt und liebt. Als wir uns nach nur einer Zusammenkunft trennten, waren wir beide betrübt, uns nicht über die unverstandenen Ereignisse um uns herum unterhalten zu können. Am 30. September war ich in Montpellier, und zwei Tage später schweifte ich wieder in der Provence umher, in Aix, Draguignan und Marseille, und den Rest der Ferien habe ich darauf verwendet, mir Korsika anzuschauen. Ich konnte auf dieser Insel keine andere Musik hören als den *Giuramento* von Mercadante, von einer erbärmlichen italienischen Truppe massakriert. Ich habe mich getröstet, indem ich die äußerst wilden Landschaften dieses Landes, das mit ebenfalls wilden Menschen bevölkert ist, gemalt habe. Die Bilderzeitschrift *l'Illustration*, in der ich ein recht aktiver Mitarbeiter bin, wird demnächst meine Reise in fünf Artikeln veröffentlichen, begleitet von ungefähr dreißig Bildern.

Nun träume ich von einer Veröffentlichung einer Reise nach Deutschland, die im September und Oktober 1853 stattfinden wird. Wo werden Sie zu dieser Zeit sein? Ich möchte es gerne wissen, denn Ihre persönliche Bekanntschaft ist immer noch der Hauptgrund einer solchen Reise. Es wäre doch verlockend, für die Musiker unserer Zeit so zu verfahren wie Lord Burney vor einem Jahrhundert für die Künstler seiner Zeit. Ihm gegenüber hätte ich noch einen Vorteil: Ich kann mit meiner Kreide erzählen.

Da ich mein Abonnement der *Neue Zeitschrift zur Musik* seit einem Jahr gekündigt habe, weiß ich seit dieser Zeit nicht mehr, ob ein bedeutendes Werk erschienen ist. Ihre sind es alle, aber was haben Sie veröffentlicht? Das ist eine Frage, die ich Sie bitte, mir zu beantworten. Mendelssohn hätte darauf geantwortet, und Sie haben mir ja auch schon wie er nützliche Hinweise gegeben. Ich hoffe, daß Sie damit fortfahren.

Obwohl ich in die Barbarei abgetaucht bin, unternehme ich dennoch einige glückliche Anstrengungen, um gute Musik zu hören und hören zu lassen. So genieße ich im Augenblick sehr Ihr beachtenswertes Klavierquintett [op. 44], das die Bewunderung des ganzen Publikums genießt.

In Paris macht man auch einige Versuche zugunsten der guten Musik. Man sieht Stücke von S. Bach, Gade auf den Konzertprogrammen, und das alles wird leider wenig verstanden, und die Musikpresse von Paris ist immer noch dumm und käuflich.

Haberbier, der neulich in Montpellier vorbeikam, war sehr glücklich, unter meinem Dach einen kleinen, der deutschen Kunst gewidmeten Tempel vorzufinden. Der Geiger Ernst verbrachte früher lange Stunden in meiner Bibliothek, er soll demnächst wiederkommen. Wenn Sie eines Tages mit Mad.e Clara Schumann diesen Tempel betreten sollten, ist es wahrscheinlich, daß sich die Türen von ganz alleine öffnen. Ihr ergebenster Bewunderer
Laurens

Nr. 18

Montpellier, 13. Juli 1853

Teurer und berühmter Meister,
Ich nutze die Gelegenheit, daß einer meiner besten Freunde, Monsieur Renouvier aus Montpellier sich nach Berlin und Dresden begeben wird, um einer Leidenschaft nachzugehen: jene, die ich auch teile, die einerseits aus dem Ansehen, andererseits dem Aufkaufen von alten Papierstücken, die die Spur von *Radierungen* von Albert[!] Dürer, von Lucas de Leyde und Rembrandt tragen, besteht. Wie dem auch sei, er wird diesen Brief, wenn nicht direkt in ihren Händen, so doch in Ihrer Umgebung hinterlassen. Mein Vorhaben, die Ferien in Deutschland zu verbringen und Material zu sammeln, das, zusätzlich zu dem, was ich schon habe, mir erlauben wird, meine Reise zu veröffentlichen, ist zur Zeit fester denn je. Ich möchte für unser Jahrhundert das machen, was der Doktor Burney für das letzte getan hat, oder eher gesagt, will ich eine malerische und musikalische Reise zum Vorwand nehmen, will inmitten dieser Bilderflut aus den Städten, aus der Architektur, Porträts, Trachten und Wäldern, über die Musik Ernsthafteres, Wahreres, Würdigeres und Lehrreicheres sagen, als man in unseren französischen Zeitungen liest, und ich werde meine Arbeit in unserer *illustrierte Zeitung*, die 20 000 Abonnenten hat, veröffentlichen.
Da ich Sie als die am höchsten plazierte und bedeutendste Persönlichkeit der musikalischen Kunst Deutschlands ansehe, muß ich nahe bei Ihnen die wertvollsten Bemerkungen meiner Reise sammeln, mir nahe bei Ihnen ein Bild machen über den aktuellen Zustand und den Gang der Kunst in unendlichen Umwandlungen. Da ich Ihnen mit soviel Vertrauen und Bewunderung entgegengehen will, hoffe ich, von Ihrer Seite einen Empfang zu erhalten, der mich den Mann so sehr schätzen läßt, wie ich seine Werke bewundere.
Da ich mir Nürnberg, Dresden und Leipzig in einem anschauen möchte, meine Freunde in Frankfurt wiedersehen will und einige Tage mit der Familie des guten Rinck in Darmstadt verbringen möchte, dort, wo ich wie ein Sohn des Hauses behandelt wurde, werde ich wohl kaum vor dem 14. Oktober in Düsseldorf ankommen. Wenn Sie sich gerade nicht dort befinden sollten, wollen Sie mir bitte den Ort nennen, an dem ich Sie finden kann. Ich würde auch gerne einige Ratschläge und Empfehlungen erhalten, die mir bei meinen Beobachtungen in Dresden und Leipzig helfen. Wenn Sie mir welche geben können, hätten Sie bitte die Güte, sie mir vor Ende August zukommen zu lassen.
Vor kaum fünf Tagen habe ich Ihr drittes Trio [op. 110] erhalten, obwohl ich es vor mehr als zwei Monaten bestellt hatte. Ich habe alle anderen Werke, die Sie mir angegeben haben, bestellt, aber es gab einen Fehler bei der Bestellung, und so habe ich erst das dritte Trio, das ich noch nicht ausführen konnte.

Auch hatte ich nicht die Zeit, die *Fantasie-Stücke* von Kirchner, die ich erhalten habe, kennenzulernen.

Stephen Heller hat eine zweite Folge der *Promenades d'un solitaire* und 24 kleine Präludien veröffentlicht, die vornehm sind, wie alles, was er macht.

Wie ich es Ihnen angekündigt hatte, war Ernst einige Tage in Montpellier, wo ich ihn mehrere Ihrer *Lieder* hören ließ, wonach er meinte, wenn man einmal so etwas gehört hat, vergißt man es nie.

Ich lieh ihm Ihre Quartette *fur Streichinstrumente* aus, er wollte sie in Marseille zur Aufführung bringen.

In der Hoffnung, diese Art von lebhaften Gesprächen in drei Monaten in Düsseldorf fortzuführen, bin ich Ihr Ihnen sehr geneigter *Verehrer*.

Ich wäre auch sehr glücklich, der großen Virtuosin von Deutschland, Clara Schumann, *meine Verehrung* zu bezeugen.

Laurens

Nr. 20

Montpellier, 31. Dezember 1853

Teurer und berühmter Meister,

Nach dem Rausch, in den mich meine letzte Reise nach Deutschland versetzt hat, nach der Vollendung einer lange ersehnten Pilgerfahrt, die ich mir nicht glücklicher hätte wünschen können, nach so vielen Herzens- und Geistesfreuden, bin ich nun melancholisch und traurig, wie man es nach einem schönen Traum ist. Mit ihrer so sanften Seele müssen Sie ja wissen, daß nichts erfreulicher ist als ein tiefes Glück. In diesem Zustand von Andacht und Betäubung, in dem ich mich befand und immer noch befinde, wage ich kaum, an Düsseldorf zu denken, aus Angst vor zu tiefem Nachtrauern. Dennoch darf ich Sie nicht glauben lassen, daß mir jetzt alles gleichgültig geworden sei, weil ich Sie kennengelernt habe. Seien Sie versichert, es ist ganz das Gegenteil, denn jedes Mal, wo ich eines Ihrer Stücke spiele, bin ich glücklicher als zuvor, es scheint mir, als könne ich Sie sehen, so sehr sind Ihre Werke Ausdruck Ihrer Person. So ergeht es mir vor allem mit den *MärchenBildern*, die ich entzückend finde. Es ist diese zarte und zärtliche Träumerei, die das Wesen Ihres Charakters ausmacht. Diese sanften und gedämpften Akzente der Viola zeichnen Ihren Geschmack von Einsamkeit und Ruhe. Und schließlich diese brüsken und bewegten Figuren von Nr. 2 und 3, die gut diese Momente lebhafter Empfindung ausdrücken, auf die Sie selbst anspielten, als Sie mir sagten: *Ich bin sehr leidenschaftlich.*

Da ich mir denke, daß es Sie interessieren könnte, werde ich Ihnen Neues über mein Treffen mit Heller in Paris mitteilen. Wir haben uns vier- oder fünfmal während meines nur eine Woche dauernden Aufenthalts in unserer Hauptstadt gesehen. Wie viele andere gebildete Männer hat er an dem, was ich ihm über Deutschland im allgemeinen und Sie im besonderen erzählen konnte, sehr viel Anteil genommen.

In den Zeitungen habe ich gelesen, daß Ihre Manfred-Ouvertüre [op. 115], die in den Konzerten des Cäcilienvereins aufgeführt worden ist, Bewunderung hervorgerufen hat, aber man bewertet Sie wie Beethoven, als man ihn kaum kannte. Sie werden wie ein gebildeter Schriftsteller vorgestellt, wie ein sehr gelehrter Komponist mit sorgsam ausgearbeitetem Stil – der Künstler voller Eingebung und Poesie entgeht ihnen noch, aber das wird kommen, und ich hoffe, daß ich dabei helfen kann.

Obwohl ich in Eile bin, bald meine malerischen und musikalischen Studien über Deutschland im Journal de Paris zu veröffentlichen, war ich recht faul und war von dieser großen Arbeit durch die stete Verführung durch alles, was sich täglich vor den Augen ereignet, abgelenkt: Bäume, Horizonte, Felsen, Kleidung, Gesichter, deren Erinnerung ich mittels der Kreide festhalten will. Dennoch komme ich mit meinem ersten Artikel zum Ende, der Freiburg im Breisgau und den Schwarzwald zum Thema hat, er enthält acht Zeichnungen und einen ausführlichen Text, der zum großen Teil von meiner Tochter verfaßt worden ist, die das Pseudonym ihres zweiten [?] behält und meinen dritten Artikel über die musikalische Gelehrsamkeit im allgemeinen. Sie werden dort genannt werden, aber ein spezieller Artikel wird Ihnen noch eigens gewidmet.

Auf jeden Fall drängt es mich, diesen unwissenden Schriftstellern von Paris, die über etwas reden und urteilen, wovon sie überhaupt nichts verstehen, ein paar harte Wahrheiten mitzuteilen. Ich schäme mich für mein Land.

Da ich Ihnen selbst so lange nicht geschrieben habe, habe ich wohl kaum ein Anrecht, von Ihnen Nachrichten zu verlangen, die doch jetzt noch interessanter geworden sind. Dennoch hoffe ich, daß Sie mir die Gunst einiger Worte aus Ihrer Hand gewähren und mir die jüngsten von Ihnen komponierten Werke, die veröffentlicht worden sind, angeben, damit ich sie mir so schnell wie möglich zukommen lassen kann. Erzählen Sie mir auch von jener zarten Hälfte Ihrerselbst, jener Clara, die mit Ihnen ein so reiches und bewundernswertes Ganzes bildet. Sagen Sie ihr doch, daß ich bei der Erinnerung an die Zärtlichkeit, die sie für Sie zeigt, bewegt bin. Und der liebenswürdige Brahms, ist er schon berühmt? Grüßen Sie ihn herzlich von mir, auch den Herrn Dietrich, und die Geigen- und Celloliebhaber, die zu meinen musikalischen Ergötzungen in Ihrem Salon beigetragen haben, aber ich werde Sie alle in den nächsten Ferien wieder besuchen kommen.
Ihr herzlicher Bewunderer
Laurens

Zofia Helman

Einheitlichkeit im Sonatenzyklus
bei Frédéric Chopin und Robert Schumann

Die Beziehungen zwischen Schumann und Chopin waren des öfteren Gegenstand von
Erörterungen, hauptsächlich unter biographischem bzw. ästhetischem Aspekt. Die Äuße-
rungen Schumanns über Chopin in Artikeln, Briefen und Tagebüchern bildeten in
Deutschland die Grundlage von Untersuchungen zur Rezeption der Musik Chopins.
Besonders die letztens veröffentlichte Studie von Christoph-Hellmut Mahling zeigt
anhand der Erörterung von Unterschieden der deutschen, polnischen und französischen
Romantik neue Aspekte bezüglich der ästhetischen Einstellungen beider Künstler[1].
Weniger ausführlich wurden in der bisherigen Literatur dagegen die stilistischen Parallelen und Unterschiede in der Musik beider Meister besprochen, die zwar in fast allen
monographischen Arbeiten über Chopin einerseits und über Schumann andererseits enthalten sind, nicht aber den Gegenstand systematischer Forschungen bildeten. Auf die
Möglichkeit derartiger, bis heute noch ausstehender Vergleiche wurde schon vor über
dreißig Jahren auf dem Chopin-Kongreß in Warschau hingewiesen[2].

Im folgenden soll das für die romantische Form wesentliche Problem der strukturellen
Vereinheitlichung im Sonatenzyklus bei Schumann und Chopin dargestellt werden. Die
Grundlage der Untersuchungen bilden drei Klaviersonaten Schumanns – fis-Moll op. 11,
f-Moll op. 14 (Fassung von 1853) und g-Moll op. 22[3] –, zwei Klaviersonaten Chopins –
b-Moll op. 35, h-Moll op. 58 – und dessen Violoncellosonate op. 65[4].

Kennzeichnend ist, daß der älteren Forschung, deren Grundlage ein ahistorisches,
normatives Modell der Sonatenform bildete, sowohl die Sonaten Chopins als auch
Schumanns zu phantasievoll, verworren und den klassischen Normen widersprechend
erschienen. Bezüglich Chopins leitete gerade Schumann derartige Einschätzungen ein,
indem er über die Sonate b-Moll op. 35 schrieb: *Daß er es „Sonate" nannte, möchte man
eher eine Caprice heißen, wenn nicht einen Übermuth, daß er gerade vier seiner tollsten
Kinder zusammenkoppelte, sie unter diesem Namen vielleicht an Orte einzuschwärzen,
wohin sie sonst nicht gedrungen wären.*[5]

Aus der Tradition des 19. Jahrhunderts stammt auch die Meinung von der „Zerstücke-
lung" der Sonatensätze Schumanns, was den Einfluß der Lieder und der lyrischen Kla-

[1] Christoph-Hellmut Mahling, *Chopin, die deutsche Musikromantik und die „neudeutsche Schule"*, in:
    Rocznik Chopinowski, Jg. 20/1992, S. 68ff. (polnisch)
[2] vgl. Dieter Lehmann, *Satztechnische Besonderheiten in den Klavierwerken von Frédéric Chopin und
    Robert Schumann*, in: *The Book of the First International Musicological Congress devoted to the Works
    of Frederick Chopin*, hg. von Zofia Lissa, Warschau 1963, S. 329ff.
[3] vgl. *Robert Schumann. Klavierwerke Band IV*, hg. von Wolfgang Boetticher, München 1984
[4] vgl. *Fryderyk Chopin. Complete Works*, hg. von I. J. Paderewski, L. Bronarski, J. Turczyński, Bd. VI,
    Kraków 1961; Bd. XVI, Kraków 1971
[5] *NZfM*, Bd. 14, Nr. 10, 1. Februar 1841, S. 39

vierstücke beweisen sollte. Die neueren Forschungen ermöglichen es zwar[6], die fixierten Denkstereotype zu korrigieren, nicht selten stößt man aber in der Literatur bis auf den heutigen Tag auf veraltete Ansichten.

Die Architektur und die formalen Gestaltungsprinzipien der Sonaten Schumanns und Chopins sind traditionell klassisch, wobei besonders das Vorbild Beethovens deutlich wird. Die beiden Komponisten übernahmen aber nicht die fertigen Schemen, sondern sie suchten nach neuen Lösungen, indem sie, wie es Schumann ausdrückte, die *Composition der höheren Kunstform*[7] beabsichtigten. Die Erweiterung der Form und die Betonung der Kontraste zwischen den einzelnen Abschnitten wird von verbindenden Methoden begleitet. Weder Schumann noch Chopin strebten die Monothematik des Sonatenallegros an, sie bildeten auch nicht wie später Liszt oder Franck in thematischer Hinsicht einen einheitlichen Zyklus. Sie bemühten sich jedoch über die Verknüpfung von größeren thematischen und stilistischen Abschnitten, teilweise Sätzen, um eine „Einheit in der Vielheit". Der innere Zusammenhalt des Werkes wird erreicht a) über gemeinsame motivische (bzw. rhythmische) Zellen, die in wesentlichen Phrasen auftreten und in den einzelnen Abschnitten und Teilen wiederkehren, b) über Leitmotive, c) über die Bildung von Themen aus melodischen Phrasen, die in vorigen Sätzen des Zyklus zu finden sind.

Die meisten Beispiele für eine Vereinheitlichung des Zyklus bietet von den drei Schumannschen Klaviersonaten die Sonate fis-Moll op. 11.

1. Das melodische Material des 2. Satzes *Aria* entstammt der *Introduzione* des 1. Satzes, wobei in der *Aria* die Tonart A-Dur und die melodische Linie beibehalten, die Tonhöhen, der Rhythmus gering, der Bau und der Ausdruckscharakter aber beachtlich verändert wurden.

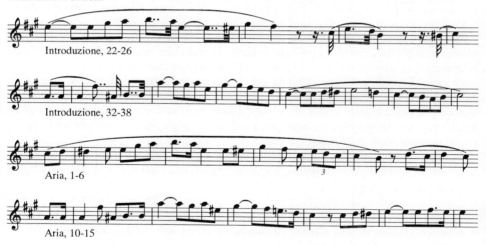

Introduzione, 22-26

Introduzione, 32-38

Aria, 1-6

Aria, 10-15

---

6   vgl. u.a. Markus Waldura, *Monomotivik, Sequenz und Sonatenform im Werk Robert Schumanns*, in: *Saarbrückener Studien zur Musikwissenschaft*, Neue Folge Bd. 4; Józef M. Chomiński, *Sonaty Chopina* (Die Sonaten Chopins), Kraków 1960; Zofia Helman, *Norma i indywiduacja w sonatach Chopina* (Norm und Individualisierung in den Sonaten Chopins), in: *Przemiany stylu Chopina*, hg. von Maciej Golab, Kraków 1993

7   *Robert Schumanns Briefe. Neue Folge*, hg. von F. Gustav Jansen, Leipzig ²1904, S. 76

2. Die motivische Zelle des ersten *Allegro*-Themas in der Form „fis-gis-a" wird, wie auch die Rückbewegung „a-gis-fis", zur Basis für die Entwicklung verschiedener thematischer Ideen in den weiteren Teilen des Zyklus. Diese Zelle ist schon am Schluß der einleitenden Phrase und im Seitenthema des 1. Satzes, in dem einleitenden Motiv des *Scherzos* und in dessen *Intermezzo* (in veränderter Form – Krebs der Umkehrung) sowie im *Finale* (in der Grundform am Anfang sowie in Transpositionen in den weiteren Themen und Themenableitungen) zu finden.

In den genannten Beispielen erscheint die motivische Zelle meistens durch eine Wiederholung der absoluten Tonhöhen, was von einer bewußten Kompositionsmethode zeugt. Diese strukturelle Einheit bedeutet jedoch nicht, daß die Sonate monothematisch ist. Im Gegenteil, aus einer Zelle entwickeln sich in Aufbau und Ausdruckscharakter verschiedene Themen. Über ihre Variabilität entscheidet die Verschmelzung mit einer neuen, längeren melodischen Phrase, Veränderungen im Rhythmus, Tempo, Dynamik, Artikulation und eine veränderte Faktur.

Die rhythmische anapästische Zelle des ersten *Allegro*-Themas selbst wird dagegen zur Grundlage der Entwicklung des Überleitungsthemas. In veränderter Form (Rückbewegung) erscheint sie wiederum im Finale.

3. Eine integrierende Rolle spielt auch das „Motto" des *Allegros*, das „Quintfall-Motiv". Die fallende Quinte ist bereits in der *Introduzione* zu finden, sie erscheint in weiteren Sätzen, in der *Aria* und in weniger prägnanter Form im *Scherzo*, mehrmals wieder.

In der Sonate op. 22 kommt es, wenn auch nicht so intensiv wie in der Sonate op. 11, zu einer ähnlichen Themenverknüpfung im Zyklus. Aus der Intervallstruktur des 1. Themas, das sich auf die fallende Skala g-f-es-d-c-b stützt, stammen das 2. Thema des 1. Satzes sowie das Motiv des 3. Satzes *Scherzo* und die Episode des *Rondos* (4. Satz). Die abweichende Rhythmik, eine andere Kombination der Töne in den Phrasen sowie die Einbeziehung in einen breiteren melodischen Kontext führen zu einer gewissen Eigenständigkeit der Themen.

In der Sonate f-Moll op. 14 kommt es dagegen zu einer engen Verknüpfung zwischen den Sätzen über das Thema von Clara Wieck, das die Grundlage der Variation im 3. Satz bildet, in der Einleitung des 1. Satzes und im *Scherzo* (2. Satz) erscheint. In diesem Fall kann man von einem Leitmotiv sprechen. Lockerere Verbindungen gibt es dagegen zwischen diesem Motiv und der Linie des 1. Themas sowie der Schlußgruppe des ersten Satzes. Der neue musikalische Kontext führt dazu, daß hier lediglich von einer Entlehnung der Themen aus dem Grundmotiv gesprochen werden kann. Die Modifizierungen, die sich aus der Umkehrung des fallenden Motivs z.B. im 2. Thema ergeben, bleiben in diesem Zusammenhang unberücksichtigt, da die offensichtliche Verwandtschaft hier durch die Änderung der reinen Quinte als Rahmen des Motivs in eine verminderte Quinte gestört wird. Ähnliche Zweifel weckt das Finale, in dem dieses Motiv lediglich in den oberen Figurationstönen ausgemacht werden könnte.

Die großen Klaviersonaten Chopins entstanden einige Jahre nach denjenigen Schumanns. Es gibt jedoch zwischen ihnen keine direkten Verbindungen, obwohl in beiden Fällen ein Aufeinandertreffen von klassischen Normen und romantischem Denken erfolgt.

Chopin, der nach den Traditionen der Wiener Klassik ausgebildet wurde, war die Methode der Verbindung der Themen und Sätze des Zyklus durch eine gemeinsame motivische Zelle bekannt. Er wandte sie z.B. in einem Jugendwerk, dem Trio g-Moll op 8, an. Auch in dem Zyklus der 24 Präludien op. 28 ist eine verbindende motivische Zelle zu beobachten, die Bewegung der großen oder kleinen Sekunde auf- und abwärts. Verglichen mit Schumann scheint jedoch das Prinzip der Verknüpfung bei Chopin rudimentär zu sein.

Den Versuch, in den Klaviersonaten Chopins ein „principe cyclique" zu finden, unternahm als erster Hugo Leichtentritt und widerlegte damit den Vorwurf des Mangels an Einheitlichkeit in Chopins Werken[8]. Die Ausführungen Leichtentritts sind

---

8   Hugo Leichtentritt, *Analyse der Chopinschen Klavierwerke*, 2 Bde., Berlin 1921–1922, S. 212f. u. 250ff.

jedoch kritisch zu betrachten. Bereits die polnischen Wissenschaftler Chomiński und Opieński haben sich damit auseinandergesetzt und Leichtentritts Ausführungen in Frage gestellt[9].

Trotzdem kann in der Sonate b-Moll op. 35 die integrierende Bedeutung der Sekund-Terz-Zelle im Aufbau des 1. und 2. Themas sowie im Trauermarsch des 1. Satzes nicht übersehen werden. Da der Marsch früher als die übrigen Sätze entstand, ist zu vermuten, daß die dort verwendete Phrase zur Quelle der thematischen Ideen des 1. Satzes wurde. Ein weiteres Moment ist die Verbindung des Finales mit dem Hauptmotiv des ersten Teiles über das charakteristische Intervall der verminderten Septime[10].

In der Sonate h-Moll op. 58 ist der Anteil einer gemeinsamen Zelle im Themenbau noch geringer. Lediglich ein Sekundintervall verbindet das Motiv des ersten Themas mit der Themenüberleitung und dem zweiten Thema.

Ob diese Übernahme bewußt erfolgte, bleibt offen. In den weiteren Sätzen ist überhaupt keine Verknüpfung durch gemeinsame Motive mehr feststellbar. Chopin entfernt sich damit deutlich vom Prinzip der strukturellen Ähnlichkeit der Themen und der Verbindung der Sätze des Zyklus durch gemeinsame Motive. Er verschärft dagegen die Kontraste und Konflikte und steigert den Ausdruckscharakter.

Die Integrität seiner Sonaten ergibt sich eher aus der dramaturgischen Funktion als aus der Vereinheitlichung durch gemeinsame motivische Zellen. Die Spuren des klassischen Sonatenaufbaus sind bei Chopin deutlich erkennbar, aber seine Werke sind eher gedacht

---

[9] Henryk Opieński, *Sonaty Chopina, ich oceny i ich wartość konstrukcyjna* (Die Sonaten Chopins, ihre Einschätzung und ihre Struktur), in: *Kwartalnik Muzyczny*, 1/1928, S. 68 (polnisch); J. M. Chomiński, a.a.O., S. 164

[10] vgl. ebd., S. 164

als verborgene Dramen (allerdings ohne jede mutmaßliche Fabel), was zu einer Steigerung der Konflikte und Höhepunkte sowie zu verstärkten Modifikationen führt, wobei sich die innere Dynamik durch das Zusammentreffen der Kontrastelemente, ihrer Verarbeitung und ihrer Rückkehr zum Gleichgewicht ergibt.

In der Violoncellosonate g-Moll op. 65, dem letzten Werk dieser Gattung im Schaffen Chopins, kehrt er zu der früheren Konzeption des durch eine gemeinsame Zelle verbundenen Zyklus zurück, insbesondere zu den im Trio g-Moll op. 8 angewandten Methoden. Die integrierende Rolle bildet in der Sonate op. 65 ein Sekundintervall, das auf- und abwärts pendelt. Natürlich wird dies lediglich zu einem Entwicklungsimpuls der in melodischer Hinsicht unterschiedlichen Themen[11]. Zu einem weiteren den Zyklus verbindenden Element wird das im 1. Satz und im Finale verwandte rhythmische Triolenmotiv, das an das Beethovensche „Schicksalsmotiv" erinnert.

Bei der Rückkehr zur strukturellen Integration verzichtet der Komponist auf scharf umrissene Kontraste und bildet ein zwar polythematisches Sonatenallegro, das aber hinsichtlich des Ausdrucks homogener ist als in den vorigen Sonaten. Auch die weiteren Sätze des Zyklus sind gekennzeichnet durch eine größere Einheitlichkeit, die sich aus der Hervorhebung vor allem von Kantileneneigenschaften ergibt. Die Sonate g-Moll, eines der letzten Werke Chopins, knüpft erneut an die Klassik an. Aber nicht dieser Aspekt scheint entscheidend dafür zu sein, daß sie zu einem wesentlichen Bestandteil im spätromantischen Sonatenschaffen wurde. Diese Methode sollte nicht überschätzt werden, da Chopin in bezug auf Beethoven keine Innovationen einführte. Die Bedeutung der Chopinschen Sonaten liegt vielmehr in anderen Bereichen, in der erweiterten pianistischen Faktur, der Harmonik, der meisterhaften Verarbeitungstechnik, im Klangkolorit und vor allem in einer neuen dramaturgischen Konzeption.

---

[11] vgl. ebd. S. 255ff., 305ff.

Klaus Wolfgang Niemöller

Robert Schumann und Giacomo Meyerbeer
Zur rezeptionsästhetischen Antinomie von deutscher und französischer Romantik

In den drei Jahrzehnten zwischen 1830 und 1860 hat Meyerbeer durch seine Opern in Deutschland ein lebhaftes Echo ausgelöst. In diese zum Teil sehr heftigen Kontroversen ist vor allem Robert Schumann involviert, jedoch sind in diesem Zusammenhang auch weitere prominente Namen zu nennen. Schumann ragt deshalb heraus, weil er als Schriftsteller, aber auch als Komponist auf die Herausforderung Meyerbeer reagierte. Diese Reaktionen wiederum sind eingebettet in größere Zusammenhänge von musikästhetischen, ja nationalen Auseinandersetzungen um Romantik und Neuromantik in der Mitte des 19. Jahrhunderts.

Die Kritik an Meyerbeer in Deutschland ist, wie Helmut Kirchmeier gezeigt hat[1], nicht von Schumann initiiert worden. Die Berliner Erstaufführung von *Robert der Teufel* hat 1832 in der *Allgemeinen Musikalischen Zeitung* zu zwei gegensätzlichen Besprechungen geführt. Hier werden Meyerbeer bereits alle späteren Gravamina vorgeworfen: Effekthascherei, Gekünsteltes, Verballhornisierung religiöser Motive, Stilvermischung, Mangel an Melodie usw. Aber auch durch einen deutschen romantischen Komponisten, nämlich Felix Mendelssohn Bartholdy, sind schon 1831/32 einige wesentliche Vorwürfe vorgegeben worden, also mehrere Jahre bevor Schumann und Mendelssohn sich 1835 persönlich kennenlernten[2]. In zwei Briefen an den Vater und an Carl Immermann setzt sich Mendelssohn ganz persönlich mit Sujet und Musik von Meyerbeers *Robert der Teufel* auseinander. Angesichts der Verführungsszene spricht er von *Unsittlichkeit*, angesichts der *kalt berechneten* Musikeffekte *fehlt mir die Wahrheit*[3]. Zugleich deckt schon Mendelssohn einen fundamentalen Gegensatz zwischen seiner, einer deutschen Auffassung von Romantik und der französischen Meyerbeers auf, wenn er schreibt: *Das Sujet ist romantisch, d. h. der Teufel kommt darin vor (das genügt den Parisern zu Romantik und Phantasie).*

Demgegenüber hat Schumann als Redakteur der *NZfM*, in der seit 1834 durchaus wohlwollend über Meyerbeers Opern berichtet wurde[4], 1836 zunächst am 5. April einen positiven Bericht über die *Hugenotten*-Premiere von einem Ungenannten in der *NZfM*

1 Helmut Kirchmeier, *Zur Frühgeschichte der Meyerbeerkritik in Deutschland*, in: *NZfM*, Jg. 125/1964, S. 298–303; ders., *Kurzer Abriß der deutschen Meyerbeerkritik in der sächsischen Fachpresse bis 1842*, in: *Situationsgeschichte der Musikkritik und des musikalischen Pressewesens in Deutschland dargestellt vom Ausgang des 18. bis zum Beginn des 20. Jahrhunderts. Das zeitgenössische Wagner-Bild*, Bd. 1, Regensburg 1972 (*Studien zur Musikgeschichte des 19. Jahrhunderts*, Bd. 7, IV/1), S. 65–75
2 Bodo Bischoff, *„Auf eine Bekehrung ließ' ich mich nicht ein . . .". Anmerkungen zur Meyerbeer-Rezeption Robert Schumanns*, in: *Giacomo Meyerbeer (1791–1864). Große Oper – Deutsche Oper. Wissenschaftliche Konferenz im Rahmen der Dresdner Musikfestspiele 1991 (Schriftenreihe der Hochschule für Musik Carl Maria von Weber Dresden*, Heft 24), Dresden o.J., S. 83–87
3 *Felix Mendelssohn Bartholdy. Briefe aus den Jahren 1830 bis 1847*, Leipzig 1915, S. 222f. u. 235f.
4 *Gesammelte Schriften II*, S. 412–415, Anm. 320; B. Bischoff, a.a.O., S. 88

abgedruckt[5], der aber *den eigentlichen musikalischen Teil der Oper nicht ausführlich behandelt.* Es handelt sich um einen Teilabdruck von Heinrich Heines Bericht in der *Augsburger Zeitung* vom 8. März 1836, der mit dem Kommentar angekündigt wurde: *Die Journalberichte über Meyerbeers Hugenotten zerfallen in fabelhaft lobende und persiflirende. Hier ein Auszug aus der allg. Augsb. Ztg., der luftig zwischen den zwei Tönen schwankt und aller Wahrscheinlichkeit von Heine herrührt.*[6] Daher forderte Schumann seinen Pariser Korrespondenten Joseph Mainzer zu einem weiteren Bericht auf[7], der am 15. und 19. Juli 1837 ebenfalls als Leitartikel erschien[8]. Auch Mainzer sprach sich sehr günstig über Libretto und Musik aus. Schumann selbst sah die *Hugenotten* am 9. April 1837. Die Leipziger Erstaufführung war am 10. März gewesen[9]. In der Zeitschrift notierte er: *Endlich haben wir auch die „Hugenotten" gesehen und sind mit unseren Gedanken über ihre Tendenz im ganzen vollkommen im reinen, doch muß man sie mehrmals hören, um auch Kleineres nicht zu übersehen [. . .]. Später also mehr.*[10] In einer Ankündigung vom 21. April deutet sich schon seine Position an: *Die „Hugenotten" haben bis jetzt mit immer mehr abnehmendem Beifall drei Vorstellungen erlebt. Die Zeitschrift wird späterhin eine ausführlichere Kritik über das an guter wie an schlechter Musik überreiche Werk bringen.*[11] Offensichtlich war Schumann sich in seinem Urteil aber immer noch nicht sicher. Denn in einem bisher ungedruckten Brief an den Pariser Musikverleger Moritz Adolph Schlesinger schrieb er am 26. April 1837: *Vergeßen Sie mich ja nicht, wie ich Sie unverzeihlich genug mit dem Artikel über die Hugenotten. Aber nach einer einzigen Vorstellung über so ein Werk zu schreiben, kann Niemand gut.*[12] Deshalb sah sich Schumann am 13. August eine weitere Vorstellung an[13], ehe er seinen Aufsatz über die *Hugenotten* verfaßte[14], der am 5. September 1837 in der Zeitschrift erschien[15]. Michael Walter hat in einer Synopse der Berichte des ungenannten H. Heine, von J. Mainzer sowie von Schumann selbst nachgewiesen, daß Schumann bei dieser entschiedenen Wende zum Negativen durchaus auf die Argumentationspunkte der vorhergehenden Besprechungen einging[16].

---

5   *NZfM*, Bd. 4, Nr. 28, 5. April 1836, S. 117ff.

6   *Heinrich Heine. Zeitungsberichte über Musik und Malerei*, hg. von Michael Mann, Frankfurt/M 1964, S. 199

7   zu J. Mainzer vgl. *Briefe und Gedichte aus dem Album Robert und Clara Schumanns*, hg. von Wolfgang Boetticher, Leipzig 1981, S. 289f.

8   *NZfM*, Bd. 5, Nr. 5, 15. Juli 1836, S. 19ff.; Nr. 6, 19. Juli 1836, S. 23f.

9   *Tb II*, S. 465, Anm. 94

10 *NZfM*, Bd. 6, Nr. 30, 14. April 1837, S. 122

11 *NZfM*, Bd. 6, Nr. 32, 21. April 1837, S. 130

12 The Pierpont Morgan Library, Washington, Sign.: *MFC F 3925. F 342.* Eine Kopie befindet sich in der Robert-Schumann-Forschungsstelle Düsseldorf

13 *Tb II*, S. 33

14 *Tb II*, S. 34

15 *NZfM*, Bd. 7, Nr. 19, 5. September 1837, S. 73–75; *Gesammelte Schriften* I, S. 318–321; Georg Eismann, *Robert Schumann. Ein Quellenwerk über sein Leben und Schaffen*, Bd. 2, Leipzig 1956, S. 38–41

16 Michael Walter, *„Man überlege sich Alles, sehe, wo Alles hinausläuft!" Zu Robert Schumanns „Hugenotten"-Rezension*, in: *Musikforschung*, Jg. 36/1983, S. 127–144

Schumanns Kritik über die *Hugenotten* ist keine isolierte Aufführungsbesprechung, sondern erschien in der Reihe *Fragmente aus Leipzig*, zudem werden zwei Werke und damit zwei Komponistenpersönlichkeiten gleichzeitig besprochen und damit gegenübergestellt: neben Meyerbeers *Hugenotten* der *Paulus* von Mendelssohn. Gerade dadurch erhält das Urteil Schumanns erst seine spezifische Eigentümlichkeit. In der Kritik betont er zwar am Anfang, er wolle Meyerbeer nicht gegen Mendelssohn ausspielen, auch findet er durchaus Positives, *auch einzelne edlere und großartigere Regungen*, z. B. die Schwerterweihe. *Ich gebe zu, sie hat viel dramatischen Zug, einige frappante geistreiche Wendungen, und namentlich ist der Chor von großer äußerlicher Wirkung; Situation, Szenerie, Instrumentation greifen zusammen, und da das Gräßliche Meyerbeer's Element ist, so hat er hier auch mit Feuer und Liebe geschrieben. Betrachtet man aber die Melodie musikalisch, was ist's als eine aufgestutzte Marseillaise?* Schumann konzediert: *Einigen Esprit kann man ihm leider nicht absprechen.* Auch erkennt er sein *Talent* an, *glänzend zu machen, dramatisch zu behandeln, zu instrumentieren, wie er auch einen großen Reichtum an Formen hat.* Insgesamt herrscht aber der Ton des Verdammens mit unerbittlicher Härte vor: *Schwelgen, morden und beten, von weiter nichts steht in den „Hugenotten"* – [. . .] *Verblüffen oder Kitzeln ist Meyerbeers höchster Wahlspruch* – [. . .] *äußerlichste Tendenz, höchste Nichtoriginalität und Stillosigkeit* – Anleihen an die verschiedensten Komponisten – gipfelnd in *die Gemeinheit, Verzerrtheit, Unnatur, Unsittlichkeit, Un-Musik des Ganzen.* Nach der Besprechung des *Paulus*, den er mit Begriffen wie *Reinheit, Friede* und *Liebe* assoziiert, stellt er die beiden Kompositionen und ihre Schöpfer gegenüber: Meyerbeers *Hugenotten sind das Gesamtverzeichnis aller Mängel und einiger weniger Vorzüge seiner Zeit,* Mendelssohn *ist der Prophet einer schönen Zukunft, wo das Werk den Künstler adelt: sein Weg führt zum Glück, jener zum Übel.*

Im Zusammenhang mit der *Hugenotten*-Kritik hat man im Hinblick auf Meyerbeer Schumann auch einen gewissen Antisemitismus unterstellt[17]. Vielfach ist aber dabei übersehen worden, daß die Kritik der *Hugenotten* eben nicht für sich allein steht, sondern aus der Gegenüberstellung zu Mendelssohns *Paulus* zu verstehen ist, was bis in politische Implikationen reichen könnte[18]; auch Heine hatte bei seinen Meyerbeer-Kritiken dessen Musik als Symbol einer politischen Richtung eingesetzt[19]. Wohl kaum darf man annehmen, daß Schumann den getauften Juden Mendelssohn dem mosaisch gebliebenen Juden Meyerbeer aus einer solchen Sichtweise gegenübergestellt hat. Paradoxerweise wurde Schumann 1869 von Richard Wagner in seinem Artikel *Aufklärung über das Judentum in der Musik* selbst geziehen, unter den Einfluß dessen geraten zu sein, was Wagner als jüdisches Wesen in der Musik denunzierte[20]: *An den Verlauf seiner Entwicklung als Komponist läßt sich recht ersichtlich der Einfluß nachweisen, welchen die von mir bezeichnete Einmischung des jüdischen Wesens auf unsere Kunst ausübte. Vergleichen Sie den Robert Schumann der ersten, und den der zweiten Hälfte seines Schaffens: dort plastischer Gestal-*

---

17 In diesem Sinne resümierte Wolfgang Boetticher Schumanns Verhältnis zu Meyerbeer; in: Wolfgang Boetticher, *Robert Schumann*, Berlin 1941, S. 265–267.

18 M. Walter, a.a.O., S. 183f.

19 Michael Mann, *Heinrich Heines Musikkritiken*, Phil.Diss. mschr. Harvard University Cambridge (Mass.) 1961, S. 129

20 Richard Wagner, *Aufklärung über das Judentum in der Musik*, in: *Gesammelte Schriften und Dichtungen*, Bd. VIII, Leipzig ⁴1907, S. 255f.

tungstrieb, hier Verfließen in schwülstige Fläche bis zur geheimnißvoll sich ausnehmenden Seichtigkeit. Im nachfolgenden versucht Wagner, auch Schumann in seiner zweiten Schaffensperiode *Mangel an nöthigem Feuer* zu unterstellen: *In dieser Trägheit versank auch Schumann's Genius, als es ihn belästigte, dem geschäftig unruhigen jüdischen Geiste Stand zu halten; es war ihm ermüdend, an tausend einzelnen Zügen, welche zunächst an ihn herantraten, sich stets deutlich machen zu sollen, was hier vorging. So verlor er unbewußt seine edle Freiheit, und nun erleben es seine alten, von ihm endlich gar verleugneten Freunde, daß er als einer der Ihrigen von den Musikjuden uns im Triumphe dahergeführt wird!*

Schumann blieb bei seinem Urteil, auch nach weiteren Besuchen von Meyerbeer-Aufführungen. Am 12. Mai 1838 sah er wieder die *Hugenotten*[21] und bewunderte die Schröder-Devrient. *Im übrigen überlassen wir das Stück seinem Schicksal. Blasiertheit und Gemeinheit täuschen nur auf eine kurze Frist*[22]. In einem anonymen Bericht in der Zeitschrift *Eisenbahn*[23], der wohl von Banck stammt, wird Schumann vorgeworfen, seit er Meyerbeer *einen musikalischen Ignoranten, einen Melodienpiraten, einen plumpen Effektpinsler genannt habe, seitdem sind die Hugenotten und Robert der Teufel überall, wo sie zur Aufführung kamen, jämmerlich durchgefallen.* Trotzdem hat sich Schumann in der Bedeutung Meyerbeers noch zu seinen Lebzeiten geirrt. Am 3. April 1837 hatte er noch geschrieben: *Wahrhaftig, ich schätze die neue Zeit und verstehe, verehre Meyerbeer; wer mir aber in hundert, was sag' ich, in fünfzig Jahren historische Konzerte verbürgt, in denen eine Note von Meyerbeer gespielt wird, dem will ich sagen: „Beer ist ein Gott, und ich habe mich geirrt".*[24] Weiterhin attackierte Schumann Meyerbeer im Zusammenhang mit der Besprechung von Werken anderer Komponisten, etwa 1837 in der über die *Große charakteristische Kaprice über ein Thema von Meyerbeer von K. Schunke: Überhaupt, wer hat die Schuld am Glücke so vieler junger Komponisten? – Meyerbeer. Ich sage nichts vom unmittelbaren Einfluß seiner Werke auf den ganzen Menschen, nichts von dem europäischen Universalstil, in welchen sich durch Bearbeitung seiner Themen am sichersten einzuschießen; ganz materiell deute ich nur auf das Geld, das göttliche, das eifrig Jünger aus ihm schlagen, auf den Vorteil, hinter den Fetzen eines großen Mannes sich mit in die Unsterblichkeit einschmuggeln zu können. So auch Hr. K. Schunke.*[25] Auch Niels W. Gade war Schumann sympathisch wegen seiner Verabscheuung der Meyerbeerschen Musik[26].

In den späteren Jahren hat Schumann durchaus mehrmals Aufführungen von Opern Meyerbeers besucht. Am 24. Oktober 1838 notierte er seinen Opernbesuch von *Robert der Teufel, dessen Musik viele schöne Tacte bei empörend Schlechtem im Scenischen u.sonst enthalte*[27]. Am letzten Abend seines Wiener Aufenthaltes besuchte er am 20. Januar 1847 die Aufführung von *Robert der Teufel* im Kärntnertor-Theater. Schumanns Urteil über Meyerbeer milderte sich, obwohl er die Aufführung in ihren Leistun-

---

[21] *Tb III*, S. 41
[22] *Gesammelte Schriften II*, S. 412f.
[23] ebd., S. 413
[24] *NZfM*, Bd. 8, Nr. 27, 3. April 1837, S. 108; *Gesammelte Schriften I*, S. 376
[25] *Gesammelte Schriften I*, S. 300; G. Eismann, a.a.O., S. 37f.
[26] *Tb II*, S. 401
[27] ebd., S. 78

gen kritisierte[28]. Nachdem Clara bei einem Aufenthalt in Leipzig am 16. Februar 1847 mit der Sängerin Pauline Viardot eine Aufführung der *Hugenotten* besucht hatte, notierte Schumann für den 23. März im Tagebuch: *Abends einige Acte in den Hugenotten* mit dem Bemerken: *platte Musik.*[29] Im Januar 1850 sah er zweimal den *Propheten*: am 23. Januar in Dresden[30] und am 30. Januar in Düsseldorf[31]. Zuvor, am 15. Januar 1850, hatte er Ferdinand Hiller geschrieben: *Sonst ist jetzt* [in Dresden] *alles in Spannung auf den „Propheten" – und ich habe viel deshalb auszustehen. Mir kommt die Musik sehr armselig vor; ich habe keine Worte dafür, wie sie mich anwidert.*[32] Eine letzte Begegnung mit den *Hugenotten* hatte Schumann im Januar 1854 in Hannover, wo er zu Besuch bei Joachim und Brahms weilte[33].

Die *Hugenotten*-Kritik hatte natürlich das persönliche Verhältnis zwischen Schumann und Meyerbeer gestört. Immerhin bemühte sich Meyerbeer, als Clara Wieck als Verlobte Schumanns 1839 in Paris war, durch Einladungen und Freundlichkeiten die Situation zu entschärfen[34]. Clara schrieb an Robert gar von *Meyerbeer, den ich wohl mag*, und weiter: *Meyerbeer war recht liebenswürdig gegen mich*[35]; Clara nahm auch eine Einladung zum Essen bei Meyerbeer an. Eduard Hanslick berichtet von einem Zusammentreffen Meyerbeers und Schumanns in Wien am 12. Dezember 1846, jedoch saßen beide weit voneinander entfernt[36]. Als am 23. Dezember 1846 Meyerbeer auf einer Soirée bei Vesque von Püttlingen Clara hörte, applaudierte er zwar ihrem Klavierspiel, *konnte sie als Frau eines Mannes, der mich auf eine so hämische Weise anfeindet*, aber nicht persönlich begrüßen[37]. Zu beiden Begegnungen trug Schumann den Namen *Meyerbeer* in sein Tagebuch mit einem Fragezeichen ein[38]. Hanslick berichtete 1847 in einem Aufsatz, er habe wegen seiner aufrichtigen Verehrung der *Hugenotten manch' gegentheiliges Wort von seinen Kunstgenossen erfahren, ja in jüngster Zeit im Gespräch mit Robert Schumann die abfälligsten Aeußerungen über Meyerbeer's Musik eingetauscht*[39].

Die Gegnerschaft zu Meyerbeer, die Schumann als einem Exponenten angelastet wird, ist jedoch damals in Deutschland weiter verbreitet gewesen. Dabei spielt der nationale Standpunkt offensichtlich eine nicht immer so deutlich ausgesprochene Rolle wie 1835 bei Gustav Schilling in seiner *Enzyklopädie der musikalischen Wissenschaften*[40]. Er spricht

28 *Tb III*, S. 336; *Litzmann II*, S. 151

29 *Tb II*, S. 420

30 *Tb III*, S. 527

31 ebd., S. 517

32 *Erler II*, S. 115

33 *Tb II*, S. 448

34 *Giacomo Meyerbeer. Briefwechsel und Tagebücher*, hg. von Heinz u. Gudrun Becker, Bd. 3, Berlin 1975, S. 178f. u. 694

35 *Litzmann I*, S. 292; *Clara und Robert Schumann. Briefwechsel. Kritische Gesamtausgabe*, hg. Eva Weissweiler, Bd. II, Basel, Frankfurt/M. 1987, S. 419

36 *Giacomo Meyerbeer. Briefwechsel und Tagebücher*, a.a.O., Bd. 4, Berlin 1985, S. 552, Anm. 174,2; vgl. Anton von Winterfeld, *Meyerbeer und Schumann in Wien*, in *Neue Musikzeitung*, Stuttgart/Leipzig, Jg. 18/1897, S. 216

37 *Giacomo Meyerbeer. Briefwechsel und Tagebücher*, a.a.O., Bd. 4, S. 169

38 *Tb III*, S. 336 u. 338

39 *Giacomo Meyerbeer. Briefwechsel und Tagebücher*, a.a.O., Bd. 4, S. 556

40 Bernd Sponheuer, *Musik als Kunst und Nicht-Kunst*, Kassel 1987, S. 181 (*Kieler Schriften zur Musikwissenschaft*, Bd. 30)

von einem *Abtrünnigen, der die deutsche Wahrheit* [...] *der Kunst dem gedankenlosesten Scheine einer ausgearteten fremden Altarmuse geopfert* habe. Auch in seinem *Versuch einer Philosophie des Schönen in der Musik* (Mainz 1838) hat Schilling die von der französischen Romantik geprägte Musik der 1830er Jahre, für die Meyerbeer das abschreckende Beispiel darstellt, entschieden abgelehnt und kam dabei Schumanns Formulierung sehr nahe, wenn er schreibt: *Das Zeitalter beginnt die Romantik zu hassen, und mehr und mehr nach Sinnlichem und Leiblichem zu verlangen.*[41]

Mit dem Verdikt *Un-Musik* gegenüber dem Werk der *reinsten Art* von Mendelssohn, *dem Propheten einer schönen Zukunft*, hatte Schumann eine Abwendung von der neuesten Entwicklung, nämlich von der Romantik zur Neuromantik hin, vollzogen. Der erste Satz der *Hugenotten*-Kritik: *Ist mir's doch heute wie einem jungen muthigen Krieger, der zum erstenmal sein Schwert zieht in einer großen Sache!* signalisiert das Grundsätzliche und Entschiedene. Schumann hatte sich noch 1836 für die fortschrittlichsten Kräfte in der Musik eingesetzt, für die revolutionären *Jünglinge*, die er noch zu der Partei der *Romantiker* rechnete, obwohl diese Stellungnahme sehr *neuromantisch* klingt[42]. Ein Jahr später nun, nach der *Hugenotten*-Kritik 1837, teilte er in der Zeitschrift öffentlich mit, er sei *des Wortes „Romantiker" von Herzen überdrüssig*, weil es mit dem *Materialismus*, worin sich die französischen Neuromantiker gefallen, *allzusehr identifiziert werde*[43]. Mit Schumanns Ablehung der französischen Neuromantik vollzog sich ein Bruch in der deutschen musikgeschichtlichen Entwicklung. Unter seiner Redaktion hat sich die *NZfM* 1838 nochmals dahingehend ausgesprochen. In einer Reaktion auf Heines Artikel *Rossini und Meyerbeer* in der *Allgemeinen Theater Revue* 1837[44] hat Anton Wilhelm von Zuccalmaglio unter dem Pseudonym G.(ottschalk) Wedel gegen Heines Meyerbeer-Sicht polemisiert[45]. Im letzten Teil der Artikelserie führt Zuccalmaglio dann aus: *Meyerbeer gehört jetzt der deutschen Tonsetzerschule ebenso wenig, und noch weniger an, als er früher der italienisch=Rossini'schen angehörte, sondern muß unter die neuromantische Schule gezählt werden, die sich seit einigen Jahren in Frankreich ausgebildet hat.*[46] Als Meyerbeer 1841 nach Berlin kam, berichtete Hieronymus Truhn am 29. Juli brieflich an Schumann über sein liebenswürdiges und bescheidenes Auftreten, und fügt hinzu: *Ich glaube fest, er komponirt grad' so gut als er immer kann u. deshalb sollten halb musikal. Kritiker wie Zuccalmaglio nicht den Mund so sehr voll gegen ihn nehmen.*[47]

---

[41] Gustav Schilling, *Versuch einer Philosophie des Schönen in der Musik*, Mainz 1830, S. 274, zitiert nach Klaus Hortschansky, *Musikalische Geschichte und Gegenwart zur Sprache gebracht. Zu Louis Spohrs 6. Sinfonie G-Dur op. 116,* in: *Die Sprache der Musik. Festschrift Klaus Wolfgang Niemöller,* hg. von J. Fricke, Regensburg 1989 *(Kölner Beiträge zur Musikforschung 165),* S. 264

[42] Arnfried Edler, *Robert Schumann und seine Zeit,* Laaber 1982, S. 75; Robert Determann, *Begriff und Ästhetik der „Neudeutschen Schule",* Baden-Baden 1989, S. 101 *(Sammlung musikwissenschaftlicher Abhandlungen 81)*

[43] *NZfM,* Bd. 7, Nr. 18, 1. September 1837, S. 70; *Gesammelte Schriften I,* S. 249f.; A. Edler, a.a.O., S. 73f.

[44] *Heinrich Heine. Zeitungsberichte über Musik und Malerei,* a.a.O., S. 80 u. 203

[45] *NZfM,* Bd. 8, Nr. 37, 8. Mai 1838, S. 145 – Fortsetzung in den Nrn. 38–40; Heinz Becker, *Der Fall Heine-Meyerbeer,* Berlin 1958, S.63. Für das von Becker nicht aufgelöste Pseudonym vgl. Robert Günther, *Anton Wilhelm von Zuccalmaglio,* in: *Musik in Geschichte und Gegenwart (MGG),* Bd. 14, Kassel, Basel etc. 1968, Sp. 1404

[46] *NZfM,* Bd. 8, Nr. 40, 18. Mai 1838, S. 157

[47] W. Boetticher, a.a.O. 1981, S. 188

Aus der zitierten Formulierung von den *französischen Neuromantikern* geht hervor, daß das Urteil Schumanns auch aus einem Gefühl für nationale Unterschiede in der musikalischen Sprache bestimmt war[48]. Daß der Aspekt nationaler Stile in der Diskussion eine Rolle spielt, zeigt Schumanns Äußerung von 1840[49], in der er einem Komponisten vorwirft, sein Quintett sei *ein Gemisch von französischem und deutschem Geblüt, nicht unähnlich der Muse Meyerbeers, der freilich von allen europäischen Nationen borgt zu seinem Kunstwerke.* Schumann stellt dem gegenüber: *Ich aber lobe mir meine Muttersprache, rein gesprochen, jeden Ausdrucks fähig, kräftig und klangvoll.* Friedrich Silcher hatte bereits am 1. Oktober 1837, unmittelbar nach Erhalt der *Hugenotten-Kritik*, an Schumann geschrieben[50]: [. . .] *eben als ich schließen will, erhalte ich diejenige Nummer Ihrer Zeitschrift, worin Sie Meyerbeers Hugenotten auf die Guillotine schicken. Das war einmal ein Wort zu seiner Zeit. Warmer teutscher Händedruck dafür! Bereits tanzen sie in Paris nach Luthers Choral!!* Im Gegensatz zu Schumann hatte Heine noch um 1836 Meyerbeer der deutschen Schule zugerechnet[51]. Auch 1842 warf Schumann Meyerbeer – *ein eigentlicher Repräsentant seiner Nation* – vor, *nach und nach von allen Völkern zu seiner Kunst geliehen* zu haben[52]. Universalität wird hier von Schumann also mit Eklektizismus gleichgesetzt und Meyerbeer daher Originalität abgesprochen[53]. Mit Schumanns kritischem Verhältnis zu Meyerbeers Musik ist auch Schumanns Beziehung zur französischen Musik überhaupt angesprochen, die bereits im Falle von Berlioz trotz aller Bewunderung auf sein Befremden stieß. Gerade die Dramatisierung der Musik, die Vorliebe für bühnenmusikalische Mittel, das Theatralische, ein *inszenatorisches Komponieren*[54] waren ihm fremd. Gerade diese Elemente waren es jedoch, die auch ein zentrales Merkmal der Neudeutschen Schule, insbesondere von Liszts Musik, darstellten[55]. Diese Tendenz konvergiert mit der deutschen Kritik an Berlioz, die ihm schon vor Wagner das Streben nach dem *Effekt* vorwarf, obwohl *effet* eben nicht die rein äußerliche Wirkungsabsicht meint. Bereits 1839 hat Adolph Bernhard Marx *die Frivolität und den fixfertigen Prosaismus der Franzosen* als *verderbliche Einflüsse „fremder" Musik* angeprangert[56].

Über die Diskussion des persönlichen und musikästhetischen Verhältnisses von Schumann zu Meyerbeer ist die Frage, ob möglicherweise nicht auch eine Art von Meyerbeer-Rezeption im Werk Schumanns anzutreffen ist, kaum aufgeworfen worden. Diese Frage soll dahingehend fokussiert werden, ob die Couleur locale, die für Meyerbeer die ent-

---

[48] Carl Dahlhaus, *Motive der Meyerbeer-Kritik*, in: *Jahrbuch des Staatlichen Instituts für Musikforschung 1978*, Berlin 1979, S. 35

[49] *Gesammelte Schriften I*, S. 345

[50] W. Boetticher, a.a.O. 1981, S. 178

[51] M. Mann, a.a.O. 1961, S. 64

[52] *Gesammelte Schriften I*, S. 437

[53] Carl Dahlhaus, *Wagner, Meyerbeer und der Fortschritt. Zur Opernästhetik des Vormärz*, in: *Festschrift Rudolf Elvers*, Tutzing 1985, S. 107

[54] *Peter Gülke, Über Liszt's „inszenatorisches" Komponieren*, in: *Liszt heute. Bericht über das Internationale Symposion Eisenstadt 1986*, Eisenstadt 1987, S. 16ff.

[55] Serge Gut, *Berlioz, Liszt und Wagner: Die französische Komponente der Neudeutschen Schule*, in: *Franz Liszt und Richard Wagner. Kongreßbericht Eisenstadt 1983*, München-Salzburg 1986 (*Liszt-Studien 3*), S. 48ff.

[56] Fritz Reckow, *„Wirkung" und „Effekt". Über einige Voraussetzungen, Tendenzen und Probleme der deutschen Berlioz-Kritik*, in: *Musikforschung*, Jg. 33/1980, S. 19

scheidende operndramaturgische Grundidee darstellte[57], auch bei Schumann sozusagen ein Echo hatte. Das Streben nach Charakteristik, das auch Lokalkolorit einschloß, war zunächst ein Zug der Romantik überhaupt[58], in Deutschland etwa seit Carl Maria von Weber. Auch Schumann ist hier durchaus einzuschließen[59]. Franz Brendel, der 1859 das Prinzip der neuen Bestrebungen zusammenfaßte[60], hob hervor, daß der *formalen Schönheit gegenüber nun das Charakteristische* im Vordergrund stehe. Wenn die Romantik als *Zugabe des Befremdlichen zum Schönen* definiert wurde, war allerdings die Entwicklung zur *Neuromantik* vorgezeichnet, und dies – wie ich meine – auch bei Schumann selbst. Dazu sollen kurz einige Ausschnitte aus Schumanns Oratorium *Das Paradies und die Peri* sowie aus seiner Oper *Genoveva* zur Diskussion gestellt werden.

Schumann hatte bei dem orientalischen Sujet des *Lalla Roockh* von Thomas Moore 1843 eigentlich ein Opernlibretto anvisiert[61]. Der erste Teil ist durchaus eine kontrastreiche opernhafte Szene, in der das Auftreten von Chören in selbständiger dramatischer Rolle ebenso an die Grande opéra erinnert[62] wie Züge der Instrumentation mit einem erweiterten Orchesteraufgebot, u. a. Harfe und Ophikleide. Gerade letztere erwähnt Schumann in der *Hugenotten*-Kritik mit einem negativen Beigeschmack des äußerlichen Effektes[63]. Clara schrieb demgegenüber im Ehetagebuch: *schon am Morgen in der Probe hatte mich die herrliche Instrumentation entzückt*[64], und in der Besprechung der *Allgemeinen Musikalischen Zeitung* 1843 gab sich der Rezensent beeindruckt, *wie mannigfaltig nach Situation und Charakter der Componist die Chormasse zu behandeln versteht*[65]. Im Sinne der Couleur locale Victor Hugos setzt Schumann die Idylle des indischen „Paradieses" in unvermitteltem Kontrast gegen die Gewaltherrschaft und das Blutvergießen ab[66]. Nur durch wenige Takte von einem Orchester-Crescendo getrennt folgt dem verzückten vierstimmigen a-cappella-Ausruf *O Paradies!* als Schluß der Nr. 5 martialisch wie eine Fanfare im Tenor und dann im Unisono der Männerstimmen *Doch seine Ströme sind jetzt roth von Menschenblut* der Anfang von Nr. 6. Im anschließenden rein orchestralen Zwischenspiel wird zweifelsohne durch Mittel der *türkischen Musik* Lokalkolorit verbreitet. Auch die Teilung der Männerstimmen in zwei Chöre mit simultaner gegensätzlicher Position erinnert an Massenszenen Meyerbeers[67]. Die Bässe als

---

[57] Heinz Becker, *Die „Couleur locale" als Stilkategorie der Oper*, in: *Die Couleur locale in der Oper des 19. Jahrhunderts*, hg. von Heinz Becker, Regensburg 1976 (*Studien zur Musikgeschichte des 19. Jahrhunderts*, Bd. 42), S. 23–45

[58] Carl Dahlhaus, *Die Kategorie des Charakteristischen in der Ästhetik des 19. Jahrhunderts*, in: *Die Couleur locale als Stilkategorie der Oper*, a.a.O., S. 9–21

[59] Jacob de Ruiter, *Der Charakterbegriff in der Musik. Studien zur Ästhetik der deutschen Instrumentalmusik 1740–1850*, Stuttgart 1989 (*Beihefte zum Archiv für Musikwissenschaft 29*), S. 230f.

[60] R. Determann, a.a.O., S. 63

[61] Gisela Probst, *Robert Schumanns Oratorien*, Wiesbaden 1975 (*Neue musikgeschichtliche Forschungen 9*), S. 88

[62] Susanne Popp, *Untersuchungen zu Robert Schumanns Chorkompositionen*, Phil. Diss. Bonn 1971, S. 140f.

[63] *Gesammelte Schriften I*, S. 321

[64] *Tb II*, S. 273

[65] Christoph-Hellmuth Mahling, *„. . . mit großer Liebe und Hingebung geschaffen". Bemerkungen zu Robert Schumanns „Das Paradies und die Peri"*, in: *Festschrift Arno Forchert*, Kassel 1986, S. 222

[66] *Robert Schumann's Werke*, hg. von Clara Schumann, Serie IX, Bd. 1, S. 20–21

[67] ebd., S. 32ff.

Chor der Eroberer singen mit charakteristischer Unterstützung der *Ophycleide 8 Fusston* triumphierend *Gazna lebe, der mächtige Fürst*; ihm antworten die beiden Tenöre als *Chor der Indier* zornig *Es sterbe der Tyrann*, dann schiebt sich diese Gegenrede zu einem Simultankontrast übereinander. Ganz offensichtlich hat Schumann hier gezielt opernhafte Mittel der Couleur locale miteinbezogen.

Auch in der Oper *Genoveva* (1848), deren mangelnde dramatische Haltung insgesamt gerügt wurde, gibt es dennoch Szenen, die auf eine Meyerbeer-Rezeption hin befragt werden können. Bereits Hermann Abert hat das 2. Finale *französische Romantik im schlimmsten Sinne* genannt[68]. Die Manipulation der Masse, der Knechte und Mägde, zur Verurteilung der des Ehebruchs beschuldigten Genoveva, rückt schon das Libretto, das Schumann letztlich selbst gestaltete, in die Nähe Meyerbeers[69]. Franz Brendel empfand es als *zurückstoßend* in seiner Besprechung in Schumanns Zeitschrift, *daß der betrunkene Pöbel sich zum Richter über die Keuschheit der Herrin aufschwingt*[70]; man wird an das *Abstoßende* erinnert, das auch Schumann in Meyerbeers Opern fand. Aber auch die inszenatorischen Klangmittel sind entsprechend. Gleich in der ersten Szene des zweiten Aktes wird laut Regieanweisung *Genoveva von unten aus der Gesindestube heraufschallendem Singen unterbrochen. Der Gesang, mit Pochen und Lärmen begleitet, wird nach und nach immer stärker*[71]. Der Chor der Knechte wird – ebenfalls *hinter der Scene* – von zwei kleinen Flöten, zwei Klarinetten und drei Hörnern charakteristisch begleitet, während Genovevas Einwürfe im Bühnenvordergrund zunächst noch durch Streicherakkorde aus dem Orchestergraben grundiert werden. Auch wenn Arnfried Edler meint[72], daß Schumann hier *sicherlich völlig entgegen der Absicht des Komponisten* in die Nachbarschaft Meyerbeers geriet, zeigt die dramaturgische Anlage doch, daß um 1848 dramatische Züge in einer Oper mit den Mitteln der Grande opèra operieren mußten, um zeitgemäß zu sein. Richard Wagner hatte sich 1843 seinerseits dagegen gewandt, daß Schumann im Hinblick auf den Fliegenden Holländer *mir so in aller Ruhe hin sage, manches schmecke oft nach – Meyerbeer*[73]. Als Kontrast zu diesem bedrohlichen Hintergrund wird zum Ausdruck einer heilen Welt das Volkslied *Wenn ich ein Vöglein wär* von Genoveva und Golo im Duett gesungen, dessen tonal in die Dur-Quinte versetzte 2. Strophe dann allerdings den Nonenakkord einbezieht, der zu Beginn der Ouvertüre die Spannung von Liebe und Leidenschaft, Haß und Betrug charakterisiert[74]. Dem zentralen Volkslied folgt zu Beginn des 4. Aktes ein Gebet der geängstigten Genoveva als Stille vor dem Sturm, der dann mit dem Erschallen der Mitternachtsglocke ausbricht. Mit den

68 Hermann Abert, *Robert Schumanns „Genoveva"*, in: *Zeitschrift der Internationalen Musikgesellschaft*, Jg. 11/1909/1910, S. 282; wiederabgedruckt in: *Musik-Konzepte. Sonderband Robert Schumann II*, München 1982, S. 183

69 Hellmuth Christian Wolff, *Schumanns Genoveva und der Manierismus des 19. Jahrhunderts*, in: *Beiträge zur Geschichte der Oper*, hg. von Heinz Becker, Regensburg 1969 (*Studien zur Musikgeschichte des 19. Jahrhunderts*, Bd. 15), S. 92

70 F.[ranz] Brendel, *R. Schumann's Oper: Genoveva*, in: NZfM, Bd. 33, Nr. 1, 2. Juli 1850, S. 3; Reinhold Sietz, *Zur Textgestaltung von Robert Schumanns „Genoveva"*, in: *Musikforschung*, Jg. 23/1970, S. 408

71 *Robert Schumann's Werke*, hg. von Clara Schumann, Serie IX, Bd. 2, S. 97

72 A. Edler, a.a.O., S. 248

73 *Richard Wagner. Sämtliche Briefe*, hg. von Gertrud Strobel u. Werner Wolf, Bd. II, Leipzig 1969, S. 222

74 Andreas Jorissen, *Robert Schumanns Oper „Genoveva"*, Magisterarbeit mschr. Köln 1994, S. 61

erregten Schleiferfiguren in den Streichern, die auf das Golo-Motiv verweisen, und den Großintervallen der Holzbläser wird von vornherein der Schrecken – es geschieht vor der hysterischen Masse ein Mord – signalisiert. *Genoveva* sollte im Frühjahr 1850 in Leipzig aufgeführt werden, aber Meyerbeers *Prophet* kam dazwischen!

Wie man auch Schumanns eigene kompositorische Annäherung an Meyerbeers Klangwelt bewerten will, scheint er jedenfalls noch zu Lebzeiten von den Konservativen als durchaus nicht fern davon empfunden worden zu sein. Als Beleg sei hier ein Artikel aus der *Niederrheinischen Musik-Zeitung* von 1854 zitiert[75]. Er stammt von Prof. Ludwig Bischoff aus Köln, einem Freund Ferdinand Hillers, der seine Zeitschrift zum Hauptkampfblatt gegen die Neudeutsche Schule machte[76]; u. a. machte ihn Richard Wagner in einem Brief an Berlioz für die *empörende* Bezeichnung *Zukunftsmusiker* haftbar. In dem gemeinten Artikel prangert Bischoff den Künstler an, *der das Neue darum liebt, weil es neuzeitlich ist.* Er wendet sich gegen den *gemeinen Realismus,* der dazu führt, daß *in den Hugenotten Heuchelei, Fanatismus und Geilheit für Religion verkauft werden.* Nachdem er Wagners *Lohengrin* und Berlioz' *immense Zukunfts-Ideen* in diesen Zusammenhang gesetzt hat, fährt Bischoff fort: *Dem gröbsten Realismus zur Seite geht die Aufblähung der Handwerker-Technik, die eben bei den alleridealsten Zukunfts-Musicanten und Zeit-Ideal-Künstlern ein ziemlich Theil ihrer Gesammt-Thätigkeit dahinnimmt. Ich meine nicht die elenden Virtuosen, die sich Geldes halber an allem Schönen und Heiligen versündigen; auch nicht die horrende Technik, deren Wagner und Berlioz bedürfen, um nur gehört zu werden; sondern das kindische Spiel mit Formen, Instrumental-Künsten, Klang-Effecten, Farbenspielen u. dgl. meine ich; es tödtet die Kunst, wo ihm ein Werth an sich beigelegt wird, wo man z. B. bei Berlioz' Instrumental-Künsteleien die entsetzliche Melodieen-Armuth gnädig übersieht, oder bei Schumann's und Meyerbeer's Klang-Pfiffigkeiten die Unwahrheit und Unschönheit nicht merken will.* Es ist schon außergewöhnlich, daß Schumann und Meyerbeer unter diesem Gesichtspunkt in einem Atemzuge genannt werden. Dies um so mehr, als Schumann einer der ersten war, der die Kategorie der Wahrhaftigkeit in die Musik einführte.

Insgesamt ergibt sich so ein Bild von den Beziehungen zwischen Schumann und Meyerbeer, das man entgegen manchen älteren Darstellungen durchaus nicht mehr so eindimensional sehen darf, das außerdem im Zusammenhang mit der Entwicklung von Schumanns Musikanschauung hinsichtlich der Vorstellung einer „nationalen Musik", zumindest bei der Oper, kontextual zu sehen ist. Eine Spannung zwischen französischer und deutscher Romantik ist jedenfalls im Verhältnis Schumanns zu Meyerbeer nicht zu übersehen.

---

[75] *Niederrheinische Musik-Zeitung,* Jg. 3/1854, S. 204ff.

[76] Robert Lee Curtis, *Ludwig Bischoff. – Mid-Nineteenth-Century Music Critic,* Köln 1979 (*Beiträge zur rheinischen Musikgeschichte* 123)

Hugh Macdonald

Berlioz und Schumann*

In den Jahren 1835–37, noch bevor sie sich persönlich kannten, war die Beziehung zwischen Berlioz und Schumann am engsten; damals entfaltete Schumann eine höchst tatkräftige Neugierde gegenüber Berlioz' Musik und räumte der Besprechung von dessen jüngsten Werken verhältnismäßig viel Platz in der *Neuen Zeitschrift für Musik* ein. Sie schrieben einander eine Anzahl von Briefen, und Berlioz drückte seine Bewunderung für Schumanns frühe Klaviermusik aus. Als sie sich 1843 endlich trafen, fühlte sich Schumann nicht mehr so sehr zu Berlioz als einer Galionsfigur der musikalischen Moderne hingezogen und war in dem, was er bewunderte, wählerischer. Ihr zweites Treffen 1847 war sehr kurz und ohne Bedeutung. Später in ihrem Leben bewegten sich die beiden Komponisten in verschiedenen Welten, ihre gemeinsamen jugendlichen Ideale waren beinahe vergessen. Diese Zusammenfassung kann mit manchen Details ausgefüllt werden.

Berlioz in der *Neuen Zeitschrift für Musik*

Zum ersten Mal taucht der Name „Berlioz" (ohne weiteren Kommentar) Ende Mai 1834 in Schumanns Tagebüchern auf, zu einem Zeitpunkt, als noch kein Werk Berlioz' außerhalb von Paris aufgeführt worden war[1]. Die Erklärung dafür findet sich möglicherweise in der *Neuen Zeitschrift für Musik* vom 2. Juni 1834, worin am Schluß in einem der nicht signierten *Briefe aus Paris*, der mit einer Beschreibung der pianistischen Virtuosität Liszts endet, folgendes zu lesen steht: *Sie werden eine ungefähre Idee von seinem Spiel erlangen, wenn Sie eine Symphonie von Berlioz, die er vierhändig arrangirt hat, und die binnen kurzem bei Schlesinger hier erscheinen wird, zu Gesicht bekommen werden.*[2]

Liszts Transkription der *Symphonie fantastique* (für Klavier zu zwei, nicht zu vier Händen) erschien erst im Oktober 1834, aber Schumanns Neugierde auf Berlioz muß bereits geweckt worden sein. Eine andere Quelle für Schumanns Interesse an Berlioz mögen die *Briefe aus Paris* von Ludwig Börne (1786–1837) gewesen sein, die zwischen 1831 und 1834 in sechs Bänden veröffentlicht wurden. Schumann verwendete die Zeile von Börne – *Da hab' ich einen jungen Musiker kennen gelernt: er heißt Berlioz und sieht aus wie ein Genie.* – als Epigraph des 17. Heftes der *Neuen Zeitschrift für Musik* vom 27. Februar 1835[3], und dadurch, daß er sie falsch zitiert, offenbart Schumann, daß diese Beobachtung in seinem Gedächtnis haften geblieben war. Korrekt lautet dieser Abschnitt[4]: *So hat die vorige Woche ein junger Mensch namens Berlioz den ersten Preis der musika-*

---

* Die deutsche Übersetzung des Referates verfaßte Annegret Fauser, City University London.

1 Robert Schumann, Tb. I, S. 308
2 *NZfM*, Bd. 1, Nr. 18, 2. Juni 1834, S. 72
3 *NZfM*, Bd. 2, Nr. 17, 27. Februar 1835, S. 67
4 *Ludwig Börne. Briefe aus Paris*, hg. von Alfred Estermann, Frankfurt/M. 1986, Zwölfter Brief (3. November 1830), S. 56–57

lischen Komposition erhalten. Ich kenne ihn, er gefällt mir, er sieht aus wie ein Genie. Demnach hätte Schumann also auch Börnes Bericht über die Uraufführung der *Symphonie fantastique* im Dezember 1830 gelesen[5]:

> *Ein junger Komponist namens Berlioz [...] ist ein Romantiker. Ein ganzer Beethoven steckt in diesem Franzosen. Aber toll zum Anbinden. Mir hat alles sehr gefallen. Eine merkwürdige Symphonie, eine dramatische in fünf Akten, natürlich bloß Instrumentalmusik; aber daß man sie verstehe, ließ er wie zu einer Oper einen die Handlung erklärenden Text drucken. Es ist die ausschweifendste Ironie, wie sie noch kein Dichter in Worten ausgedrückt, und alles gottlos. Der Komponist erzählt darin seine eigene Jugendgeschichte.*

Schumann zitierte Börne in der *Neuen Zeitschrift für Musik* als Begleittext zu einem zweiteiligen Artikel des Geigers Heinrich Panofka mit dem Titel *Ueber Berlioz und seine Compositionen*, in dem Berlioz und seine Sinfonie mit Worten beschrieben werden, die dem jungen Schumann gewiß zusagten[6]:

> *Diese Symphonie ist ein Drama. Sie ist der leidenschaftliche Erguss des Jünglingherzens, den Berlioz uns durch Musik ausdrückt; sie ist eine Epoche seines Lebens, die er uns durch Töne wiedergibt. Der Componist malt zuerst die Ungewißheit, die Unruhe, jene Melancholie, jene geistigen Schwingungen, die fast immer eine werdende Leidenschaft begleiten. Das Bild des geliebten Gegenstandes verfolgt ihn unaufhörlich. Er überläßt sich allen Empfindungen, der Freude, der Trauer, der Eifersucht, der Wuth. Bald weint er, bald hofft er, bald bittet, bald droht er. [...] Den Grundzug seiner Composition bildet die edle Melancholie des Jünglings, dessen Phantasie ungezügelt ihr Spiel mit ihm treibt.*

Vier Monate später druckte Schumann eine Kritik der *Symphonie fantastique* aus der Feder von Fétis, der eine weit weniger positive Sicht auf das Werk als Panofka hatte. Fétis berichtete darin von seiner Reaktion auf die Uraufführung 1830[7]:

> *Ich sah, daß er keinen Sinn für Melodie, kaum einen Begriff von Rhythmus hatte; daß seine Harmonie aus meistens monströsen Klumpen von Noten zusammengesetzt, nichts destoweniger platt und monoton war; mit einem Worte, ich fand, daß es ihm an melodischen und harmonischen Ideen fehlte, und urtheilte, daß sich sein barbarischer Styl nie cultiviren werde.*

Von Neugierde gepackt bestellte Schumann in Paris ein Exemplar von Liszts Transkription – die Partitur wurde erst 1845 veröffentlicht – und schrieb umgehend die längste und detaillierteste Analyse seiner Laufbahn, die weithin bekannte Studie zur *Symphonie fantastique*, die in der *Neuen Zeitschrift für Musik* in sechs Folgen zwischen dem 3. Juli und dem 14. August 1835 erschien. Berlioz erhielt ein Kopie des Artikels zugesandt, konnte sie aber mangelnder Deutschkenntnisse wegen nicht lesen. Wahrscheinlich war es

---

[5] ebd., Sechzehnter Brief (8. Dezember 1830), S. 74
[6] *NZfM*, Bd. 2, Nr. 16, 27. Februar 1835, S. 68–69
[7] *NZfM*, Bd. 2, Nr. 49, 19. Juni 1835, S. 198

Panofka, der Pariser Korrespondent der *Neuen Zeitschrift für Musik*, der den Text für ihn übersetzte, so daß Berlioz in einem Brief vom 16. Dezember 1835 berichten konnte: *J'ai un grand succès en Allemagne, dû à l'arrangement de piano de ma „Symphonie fantastique", par Liszt. On m'a envoyé une liasse de journaux de Leipzig et de Berlin, dans lesquels Fétis a été, à mon sujet, roulé d'importance.*[8]

Am 22. März des folgenden Jahres 1836 besprach Schumann Berlioz' Ouvertüre *Les Francs-juges* auf der Grundlage einer Transkription für Klavier zu vier Händen. Diese war ohne Berlioz' Erlaubnis in Leipzig bei Friedrich Hofmeister erschienen, ein Zerrbild des Originals, worin viele Passagen gestrichen worden waren und mancher wirksame Effekt verlorenging. Schumanns Notiz war kurz, aber er erkannte immerhin: *Freilich ist das Arrangement kaum mehr als ein ärmliches Skelett, worauf der Komponist den Arrangeur gerichtlich belangen könnte, und allerdings mag sich wohl keine Orchestermusik schwerer zu einem Arrangement eignen, als Berliozsche.*[9]

Den ersten Hinweis auf eine Korrespondenz zwischen den beiden Männern stellt ein Eintrag in Schumanns *Briefverzeichnis* am 23. Juni 1836 dar, wo Schumann notiert, daß er seine Sonate in fis-Moll an Berlioz, Chopin, Liszt und Maurice Schlesinger in Paris geschickt habe[10]. Berlioz dankte Schumann am 2. August und sandte ihm die kurz zuvor veröffentlichte Partitur seiner Ouvertüre *Les Francs-juges* zu[11]; es ist jedoch nicht klar, ob Berlioz von Schumanns Besprechung auf der Grundlage eines verfälschten Notentextes gewußt hatte. Noch im selben Jahr hatte Schumann zum ersten Mal die Gelegenheit, Orchestermusik von Berlioz zu hören, als am 7. November 1836 die Ouvertüre *Les Francs-juges* in einem Euterpe-Konzert in Leipzig unter der Leitung von C. G. Müller gespielt wurde, die erste Aufführung eines Berliozschen Werkes in Deutschland überhaupt.

Es mochte Berlioz so scheinen, als sei Leipzig eben die deutsche Stadt, von der aus sich sein Ruhm verbreiten könnte; Leipzig war überhaupt die erste Stadt außerhalb von Paris, in der seine Musik aufgeführt wurde. Offensichtlich befriedigte es ihn, von Panofka über die Leipziger Aufführung zu hören. Er schrieb Schumann einen enthusiastischen Brief, in welchem er diesem für den Artikel über die *Symphonie fantastique* dankte und seinem Wunsch nach einem persönlichen Treffen Ausdruck gab. Er erklärte, warum ihn der Widerwille vor einer ungenügend vorbereiteten Aufführung im Ausland von weiteren Veröffentlichungen seiner Werke, der Sinfonien im besonderen, abhielte und weshalb ihn seine Verpflichtungen in Paris, besonders die Aussicht, seine Oper *Benvenuto Cellini* an

---

8   *Hector Berlioz. Correspondance générale*, hg. von Pierre Citron, Bd. II (1832–1842), Paris 1975, S. 263;
    „Dank Liszts Klaviertranskriptionen meiner *Symphonie fantastique* habe ich großen Erfolg in Deutschland. Man hat mir einen Stapel Zeitungen aus Leipzig und Berlin zugeschickt, worin Fétis ganz gut Prügel für seine Haltung mir gegenüber bezog".

9   *NZfM*, Bd. 4, Nr. 24, 22. März 1836, S. 101–102

10   *Robert Schumann. Briefverzeichnis*, Robert-Schumann-Haus Zwickau, Sign.: *4871/VII, C, 10-A3, Abgesandte Briefe* Nr. 140 b-e; vgl. auch *Briefe und Gedichte aus dem Album Robert und Clara Schumanns*, hg. von Wolfgang Boetticher, Leipzig 1979, S. 233

11   vgl. *Robert Schumann. Briefverzeichnis*, a.a.O., *Empfangene Briefe* Nr. 411; siehe W. Boetticher, a.a.O., S. 232f.

der Opéra aufgeführt zu sehen, an weiten Reisen hinderten: *Mille occupations impéri-
euses me tiennent en quelque sorte emprisonné dans notre capitale: et l'obligation d'y
travailler sans relâche, à toutes les heures du jour et souvent de la nuit, à se frayer une
pénible route, n'est pas de celles dont un artiste puisse ni doive s'affranchir.*[12]

Schumann antwortete am 31. Januar 1837 und schlug Berlioz vor, er solle seine Musik
bei Hofmeister in Leipzig veröffentlichen[13], eine eher unglückliche Empfehlung, denn
schließlich war es Hofmeister, der im Jahr zuvor jene entstellte Fassung der Ouvertüre
Les Francs-juges publiziert hatte. Schumann sandte Berlioz zudem einige eigene Kompositionen in der Hoffnung, dieser möge sie in der *Revue et Gazette Musicale* besprechen.

Die Erwiderung Berlioz' bestand in einem langen und freundlichen offenen Brief in der
Revue et Gazette Musicale vom 19. Februar 1837, den Schumann am 3. März in der
Neuen Zeitschrift für Musik veröffentlichte[14]. Berlioz glaubte irrtümlicherweise, Schu-
mann habe die Leipziger Aufführung seiner Ouvertüre *Les Francs-juges* organisiert, und
er widmete den ganzen Brief der erneuten Erklärung, dieses Mal für eine öffentliche
Leserschaft, weshalb er zögerte, seine Partituren zu publizieren: nämlich aus Angst, sie
könnten im Ausland fehlerhaft aufgeführt werden. Dieser Brief geht auch auf Schumanns
Musik ein[15].

> *Je ne veux pas finir ma lettre sans vous dire quelles heures délicieuses j'ai passées
> dernièrement à lire vos admirables œuvres de piano; il m'a semblé qu'on n'avait rien
> exagéré en m'assurant qu'elles étaient la continuation logique de celles de Weber,
> Beethoven et Schubert. Liszt, qui me les avait ainsi désignées, m'en donnera inces-
> samment une idée plus complète, me les fera connaître plus intimement, par son
> exécution incomparable. Il a le projet de faire entendre votre sonate intitulée „Clara"
> à l'une des magnifiques soirées où il rassemble autour de lui l'élite de notre public
> musical. Je pourrai alors vous parler avec plus d'assurance de l'ensemble et des détails
> de ces compositions essentiellement neuves et progressives.*

---

[12] Brief von Hector Berlioz an Robert Schumann, Paris 8. Dezember 1836, in: W. Boetticher, a.a.O.,
S. 35–36;
„Tausend dringende Geschäfte halten mich in unserer Hauptstadt geradezu gefangen: und die Ver-
pflichtung, in ihr ohne Unterlaß, zu jeder Stunde des Tages und oft auch der Nacht, zu arbeiten und
sich seinen mühsamen Weg zu bahnen, zählt nicht zu denen, von denen sich ein Künstler befreien
könnte oder dürfte."

[13] vgl. *Robert Schumann. Briefverzeichnis*, a.a.O., *Abgesandte Briefe* Nr. 215 b; siehe W. Boetticher,
a.a.O., S. 233

[14] *Hector Berlioz. Correspondance générale*, a.a.O., Bd. II, S. 327–332; *NZfM*, Bd. 6, Nr. 18, 3. März
1837, S. 71f. Schumann ließ den letzten Absatz, der von seinen eigenen Werken handelte, weg.

[15] ebd.;
„Ich will meinen Brief nicht schließen, ohne Ihnen zu sagen, welch zauberhafte Stunden ich kürzlich
damit verbracht habe, Ihre bewundernswerten Klavierwerke zu lesen; mir schien, daß es keineswegs
übertrieben war, als man mir versicherte, sie seien die logische Weiterführung der Klaviermusik
Webers, Beethovens und Schuberts. Liszt, der sie so beschrieben hat, wird mir demnächst einen
unendlich vollständigeren Begriff davon geben, wird es mir ermöglichen, sie dank seines unvergleichlichen Spiels genauer kennenzulernen. Er hat die Absicht, Ihre mit ‚Clara' überschriebene Sonate auf
einer jener glänzenden Soireen zu Gehör zu bringen, auf denen er die Elite unseres Musikpublikums
um sich schart. Ich könnte Ihnen dann mit größerem Selbstvertrauen von dem Ganzen und den
Details dieser in ihrem Wesen so neuen und fortschrittlichen Kompositionen sprechen."

Liszt stand mit Schumann seit 1836 im Briefwechsel, und Schumann hatte ihm die Sonate in fis-Moll op. 11, die Paganini-Studien op. 3, die *Impromptus* op. 5 und das *Concert sans orchestre* op. 14 zugeschickt, wahrscheinlich dieselben Werke, die auch Berlioz erhalten hatte[16]. Leider besprach Berlioz diese Werke nicht selbst, so daß wir nicht wissen, was er wirklich von ihnen hielt. In seiner Eigenschaft als stellvertretender Herausgeber der *Revue et Gazette Musicale* bat er Liszt darum, über sie zu schreiben, was zu Liszts allgemein bekanntem Artikel vom 12. November 1837 führte. Glaubte Berlioz einerseits, daß es sich hier um bedeutende neue Werke handelte, so mußte er sich andererseits Schumann für eine so große Aufmerksamkeit seiner eigenen Musik gegenüber verpflichtet gefühlt haben. Ihre Freundschaft und ihr gegenseitiges Verstehen hatten nun einen Punkt erreicht, an dem sie sich nur noch zu treffen brauchten, um einen künstlerischen Bund zu besiegeln, welcher die beiden Komponisten einander noch näher gebracht hätte.

Clara Wieck in Paris

Ungeachtet Berlioz' wiederholter Bitten an Schumann, nach Paris zu kommen, war es schließlich seine Verlobte, Clara Wieck, welche die Reise unternahm, und nicht Robert. Im Januar 1839 schrieb Schumann an Berlioz, um dessen Unterstützung für Claras anstehende Pariser Konzerte zu gewinnen[17]. Berlioz' Antwort spiegelt eine intensive Freundschaft wider, welche sich über drei Jahre entwickelt hatte und die eine geistige und künstlerische Verwandtschaft und einen gemeinsamen Sinn für Humor voraussetzte.

Je vous remercie trente mille fois de votre bon souvenir; je suis toujours à la recherche des nouvelles qui viennent de l'Allemagne pour entendre parler de vous. Je savais votre voyage à Vienne [. . .] J'aimerais mieux apprendre votre départ pour Paris. Nous vivons ici dans une agitation fièvreuse continuelle; tellement que si j'étais obligé de mourir dans ce moment-ci, cela me contrarierait beaucoup. Je suis sûr que le grondement de notre mer artistique vous plairait. Oh, comme nous rêverions, comme nous chanterions ensemble si vous veniez. Notre monde est un monde mélangé, il y a peu d'honnêtes jeunes hommes dignes du nom d'artistes, et beaucoup de „nains" et énormement de CRETINS et prodigieusement des GREDINS; (vous voyez que j'observe la loi du crescendo) il y a encore bien d'autres noms en „ain" ou „in" qui pourraient s'appliquer facilement. Eh, bien n'importe; une fois qu'on y est accoutumé on vit au milieu de tout cela, comme on nage dans l'océan, malgré les „requins" et

---

[16] *Franz Liszt. Correspondance*, hg. von P.-A. Huré und C. Knepper, Paris 1987, S. 96, Anm.

[17] vgl. *Robert Schumann. Briefverzeichnis*, a.a.O., *Abgesandte Briefe* Nr. 493, siehe W. Boetticher, a.a.O., S. 234

même sans songer à eux. Et puis il y a des bonheurs de la vie Parisienne qui ne se décrivent pas et que vous sentiriez[18].

Ob Schumann den Humor dieser Wortspiele nun schätzte oder nicht, er mußte das geistige Feuer im Brief dieses fernen „Davidsbündlers" bewundert haben. In einem gänzlich anderen Ton fährt Berlioz dann fort: *Mlle Clara Wieck est arrivée, je viens de parler d'elle dans la „Gazette musicale".*[19] Berlioz konnte nicht wissen, daß Clara zwischen ihn und den deutschen Freund, den er bewunderte, aber niemals getroffen hatte, treten sollte.

Die damals neunzehnjährige Clara kam am 6. Februar 1839 in Paris an und hoffte auf einen Erfolg als Virtuosin, wobei sie mit Berlioz' Unterstützung rechnete. Sie hatte allerdings die große Menge an Pianisten, vor allem weiblicher Pianisten, unterschätzt, die bereits in der französischen Hauptstadt aktiv waren, und sie war sich Berlioz' tiefer Abneigung gegenüber dem Klavier nicht bewußt, obgleich es ihr bekannt war, daß er selbst kein Pianist war. Clara lernte ihn schließlich am 27. Februar bei den Bertins kennen. Die Beschreibung, die sie in ihrem Brief an Schumann vom 1. März von Berlioz gab, ist von ganz besonderem Interesse[20]:

Ich traf Berlioz daselbst mit dem ich mich 3 mal verfehlt hatte; ich war höchst erstaunt ihn so zufällig zu finden; er sprach gleich von Dir. Er ist still, hat ungeheuer dickes Haar und sieht immer auf den Boden, schlägt immer die Augen nieder. Morgen will er mich besuchen. Im Anfang wußte ich nicht, daß Er es war, und erstaunte, wer der sey, der immer von Dir sprach, endlich fragte ich ihn nach seinem Namen und als er ihn sagte, da bekam ich einen freudigen Schreck, der ihm geschmeichelt haben muß.

Berlioz hinterließ leider keinen Bericht über dieses Zusammentreffen, und obwohl Clara sechs Monate in Paris weilte und eine Anzahl von Konzerten gab, fand sie ihn unfreund-

---

[18] *Hector Berlioz. Correspondance générale*, a.a.O., Bd. II, S. 532–533;
„Ich danke Ihnen viele tausend Mal für Ihre guten Wünsche; ich bin immer auf der Suche nach Nachrichten aus Deutschland, um von Ihnen zu hören. Ich wußte von Ihrer Reise nach Wien [. . .] Lieber würde ich von Ihrer Abfahrt nach Paris hören. Wir leben hier in einer fortwährenden fiebrigen Erregung; das ist manchmal sehr hart, doch besitzt dieses Leben seinen eigenen Zauber, so daß es mir sehr widerstreben würde, wenn ich jetzt sterben müßte. Ich bin sicher, daß Ihnen das Brausen unseres künstlerischen Meeres gefallen würde. Oh, wie wir zusammen träumen, wie wir singen würden, wenn Sie kämen. Unsere Welt hier ist eine durchmischte Welt; es gibt nur wenig ehrenhafte junge Männer, die es wert sind, Künstler genannt zu werden, dafür aber viele Zwerge (*nains*) und ungeheuer viele TROTTEL (*crétins*) und gewaltig viele HALUNKEN (*gredins*); (Sie sehen, ich beachte das Gesetz der Steigerung) es gäbe noch manch andere Bezeichnung, die auf *ain* oder *in* endet und die man verwenden könnte. Aber, was soll's: Wenn man sich erst einmal daran gewöhnt hat, dann lebt man inmitten all dessen wie ein Fisch im Wasser, trotz der Haie (*requins*) und ohne noch weiter an sie zu denken. Und dann gibt es noch all die Annehmlichkeiten des Pariser Lebens, die man nicht beschreiben kann und die Sie erleben werden."
[19] ebd.;
„Fräulein Clara Wieck ist eingetroffen, ich habe über sie in der *Gazette musicale* berichtet."
[20] *Robert und Clara Schumann. Briefwechsel. Kritische Gesamtausgabe*, hg. von Eva Weissweiler, Bd. II, Basel, Frankfurt/M. 1987, S. 425

lich und wenig hilfsbereit. Der Besuch von Klavierabenden gehörte noch nie zu Berlioz' Lieblingsbeschäftigungen. Am 3. April schrieb Clara an Robert[21]:

Auf Berlioz bin ich recht böse, der thut doch nichts für mich, und erst jetzt nachdem ich ihn 3 mal besuchte, und ihm sehr dringend schrieb, zeigt er im „Journal des Débats" mein Concert in ziemlich kalten Worten an. In der Schlesinger'schen Matinée versprach er mir eigends einen Aufsatz über mich zu schreiben, doch vergebens warte ich darauf. Der ist Dir doch gewiß den größten Dank schuldig! so ist er aber, in Paris kennt man keine wahre Freundschaft.

Anläßlich jener Matinee bei Schlesinger am 21. März gesellten sich zu Clara noch mehrere andere Künstler, so daß ein buntes Programm aus Liedern, Klavierstücken und Kammermusik geboten wurde – genau die Art von Konzerten, die Berlioz am meisten verabscheute. Zudem spielte sie überhaupt keine Musik von Schumann. Sie war sich vielleicht auch nicht dessen bewußt, daß Berlioz tief in die Komposition von *Roméo et Juliette* vergraben war und daß er zwar weiterhin für die Presse schrieb, aber nicht mehr Konzerten und gesellschaftlichen Ereignissen beiwohnte, als er unbedingt mußte.

Schumann fühlte wohl, daß er etwas größeren Druck auf Berlioz ausüben mußte. Er schrieb ihm am 13. April, um Clara erneut zu empfehlen, wobei er ihm zugleich anbot, ihm ein Werk zu widmen[22]. War dies der Anreiz, den Berlioz brauchte, um sie ein zweites Mal zu hören und im *Journal des Débats* über sie zu schreiben? War es Bestechung? Wie dem auch sei, er besuchte drei Tage später, am 16. April, ihr zweites Konzert. In ihrem Brief an Robert vom darauffolgenden Tag erhob Clara einige bemerkenswerte Anklagen. Berlioz, nicht Schumann, machte sich anscheinend unmoralischen Verhaltens schuldig.

Einen argen Feind habe ich an Berlioz (einen geheimen); der ist nämlich immer in Geldnoth, und ist höchst wahrscheinlich von der Prinzeß Belljiogoso (Geliebte Doehlers und sehr reich) bestochen worden, Parthei gegen mich zu bilden – er benimmt sich ganz dumm gegen mich – ich ignoriere ihn[23].

Am Tag darauf schrieb sie[24]:

Berlioz soll (wie man mir gestern sagte) sehr entzückt von mir (meinem Spiel nämlich) gewesen seyn, und gesagt haben, er werde über mich schreiben. Hätte ich ihm also Unrecht gethan! so viel bleibt wahr, daß er unartig gegen mich war, was ich jedoch damit entschuldigen kann, daß er ein Sonderling ist.

Berlioz' kurzer Bericht über Claras Auftritt erschien im *Journal des Débats* am 18. April als Anhängsel an seine Besprechung von Halévys Opéra comique *Les Treize* und seiner bewundernden Schilderung eines vergleichbaren Klavierabends, der einen Tag zuvor von Emilie Belleville-Oury gegeben worden war, einer der zahlreichen jungen

---

21 ebd., S. 468
22 vgl. *Robert Schumann. Briefverzeichnis*, a.a.O., *Abgesandte Briefe* Nr. 537; siehe W. Boetticher, a.a.O., S. 234
23 *Robert und Clara Schumann. Briefwechsel*, a.a.O., S. 484.
24 ebd., S. 490

und brillanten Pianistinnen, die man in Paris hören konnte[25]. In Claras Konzert traten – wie in ihrem ersten – drei Sänger, zwei Harfenisten, der Geiger Bériot und natürlich sie selbst auf. Clara hatte Klavierwerke von Schubert, Henselt, Thalberg sowie eigene Kompositionen gewählt, spielte aber wieder nichts von Schumann. Berlioz, dessen Gedanken bei Romeo und Julia in Verona weilten, war nicht besonders beeindruckt, und seine Kritik spiegelte exakt wider, was er von dieser Musik hielt[26]:

> *Mlle Clara Wieck, dont le concert a suivi presque immédiatement celui de Mme Oury, est un autre grand talent correct, élégant, vif, se jouant également des plus âpres difficultés, mais un peu plus mondain, si je puis m'exprimer ainsi; ce qui ne veut pas dire que Mlle Wieck sacrifie au mauvais goût en exécutant de la musique d'antichambre; loin de là, son „Scherzo" est un morceau de beaucoup de mérite qui fait honneur à ses connaissances en composition, et qui a moins que beaucoup d'autres à souffrir du voisinage des admirables études de Chopin, auprès desquelles il se trouvait placé.*
> *Mlle Wieck avait composé son programme de manière à prouver qu'elle ne redoutait pas la concurrence d'un grand artiste, justement aimé et admiré du public; M. de Bériot y figurait deux fois [. . .].*

Obwohl dies keineswegs beleidigend war und weit von dem vernichtenden Sarkasmus entfernt, mit dem Berlioz Klaviervirtuosen in Grund und Boden schreiben konnte, wenn er es wollte, war Clara alles andere als erfreut[27]:

> *Berlioz ist also doch wirklich so wie ich gedacht; sein Aufsatz über mich war malitiös; die Belleville nennt er solid, mich weltlich etc: man hat mir erzählt daß er sobald man ihm Geld anbietet alles schreibt was man will; Doehler bittet ihn immer zu Tisch, und setzt ihm ganz feine Weine vor die er <u>sehr liebt</u>; so weit ist es gekommen, daß er neulich schrieb, die Doehler'schen Compositionen seien schön und gut gearbeitet – was sagst Du dazu? [. . .]. Du solltest Berlioz nicht schreiben, der verdient Deine Freundschaft nicht – ich verachte ihn.*

Dies war eine unerhörte Anklage. Es gibt keinen Beweis dafür, daß Berlioz mit Doehler oder der Prinzessin Belgiojoso befreundet gewesen wäre. Vielmehr berichtet der Artikel, über den sich Clara beklagt, über ein Konzert Doehlers in noch weniger freundlichem Ton als über ihr eigenes. Seine Kompositionen wurden als *éblouissantes* (blen-

---

[25] Emilie Belleville-Oury (1808–1880) kam in München zur Welt und war eine Schülerin von Carl Czerny.

[26] *Journal des Débats*, 18. April 1839;
„Clara Wieck, deren Konzert fast unmittelbar auf das von Mme Oury folgte, ist ein anderes korrektes, elegantes und lebhaftes Talent, das mit den größten Schwierigkeiten fertig wird, aber ein wenig mondäner ist, wenn ich mich so ausdrücken darf; damit will ich nicht sagen, daß Mlle Wieck dem schlechten Geschmack Tribut zollt, indem sie Salonmusik aufführt; im Gegenteil, ihr Scherzo ist ein sehr verdienstvolles Stück, das ihrem kompositorischen Können Ehre macht und das weniger unter der Nachbarschaft von Chopins bewundernswerten Etüden, neben denen es auf dem Programm stand, leidet als manch anderes. Mlle Wieck hat ihr Programm so zusammengestellt, daß sie beweist, wie wenig sie die Konkurrenz eines großen Künstlers fürchtet, den das Publikum zu Recht liebt und bewundert; M. de Bériot trat darin zweimal auf [. . .]."

[27] *Robert und Clara Schumann. Briefwechsel*, a.a.O., S. 501

dend) beschrieben, was in Berlioz' Vokabular sicher kein Kompliment war. Auch findet sich kein Hinweis darauf, daß Berlioz, obgleich Franzose, den Genüssen der Tafel zugetan gewesen wäre. Instinktiv verteidigte Schumann Berlioz und versuchte, die Wunde zu heilen[28]:

> Ueber das „un peu mondain" von Berlioz hätte ich auch beinahe gelächelt. Du magst mir lose Streiche machen in Paris, daß man Dir die Belleville als Nonne gegenüberstellt. In Wahrheit aber ärgere ich mich doch, daß Dich Berlioz nicht beßer kennt. Uebrigens aber bin ich eifersüchtig auf ganz Paris und weiß manchmal nicht wie mir Luft machen.

Später berichtete Clara: [. . .] neulich fragte Jemand den Berlioz warum er nicht besser über mich geschrieben habe, seine Antwort „ich verstehe nicht die Claviermusik"! er hat mich nicht wieder besucht.[29]

Zu diesem Zeitpunkt, im Frühjahr 1839, erschien bei Richault die Partitur von Berlioz' Ouvertüre *Waverley*, und ein Exemplar davon wurde an Schumann nach Leipzig geschickt. Dieser fügte eine kurze Kritik des Werks in seine Besprechung vom 11. Juni 1839 über eine Auswahl von Konzertouvertüren ein[30]. Er äußerte sich bewundernd über die Komposition – und Clara sagte ihm, daß sie mit ihm übereinstimme –, aber dies war das letzte Mal, daß Schumann öffentlich auf Berlioz' Musik verwies. Er besprach weder die Partitur der *Grande messe des morts*, die gleichfalls 1839 erschien, noch die *Grande symphonie funèbre et triomphale*, die 1843 herauskam. Zu der Zeit, als Berlioz einer Veröffentlichung seiner anderen sinfonischen Werke zustimmte, hatte sich Schumann von der *Neuen Zeitschrift für Musik* distanziert, und als er dann Berlioz' Meisterwerke seiner mittleren Schaffensperiode hätte lesen oder hören können – *Harold en Italie*, *Roméo et Juliette*, *Benvenuto Cellini* und *La Damnation de Faust* –, hatte er sein Interesse an Berlioz vollständig verloren.

Berlioz in Leipzig

Als die beiden Komponisten sich schließlich trafen, schienen sie die Begeisterung für die Musik des jeweils anderen, die sie vorher so offen ausgedrückt hatten, verloren zu haben. Berlioz stattete Leipzig im Februar 1843 seinen ersten Besuch ab, welchem er in seinen *Memoiren* ein ganzes Kapitel widmete. Er gab dort zwei Konzerte, eines am 4. und eines am 23. Februar. Für Berlioz war die musikalische Hauptattraktion in Leipzig sein alter Freund Mendelssohn, und der Konzertmeister Ferdinand David nahm sich seiner freundlich an; wie Mendelssohn sprach er perfekt Französisch. Im Leipzig-Kapitel der *Memoiren*, das kurz nach Berlioz' Rückkehr nach Paris entstand, wird Schumann kaum erwähnt: Er tritt nur einmal kurz in Erscheinung, und zwar in dem Bericht über die Proben für das zweite Konzert, in dem das *Offertorium* aus der *Grande messe des morts* auf dem Programm stand. *Schumann, sortant de son mutisme habituel, me dit: „Cet offertorium surpasse tout"*[31].

28 ebd., S. 506
29 ebd., S. 522
30 *NZfM*, Bd. 10, Nr. 47, 11. Juni 1839, S. 186f.
31 *Hector Berlioz. Mémoires*, hg. von Pierre Citron, Paris 1991, S. 350
    „Schumann brach sein übliches Schweigen und sagte zu mir: *Dieses Offertorium übertrifft alles.*"

Die beiden Männer verbrachten in diesem Monat jedoch eine Menge Zeit zusammen, auch wenn Schumann nicht selbst über Berlioz' Besuch in der *Neuen Zeitschrift für Musik* berichtete, sondern diese Aufgabe Hirschbach überließ. Sie trafen sich zum ersten Mal bei einem Euterpe-Konzert am 30. Januar 1843, das Berlioz unmittelbar nach seiner Ankunft aus Weimar besuchte. In diesem Konzert spielte Clara Schumann, wie sie nun hieß, Beethovens *Chorfantasie*, und Mendelssohn dirigierte eine erst kürzlich entstandene Überarbeitung seiner *Ersten Walpurgisnacht*, die Berlioz sehr bewunderte. Am nächsten Tag wohnte Schumann Berlioz' erster Orchesterprobe bei und konnte so – neben der *Symphonie fantastique* und der Ouvertüre *Les Francs-juges*, die Berlioz zweifellos auf Grund von Schumanns früherem Interesse an ihnen ausgewählt hatte – zwei Lieder hören, die Marie Recio, Berlioz' Reisegefährtin, sang. Außerdem wurden die von David gespielte *Rêverie et caprice* und die Ouvertüre *Le Roi Lear* geprobt. Schumann schrieb in sein Tagebuch[32]:

> *Er dirigirt ausgezeichnet. Vieles Unerträgliche in seiner Musik, aber gewiß auch außerordentlich Geistreiches, selbst Geniales. Oft scheint er mir der ohnmächtige König Lear selbst. Ein Zug von Schwäche ist sogar in seinem sonst so ausgezeichneten Gesicht bemerkbar; er liegt um Mund und Kinn. Gewiß, Paris hat ihn verdorben, auch das liederliche Jugendleben dort. Jetzt reist er mit einer Mlle Rezio, die wohl mehr als seine Concertsängerin ist. Leider spricht er gar nicht deutsch und so sprachen wir nicht viel. Ich hatte ihn mir lebhafter, furieuser als Mensch vorgestellt. Sein Lachen hat etwas herzliches. Sonst ist er Franzose, trinkt Wein nur mit Wasser, und ißt Compot.*

Am folgenden Abend, nach einer Soirée in Hirschbachs Haus, speisten Berlioz und Schumann zusammen im Hôtel de Bavière; danach reiste Berlioz für zwei Wochen nach Dresden und kehrte erst am 19. Februar zurück. Am 23. dirigierte er sein zweites Leipziger Konzert, ein „Armenconcert", in dem *L'Absence* (aus *Les Nuits d'été*), eine zweite Aufführung von *Le Roi Lear* und das *Offertorium* aus der *Grande messe des morts* zu hören waren. Clara kam nicht zum Konzert, denn sie war im siebten Monat schwanger[33].
Berlioz blieb noch sechs Tage in Leipzig und sah Schumann beinahe täglich. Briefe wurden zwischen Schumanns Haus und Berlioz' Hotel hin- und hergeschickt. Am Samstag, dem 25. Februar, war Schumann *früh bei Berlioz*; am nächsten Tag hatten sie *Nachmittag mus. Kaffee*[34]; am 27. Februar schrieb Berlioz den ersten von drei bislang noch unveröffentlichten Briefen[35]:

---

[32] *Tb II*, S. 256
[33] ebd., S. 258
[34] *Tb III*, S. 238
[35] *Corr* Bd. 15, Nr. 2505
„Mein lieber Schumann. Ich danke Ihnen für Ihre Partitur und sende Ihnen die meine; bitte versäumen Sie nicht, sie mir morgen vor 6 Uhr zurückzuschicken, weil ich meinen Koffer packen muß; ich fahre übermorgen nach Berlin. Ganz der Ihre, H. Berlioz." Ich danke Frau Dr. Ute Bär dafür, daß sie mich auf diese Briefe hingewiesen hat.

Mon cher Schuman [sic!]
Je vous remercie de votre partition et vous envoie la mienne; ne manquez pas, je vous prie, de me la renvoyer demain avant 6 heures parcequ'il faut que je fasse ma malle, partant après demain pour Berlin.
Tout à vous
H. Berlioz

Welche Partituren ausgetauscht wurden, läßt sich schwerlich sagen. An diesem Abend veranstaltete das Ehepaar Schumann einen Kammermusikabend für Berlioz, wo er Schumanns Klavierquintett und zwei der unlängst komponierten Streichquartette op. 41 hörte. Leider erwähnte er diese Soiree nicht in dem langen Brief, den er am nächsten Tag an d'Ortigue schrieb[36]. Offensichtlich hatte es ihm nicht gefallen. Clara nahm ihm sein Verhalten erneut übel[37]:

[Berlioz] *war unwohl, doch hätte er sich immerhin freundlicher und herzlicher benehmen können, wäre die Kunst das, was seine Seele erfüllte. Er ist kalt, theilnahmlos, grämlich, kein Künstler wie ich ihn liebe – ich kann mir nicht helfen. Robert ist anderer Meinung und hat ihn ganz in sein Herz geschlossen, was ich nicht begreifen kann. Was seine Musik betrifft, so stimme auch ich dem Robert bei; sie ist voll des Interessanten und Geistreichen, obgleich ich doch auch nicht verhelen kann, daß dies <auch> nicht die Musik ist, wie sie mir Genuß schafft, und ich keine Sehnsucht nach* mehr *habe.*
Verzeih, mein Robert, doch warum soll ich nicht sagen wie mir's um's Herz ist.

Berlioz ging es zu dieser Zeit sicher nicht gut. Er berichtete seinem Vater von Halsentzündungen, Koliken und anhaltenden Kopfschmerzen[38], und er konsultierte Dr. Carus, einen Leipziger Arzt. Er mochte auch enttäuscht darüber gewesen sein, daß er das Konzert des englischen Harfenisten Parish-Alvars verpaßte, das am selben Abend stattfand. Diesen hatte er zwei Wochen zuvor in Dresden gehört, und er hegte eine fast übertriebene Bewunderung für dessen brillante Beherrschung der Doppelpedalharfe. Parish-Alvars' Konzert schloß eine Ouvertüre des Harfenisten selbst mit dem Titel *Child Harold*, die bemerkenswerte *Ossian*-Ouvertüre von Gade sowie virtuose Harfenmusik ein. Dies alles könnte für Berlioz größere Anziehungskraft besessen haben als Schumanns Kammermusik[39].

Am nächsten Tag, Berlioz' letztem Abend in Leipzig, besuchte Schumann ihn erneut in seinem Hotel und schenkte ihm wohl eine Art Albumblatt. Berlioz bedankte sich in einem Brief[40]:

---

[36] *Hector Berlioz. Correspondance générale*, a.a.O., Bd. III, Paris 1978, S. 72–75
[37] *Tb II*, S. 258–259
[38] *Hector Berlioz. Correspondance générale*, a.a.O., Bd. III, S. 73
[39] Alfred Dörffel, *Geschichte der Gewandhausconcerte zu Leipzig*, Leipzig 1884, S. 215
[40] *Corr* Bd. 15, Nr. 2507
„Tausend Dank, mein lieber Schumann, für Ihr entzückendes Erinnerungsstück; wenn ich die Zeit hätte, würde ich Ihnen ebenfalls eines senden mit der Bitte, es genauso aufzubewahren, wie ich das Ihre in Ehren halten werde, aber ich kann es nicht, und überdies bin ich so krank. Leben Sie wohl. Meine bewundernden und respektvollen Grüße an Madame Schumann. Ihr getreuer H. Berlioz."

Mille remerciements, mon cher Schuman, de votre charmant souvenir; si j'avais le temps je vous en enverrais un que je vous prierais de conserver comme je conserverai le vôtre, mais je ne puis et d'ailleurs je suis si malade.
Adieu.
Présentez mes hommages admiratifs et respectueux à Mad: Schuman.
Votre tout dévoué
H. Berlioz.

Am nächsten Tag, dem 1. März, kam Schumann, um den Besucher zu verabschieden. Als Schumann in sein Tagebuch *Abschied v. Berlioz* schrieb, bedeutete dies noch nicht das Ende ihrer Freundschaft. Schumann setzte sich weiterhin für Berlioz ein in der Hoffnung, daß dessen Werke von Breitkopf & Härtel oder einem anderen großen Leipziger Verleger veröffentlicht werden würden. Zwei Monate später schrieb Berlioz aus Hannover[41]:

Mon cher Schuman,
Je vous remercie (un peu tard) de la lettre que vous avez bien voulu m'écrire à Berlin. Je croyais toujours vous revoir en repassant à Leipzig mais maintenant me voilà à Hanovre et je crois que j'irai directement à Weimar.
Je doute beaucoup des bonnes dispositions de Mr Hertel, d'autant plus que son journal m'a vigoureusement attaqué à propos de mon concert de Leipzig. Si vous voulez bien lui parler de la publication en Allemagne de mes symphonies, dites-lui que j'en ai quatre, dont l'une, Roméo et Juliette, équivaut à trois symphonies ordinaires pour les dimensions et que je demande cinq cent francs de chacune. Comme je ne tiens pas immensément à les lui vendre et qu'il n'est pas non plus très désireux de les acheter, je crois pas que la négociation soit difficile: il refusera ou offrira moins et je refuserai à mon tour. Hërtel me parait être un de ces conservateurs d'antiquailles hostiles à tout ce qui est jeune et nouveau, ou seulement différent de leurs fétiches; il n'est donc pas

---

[41] *Corr* Bd. 15, Nr. 2564
„Mein lieber Schumann. Ich danke Ihnen (ein wenig spät) für den Brief, den Sie mir nach Berlin gesandt haben. Ich war immer noch der Meinung, daß ich Sie auf meinem Rückweg in Leipzig sehen würde, doch inzwischen bin ich in Hannover und glaube, daß ich direkt nach Weimar fahren werde. Ich hege große Zweifel an Herrn Härtels guten Absichten, umso mehr, als mich seine Zeitschrift in bezug auf mein Leipziger Konzert heftig angegriffen hat. Wenn Sie mit ihm über die Veröffentlichung meiner Symphonien in Deutschland sprechen, so sagen Sie ihm, daß ich vier davon habe, von denen eine, *Roméo et Juliette*, drei gewöhnlichen Symphonien entspricht, und daß ich für eine fünfhundert Francs verlange. Da ich nicht unbedingt darauf versessen bin, sie ihm zu verkaufen, und er nicht gerade darauf erpicht ist, sie zu erwerben, glaube ich nicht, daß die Verhandlung schwierig wird: er wird sich weigern oder mir ein geringeres Honorar anbieten, das ich meinerseits ablehnen werde. Härtel scheint mir einer jener verzopften Konservativen zu sein, die allem feindlich gegenüberstehen, was neu und jung ist oder auch nur von ihren Fetischen abweicht; es ist also wenig wahrscheinlich, daß wir uns jemals verstehen werden. Da Sie allerdings die Güte haben, mir Ihre Unterstützung anzubieten, suchen Sie ihn rasch auf und schreiben Sie mir dann einen kurzen Brief nach Weimar. Und Hoffmeister? Was halten Sie von ihm? Ich spreche nicht von Kistner; wenn dieser Interesse an meinen Werken gehabt hätte, so hätte er genügend Gelegenheit gehabt, mit mir darüber zu reden, was er aber nicht tat. Leben Sie wohl. Tausend freundschaftliche Grüße. Meine Hochachtung an Madame Schumann. Ihr ergebener H. Berlioz. Hannover, 28. April."

probable que nous nous entendions jamais. Cependant puisque vous êtes assez bon de m'offrir votre intervention, voyez le bientôt et veuillez ensuite m'écrire un mot à Weimar. Et Hoffmeister? qu'en pensez-vous? Je ne parle pas de Kistner, s'il avait eu envie de mes ouvrages il a été assez souvent dans le cas de m'en parler; et il ne l'a pas fait.
Adieu mille amitiés sincères.
Veuillez présenter mes hommages à Mme Schuman.
Votre tout devoué
H. Berlioz
Hanovre 28 avril

Was ihr persönliches Verhältnis angeht, so drängt sich die Schlußfolgerung auf, daß die beiden Komponisten zusätzlich zu Roberts Schüchternheit und Claras Feindseligkeit mit Sprachschwierigkeiten zu kämpfen hatten, bevor sie wirklich Freunde hätten werden können. Denn Berlioz sprach kein Deutsch, und obzwar Schumann sich 1829 seiner Mutter gegenüber damit brüstete, daß sein Französisch qualiziert sei[42], kann er sich in der Sprache nicht zuhause gefühlt haben, und seine Scheu machte auf Berlioz einen tiefen Eindruck: *Il a ouvert la bouche l'autre jour, au grand étonnement de ceux qui le connaissent, pour me dire en me prenant la main: cet offertorium surpasse tout!*[43], was die Geschichte, die er später in seinen Memoiren erzählte, bekräftigt (wie auch im übrigen Claras Tagebuch). Nach ihrem unglückseligen Zusammentreffen in Paris vermochten Berlioz und Clara keine freundschaftliche Beziehung aufzubauen, und da niemand je ein gutes Wort für Marie Recio übrig hatte, lag Schumann und seiner Frau wohl auch nichts an ihr.

Berlioz' Bericht über seine Leipziger Reise wurde im September desselben Jahres in Paris veröffentlicht und erschien im November auf deutsch in der Hamburger *Kleinen Musik-Zeitung*[44]. Schließlich wurde der Text als ein eigenes Kapitel in die *Memoiren* aufgenommen. Obwohl Berlioz von Schumann als *l'un des compositeurs critiques les plus justement renommés de l'Allemagne* sprach, muß die Tatsache, daß er es fast vollständig vermied, über Schumann und seine Frau zu berichten, in Leipzig mit Entsetzen aufgenommen worden sein; jedenfalls markiert dies das Ende ihrer Freundschaft und hat es vermutlich beschleunigt.

---

[42] Brief Robert Schumanns an seine Mutter, Frankfurt am Main, 25. Mai 1829, in: *Der junge Schumann: Dichtungen und Briefe*, hg. von Alfred Schumann, Leipzig 1910, S. 149;
„Die Unterhaltung war meist französisch, was ich besser als W. Alexis sprach und dem alten Bodemer [Schumanns früherer Lehrer in Zwickau] im stillen zum erstenmal Dank wußte."
Yuri Arnold, der Schumann 1844 in Rußland traf, berichtete, daß dieser Französisch mit einem sächsischen Akzent sprach; vgl. V. V. Stassoff, *Liszt, Schumann and Berlioz in Russia*, 1889.
[43] *Hector Berlioz. Correspondance générale*, a.a.O. Bd. III, S. 73;
„Zum großen Erstaunen aller, die ihn kennen, hat er mich gestern bei der Hand genommen und den Mund aufgemacht, um mir zu sagen: dieses Offertorium übertrifft alles!"
[44] *Voyage musical en Allemagne (Quatrième lettre)*, in: *Journal des Débats*, 3. September 1843; *Musikalische Reise durch Deutschland. Vierter Brief*, in: *Kleine Musik-Zeitung*, November 1843, S. 44–47

Spätere Jahre

Die Leipziger Reise von 1843 stellte noch nicht das letzte Treffen dieser beiden bedeutenden Männer dar. Am 19. Februar 1847 schrieb Schumann, der für eine Aufführung von *Das Paradies und die Peri* nach Berlin gekommen war, in sein Tagebuch[45]: *unvermuthet Berlioz, der nach Petersburg will.* Berlioz befand sich tatsächtlich auf dem Weg nach St. Petersburg. Seinen *Memoiren* zufolge unterbrach er seine Reise in Berlin lediglich für ein paar Stunden, um den preußischen König aufzusuchen; ein längerer Aufenthalt, sicherlich über Nacht, ist allerdings wahrscheinlicher.

Nachdem Berlioz 1843 nach Paris zurückgekehrt war, wurden keine weiteren Briefe mehr ausgetauscht. 1852 fragte Berlioz Liszt, ob Schumann aus Leipzig nach Weimar käme, um *Benvenuto Cellini* zu hören, nichts ahnend, daß Schumann bereits 1844 Leipzig verlassen hatte und seit 1850 in Düsseldorf lebte[46].

In seinen letzten Lebensjahren erwähnte Berlioz Schumann nur noch zweimal: zum ersten Mal 1858, als er in seiner Eigenschaft als Bibliothekar der Bibliothèque du Conservatoire etwas Geld übrig hatte und daraufhin Liszt nach einigen Schumannschen Werken fragte, die er en *grande partition* erstehen könnte – was sich eindeutig auf den Kauf von Orchesterpartituren bezieht[47]. Die andere Erwähnung ist weniger hochherzig: In einem Brief an Morel vom 21. August 1864 berichtete er, daß sein alter Kritikerfeind Scudo in eine Irrenanstalt eingeliefert worden sei. *Il y a longtemps que sa folie était manifeste, comme l'est celle de Wagner, comme l'étaient celles de Schumann et de Jullien et de tant d'autres. Quel malheur!*[48]

Schumann zeigte ebenfalls kein weiteres Interesse an Berlioz' Musik. In einem Brief an August Wilhelm Ambros vom 10. November 1845 erwiderte er folgendes auf einen enthusiastischen Artikel, den Ambros über Berlioz' Ouvertüre *Le Roi Lear* einen Monat zuvor in der *Wiener Allgemeinen Musik-Zeitung* veröffentlicht hatte[49]:

> *Ueber Berlioz, den Mann, urtheile ich strenger, als ich früher über den Jüngling that; Leider sind auch in seinen neueren Sachen unerträgliche Stellen. Eben wie Sie schreiben „der Satz ist <u>leidlich rein</u>" – das darf man einem Vierziger nicht mehr nachsagen können. Und Sie haben so Recht.*

Ein weiterer Beweis für Schumanns spätere Ablehnung von Berlioz' Musik stammt aus der Feder Eduard Hanslicks, der sich 1882 in seiner Besprechung von Berlioz' Memoiren und Briefwechsel an folgende Begebenheit erinnerte[50]:

---

[45] *Tb II*, S. 415

[46] *Hector Berlioz. Correspondance générale*, a.a.O., Bd. IV, Paris 1983, S. 106

[47] ebd., Bd. V, Paris 1989, S. 628

[48] *Correspondance inédite de Berlioz*, hg. von D. Bernard, Paris 1879, S. 309;
„Schon seit langem ist sein Wahnsinn offensichtlich, wie es auch der Wagners ist, und wie es bei Schumann und Jullien und so vielen anderen der Fall war. Welch ein Unglück!"
Das Autograph in der Bibliothèque nationale enthält den Hinweis auf Schumann, der in dem veröffentlichten Text fehlt.

[49] *Briefe und Dokumente im Schumannhaus Bonn-Endenich*, hg. von Thomas Synofzik, Bonn 1993, S. 24

[50] Eduard Hanslick, *Hector Berlioz in seinen Briefen und Memoiren (1882)*, in: *Suite. Aufsätze über Musik und Musiker*, Wien und Teschen o.J., S. 98

Robert Schumann, der mit seiner enthusiastischen Kritik der „Symphonie fantastique", der Erste und Mächtigste in Deutschland, zu Berlioz' Fahne geschworen hatte, pflegte in späteren Jahren sehr kühl, fast widerwillig von seinem früheren Liebling zu sprechen. Ich sehe noch das gutmüthig ironische Lächeln, mit dem er mich vor dreissig Jahren fragte: „Ihr Prager wart ja über Berlioz ganz aus dem Häuschen?" Die Neckerei dürfte ich ihm wohl zurückgeben mit der Frage: „Ja, wer hat denn angefangen?"

Berlioz' und Schumanns Scheitern darin, eine dauerhafte Freundschaft aufzubauen, erweist sich als besonders bedauerlich, wenn man die Ereignisse vom September und Oktober 1853 betrachtet. In diese sind zwei weitere Musiker verwickelt, Brahms und Joachim. Das historische Treffen zwischen Brahms und Schumann ereignete sich in Düsseldorf im September 1853; gleichzeitig bestand ein kontinuierlicher Briefwechsel zwischen Joachim und Schumann und zwischen Joachim und Brahms. Joachim gab in Düsseldorf ein Konzert. Brahms kam aus Düsseldorf, um in Hannover einige Wochen mit Joachim zu verbringen, und zwar gerade zu dem Zeitpunkt, als Berlioz in Hannover eingetroffen war, um zwei Konzerte zu geben. So lernte Berlioz Brahms kennen, und im Dezember desselben Jahres befanden sie sich beide in Leipzig. Der Kontakt zwischen diesen vier Männern war eng und regelmäßig, mit Ausnahme der beiden älteren Herren, Berlioz und Schumann. Zu einem Zeitpunkt, als Berlioz in vielen deutschen Städten als Dirigent sehr gefragt war, erhielt er niemals eine Einladung nach Düsseldorf.

* * *

Berlioz' ausbleibende Reaktion auf die Musik Schumanns, die er bei mehreren Gelegenheiten hören konnte, war im Hinblick auf Berlioz' Geschmack weder persönlich begründet noch ungewöhnlich. Obgleich er ein führender Musikkritiker seiner Zeit war, zeigte er kaum Interesse an der Musik lebender Komponisten; vielmehr bewunderte er auf geradezu fanatische Weise das Werk von Gluck, Beethoven und Weber, die alle bereits tot waren, wie auch von Spontini, welcher zwar bis 1851 lebte, seine besten Werke aber bereits komponiert hatte, bevor Berlioz 1821 nach Paris kam. Das Meer an Klaviermusik, das sich in dieser Zeit aus den Pariser Musikverlagen ergoß, ließ ihn in besonderem Maße unberührt, selbst die Musik, die heute sehr geschätzt wird, wie die Liszts oder Chopins. Er stand Liszt sehr nahe, verlor aber nie ein Wort über seine Klavierkompositionen. Von Alkan nahm er keine Notiz, und seine Bewunderung für Mendelssohn beschränkte sich auf einige Chor- und Orchesterwerke. Er erkannte die Mischung aus Gutem und Schlechtem bei Meyerbeer, aber soweit wir wissen, hatte er große Schwierigkeiten mit Wagners Musik und konnte Verdi nichts weiter abgewinnen. Er befand sich mit der musikalischen Avantgarde seiner Zeit einfach nicht in Einklang, und obwohl er zunächst eine Seelenverwandschaft mit Schumann entdeckte, fand er es immer besonders schwer, Klaviermusik zu verstehen; Beethoven war die einzige Ausnahme. Offensichtlich war er sich Schumanns Genialität als Liedkomponist nicht bewußt.

Nichts in Berlioz' Musik könnte ich dem Einfluß der wenigen Werke Schumanns, die er kannte, zuschreiben. Genausowenig kann man ein Einwirken Berlioz' auf Schumanns Kompositionen entdecken, soweit es sich um Klangfarbe und Satztechnik handelt. Schumanns Orchestration erzielt nur selten die delikate und feinnervige Farbe von Berlioz' Orchesterklang, und in seinen Chorwerken finde ich keinen Beweis dafür, daß er das von ihm so sehr bewunderte *Offertorium* aus dem *Requiem* hätte imitieren wollen. Die Besonderheit dieses Satzes liegt in dem verhaltenen melancholischen Orchesterfugato, über dem der Chor einsetzt, der durchgehend zwei alternierende Töne singt, *a* und *b*. Schumann war damals in sein Studium Bachscher Werke vertieft und begeisterte sich für eben die eine Komposition von Berlioz, deren Kontrapunktik derjenigen Bachs gleicht – dessen Musik Berlioz wiederum völlig kalt gelassen hatte.

Eine sinnvolle Frage wäre vielmehr, ob Schumanns Studium der *Symphonie fantastique* auf seine Kompositionen der Jahre 1835 und 1836 einwirkte. Der Begriff „Phantasie" war bereits in Schumanns Geist eingeimpft und erwies sich für ihn als eine der faszinierendsten Eigenschaften der Symphonie. Der ungezügelte Phantasie-Reichtum in Berlioz' Finale, vor allem in Liszts glänzender Transkription, muß Schumann in seiner Suche nach formaler Freiheit ermutigt haben, auch wenn er es als *unschön, grell und widerlich* beschreibt. Vielleicht sollten wir Berlioz unter die möglichen Vorbilder für die *Fantasie C-Dur* op. 17 einreihen, und auf die ursprünglich fünfsätzige Anlage seines *Concert sans orchestre* op. 14 könnte die *Symphonie fantastique* durchaus Einfluß gehabt haben. Allerdings zeigte Schumann zu der Zeit praktisch kein Interesse an Orchestermusik, und sein Entwurf von 1837 für eine Symphonie in Es-Dur gedieh nicht sehr weit. Die Verwendung des Dies irae im Finale der *Symphonie fantastique* mag Schumanns Vorliebe für das Einschieben von Themen bestärkt haben, aber weiter sollte man nicht gehen.

In einer letzten Analyse wenden wir uns erneut Schumanns Essay über die *Symphonie fantastique* zu, einem außergewöhnlich einsichtigen Text, in dem Schumanns Eifer als Vorkämpfer des Neuen in der Musik ihn die tiefe Originalität der französischen Symphonie erkennen ließ und in dem er zugleich zeigte, daß sie in einer soliden symphonischen Tradition stand. Was an Schumanns Essay am meisten zu bewundern ist, ist die Tatsache, daß er sich so viel Mühe mit einem Werk gab, dem seine Sympathie nur teilweise galt. Was ihn daran anzog, war die wilde Phantasie und scheinbare Freiheit von Zwängen in einem Werk, das dennoch musikalische Form erkennen ließ, wenn man es genauer untersuchte. Schumann betonte aber, daß kein deutscher Komponist solche Musik hätte komponieren können, und als Deutscher versuchte er es auch gar nicht. Seine wohldurchdachte Diskussion des Programmes macht beispielsweise deutlich, daß Berlioz selbiges [...] *für seine Franzosen* [geschrieben hat], *denen mit ätherischer Bescheidenheit wenig zu imponieren ist.* [...] *Der zartsinnige, aller Persönlichkeit mehr abholde Deutsche will in seinen Gedanken nicht so grob geleitet sein; schon bei der Pastoralsymphonie beleidigte es ihn, daß ihm Beethoven nicht zutraute, ihren Charakter ohne sein Zuthun zu erraten*[51].

Im ersten Teil seines Essays, den er mit Florestan unterschrieb und in der revidierten Fassung der *Gesammelten Schriften* wegließ, hatte Schumann eine ungezügelt enthusiastische Lobrede voll homerischer Metaphern verfaßt[52]:

Nicht mit wüstem Geschrei, wie unsre altdeutschen Vorfahren, laßt uns in die Schlacht ziehen, sondern wie die Spartaner unter lustigen Flöten. Zwar braucht der, dem diese Zeilen gewidmet sind, keinen Schildträger und wird hoffentlich das Wider-

[51] *Gesammeltee Schriften I*, S. 83f.
[52] *NZfM*, Bd. 3, Nr. 1, 3. Juli 1835, S. 1

spiel des homerischen Hector, der das zerstörte Troja der alten Zeit endlich siegend hinter sich herzieht als Gefangene, – aber wenn seine Kunst das flammende Schwert ist, so sei dies Wort die verwahrende Scheide.

Dennoch fährt er fort: *Denn ich weiß, daß das, was er gegeben hat, kein Kunstwerk zu nennen ist, eben so wenig wie die große Natur ohne die Veredlung durch Menschenhand, eben so wenig wie die Leidenschaft ohne den Zügel der höheren moralischen Kraft.* Keines der drei Essays, die Schumann über Berlioz' Musik – die Symphonie und die zwei Ouvertüren – schrieb, ist frei von Vorbehalten. Diese bestanden vor allem in zwei Punkten: Der erste war Schumanns Gefühl, daß die französische Musik niemals vollständig mit dem deutschen Geist im Einklang stehen konnte und daß sie deshalb in gewisser Weise belanglos für den Lauf der Geschichte im breiteren Sinn sei; der zweite liegt in seiner unbehaglichen Reaktion auf das, was als die wilde Seite von Berlioz' Naturell galt und die Schumann zweimal als *unerträglich* beschrieb. Da diese Seite in den meisten von Berlioz' späteren Werken nicht mehr zu hören ist und da sie seiner Person offensichtlich fehlte, muß ihr Zusammentreffen 1843 Schumann in Bestürzung versetzt haben. Bereits 1837 hatte sich Schumann geweigert, in die Auseinandersetzung zwischen Lobe und Zuccamaglio gezogen zu werden, die auf den Seiten der *Neuen Zeitschrift für Musik* über den Wert von Berlioz' Musik ausgefochten wurde, so, als sei er nicht völlig sicher, welche Partei er ergreifen sollte[53].

Schumann rief in seinem Artikel kein neues Genie aus, wie im Fall von Chopin und Brahms. Er machte seine Position sorgfältig klar. Sein größtes Verdienst um Berlioz war es, das deutsche Publikum für die Neuartigkeit und Tiefe dieses unbekannten französischen Komponisten zu interessieren und diesen zu ermutigen, selbst nach Leipzig zu kommen, um seine Werke zu dirigieren. Leipzig war die erste deutsche Stadt, in der Berlioz' Musik aufgeführt wurde, und von 1843 an wurden seine Kompositionen fast zwanzig Jahre lang in den großen deutschen Städten – Hannover, Braunschweig, Leipzig, Dresden, Prag, Weimar – besser geprobt, besser gespielt, besser rezipiert und besser verstanden als in Paris. Dies verdankte Berlioz Schumann.

Es ist zu bedauern, daß Schumann niemals *Roméo et Juliette* und *La Damnation de Faust* kennenlernte. Diese Werke, die in Gefühl und Charakter so viel subtiler waren als die *Symphonie fantastique*, hätten sicher ein kongeniales Echo bei ihm hervorgerufen. Seine Musik entwickelte sich jedoch in eine andere Richtung, was seine von Berlioz so verschiedene Behandlung von Goethes *Faust* deutlich zeigt. Eine vergleichende Untersuchung der beiden *Faust*-Vertonungen, wie sie häufig vorgenommen werden, enthüllt die Unterschiede zwischen den beiden Komponisten. Das Scheitern ihrer Freundschaft und der Mangel an Kommunikation nach 1843 spiegelt lediglich die Tatsache wider, daß sie verschiedene künstlerische Ziele verfolgten. Die Beziehung zwischen Berlioz und Wagner, ja selbst zwischen Berlioz und Liszt, nahm einen ähnlichen Verlauf. Die Verbrüderung der jungen romantischen Künstler wich der einsameren Daseinsform des individuellen Genies.

---

[53] siehe Leon Plantinga, *Schumann as Critic*, Yale University Press, New Haven 1967

Detlef Altenburg

Robert Schumann und Franz Liszt
Die Idee der poetischen Musik im Spannungsfeld von deutscher
und französischer Musikanschauung

I

Robert Schumanns 1835 erschienener Rezension von Berlioz' *Symphonie fantastique*
kommt nicht nur im Hinblick auf die aus biographischer und aus kompositionsge-
schichtlicher Sicht komplizierten Wechselbeziehungen zwischen Schumann und Liszt,
sondern auch hinsichtlich seiner Rezeption der französischen Musik eine Schlüssel-
stellung zu[1]. Die *Symphonie fantastique* wird – wie fünfzehn Jahre zuvor Beethovens
5. Sinfonie für E. T. A. Hoffmann – für Schumann zum Ausgangspunkt einer Standortbestimmung der Sinfonik seiner Zeit und einer Betrachtung über das Wesen der Sinfonie
bzw. der Instrumentalmusik. Und zugleich ist für ihn die Auseinandersetzung mit dem
Werk Berlioz' Anlaß, über die grundsätzlichen Unterschiede zwischen der französischen
und der deutschen Musik und Musikanschauung zu reflektieren.

Schumann feiert mit seiner Besprechung der *Symphonie fantastique* vor dem Hintergrund der Entwicklung in Deutschland den Franzosen Berlioz als würdigen Erben
Beethovens. Das *Ausschweifende, Exzentrische* dieser Sinfonie hindert ihn nicht, sie den
deutschen Jünglingen als Vorbild zu empfehlen[2]. Sein vielzitiertes Diktum *Nach der neun-
ten Symphonie von Beethoven, dem äußerlich größten vorhandenen Instrumentalwerke,
schien Maaß und Ziel erschöpft*[3] zielt auf nichts Geringeres als auf die Würdigung der
Symphonie fantastique als Paradigma einer neuen Sinfonik nach Beethoven, die das Stadium des Epigonentums überwunden hat. Schumann verteidigt Berlioz gegen seine Kritiker – und hier insbesondere gegen Fétis[4], indem er dessen Sinfonie immer wieder mit
dem Œuvre Beethovens in Beziehung setzt. Mit bemerkenswerter Klarheit beschreibt er
die innovativen Züge der *Symphonie fantastique* und rechtfertigt unter Rückgriff auf die
seit Madame de Staël so populäre Theorie von den Unterschieden zwischen der Kunst des
Nordens und jener des Südens manch ihm fremdes Element als Merkmal des *südlichen
Charakters*, des spezifisch Französischen dieser Sinfonie[5]. Lediglich bei der Harmonik

---

1   Robert Schumann, *„Aus dem Leben eines Künstlers".* Phantastische Symphonie in 5 Abtheilungen von
    Hector Berlioz, in: *NZfM*, Bd. 3, Nr. 1, 3. Juli 1835, S. 1–2.; Nr. 9, 31. Juli 1835, S. 33–35; Nr. 10,
    4. August 1835, S. 37–38; Nr. 11, 7. August 1835, S. 41–44; Nr. 12, 11. August 1835, S. 45–48; Nr. 13,
    14. August 1858, S. 49–51. Für die spätere Ausgabe in den *Gesammelten Schriften über Musik und
    Musiker*, Leipzig 1854 (Reprint Wiesbaden 1985) (im folgenden abgekürzt: *GS*), Bd. 1, S. 118–151
    strich Schumann nicht nur den gesamten Florestan-Teil, sondern auch zahlreiche Passagen im laufen-
    den Text. Im folgenden wird der Text nach dem Wortlaut der *NZfM* zitiert. Die Seitenzahlen der
    Fassung der *GS* werden in Klammern angegeben.
2   ebd., Nr. 13, S. 51; (*GS*, Bd. 1, S. 145)
3   ebd., Nr. 9, S. 33f.; (*GS*, Bd. 1, S. 119)
4   vgl. zu Schumanns Berlioz-Kritik Leon B. Plantinga, *Schumann as Critic*, New Haven und London
    1967, S. 235–250, zu Fétis ebd., S. 236ff.

des fünften Satzes ist für Schumann die Toleranzschwelle überschritten, auch dem Befremdenden noch den Reiz des Ungewohnten abzugewinnen, sofern es poetisch motiviert ist: Die *fünfte [Abteilung] wühlt und wüstet zu kraus; sie ist bis auf einzelne neue Stellen unschön, grell und widerlich.*[6] Schumanns differenzierte Betrachtung und – ungeachtet dieses Vorbehaltes – hymnische Würdigung mag insofern verwundern, als er nur kurze Zeit später, 1837, Meyerbeers *Hugenotten* zum Inbegriff französischer Geschmacksverirrung stilisiert[7], denn die Kritik am fünften Satz zielt im Kern bereits wie später bei der Meyerbeer-Kritik zugleich auf die Profanierung des Religiösen. Während die Profanierung des Religiösen in den *Hugenotten* für Schumann die Substanz des Librettos selbst betrifft und einerseits vor dem Hintergrund seines Begriffs des Poetischen, andererseits im Zusammenhang mit seinen Vorurteilen gegenüber der französischen Grand opéra und gegenüber Meyerbeer gesehen werden muß[8], rechtfertigt er sie bei der *Symphonie fantastique* im Kontext des Programms und schreibt sie der Huldigung an den Zeitgeist zu: *Wollte man gegen die ganze Richtung des Zeitgeistes, der ein Dies irae als Burleske duldet, ankämpfen, so müßte man wiederholen, was seit langen Jahren gegen Byron, Heine, Victor Hugo, Grabbe und ähnlichen geschrieben und geredet worden. Die Poesie hat, auf einige Augenblicke in der Ewigkeit, die Maske der Ironie vorgesetzt, um ihr Schmerzensgesicht nicht sehen zu lassen; vielleicht daß eine freundliche Hand sie einmal abbinden wird und daß sich einstweilen die wilden Thränen zu Perlen umgewandelt haben.*[9]

Was Schumanns Berlioz-Kritik aber zu einem höchst bedeutenden Dokument der deutschen Musikkritik macht, ist nicht zuletzt seine Stellungnahme zum Programm der *Symphonie fantastique.* Schumanns Bedenken gegen ausführliche Programme wurzeln in der ästhetischen Grundüberlegung, daß Texte eine Einengung der freien Phantasie des Zuhörers bewirken. Der Kernsatz dieser Kritik am Programm ist in der deutschen Musikwissenschaft nicht selten verkürzt zitiert worden: *Ganz Deutschland schenkt es ihm: solche Wegweiser behalten immer etwas unwürdiges und Charlatanmäßiges.*[10] Schumann modifiziert dieses Urteil sofort und relativiert es unter Hinweis auf die unterschiedlichen Traditionen der Instrumentalmusik in Deutschland und Frankreich[11]: *Mit einem Worte, der zartsinnige, aller Persönlichkeit mehr abholde Deutsche, will in seinen Gedanken nicht so grob geleitet sein; schon bei der Pastoralsymphonie beleidigte es ihn, daß ihm Beethoven nicht zutraute, ihren Character ohne sein Zuthun zu errathen. [. . .] Berlioz schrieb indeß zunächst für seine Franzosen, denen mit ätherischer Bescheidenheit*

---

[5] Schumann, *„Aus dem Leben eines Künstlers." Phantastische Symphonie in 5 Abtheilungen von Hector Berlioz,* a.a.O., Nr. 9, S. 38; (*GS*, Bd. 1, S. 125)

[6] ebd., Nr. 11, S. 43; (*GS*, Bd. 1, S. 131)

[7] *GS*, Bd. 2, S. 220–225

[8] Nur zu leicht wird übersehen, daß Schumann auch in seiner Doppelrezension zu Mendelssohns *Paulus* und Meyerbeers *Hugenotten* von einem Vergleich mit Beethoven (*Fidelio*) ausgeht. Welchen Stellenwert die politischen Implikationen, die Michael Walter nachzuweisen sucht (*„Man überlege sich nur Alles, sehe, wo Alles hinausläuft!" Zu Robert Schumanns „Hugenotten"-Rezension,* in: *Musikforschung,* 36. Jg., 1983, S. 127–144), für Schumanns *Hugenotten*-Kritik haben, sei dahingestellt.

[9] Schumann, *„Aus dem Leben eines Künstlers." Phantastische Symphonie in 5 Abtheilungen von Hector Berlioz,* a.a.O., Nr. 13, S. 50f.; (*GS*, Bd. 1, S. 145)

[10] ebd.; (*GS*, Bd. 1, S. 141)

[11] ebd.; (*GS*, Bd. 1, S. 141f.); Hervorhebung vom Verfasser

wenig zu imponiren ist. Ich kann sie mir denken, mit dem Zettel in der Hand nachlesend und ihrem Landsmann applaudirend, der Alles so gut getroffen; an der Musik allein liegt ihnen nichts. Was bei Schumann folgt, sind grundsätzliche Überlegungen zu seiner Idee der poetischen Musik, die in letzter Konsequenz – bei aller Skepsis gegenüber ausführlichen erläuternden Texten – auch die Programmusik einschließt.

Daß Schumanns Rezension nicht von der Partitur, sondern von Liszts Klavierauszug ausging, ist allgemein bekannt. Liszts Intention als Mittler zwischen der französischen und der deutschen Musikkultur verlieh Schumann mit seiner kongenialen Rezension erst die Sprache. (Daß er en passant Liszts Bearbeitung *wie ein Originalwerk*[12], als Kunstwerk sui generis, gewürdigt wissen will und damit exakt den neuen Kunstanspruch der *Partitions de piano* umriß, wie Liszt ihn kurze Zeit später selbst für diese Bearbeitungen erhob[13], läßt ahnen, in welch hohem Maße die Musikanschauung beider Komponisten in dieser Zeit konvergiert.) Die Begeisterung für Berlioz' *Symphonie fantastique* und damit für ein Schlüsselwerk der französischen Romantik ist nur einer von vielen Aspekten, die Schumann mit Liszt verbindet. Die Affinitäten zwischen dem 1810 geborenen Schumann und dem nur ein Jahr jüngeren Liszt sind – bei allen Unterschieden, die nicht zuletzt aus der gleichzeitigen Verwurzelung Liszts in der deutschen und der französischen Kultur resultieren – tiefgreifender Natur. Für beide wurde in der Entwicklung ihres Musikdenkens neben der Ästhetik der deutschen Klassik und Romantik, die bei Liszt allerdings zu einem großen Teil durch die französische Rezeption vermittelt war, und der Tradition der deutschen Instrumentalmusik die Begegnung mit der Kunst Paganinis richtungweisend, die in eine eigene kompositorische Verarbeitung mündete, im Falle Schumanns in die Studien nach Capricen von Paganini (*Etudes pour le Pianoforte d'après les Caprices de Paganini*) op. 3 bzw. op. 10, im Falle Liszts in die *Grande Fantaisie de Bravoure sur la Clochette de Paganini* (R 231) und die Bravourstudien nach Paganinis Capricen (*Etudes d'exécution transcendante d'après Paganini*, R 3).

II

Zwei Jahre nach Schumanns Kritik der *Symphonie fantastique* kam Liszt auf dessen Ausführungen zur Idee der poetischen Musik zurück. Auf Bitten des Verlegers der *Revue et Gazette musicale* und auf Anregung von Berlioz[14] widmete sich Liszt in einer Rezension dem Klavierwerk Schumanns[15]: *La publication du second cahier des études de Chopin sera pour nous l'occasion d'examiner l'ensemble de ses ouvrages et de constater les notables progrès qu'il a fait faire au piano; en ce moment nous ne nous occuperons que de trois œuvres de M. Schumann: „Impromptus sur une romance de Clara Wieck, œuvre 5;*

---

12 ebd.; (*GS*, Bd. 1, S. 138)

13 vgl. Franz Liszt, *Lettre d'un bachelier ès-musique. III. A M. Adolphe Pictet*, in: *Revue et Gazette musicale de Paris*, 5. Jg., 1838, S. 59

14 vgl. hierzu den Kommentar zur Entstehung in: *Franz Liszt. Sämtliche Schriften*, hg. von Detlef Altenburg, Bd. 1, *Frühe Schriften*, hg. von Rainer Kleinertz, kommentiert unter Mitarbeit von Serge Gut, Wiesbaden (Druck in Vorbereitung) (im folgenden abgekürzt: *LSS* 1)

15 Franz Liszt, *Compositions pour piano de M. Robert Schuman* [sic!], in: *Revue et Gazette musicale de Paris*, 4. Jg., 1837, Rubrik *Revue critique*, S. 488–490, hier S. 488; zitiert nach *LSS* 1

Sonate, œuvre 11; Concert sans orchestre, œuvre 14"; les seules que nous ayons pu nous procurer jusqu'ici.

Ähnlich wie zuvor bei Schumann gerät bei Liszt die Rezension zu einer ästhetischen Betrachtung über das Wesen der poetischen Musik, bei der sich Liszt bis ins Detail auf Schumanns Ausführungen bezieht. Ausgehend vom Finale der Sonate op. 11, konkretisiert Liszt hier insbesondere die schon von Schumann angedeutete Abgrenzung der *musique poétique* vom malenden Genre im traditionellen Verständnis. Es ist kein Zufall, daß er in diesem Zusammenhang nicht nur Berlioz' *Harold en Italie*, dessen zweites sinfonisches Werk, in dem er die Idee der poetischen Musik verwirklicht sieht, sondern auch dessen Essays in der *Revue et Gazette musicale* erwähnt[16], die auf eine theoretische Fundierung der neuen Musik der Zeit zielen, denn seine Unterscheidung zwischen der falsch verstandenen und der wahren *musique poétique et pittoresque, avec ou sans programme* entspricht den von diesem beschriebenen beiden Arten der *imitation musicale*:

On a toujours voulu supposer que la musique soi-disant „pittoresque" avait la prétention de rivaliser avec le pinceau; qu'elle aspirait à „peindre" l'aspect des forêts, les anfractuosités des montagnes ou les méandres d'un ruisseau dans une prairie; c'était supposer gratuitement l'absurde. Il est bien évident que les choses, en tant qu'objectives, ne sont nullement du ressort de la musique, et que le dernier élève paysagiste, d'un coup de son crayon, reproduira plus fidèlement un site que le musicien consommé avec toutes les ressources du plus habile orchestre. Mais ces mêmes choses en tant qu'affectant l'âme d'une certaine façon, ces choses subjectivées, si je puis m'exprimer ainsi, devenues rêverie, méditation, élan, n'ont-elles pas une affinité singulière avec la musique? et celle-ci ne saurait-elle les traduire dans son mystérieux langage? De ce que l'imitation de la caille et du coucou dans la symphonie pastorale peut, à la rigueur, être taxée de puérilité, en faut-il conclure que Beethoven a eu tort de chercher à affecter l'âme comme le ferait la vue d'un site riant, d'une contrée heureuse, d'une fête villageoise soudain troublée par un orage inattendu? Berlioz, dans la symphonie d'„Harold", ne rappelle-t-il pas fortement à l'esprit des scènes de montagnes et l'effet religieux des cloches qui se perdent dans les détours des abruptes sentiers? En ce qui concerne la musique poétique, croit-on qu'il lui soit bien indispensable, pour exprimer les passions humaines, telles que l'amour, le désespoir, la colère, de s'aider de quelque stupide refrain de romance ou de quelque déclamatoire libretto? Mais il serait trop long de développer ici un thème qui a plus d'un rapport avec la fameuse querelle des classiques et des romantiques, querelle dans laquelle le champ-clos de la discussion n'a jamais pu être nettement délimité. Notre ami Berlioz a d'ailleurs traité cette question

---

[16] Hector Berlioz, *De l'imitation musicale*, in: *Revue et Gazette musicale de Paris*, 4. Jg., 1837, S. 9–11 u. 15–17. Berlioz bezieht sich übrigens bemerkenswerterweise auf den Haydn-Biographen Giuseppe Carpani.

dans les colonnes de la „Gazette musicale", et nous ne pourrions que répéter avec moins d'autorité que lui ce qu'il a si bien dit à ce sujet[17].

Ganz ähnlich wie Schumann führt Liszt die Idee der poetischen Musik auf Beethovens Sinfonien zurück. Dabei unterscheidet er nicht grundsätzlich zwischen der *musique poétique* und der *musique pittoresque*, sondern er wendet sich – ganz ähnlich wie Berlioz in seinem Aufsatz *De l'imitation musicale* – gegen die einseitige Fehlinterpretation der Tonmalerei als Mittel eines musikalischen Realismus. Nur vor diesem Hintergrund wird verständlich, warum Liszt in seinem Weimarer Berlioz-Aufsatz im Zusammenhang mit der Konzeption der Sinfonischen Dichtung vom *malenden Symphonisten* spricht[18]. Für

---

[17] Liszt, *Compositions pour piano, de M. Robert Schuman*, a.a.O., S. 489;
„Man wollte immer unterstellen, daß die sogenannte malende Musik den Anspruch erhebe, mit dem Pinsel rivalisieren zu wollen; daß sie erstrebe, den Anblick der Wälder, die zerklüfteten Täler eines Gebirges oder die Mäander eines Baches in einer Wiese zu *malen*; das hieße, schlicht das Absurde vorauszusetzen. Es ist offensichtlich, daß die Dinge, insofern sie objektiv gegeben sind, in keiner Weise dem Bereich der Musik angehören und daß der letzte Schüler der Landschaftsmalerei mit einigen Kreidestrichen eine Ansicht getreuer wiedergeben wird als ein vollendeter Musiker mit allen Hilfsmitteln des geschicktesten Orchesters. Aber sobald dieselben Dinge in Beziehung zum Seelenleben treten und sich, wenn ich mich so ausdrücken darf, subjektivieren, indem sie Träumerei, Betrachtung, Gefühlsaufschwung werden, haben sie dann nicht eine eigentümliche Verwandtschaft mit der Musik, und wäre diese nicht imstande, sie in ihre geheimnisvolle Sprache zu übersetzen? Wenn auch die Nachahmung der Wachtel und des Kuckucks in der Pastoral-Sinfonie vielleicht als Kinderei bezeichnet werden kann, muß man daraus schließen, daß Beethoven unrecht hatte, als er das Gemüt rühren wollte, wie es der Anblick eines fröhlichen Landlebens, einer schönen Gegend, eines Dorffestes, das unerwartet von einem Gewitter gestört wird, vermöchte? Bringt Berlioz in seiner *Harold-Symphonie* dem Geiste nicht wundervolle Bergszenen und zur Andacht stimmende, sich in den Windungen steiler Pfade verlierende Glocken in Erinnerung? Was die poetische Musik betrifft, glaubt man denn, daß sie, um menschliche Leidenschaften wie Liebe, Verzweiflung, Zorn auszudrücken, sich unbedingt mit irgendeinem albernen Kehrreim einer Romanze oder einem schwülstigen Libretto behelfen müßte? Doch es würde zu weit führen, wollte man hier ausführlich ein Thema erörtern, das sich in vielen Punkten mit dem berühmten Streit zwischen Klassikern und Romantikern berührt – einem Streit, bei dem es nie gelang, das Gebiet der Diskussion klar zu begrenzen. Überdies hat unser Freund Berlioz diese Frage bereits in den Spalten der *Gazette musicale* behandelt, und wir könnten nur mit geringerer Autorität als er wiederholen, was er zu diesem Gegenstand so treffend bemerkt hat." (Übersetzung von Rainer Kleinertz – *LSS* 1)

[18] Franz Liszt, *Berlioz und seine Haroldsymphonie*, in: *NZfM*, Bd. 43, 1855, Nr. 5, S. 52: *Der malende Symphonist aber, der sich die Aufgabe stellt, ein in seinem Geist deutlich vorhandenes Bild eben so klar wiederzugeben, eine Folge von Seelenzuständen zu entwickeln, die ihm unzweideutig, bestimmt im Bewußtsein liegen, wie sollte er nicht vermittelst eines Programms nach vollem Verständniß streben?* Lina Ramann (*Franz Liszt. Gesammelte Schriften*, Bd. 4, Leipzig 1882, S. 52) störte offenbar die terminologische Inkonsequenz. Sie änderte diese Textstelle in ihrer Ausgabe der *Gesammelten Schriften* in *Der dichtende Symphonist* ab und bot Generationen von Musikwissenschaftlern damit reichen Stoff zur Interpretation. Ob ihre Änderung durch die ursprüngliche französische Fassung legitimiert war (nach ihrer eigenen Aussage lag ihr Liszts französisches Manuskript nicht vor), erscheint angesichts der Schumann-Rezension von 1837 fraglich. Nachdem unmittelbar vor Drucklegung dieses Beitrages ein Manuskript von Liszts *Harold*-Aufsatz gefunden wurde, werden sich diese terminologischen Probleme vielleicht klären lassen.

Liszt ist in seiner Schumann-Rezension die poetische Musik zunächst nichts prinzipiell anderes als die „eigentliche" *musique pittoresque*[19]:

> *Répétons-le cependant encore une fois pour le parfait repos de messieurs les feuille-*
> *tonistes: personne ne songe à faire de la musique aussi ridicule que celle qu'ils ont*
> *appelée pittoresque; ce à quoi on songe, ce à quoi les hommes puissants ont songé et*
> *songeront toujours, c'est à empreindre de plus en plus la musique de poésie et à la*
> *rendre l'organe de cette partie de l'âme qui, s'il faut en croire tous ceux qui ont forte-*
> *ment senti, aimé, souffert, reste inaccessible à l'analyse et se refuse à l'expression*
> *arrêtée et définie des langues humaines.*

Der Wendung ins Grundsätzliche in dieser Besprechung kommt um so größere Bedeu-tung zu, als es sich um die erste größere Schumann-Rezension in Frankreich überhaupt handeln dürfte. Liszts Schumann-Würdigung zeugt von der gemeinsamen Grundlage der Musikanschauung beider Komponisten. Er wirbt für Schumanns Idee einer poetischen Musik, die als Mittel der musikalischen Poetik – und dies ist das Entscheidende – auch Tonmalerei nicht grundsätzlich verschmäht[20]. (Tonmalerei aber definiert Liszt keineswegs im Sinne einer trivialisierend-realistischen *imitatio naturae*, sondern als einen Vorgang des künstlerischen Reflektierens über bzw. des Reflexes auf die Natur.) Die poetische Musik, so hebt er schon in dieser frühen Schrift ausdrücklich hervor, kann, muß aber nicht not-wendig mit einem Programm versehen sein.

So entdeckt Liszt Schumanns Œuvre als Ausdruck eines neuen Ideals fortschrittlicher Künstler, die nicht am Beifall der Masse, sondern am Geschmack der *petit nombre* orien-tiert sind[21]. Wie er, Liszt selbst, nur kurze Zeit zuvor sein Klavierstück *Harmonies poétiques et religieuses* ausdrücklich mit dem von Lamartine übernommenen Motto *Ces vers ne s'adressent qu'à un petit nombre*[22] versehen hatte, so erklärt er nun auch Schu-manns Musik als Ausdruck einer Musik der *happy few*. Berücksichtigt man, daß genau dies ein wesentliches Moment der zeitgenössischen französischen Beethoven-Rezeption ist, so ist es nur folgerichtig, daß Liszt Schumanns *Impromptus sur une Romance de Clara Wieck* mit Beethovens *Diabelli-Variationen* und mit Bachs *Goldberg-Variationen* ver-

---

[19] Liszt, *Compositions pour piano, de M. Robert Schuman*, a.a.O., S. 489;
„Eins wollen wir aber dennoch zur völligen Beruhigung der Herren Feuilletonisten wiederholen: Niemand beabsichtigt, eine so lächerliche Musik zu machen wie diejenige, die sie als malende bezeich-net haben. Was man ersehnt, was alle großen Geister von jeher ersehnt haben und ersehnen werden, ist, die Musik mehr und mehr mit Poesie zu durchdringen und sie zum Organe jener Seelentätig-keiten zu machen, die – wenn wir all jenen Glauben schenken wollen, die mit aller Kraft empfunden, geliebt und gelitten haben – der Analyse unzugänglich bleiben und sich dem begrenzten und endlichen Ausdruck der menschlichen Sprachen entziehen." (Übersetzung von Rainer Kleinertz – *LSS* 1)

[20] Es ist sicher kein Zufall, daß mit Schumanns Beanstandung des ausführlichen Programms der *Symphonie fantastique* bei Liszt umgekehrt die Anregung korrespondiert, den *sens poétique* der Sonate op. 11 doch wenigstens anzudeuten.

[21] Liszt, *Compositions pour piano, de M. Robert Schuman*, a.a.O., S. 490

[22] Das Klavierstück wurde 1835 nach der dritten Folge von Liszts Artikelserie *De la situation des artistes* als Beilage zur Nr. 23 der *Revue et Gazette musicale* veröffentlicht.

gleicht und im Zusammenhang mit Schumann nun seinerseits auf die Beethoven-Nachfolge anspielt[23].

Was Schumann und Liszt verbindet, ist in Liszts früher Rezension bereits angedeutet: Es ist vor allem die Auseinandersetzung mit der Idee einer poetischen Musik, die im Œuvre Schumanns in poetisch-musikalischen Zyklen wie *Carnaval, Papillons* und *Kreisleriana*, in Liszts Schaffen beispielsweise im *Album d'un voyageur* bzw. den *Années de pélerinage* und den *Harmonies poétiques et religieuses* ihre Verwirklichung fand.

III

Für Liszt gewann der Traum von einem neuen poetischen Zeitalter der Musik, der ihn seit den 1830er Jahren begleitete, eine ganz neue Perspektive, nachdem er seine Virtuosenlaufbahn aufgegeben hatte und sich in Weimar zum literarischen Erbe des „verwaisten Musenhortes" bekannte[24]. Zunehmend konzentrierten sich seine Weimarer Aktivitäten auf eine umfassende Verwirklichung seiner Idee der poetischen Musik. Neben den Schlüsselwerken Beethovens und Berlioz' brachte er in Weimar eine im Hinblick auf seine eigenen Pläne höchst signifikante Auswahl der Werke Schumanns zur Aufführung: 1849 die dritte Abteilung der *Scenen aus Göthe's Faust*, 1851 die Ouvertüre zu Schillers *Braut von Messina*, 1852 den *Manfred* (szenisch) sowie 1854 die 4. Sinfonie d-Moll, das Klavierkonzert a-Moll und das Konzertstück für 4 Hörner F-Dur. 1854 bat ihn dann Franz Brendel, der Redakteur der *Neuen Zeitschrift für Musik*, um eine Besprechung der soeben erschienenen Ausgabe von Schumanns *Gesammelten Schriften über Musik und Musiker*. Liszt lehnte zunächst aus Termingründen ab, folgte dann aber 1855 Brendels Bitte. Fast zwanzig Jahre nach seiner frühen Schumann-Würdigung kam Liszt in diesem Zusammenhang auf Schumanns Berlioz-Rezension zurück. Die Situation hatte

---

23 Ähnlich wie in Schumanns Berlioz-Artikel leitet in Liszts Schumann-Rezension der Beethoven-Vergleich nicht nur die eigentliche Werkbesprechung ein, sondern wird mehrmals wieder aufgegriffen (im Zusammenhang mit dem Intermezzo und dem Finale der Sonate). Folgerichtig steht am Schluß seiner Kritik die Würdigung Schumanns als Vorbild für die jungen französischen Komponisten: *Nous terminerons cette insuffisante esquisse en exprimant à M. Schumann le désir qu'il fasse bientôt connaître à la France celles de ses productions qui sont encore restées exclusivement germaniques. Les jeunes pianistes se fortifieraient à son exemple dans un système de composition qui rencontre beaucoup d'opposition parmi nous, et qui pourtant aujourd'hui est le seul qui porte en lui des germes de durée; ceux qui aiment l'art se réjouiraient de ce nouvel espoir d'avenir et se tourneraient avec plus de confiance encore vers le pays qui nous a envoyé, en ces derniers temps, des hommes tels que Weber, Schubert, Meyerbeer.* (Franz Liszt, *Compositions pour piano, de M. Robert Schuman*, a.a.O. S. 490) – „Wir beschließen diese unzureichende Skizze, indem wir Herrn Schumann gegenüber den Wunsch äußern, er möge Frankreich recht bald jene seiner Kompositionen kennenlernen lassen, die bis jetzt noch exklusiv deutsch sind. Die jüngeren Pianisten könnten sich durch sein Beispiel in einer Kompositionsweise üben, die bei uns noch auf viel Widerstand stößt und die dennoch heutzutage die einzige ist, die dauerhafte Keime in sich trägt. Diejenigen, welche die Kunst lieben, werden sich über diese neue Hoffnung für die Zukunft freuen und sich mit größerem Vertrauen dem Lande zuwenden, das uns in letzter Zeit Männer gesandt hat wie Weber, Schubert und Meyerbeer." (Übersetzung von Rainer Kleinertz – *LSS* 1)

24 vgl. Detlef Altenburg, *Liszt and the Legacy of the Classical Era*, in: *19th Century Music*, Jg. 18, 1994, Nr. 1, S. 46–63

sich seitdem in einem wichtigen Punkt ganz entscheidend verändert: Liszt hatte inzwischen mit der Umarbeitung seiner Klaviermusikzyklen und mit seinen Sinfonischen Dichtungen seine Idee der poetischen Musik verwirklicht.

Liszts Besprechung der *Gesammelten Schriften* gerät zu einer umfassenden Würdigung Schumanns und zugleich erneut zu einer Abhandlung über Grundfragen der Musikästhetik und damit im Vorfeld der Veröffentlichung seiner eigenen Sinfonischen Dichtungen zusammen mit dem Aufsatz über *Berlioz und seine Haroldsymphonie* zu einem Manifest neudeutscher Kunsttheorie[25]. In seinem Schumann-Aufsatz akzentuiert Liszt die doppelte Legitimation der Avantgarde seiner Zeit, zu der er Schumann ausdrücklich zählt:

1. Schumann knüpfe als Komponist an das Erbe Beethovens an, ohne einem klassizistischen Epigonentum zu erliegen, und habe sich damit an die Spitze einer Entwicklung gestellt, die die Musik in Deutschland nach Beethovens Tod entscheidend geprägt habe[26]. Liszt würdigt ihn als einen Künstler, *der in grader Linie und noch unmittelbarer als Mendelssohn aus Beethoven hervorgehend und den tiefen Ernst desselben mit dem vollsten Bewußtsein gleichsam als ein verantwortlicher Erbe in sich aufnehmend und fortbildend, den noch nicht genügend anerkannten Anspruch erheben darf mit den Erstgenannten als Führer der charakteristischen Bewegung, als Triebfeder des Impulses betrachtet zu werden, welcher in den beiden letzten Decennien die deutsche Musik lebhaft ergriff*[27].

2. Schumanns Schaffen reflektiere das bereits bei Beethoven angelegte Bemühen um eine *innigere Verbindung* von großer Literatur und Musik.

Die Würdigung Schumanns als wahren Erben Beethovens hat gegenüber der frühen Schumann-Rezension eine neue Dimension gewonnen: Schumann ist für Liszt einer der Wegbereiter der musikalischen Fortschrittspartei in Deutschland. Den entscheidenden Schritt in der Auseinandersetzung mit den an Beethoven orientierten Gattungsnormen habe Schumann zwar nicht vollzogen. Wenn dann aber im weiteren Text die in Uhligs Rezension von Schumanns dritter Sinfonie[28] erhobene Kritik anzuklingen scheint, warnt Liszt zugleich, aus dieser Beobachtung ein voreiliges Urteil über das Gesamtwerk Schumanns abzuleiten[29]:

Da wir in seinen Schöpfungen vornehmlich den Urheber selbst zu suchen haben, so dürfen wir um überall sein Ideal zu erkennen, kein wesentliches Glied des Ganzen entbehren, denn wiewohl das Schöne keinem seiner Werke mangelt, entzieht es sich öfters unserem Blick, bald unter der Hülle einer symmetrischen Regelmäßigkeit, welche durch die fehlende Uebereinstimmung mit einer glühenden innerlich zehrenden

---

[25] Das gilt gleichermaßen für Liszts Konzeption einer poetischen Instrumentalmusik, die hier in nuce historisch legitimiert wird, wie für das Ideal des neuen, literarisch umfassend gebildeten Musikertypus; vgl. Franz Liszt, *Robert Schumann*, in: *NZfM*, Bd. 42, Nr. 13, 23. März 1855, S. 133–137; Nr. 14, 30. März 1855, S. 145–153; Nr. 15, 6. April 1855, S. 157–165; Nr. 17, 20. April 1855, S. 177–183; Nr. 18, 27. April 1855, S. 189–196; hier Nr. 15, S. 159ff.

[26] F. Liszt, *Robert Schumann*, a.a.O., Nr. 13, S. 135; Bemerkenswerterweise kommt Liszt in diesem Zusammenhang auf alle wesentlichen Gedanken seines 1837 erschienenen Schumann-Artikels zurück: auf die Beethoven-Sukzession, die Überlegungen zu Klassikern und Romantikern und auf das Verhältnis von Tonmalerei und poetischer Musik.

[27] ebd., S. 135

[28] *NZfM*, Bd. 36, Nr. 11, 12. März 1852, S. 117ff.

[29] F. Liszt, *Robert Schumann*, a.a.O., Nr. 13, S. 135f.

Begeistrung wie ein Anflug von Affectation erscheint, bald in harmonisch rauhen Felspfaden die von dicht wuchernden Schlingpflanzen einer gewundnen schillernden Ornamentation bedeckt sind, die wir fast symbolisch nennen möchten und welche den Einen verwirren den Andren unangenehm berühren, weil sie im Widerspruch mit der formalistischen Strenge zu stehen scheinen, die der Componist bei ihrer Anwendung obwalten läßt. [. . .] Man muß die Resultate, welche durch seinen Vorgang in der jüngeren Kunstgeneration herbeigeführt wurden, [. . .] abwarten um sich darüber auszusprechen was seinen Bestrebungen zu erreichen vergönnt war, was seine Verfahrungsweise für die Kunst im Allgemeinen Ersprießliches, für ihn selbst vielleicht Nachtheiliges ergab, was davon als ein der Aneignung werther Fortschritt zu betrachten oder eine Form zu nennen ist, die seinem poetischen Bedürfniß entsprechen und ihm selbst dienen konnte, welche aber wieder aufnehmen zu wollen müßig und unersprießlich sein würde. Dann erst wird es möglich werden zu entscheiden ob das was man den geheimen Gedanken Schumann's nennen möchte, nämlich die classischen Formen mit Romantik zu durchdringen oder wenn man will, den romantischen Geist in classische Kreise zu bannen, von ihm verwirklicht wurde oder überhaupt zu verwirklichen war [. . .]. Wie könnte man nun absprechen, daß Schumann mehr bemüht war seinen durchaus romantischen zwischen Freud und Leid schwebenden Sinn, seinen Hang zum Seltsamen und Phantastischen der in seinem Innern öfters dumpfe trübe Tonalitäten annahm, mit der classischen Form in Einklang zu bringen, statt zu suchen zu wagen, zu erobern, zu erfinden, während jene Form mit ihrer Klarheit und Regelmäßigkeit seinen eigenthümlichen Stimmungen sich entzog. Trotzdem suchte, wagte, erfand er, aber weniger in freier Selbstbestimmung als fatalistisch dazu gezwungen, weil eben der echte Künstler nothwendig dahin getrieben wird seine Form nach den Conturen seines Gefühls zu modeln, sie mit dessen erheiternden oder verdüsternden Farbengebungen zu durchdringen, sie mit der Stimmhöhe seiner inneren Saiten in Einklang zu bringen.

Im Vorfeld der Veröffentlichung seiner eigenen Sinfonischen Dichtungen trug für Liszt die Auseinandersetzung mit den Schriften Schumanns ohne Zweifel ganz entscheidend dazu bei, nicht nur Schumanns, sondern auch die eigene Position zu definieren[30]. Liszt betrachtet Schumann neben Mendelssohn als einen der wichtigsten deutschen Wegbereiter der von ihm eingeschlagenen Richtung der Sinfonik[31]. Die letzte Konsequenz in der formalen Bewältigung einer „Erneuerung der Musik aus dem Geiste der Poesie", vor der

[30] Auf diese Funktion der Kritik als Schaffenskorrelat weist Liszt selbst hin: *Wenn man einwirft, daß die Künstler einer doppelten Productivität schwerlich würden genügen können, so behaupten wir, daß im Gegentheil die kritische Bethätigung eine höchst ersprießliche für sie sein wird, weil durch ein Vergleichen und Beurtheilen der Arbeiten Andrer, und durch ein Resümiren der daraus gezogenen Schlüsse jeder Künstler für die Folgerichtigkeit der eignen Ideen, für die Reife seiner Reflexion unbedingten Nutzen ziehen muß.* (F. Liszt, *Robert Schumann*, a.a.O., Nr. 15, S. 158f.)

[31] Die schroffe Abgrenzung der Schumannianer von den Neudeutschen, speziell von Liszt und seinem Weimarer Kreis (vgl. Arnfried Edler, *Robert Schumann und seine Zeit*, Laaber 1982, S. 311ff.), dürfte eher Liszts Schumann-Aufsatz als Brendels Versuch, Schumanns Stellung in der Musikgeschichte zu bestimmen, ausgelöst haben. Bemerkenswert ist, in welch hohem Maße die Auffassungen Liszts, Brendels und Wagners in dem Versuch, Schumanns Position zu definieren, voneinander abweichen; vgl. Peter Ramroth, *Robert Schumann und Richard Wagner im geschichtsphilosophischen Urteil von Franz Brendel*, Frankfurt am Main 1991, S. 96ff.

Schumann noch zurückschreckte – dies steht, aus der Rückschau gesehen, unausgesprochen im Raum –, zieht Liszt mit seinen Sinfonischen Dichtungen. Insofern verweist Liszts Text voraus auf die neue Qualität der eigenen Konzeption, die den Weg für eine neue Freiheit der Form eröffnet, ohne die wesentlichen Elemente der Beethovenschen Sinfonik preiszugeben. (Sicher ist es kein Zufall, daß an späterer Stelle dann in die geschichtsphilosophischen Überlegungen zur Entwicklung der Musik en passant die beiden Schlüsselbegriffe der neuen Sinfonik – *symphonische Dichtung* und *Epopöe* – einfließen[32].) Unabhängig von dem Urteil über den Komponisten Schumann unter kompositionstechnischen Aspekten, das aus seiner Sicht einer späteren Generation vorbehalten bleiben muß, steht für Liszt dessen historische Bedeutung in einem entscheidenden Punkt fest: *Er hat die Nothwendigkeit eines „nähern Anschließens der Musik, mit Inbegriff der blos instrumentalen, an Poesie und Literatur" klar in seinem Geiste erkannt, wie schon Beethoven wenn auch nur im dunklen Drang des Genius sie fühlte, als er unter andrem den Egmont componirte und einigen seiner Instrumentalwerke bestimmte gegenständliche Namen beilegte*[33].

Die Konzeption der poetischen Musik ist für Liszt jedoch nur eine der Konsequenzen der romantischen Idee von der Einheit der Kunst. Die Vorstellung von der wechselseitigen Verbindung von Musik und Poesie, der Verschmelzung zweier durch lange Zeit getrennter Künste, habe bei Schumann zugleich ihren Niederschlag in der literarischen Auseinandersetzung mit der Musik gefunden. Schumann habe als Musikschriftsteller entscheidend zu einem Wandel der Musikkritik beigetragen. Die Musikkritik wurde bei Schumann selbst zur Kunstform, deren Orientierung an literarischen Vorbildern ihr eine unverwechselbare Prägung verlieh[34]: *Es möchte schwer sein ein empfehlenswertheres Muster aufzustellen als diese Kritik die immer in Jean Paul und Hoffmann nachschlägt, öfter in Moore als in Byron, eher in Rückert als in Schiller blättert.* Die „moderne" Musikkritik sei nicht mehr das dürftige Elaborat von Dilettanten oder trockenen Wissenschaftlern, sondern als gleichermaßen fachlich kompetente und poetisch inspirierte Kritik des Musikers ein neues literarisches Genre sui generis[35]:

> *Ebenso hat er „die Literatur der Musik angenähert" in dem er ipso facto bewies, daß man zu gleicher Zeit ein bedeutender Musiker und doch auch ein gewiegter Schriftsteller sein könne. Sobald er den geeigneten Moment einer innigen Verbindung zwischen Musik und Literatur, der beiden Formen des Gefühls und des Gedankens, erkannt hatte, griff er zur Feder um mit Sachkenntniß von der Poesie und zugleich von der Musik, dieser höchsten Poesie zu reden, die so lang mit einer Trockenheit wie unter den Wissenschaften höchstens die Mathematik behandelt worden war, und näherte sie um ein bedeutendes den andern Künsten durch den poetischen Zug den er seinen kritischen Werken verlieh, so wie durch den feinen Tact in Wahl von poetischen Stoffen und Grundlagen, welche der Musik und insbesondere der Instrumentalmusik als Canevas dienen sollen.*

---

[32] F. Liszt, *Robert Schumann*, a.a.O., Nr. 17, S. 179
[33] ebd., Nr. 13, S. 137
[34] ebd., Nr. 15, S. 163
[35] ebd., Nr. 13, S. 137

Die Idee der poetischen Musik wird von Liszt in seinem Weimarer Schumann-Aufsatz nicht nur mit der neuen poetischen Qualität der Schumannschen Musikkritik in Beziehung gesetzt, sondern in einen für die neudeutsche Philosophie der Kulturgeschichte signifikanten übergreifenden Kontext gestellt: Schumanns Bemühen um eine *innigere Verbindung von Poesie und Musik* ziele – so führt Liszt weiter aus – nach einer Phase der Entfremdung von Musik und Leben darauf ab, die Musik *um jeden Preis aus ihrer Isolirung zu befreien, sie mit den in der Gesellschaft fortwährend gleich Luftströmungen sich kreuzenden Stimmungen und Gefühlen in Contact zu bringen und mit allem zu identificiren worin sich der Zeitgeist mit seinen Bestrebungen und Hoffnungen kund giebt*[36].

IV

Was Liszt hier in Beziehung auf Schumann formulierte, umreißt zugleich seine eigene Situation und sein eigenes Verhältnis zur Literatur. Beide – Schumann und Liszt – sind am „Meisterwerk" der Dichtung und Literatur orientiert. Beide sind ungewöhnlich kritisch in der Wahl der vertonten Texte, auch wenn weder Schumann noch Liszt im Einzelfall in der experimentellen Suche nach neuen Ausdrucksformen vor problematischen Texten oder bei Gelegenheitswerken vor vereinzelten Mißgriffen – wie Liszt im Falle von August Halms *Vor hundert Jahren* – gefeit waren. Schumann und Liszt verbindet die intensive Auseinandersetzung mit der zeitgenössischen Literatur und dem Kanon der „Meisterwerke der Weltliteratur", wobei Schumanns Schaffen sich allerdings primär auf die deutsche Tradition konzentriert.

Liszts besonderes Interesse gilt in seiner Weimarer Schumann-Schrift jenen Werken, in denen Schumann in der Auseinandersetzung mit Werken der Weltliteratur experimentelle Wege einer neuen Synthese von Literatur und Musik beschritten hatte und die auf neues Terrain zwischen Oper, Oratorium und Sinfonie zielten, nämlich *Das Paradies und die Peri, Der Rose Pilgerfahrt, Requiem für Mignon, Manfred* und den *Faust-Szenen*[37]. Genau in dieser Art der Verbindung von großer Literatur und Musik – aus seiner Sicht eine der Möglichkeiten einer Synthese zweier Künste – hatte er selbst zeitweilig den Ansatz für eine neue Blüte der Kunst auf dem Boden der Weimarer Klassik gesehen. Seine *Chöre zu Herders Entfesseltem Prometheus* gingen von ganz verwandten ästhetischen Prämissen aus. Im Zusammenhang mit der theoretischen Grundlegung seiner Sinfonischen Dichtungen markieren derartige experimentelle Werke ein wesentliches Stadium auf dem Wege zu einer Erneuerung der Musik aus dem Geiste der Poesie.

Eine Sonderstellung nehmen unter den von großer Literatur inspirierten Vokalwerken Schumanns *Scenen aus Göthe's Faust* ein. Signifikant für das besondere literarische Interesse Schumanns und Liszts ist die Tatsache, daß neben Berlioz sie es vor allem sind, die

[36] ebd., Nr. 17, S. 178
[37] ebd., Nr. 18, S. 190. Unter ganz ähnlichen Vorzeichen würdigt er hier auch Schumanns Chorballaden: *Die Balladen mit Chören, wie der „Handschuh", „Sängers Fluch", das „Glück von Edenhall" und andere Arbeiten dieser Art mögen in Betreff der Wahl ihres besonderen Stoffes für mehr oder minder gelungen gehalten werden, bezeugen aber nichts destoweniger das unausgesetzte Trachten des Autors sich die schönsten Trophäen der Poesie anzueignen und seinen Namen mit denen eines Göthe, Schiller, Uhland, Moore zu verbrüdern.*

bei ihrer schöpferischen Auseinandersetzung mit Werken der Weltliteratur Goethes *Faust* als Herausforderung empfinden. Daß Schumann und Liszt gerade nicht die im Grunde naheliegende Konzeption als Bühnenwerk verwirklichten, zeigt, in welch hohem Maße sie das untrügliche Gespür für den Umgang mit großer Literatur verbindet. Wenn Liszt für Schumann wie für sich selbst in Anspruch nimmt, mit der Synthese von Dichtung und Musik im musikalischen Kunstwerk einen Weg weiterzuverfolgen, für den kein Geringerer als Beethoven die Richtung gewiesen habe, so gilt dies nicht zuletzt auch speziell für das *Faust*-Projekt[38].

Skopus des Weimarer Schumann-Aufsatzes ist aber die theoretische Grundlegung der Programmusik, die folgerichtig als letzte Konsequenz auf dem Wege zu einer innigeren Verbindung von Poesie und Musik erscheint. Den Komponisten Schumann würdigt Liszt in seiner Doppelbegabung, gleichermaßen auf dem Gebiet der *rein instrumentalen Musik* und der Programmusik, anknüpfend an Beethoven die von Berlioz und Mendelssohn gewiesenen Bahnen der poetischen Musik weiter beschritten zu haben[39]. Als Musikschriftsteller aber stilisiert er Schumann mit ausgewählten Zitaten aus dessen *Gesammelten Schriften* zum Vorkämpfer der Programmusik[40]. Die Andeutung der poetischen Idee durch programmatische Titel oder kurze Texte ist aus Liszts Sicht ein Zugeständnis des Komponisten an die nicht musikalisch geschulten Zuhörer seiner Zeit, an die *Denk- und That-Menschen*[41]. Unter diesem Aspekt bewertet er die Frage der Ausführlichkeit von Programmen anders als Schumann, ohne die grundsätzliche Problematik zu negieren. Da aus Liszts Sicht das Programm sich primär an den Denk- und Tatmenschen wendet, dem die Sprache der Musik ohne Texte fremd bleiben würde, ja dessen Phantasie erst über den Verstand angeregt wird, ist die Frage der Form des Programms für ihn von untergeordneter Bedeutung. Entscheidend ist, ob das Programm die ihm zugedachte Funktion erfüllt, nämlich auf die poetische Idee der Komposition vorzubereiten. In letzter Konsequenz kann das Programm dann auch – wie bei seinen Sinfonischen Dichtungen – Schlüssel zur Formidee bzw. zu Details der formalen Gestaltung sein. Damit aber schließt sich in Liszts Schumann-Aufsatz der Kreis. Von dem Widerstreit zwischen poetischer Intention und Traditionsbindung in der formalen Disposition war Liszt bei seiner Würdigung Schumanns ausgegangen. Das Programm eröffnete für Liszt eine Perspektive, diesen gordischen Knoten zu durchschlagen.

---

[38] vgl. D. Altenburg, *Liszt and the Legacy*, a.a.O., S. 62

[39] F. Liszt, *Robert Schumann*, a.a.O., Nr. 18, S. 190

[40] *Schumann sagt in dieser Hinsicht sehr treffend: „Man hat die Ueberschriften zu Musikstücken die sich in neuerer Zeit vielfach zeigen, hie und da getadelt und gesagt: eine gute Musik bedürfe solcher Fingerzeige nicht. Gewiß nicht: aber sie büßt dadurch eben so wenig ein und der Componist beugt dadurch offenbarem Vergreifen des Characters am sichersten vor. Thun es die Dichter, suchen sie den Sinn des ganzen Gedichts in einer Ueberschrift zu verhüllen, warum sollen's nicht auch die Musiker? Nur geschehe solche Andeutung durch Worte sinnig und fein; die Bildung eines Musikers wird gerade daran zu erkennen sein."* (F. Liszt, *Robert Schumann*, a.a.O., Nr. 18, S. 191) Ausführlich zitiert Liszt dann im folgenden die zentrale Passage zur Programmusik aus Schumanns Aufsatz zur *Symphonie fantastique*.

[41] ebd., S. 192; vgl. hierzu Detlef Altenburg, *Eine Theorie der Musik der Zukunft. Zur Funktion des Programms im symphonischen Werk Franz Liszts*, in: *Kongreß-Bericht Eisenstadt 1975 (Liszt-Studien 1)*, Graz 1977, S. 9–25

V

Die unterschiedlichen Lösungen, für die Schumann und Liszt sich in der Auseinandersetzung mit der Tradition bei der Verwirklichung ihrer Idee der poetischen Musik
entschieden – nämlich *die classischen Formen mit Romantik zu durchdringen* bzw. mit
der Konzeption der Sinfonischen Dichtung einen neuen Ansatz der Sinfonik zu begründen –, wurzelt in den unterschiedlichen Voraussetzungen ihrer Kritik am klassizistischen
Epigonentum. Schumanns Ablehnung überholter Formen steht im Kontext einer in
Deutschland in den 1820er und 1830er Jahren weit verbreiteten Kritik an der Mehrsätzigkeit der Sinfonie und der Sonate, die unter dem Eindruck des übermächtigen Erbes,
das Beethoven hinterließ, bei jenen Werken, die hier anknüpften, nur zu oft ihre Bestäti-
gung erfuhr. Die von Schumann in der Berlioz-Rezension umrissene Situation, in der
Mendelssohns Konzertouvertüren als zukunftsweisendes neues Genre der Sinfonik nach
Beethoven betrachtet wurden, ist nicht zuletzt im Zusammenhang mit dieser Kritik an
der Mehrsätzigkeit zu sehen. Liszts Polemik gegen klassizistisches Epigonentum in der
Musik wurzelt demgegenüber, wie Norbert Miller überzeugend dargelegt hat[42], primär in
den Ideen der französischen Romantik, die auf die Zerschlagung eines durch zwei Jahrhunderte hindurch dominierenden Klassizismus gerichtet war und mit ihren gesell-
schaftskritischen und kulturpolitischen Implikationen genau jene Aspekte der Lisztschen
Kunsttheorie prägte, die für seine Zeitgenossen in Deutschland gleichermaßen das
Befremdliche und das Faszinosum bildeten. Dieser Radikalität konnte Schumann nicht
folgen.

In seinem Schumann-Aufsatz setzt Liszt beide Traditionen miteinander in Beziehung
und leitet aus Schumanns Idee der poetischen Musik seine eigene Weimarer Ästhetik ab.
Fast untrennbar gehen in Liszts Darstellung Schumann-Paraphrasen, Zitate aus Schumanns *Gesammelten Schriften* und Liszts eigene Theorie ineinander über. Wie Berlioz in
dem korrespondierenden Artikel *Berlioz und seine Haroldsymphonie* als Sinfoniker zum
Wegbereiter und wichtigsten Exponenten der neuen Weimarer Schule stilisiert wird, so
würdigt Liszt Schumann als den Vordenker der neuen poetischen Ära, in der die große
literarische Tradition Weimars und das Erbe Beethovens weiterleben.

In dem Dilemma der Kritik an überholten Formen, die sich gegen die Abstrahierung
und Kanonisierung von Formmodellen wandte, ohne deren Vorbilder in Frage zu stellen,
ist sowohl für Schumann als auch für Liszt Beethoven Ausgangspunkt der Auseinandersetzung mit neuen Formideen. Die Tatsache, daß Liszt als Komponist in Weimar aus der
Kritik an der Sonatenform mit seiner Konzeption der Sinfonischen Dichtung andere
Konsequenzen als Schumann zog und sich damit dem Vorwurf des Bruches mit der
Beethovenschen Sinfonik aussetzte, ist auf Grund der unterschiedlichen Traditionen, in
denen beide ihre entscheidenden Anregungen erfuhren, nur zu verständlich. Nur die
Unbefangenheit eines Komponisten, der das Œuvre Beethovens in einem hohen Maße
über Frankreich rezipiert hatte, ließ einen derart freien Umgang mit den Formkategorien
der Beethovenschen Sinfonik zu.

---

[42] N. Miller, *Musik als Sprache. Zur Vorgeschichte von Liszts Symphonischen Dichtungen*, in: *Beiträge
zur musikalischen Hermeneutik*, hg. v. Carl Dahlhaus, Regensburg 1975 (*Studien zur Musikgeschichte
des 19. Jahrhunderts 43*), S. 281ff.

Rainer Kleinertz

Schumanns Rezension von Berlioz' *Symphonie fantastique* anhand der Klavierpartitur von Liszt

Robert Schumanns umfangreiche Besprechung der *Symphonie fantastique* von Hector Berlioz gehört seit langem zum festen Repertoire der Musikgeschichte. Der Aufsatz ebnete nicht nur Berlioz den Weg in Deutschland, sondern ist zugleich ein ebenso aufschlußreiches wie vielzitiertes Dokument für Schumanns Musikanschauung. Daß es zu dieser historisch und ästhetisch bedeutsamen Begegnung zweier in ihrem Charakter und ihrem Schaffen so grundverschiedener Komponisten kommen konnte, war allerdings nicht ohne das Zutun eines Dritten möglich, der den musikalischen Brückenschlag von Paris nach Leipzig erst ermöglichte.

Die erste Begegnung zwischen Berlioz und Liszt fand am 4. Dezember 1830 statt, dem Vorabend der Uraufführung der *Symphonie fantastique*. Berlioz erwähnt diesen symbolhaften Beginn einer langen, von aufrichtiger Bewunderung Liszts für Berlioz getragenen Freundschaft[1] in seinen *Mémoires*[2]:

> *Ce fut la veille de ce jour que Liszt vint me voir. Nous ne nous connaissions pas encore. Je lui parlai du „Faust" de Goethe, qu'il m'avoua n'avoir pas lu, et pour lequel il se passionna autant que moi bientôt après. Nous éprouvions une vive sympathie l'un pour l'autre, et depuis lors notre liaison n'a fait que se resserrer et se consolider. Il assista à ce concert où il se fit remarquer de tout l'auditoire par ses applaudissements et ses enthousiastes démonstrations.*

Nachdem anscheinend zunächst Berlioz selbst eine Klavierbearbeitung der *Scène du bal* erstellen wollte[3], begann Liszt 1833, nach Berlioz' Rückkehr aus Italien, mit der Bearbeitung der gesamten Sinfonie für Klavier. Die Arbeit wurde im August 1833 abgeschlossen, Berlioz war begeistert. Da anscheinend kein Verleger bereit war, das Werk zu übernehmen, verzögerte sich das Erscheinen des Klavierauszugs jedoch, bis schließlich Maurice Schlesinger den Vertrieb übernahm, während das Werk selbst Eigentum des Verfassers (Liszts) blieb, der auch die Kosten des Drucks übernahm. Im Mai 1834 berichtete Berlioz

---

1   In einem Brief vom 15. Mai 1882 aus Weimar an einen unbekannten Adressaten, der ihn nach Briefen von Berlioz gefragt hatte, bemerkte Liszt: *De l'année 1829* [!] – *à 64 mes relations avec Berlioz furent des plus simples. Entière admiration de ma part; cordialité de la sienne.* (Autograph Paris, Bibliothèque Nationale, Département de Musique, Sign.: *Liszt Nr. 34*) Erst nach 1864 sei das Verhältnis auf Grund der Wagner-Frage kühler geworden.

2   *Hector Berlioz. Mémoires*, hg. von Pierre Citron, Paris 1991, S. 166;
„Am Tag zuvor besuchte mich Liszt. Wir kannten uns noch nicht; ich sprach mit ihm über Goethes *Faust*, den er, wie er mir gestand, noch nicht gelesen hatte und für den er bald darauf ebenso schwärmte wie ich. Wir empfanden eine lebhafte Sympathie füreinander, und unser Verhältnis ist seit jener Zeit immer inniger und fester geworden. Er kam auch zu meinem Konzert, wo er allen Zuhörern durch seinen Applaus und den Ausdruck seiner Begeisterung auffiel." (nach der Übersetzung von Elly Ellés, in: Berlioz. *Memoiren*, hg. von Wolf Rosenberg, Königstein/Ts. 1985, S. 111)

3   Brief Hector Berlioz' an Franz Liszt [?] vom 21.12.1830, in: *Hector Berlioz. Correspondance générale*, hg. von Pierre Citron, Bd. I (1803–1832), Paris 1972, S. 393

in einem Brief an Humbert Ferrand, daß der Klavierauszug gestochen sei und er Korrektur lese, das Erscheinen sich jedoch noch verzögere, bis Liszt von einem längeren Aufenthalt in der Provinz zurückgekehrt sei[4]. Im September 1834 schließlich las auch Liszt Korrektur[5], und Ende 1834 oder Anfang Januar 1835 war der Klavierauszug im Handel erhältlich. Der Titel lautete: *Episode de la vie d'un Artiste. Grande Symphonie Fantastique par Hector Berlioz, œuvre 4me, Partition de Piano par F. Liszt.* Der Preis betrug 20 Francs, das Titelblatt vermerkt ferner, daß das Werk *Propriété de l'auteur* sei (weshalb es auch keine Plattennummer erhielt). Den zweiten und vierten Satz seiner Übertragung spielte Liszt erstmals in Berlioz' Konzert vom 28. Dezember 1834 im Saal des Pariser Konservatoriums, unmittelbar vor der Aufführung der gesamten *Symphonie fantastique* durch das Orchester[6].

Philologisch bedeutsam ist, daß dieser Klavierauszug die einzige gedruckte Quelle und neben dem Autograph die einzige vollständig überlieferte Fassung der *Symphonie fantastique* überhaupt vor dem Erstdruck der Partitur von 1845 ist. Sie dokumentiert innerhalb der komplizierten Entstehungsgeschichte des Werkes eindeutig den Zustand von 1834, der bereits weitgehend der heute bekannten Fassung entspricht. Dabei geht die Bedeutung dieser *Klavierpartitur* weit über die eines gewöhnlichen Klavierauszugs hinaus. Zum einen, weil Liszt diese Arbeit mit größter Sorgfalt ausführte, zum andern, weil sie von Berlioz nicht allein ausdrücklich erlaubt, sondern durch nachweisliches Korrekturlesen sogar aktiv autorisiert wurde. In Zweifelsfällen der Lesart, der Dynamik und der Phrasierung wird man diesen Klavierauszug daher soweit wie möglich mit heranziehen müssen.

Die Benennung *Partition de piano* sowie die grundlegende Idee seiner Arbeit hat Liszt zwei Jahre später in seiner dritten *Lettre d'un bachelier ès-musique* (an Adolphe Pictet) erläutert: Obwohl es dem Klavier immer noch an der Mannigfaltigkeit in der Klangfarbe mangele, sei es, dank der Fortschritte im Klavierbau und in der Spieltechnik, mittlerweile möglich, befriedigende sinfonische Wirkungen hervorzubringen, während die bisherigen Arrangements großer Vokal- und Instrumentalkompositionen durch ihre Armut und eintönige Leere von dem geringen Vertrauen in die Möglichkeiten des Klaviers zeugten[7]:

Des accompagnements timides, des chants mal répartis, des passages tronqués, de maigres accords, „trahissaient" plutôt qu'ils ne „traduisaient" la pensée de Mozart et de Beethoven. Si je ne m'abuse, j'ai donné, en premier lieu, dans la partition de piano de la symphonie fantastique, l'idée d'une autre façon de procéder. Je me suis attaché scrupuleusement, comme s'il s'agissait de la traduction d'un texte sacré, à transporter sur le piano, non-seulement la charpente musicale de la symphonie, mais encore les effets de détail et la multiplicité des combinaisons harmoniques et rhythmiques. La difficulté ne m'a point rebuté. L'amitié et l'amour de l'art me donnaient un double courage. Je ne me flatte pas d'avoir réussi; mais ce premier essai aura du moins cet avantage que la voie est tracée, et que dorénavant il ne sera plus permis d'„arranger"

4 Brief Hector Berlioz' an Humbert Ferrand vom 15. oder 16. Mai 1834, in: *Hector Berlioz. Correspondance générale*, a.a.O., Bd. II, S. 184

5 Brief an Marie d'Agoult vom 13. 9. 1834, *Correspondance de Liszt et de la comtesse d'Agoult*, hg. von Daniel Ollivier, Paris 1933f., Bd. 1, S. 111f.

6 vgl. *Hector Berlioz. New Edition of the Complete Works*, Bd. 16, *Symphonie fantastique*, hg. von Nicholas Temperley, Kassel u.a. 1972, S. XIII

les œuvres des maîtres aussi mesquinement qu'on le faisait à cette heure. J'ai donné à mon travail le titre de „Partition de piano", afin de rendre plus sensible l'intention de suivre pas à pas l'orchestre et de ne lui laisser d'autre avantage que celui de la masse et de la variété des sons.

Liszt begründet diese *Übersetzungs*-Tätigkeit, die schließlich – ganz abgesehen von der Unzahl freier Transkriptionen und Paraphrasen – zur vollständigen Übertragung einer ganzen Reihe von Werken Berlioz' und Wagners sowie der neun Sinfonien Beethovens führen sollte, mit der didaktischen Absicht der Verbreitung von Werken, die sonst wegen der Schwierigkeit, ein Orchester zu versammeln, den meisten ganz oder weitgehend unbekannt blieben. Der Klavierauszug sei somit für die Orchesterkomposition das, was der Stich für die Malerei sei: er vervielfältige sie und vermittle sie an alle, und wenn er auch nicht die Farben wiedergebe, so doch wenigstens Licht und Schatten[8].

Tatsächlich ist der Klavierauszug Liszts eine überaus genaue Übertragung der Partitur. Die einzigen Abweichungen gegenüber den späteren Partiturausgaben bestehen im ersten Satz in der Zusammenziehung zweier Takte vor der Reprise des Hauptthemas in C-Dur (T. 411), was dem Autograph entspricht[9]. Darüber hinaus enthält der 2. Satz, *Un bal*, eine um 14 Takte längere Einleitung, und im letzten Satz ist der Glockenakkord vor dem Einsatz des *Dies irae* um einen Takt erweitert (T. 127)[10].

---

[7] *Franz Liszt. Sämtliche Schriften*, hg. von Detlef Altenburg, Bd. 1, *Frühe Schriften*, hg. von Rainer Kleinertz, kommentiert unter Mitarbeit von Serge Gut, Wiesbaden (Druck in Vorbereitung). Der zitierte Reisebrief an Adolphe Pictet ist datiert *Chambéry, septembre 1837* und erschien am 11. Februar 1838 in der *Revue et Gazette musicale de Paris*, 5. Jg., S. 57–62;
„Schüchterne Begleitungen, schlecht verteilte Melodiestimmen, verstümmelte Passagen und kümmerliche Akkorde *verrieten* eher den Geist Mozarts und Beethovens, als daß sie ihn *übersetzt* hätten. Wenn ich nicht irre, habe ich in der Klavierpartitur der *Symphonie fantastique* zuerst den Entwurf eines anderen Verfahrens vorgelegt. Ich habe mich gewissenhaft bemüht, als ob es sich um die Übersetzung eines heiligen Textes handelte, auf das Klavier nicht nur das musikalische Gerüst der Symphonie zu übertragen, sondern auch alle Einzeleffekte und die Vielfalt harmonischer und rhythmischer Kombinationen. Die Schwierigkeit hat mich nicht abgeschreckt. Die Freundschaft und die Liebe zur Kunst gaben mir doppelten Mut. Obgleich ich mir nicht schmeichle, daß dieser erste Versuch vollständig gelungen sei, so wird er doch wenigstens den Vorzug haben, daß er den Weg vorzeichnet und es in Zukunft nicht mehr erlaubt sein wird, die Werke der Meister so armselig zu *arrangieren*, wie man es bisher getan hat. Ich habe meiner Arbeit den Titel *Klavierpartitur* gegeben, um meine Absicht deutlicher werden zu lassen, dem Orchester Schritt für Schritt zu folgen und ihm nur den Vorzug der Masse und der Vielfalt der Töne zu lassen."

[8] *C'est par son intermédiaire que se répandent des œuvres que la difficulté de rassembler un orchestre laisserait ignorées ou peu connues du grand nombre. Il est ainsi, à la composition orchestrale, ce qu'est au tableau la gravure; il la multiplie, la transmet à tous, et s'il n'en rend pas le coloris, il en rend du moins les clairs et les ombres. (Franz Liszt. Sämtliche Schriften, Bd. 1, a.a.O., Lettre d'un bachelier ès-musique. III. A M. Adolphe Pictet)*

[9] vgl. D. Kern Holoman, *Catalogue of the works of Hector Berlioz*, Kassel u. a. 1987, (*Hector Berlioz. New Edition of the complete works*, Bd. 25), S. 88ff. u. Edward T. Cone, *Hector Berlioz. Fantastic Symphony*, London 1971, (*Norton Critical scores*), S. 201

[10] Bemerkenswert ist, daß Liszt in der zweiten Ausgabe des Klavierauszuges, die in den 1860er Jahren als *Seconde édition revue et corrigée par Fr. Liszt* erschien, diese Abweichungen – mit Ausnahme der Einleitung zum zweiten Satz – nicht veränderte. Die Revision beschränkte sich ansonsten auf wenige Details des Klaviersatzes sowie die Hinzufügung von Fingersätzen und Fußnoten zur Ausführung.

An einigen wenigen Stellen griff Liszt bei der Umsetzung spezifischer Orchestereffekte zu einer genuin pianistischen Idiomatik, um den musikalischen Sinn verständlich zu machen. Als Beispiel sei der Schluß der langsamen Einleitung des ersten Satzes angeführt, wo Liszt in zwei Fortissimo-Takten statt der Tonwiederholungen der Partitur (T. 61f.) ein Arpeggio notiert:

Notenbeispiel 1: *Symphonie fantastique*, Klavierpartitur, T. 60–64 (Wiedergabe nach dem Exemplar der Bibliothèque Nationale, Paris, Musique, Sign.: *Vm⁷ 10850*)

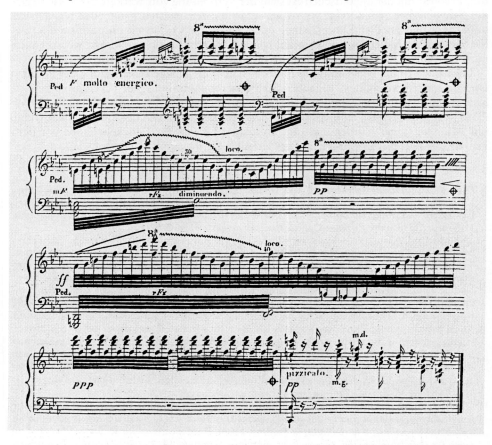

Daß anschließend die Idée fixe auf dem Klavier vergleichsweise blaß klingt, konnte allerdings auch Liszt nicht ändern[11]. An einer Stelle schließlich, bei Eintritt des neuen melodischen Gedankens kurz vor der Reprise des Hauptthemas (T. 361–408), mußte Liszt

[11] Ein ähnliches, schier unüberwindliches Hindernis für eine Klavierübertragung bildet der Anfang der siebten Sinfonie von Beethoven; vgl. *Franz Liszt. Neue Ausgabe Sämtlicher Werke*, Serie 2, Bd. 18, hg. von Zoltán Farkas u.a., Budapest 1991, S. 104.

kapitulieren: er notiert drei Systeme, die allerdings nicht gleichzeitig ausführbar sind, was er in der zweiten Auflage mit den folgenden Worten kommentierte: *Cette troisième ligne n'est pas exécutable, en même temps que les deux autres, sur le piano, et sert seulement comme indication du contexte de la partition originale.*[12] Bemerkenswert ist, daß Liszt sich hier gegen den neuen Gedanken entscheidet, den er in das dritte System verbannt, und statt dessen der thematischen Arbeit mit dem Kopfmotiv der Idée fixe den Vorzug gab, mit der die Reprise des Hauptthemas vorbereitet wird:

Notenbeispiel 2: *Symphonie fantastique*, Klavierpartitur, T. 361–374

---

[12] *Episode de la Vie d'un Artiste. Grande Symphonie fantastique par Hector Berlioz. Œuvre 4ème Partition de Piano par François Liszt. Seconde édition revue et corrigée par Fr. Liszt*, Leipzig o. J., S. 15, zu T. 361;
„Dieses dritte System ist auf dem Klavier gemeinsam mit den beiden anderen nicht ausführbar und soll nur auf den Kontext in der Originalpartitur hinweisen."

Bekanntlich verfaßte Robert Schumann seine epochemachende Rezension der *Symphonie fantastique*, die im Juli und August 1835 in der *Neuen Zeitschrift für Musik* erschien[13], anhand dieser Klavierpartitur von Liszt. Sein umfangreicher, über sechs Nummern verteilter Artikel mit dem Titel „*Aus dem Leben eines Künstlers.*" *Phantastische Symphonie in 5 Abtheilungen von Hector Berlioz* war aber keinesfalls der erste Beitrag über Berlioz und die *Symphonie fantastique* in der von ihm redigierten Zeitschrift. Bereits im Februar desselben Jahres 1835 begann eine Nummer der *Neuen Zeitschrift für Musik* mit einem Zitat Ludwig Börnes als Motto: *Da hab' ich einen jungen Musiker kennen gelernt: er heißt Berlioz und sieht aus wie ein Genie*[14]. Die ersten drei Seiten derselben Nummer enthalten einen Aufsatz von Heinrich Panofka *Aus Paris. Ueber Berlioz und seine Compositionen*, der in der folgenden Nummer fortgesetzt wurde[15]. Panofka beginnt mit einer biographischen Skizze Berlioz' und erwähnt anschließend einige seiner jüngst in Paris aufgeführten Werke, insbesondere die *Symphonie fantastique*, deren Programm er in den wesentlichen Zügen mitteilt, und die *Harold-Symphonie*. Schumann wird später in seinem Aufsatz mehrfach latent Bezug auf diesen Artikel Panofkas nehmen, etwa wenn er die Kenntnis bestimmter Details aus dem Leben Berlioz' voraussetzt, so beispielsweise die Liebe zu Miss Smithson oder die Anatomiestudien. Der berühmte Satz Schumanns: *Berlioz kann kaum mit größerem Widerwillen den Kopf eines schönen Mörders secirt haben, als ich seinen ersten Satz*, dem in der hier zitierten Fassung der *Gesammelten Schriften* von 1854 die Anmerkung folgt, Berlioz habe in seiner Jugend Medizin studiert[16], war 1835 noch unkommentiert und lautete geringfügig anders: *Berlioz kann kaum mit größerem Schmerze den Kopf eines schönen Mörders auseinander genommen haben, als ich seinen ersten Satz* (NZfM, Bd. 3, Nr. 10, 4. August 1835, S. 37), womit Schumann auf die Bemerkung Panofkas anspielte, Berlioz habe *nicht selten die Ruhe im Sectionssaale durch die leidenschaftliche Mittheilung dessen, was er im Theater gehört* unterbrochen und *den Rhythmus der Säge oder des Hammers, deren er sich beim Oeffnen des Gehirnes bediente, mit den Melodieen der Vestalin oder des Cortez* begleitet[17].

Der Bericht aus Paris von Panofka kontrastierte mit der schroff ablehnenden Kritik, die François-Joseph Fétis am 1. Februar desselben Jahres in seiner *Revue Musicale* veröffentlicht hatte[18]. Die Standpunkte waren so grundverschieden, daß Schumann die

---

[13] „*Aus dem Leben eines Künstlers.*" *Phantastische Symphonie in 5 Abtheilungen von Hector Berlioz*, in: *NZfM*, Bd. 3, Nr. 1, 3. Juli 1835, S. 1f.; Nr. 9, 31. Juli 1835, S. 33–35; Nr. 10, 4. August 1835, S. 37f.; Nr. 11, 7. August 1835, S. 41–44; Nr. 12, 11. August 1835, S. 45–48; Nr. 13, 14. August 1835, S. 49–51; In einer gekürzten und redigierten Fassung veröffentlichte Schumann den Aufsatz später unter dem Titel *Symphonie von H. Berlioz* in seinen *Gesammelten Schriften I*, S. 69–90; vgl. auch Leon B. Plantinga, *Schumann as Critic*, New Haven u. London 1967 (*Yale Studies in the History of Music* 4), S. 235ff.; Hans-Peter Fricker, *Die musikkritischen Schriften Robert Schumanns. Versuch eines literaturwissenschaftlichen Zugangs*, Bern u. a. 1983 (*Europäische Hochschulschriften*, Reihe I, Serie I, Bd. 677), S. 205ff.; Wolfgang Dömling, *Hector Berlioz. Symphonie fantastique*, München 1985 (*Meisterwerke der Musik* 19); Edward T. Cone, *Hector Berlioz, Fantastic Symphony*, London 1971 (*Norton Critical Scores*), mit ausführlichen Kommentaren und Analysen.

[14] NZfM, Bd. 2, Nr. 17, 27. Februar 1835; frei zitiert nach Börnes *Briefen aus Paris*, 12. Brief (5. November 1830)

[15] NZfM, Bd. 2, Nr. 17, 27. Februar 1835, S. 67–69; Nr. 18, 3. März 1835, S. 71f.

[16] *Gesammelte Schriften I*, S. 72

[17] NZfM, Bd. 2, Nr. 17, 27. Februar 1835, S. 68

[18] *Revue Musicale*, 9. Jg., Nr. 5, 1. Februar 1835, S. 33–35

Klavierpartitur – die im übrigen auch Fétis als Grundlage gedient hatte – umgehend in Paris bestellte. Gewissermaßen als Auftakt zu seinem eigenen Urteil, druckte Schumann eine Übersetzung der Rezension Fétis' in der *Neuen Zeitschrift für Musik* mit einer erläuternden Vorbemerkung der Redaktion[19]:

Wir machten schon früher auf das Urtheil in der von Fetis redigirten „revue musicale" aufmerksam, damals, ohne die Symphonie, noch überhaupt etwas von den Compositionen des Berlioz zu kennen. Die über dasselbe Werk geschriebenen Briefe von Heinrich Panofka schienen uns mit dem geringschätzenden Ton der Fetisschen Recension in so interessantem Widerspruche zu stehen, daß wir flugs nach Paris um die Symphonie selbst schrieben. Seit einigen Wochen befindet sie sich in unsern Händen. Mit Entsetzen sahen und spielten wir. Nach und nach stellte sich unser Urtheil fest und dem des Hr. Fetis im Durchschnitt so hart gegenüber, daß wir, theils um die Aufmerksamkeit der Deutschen doppelt auf diesen geistreichen Republicaner zu ziehen, theils um Manchem Gelegenheit zu eigenem Vergleichen zu verschaffen, die Fetissche Recension kurz und frei übersetzt unsern Lesern vorzulegen beschlossen. Unser Urtheil folgt so bald wie möglich nach. Bis dahin würden wir denen, die sich für Außerordentliches interessiren, angelegentlich empfehlen, sich mit der Symphonie selbst bekannt machen zu wollen.

Die angekündigte Besprechung Schumanns begann tatsächlich nur zwei Wochen später, am 3. Juli 1835, und zwar mit einem mit *Florestan* unterzeichneten Artikel (den Schumann später in seinen *Gesammelten Schriften* ausließ). Bereits hier wird Berlioz nicht nur als *Orchestervirtuose* mit Paganini und Chopin verglichen[20], sondern auch klar in die Tradition Beethovens gestellt, eine der Konstanten des gesamten Aufsatzes. Im Gegensatz zum Charakter Haydns oder Mozarts gehöre Berlioz *mehr zu den Beethovenschen Charakteren, deren Kunstbildung mit ihrer Lebensgeschichte genau zusammenhängt, wo mit jedem veränderten Moment in dieser ein anderer Augenblick in jener auf- und niedergeht. Wie eine Laocoonsschlange haftet die Musik Berlioz an den Sohlen, er kann keinen Schritt ohne sie fortkommen*[21].

Als Beispiel dieses unmittelbaren Ausdrucks der Berliozschen Musik, die eigentlich gar kein Kunstwerk im eigentlichen Sinne sei, *eben so wenig wie die große Natur ohne die Veredlung durch Menschenhand*, beschreibt Florestan den ersten Satz der *Symphonie fantastique*. Seine interpretierende Beschreibung ist in hohem Maße programmatisch, basierend auf Gestalten und Handlungen, die Schumann-Florestan aus der Partitur herausliest[22]:

Solch ein musikalischer Mensch, kaum neunzehn Jahre alt, französischen Bluts, strotzend voll Kraft, überdies im Kampf mit der Zukunft und vielleicht mit

19 *NZfM*, Bd. 2, Nr. 49, 19. Juni 1835, S. 197
20 Mit der Bezeichnung Berlioz' als *Orchestervirtuose* nimmt Schumann wiederum Bezug auf Panofka, der Berlioz' Instrumentation mit den Worten gelobt hatte: *Die außerordentliche Gewalt der Instrumentation ist ganz in ihm. Das Orchester ist sein Instrument, auf dem er spielt, wie der Organist auf seiner Orgel; seine Register sind die einzelnen Instrumente; er hat sie, so zu sagen, im kleinen Finger.* (*NZfM*, Bd. 2, Nr. 17, 27. Februar 1835, S. 72)
21 *NZfM*, Bd. 3, Nr. 1, 3. Juli 1835, S. 2
22 ebd.

andern heftigen Leidenschaften, wird zum erstenmal vom Gott der Liebe gefaßt, aber nicht von jener schüchternen Empfindung, die sich am liebsten dem Monde vertraut, sondern von der dunkeln Gluth, die man Nachts aus dem Aetna hervorschlagen sieht . . . Da sieht er sie. Ich denke mir dies weibliche Wesen, wie den Hauptgedanken der ganzen Symphonie, blaß, lilienschlank, verschleiert, still, beinahe kalt; – – – aber das Wort geht schläfrig und seine Töne brennen bis ins Eingeweide, – leset es in der Symphonie selbst, wie er ihr entgegenstürzt und sie mit allen Seelenarmen umschlingen will und wie er athemlos zurückbebt vor der Kälte der Brittin und wie er wieder demüthig den Saum ihrer Schleppe tragen und küßen möchte und sich dann stolz aufrichtet und Liebe fordert, weil er – sie so ungeheuer liebt; – leset es nach, mit Blutstropfen steht dies alles im ersten Satze geschrieben.

Diese einfühlend programmatische oder – wie Schumann es nennt – psychologische Interpretation Florestans diente als Anlaß zu der mehr technischen Analyse der folgenden Artikel, die in die *Gesammelten Schriften* aufgenommen wurden: *Doch dünkt mich, der ich übrigens jenem ersten Urtheile ziemlich durchaus beipflichte, daß diese psychologische Art von kritischer Behandlung bei dem Werke eines nur dem Namen nach bekannten Componisten, über den noch dazu die widersprechendsten Meinungen ausgesprochen wurden, nicht völlig ausreicht und daß jenes für Berlioz günstig stimmende Urtheil durch allerhand Zweifel, die das gänzliche Uebergehen der eigentlichen musikalischen Composition erregen möchte, leicht verdächtigt werden könnte.*[23]

Schumann selbst gliedert seine Analyse nach vier Gesichtspunkten: erstens nach der *Form (des Ganzen, der einzelnen Theile, der Periode, der Phrase)*, zweitens nach der *musikalischen Composition (Harmonie, Melodie, Satz, Arbeit, Styl)* – also der Kompositionstechnik –, drittens nach der *besonderen Idee, die der Künstler darstellen wollte,* und schließlich nach dem *Geist(es), der über Form, Stoff und Idee waltet.* Da Schumann seine formalen und kompositionstechnischen Beobachtungen – mit Ausnahme weniger Notenbeispiele – nur in bezug auf die betreffende Seitenzahl des Klavierauszugs exemplifiziert, seien hier die formalen und kompositionstechnischen Aspekte seiner Analyse des ersten Satzes kurz erläutert[24]:

[23] *NZfM*, Bd. 3, Nr. 9, 31. Juli 1835, S. 33. Mit einer ganz ähnlichen Argumentation begründete Liszt später (1851) seine Analyse der *Tannhäuser*-Ouvertüre von Richard Wagner: *Mais nous savons que ces admirations contagiées, ne doivent point sortir du domaine de la psychologie individuelle, et qu'en entretenir le public serait oiseux, puisqu'il est surrérogatoire de préconiser les œuvres applaudies avec justice, et qu'aux succès des oeuvres médiocres qui conviennent à son goût momentané, on n'oppose que des palliatifs; on agit contre le symptôme, non contre le mal; dégoûté d'une forme, le public en adopte une autre, d'égale valeur ou moindre encore. (Franz Liszt. Sämtliche Schriften,* Bd. 4, *Lohengrin et Tannhaüser de Richard Wagner,* hg. von Rainer Kleinertz, Wiesbaden 1989, S. 114);
   „Aber wir wissen, daß diese unbewußt übertragene Bewunderung nicht aus dem Bereich der individuellen Psychologie hinaustreten darf und daß es müßig wäre, das Publikum damit zu unterhalten, weil es überflüssig ist, die zu Recht bewunderten Werke zu lobpreisen, und man dem Erfolge mittelmäßiger Schöpfungen, die seinem augenblicklichen Geschmack gefallen, nur Palliativmittel entgegenstellt; man wirkt gegen das Symptom und nicht gegen das Übel; überdrüssig einer Form, nimmt das Publikum eine andere an, von demselben oder gar noch geringerem Wert." (Übersetzung ebd., S. 115)

[24] vgl. *NZfM*, Bd. 3, Nr. 9, 31. Juli 1835, S. 34f. Entgegen dem Verfahren Schumanns, *Form* und *musikalische Composition* zu trennen, wird in der folgenden Zusammenfassung beides aufeinander bezogen.

Die langsame Einleitung des Satzes versteht Schumann als ein Thema mit zwei Variationen und freien Intermezzi. Das *Hauptthema* ziehe sich bis Takt 16, der Zwischensatz bis Takt 27, die erste Variation bis Takt 41 und der nachfolgende *Zwischensatz* bis Takt 50. Die zweite Variation sieht er in den Takten 50 bis 58 über dem Orgelpunkt der Bässe, wozu er selbst bemerkt, zumindest fände er *in dem obligaten Horn die Intervalle des Themas, obgleich nur anklingend*:

Notenbeispiel 3: *Symphonie fantastique*, Klavierpartitur, T. 49–54

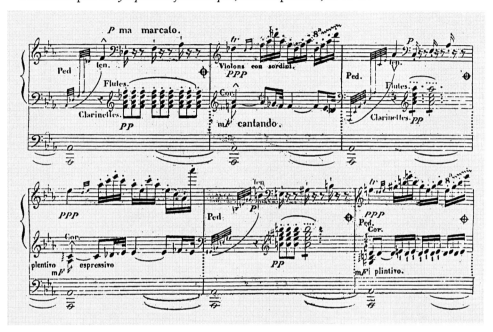

Im Allegro unterstreicht Schumann zunächst die Dreiteiligkeit des Hauptthemas. Den ersten *Gedanken* (T. 72–86) bezeichne Berlioz als die *double Idée fixe*, aus Gründen die später dargelegt würden. Der zweite (T. 87–103) sei dem Adagio (T. 3f.) entlehnt, der dritte schließlich reiche bis Takt 111. Das Folgende bis Takt 150 fasse man zusammen, übersehe dabei allerdings einen musikalischen Gedanken nicht (T. 119–125), den Berlioz später in der Durchführung vervollständige. Gegen Ende des ersten Teils komme man *an einen sonderbar beleuchteten Ort (das eigentliche zweite Thema), an dem man einen leisen Rückblick über das Vorhergehende* gewinne. Dieses zweite Thema quille wie unmittelbar aus dem ersten heraus, beide seien so seltsam ineinander verwachsen, daß man den Anfang und Schluß der Periode gar nicht recht bezeichnen könne, bis sich der neue Gedanke endlich loslöse. Kurz darauf (T. 163f.) kehre er fast unmerklich im Baß wieder. (Hier finden wir ausnahmsweise einen kleinen ‚Irrtum‘ Schumanns, der auf den Klavierauszug zurückzuführen ist: Da Liszt die Baßstimme der Partitur hier ausließ, hielt Schumann die unterste Stimme des Klavierauszugs für den Baß, während sie in der Partitur – über den Violoncelli und Kontrabässen – der Viola zugewiesen ist.)

Notenbeispiel 4: *Symphonie fantastique*, Klavierpartitur, T. 159–167

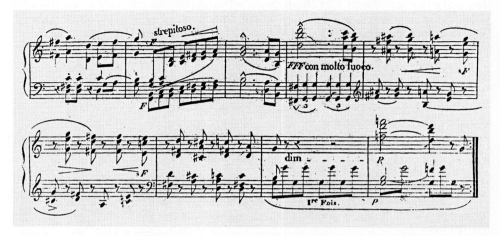

Im *zweiten Theil* (Durchführung und Reprise) sieht Schumann zunächst eine klarere Abfolge der Perioden, *aber mit dem Vordrängen der Musik dehnen sie sich jetzt kürzer, jetzt länger, so von Anfange des zweiten Theiles* [T. 168] *bis zum „con fuoco"* [T. 200], *von da an bis zum „sec."* [gemeint ist das bei Liszt zusätzlich als *sec.<co>* bezeichnete Fortissimo in T. 230]. In kurzen, abgehackten Wendungen zeichnet Schumann den weiteren Verlauf der Durchführung nach: *Stillstand. Ein Horn in ferner Weite* [T. 234ff.]. *Etwas Wohlbekanntes erklingt bis zum ersten „pp."* [gemeint ist die Wiederkehr der Idée fixe in G-Dur, T. 241–280]. *Jetzt werden die Spuren schwieriger und geheimnißvoller. Zwei Gedanken von 4 Tacten, dann von 9 Tacten. Gänge von je zwei Tacten. Freie Bogen und Wendungen. Das zweite Thema, in immer kleineren Zusammenschiebungen* [das kurze Fugato, T. 313ff.], *erscheint nachher vollständig im Glanz bis zum „pp."* [T. 327–331]. *Dritter Gedanke des ersten Themas in immer tiefer sinkenden Lagen. Finsterniß. Nach und nach beleben sich die Schattenrisse zu Gestalten bis zum „disperato"* [T. 371]. *Die erste Form des Hauptthemas in den schiefsten Brechungen bis S. 19* [T. 411]. *Jetzt das ganze erste Thema in ungeheurer Pracht, bis zum „animato"* [T. 440]. *Völlig phantastische Formen, nur einmal, wie zerbrochen, an die ältern erinnernd. Verschwinden.*

Was die *musikalische Composition* anbelangt, so betont Schumann das *kunstreiche, feingearbeitete Detail.* Insbesondere lobt er die Behandlung des zweiten Themas, das äußerst geistvoll skizziert sei (gemeint ist das Fugato, T. 313ff.), und die Zartheit, mit der Berlioz anschließend einen Gedanken fertig zeichne, der ganz vergessen zu sein schien (jener Überleitungsgedanke, auf den er weiter oben aufmerksam gemacht hatte, T. 313–360)[25]. Berlioz presse aber seine Themen nicht – wie viele andere – bis auf den letzten Tropfen aus, sondern gebe mehr Fingerzeige, daß er strenger ausarbeiten könnte, wenn er wollte. Es seien mehr *Skizzen in der geistreichen kurzen Weise Beethovens,* seine schönsten Gefühle sage Berlioz meistens nur einmal und mehr wie im Vorübergehen[26].

---

[25] *NZfM*, Bd. 3, Nr. 11, 11. August 1835, S. 44
[26] ebd., S. 43

Als Beispiel führt Schumann in einem Notenbeispiel unter anderem den bereits erwähnten neuen Gedanken in der Durchführung an (T. 361 ff.).

Das Formschema dieses ersten Satzes faßt Schumann in einem Bogen zusammen, in dem das dreimalige vollständige Auftreten des Hauptthemas – in der Exposition in C-Dur, als Zentrum der Durchführung in G-Dur und schließlich als Reprise in C-Dur – von zwei *Mittelsätzen mit einem zweiten Thema* unterbrochen wird. Vom üblichen Schema der Sonatenhauptsatzform, die Schumann als *ältere Norm* gegenüberstellt, weicht diese Bogenform nur in zwei, allerdings bedeutsamen Punkten ab: Zum einen ist es ungewöhnlich, daß das Hauptthema in der Durchführung vollständig wiederholt wird, geradezu wie eine Reprise des Hauptsatzes, nur auf der Dominante statt in der Tonika. Zum andern – beides hängt miteinander zusammen – fällt die späte, fast strettahafte Rückkehr des Hauptthemas in der Tonika auf – also die eigentliche Reprise –, der die Wiederkehr des zweiten Themas, noch in der Durchführung, vorangeht. Schumann erkennt diesen Sachverhalt, benennt ihn jedoch nicht als charakteristische Abweichung vom Schema der Sonatenhauptsatzform – als verkürzte Reprise –, sondern weist ihm den Rang einer eigenständigen Form zu.

Es bleibt zunächst festzuhalten, daß Schumanns Analyse anhand des Klavierauszuges von Liszt – abgesehen von dem einen erwähnten Detail, das jedoch nicht die musikalische Faktur betrifft – vollständige Gültigkeit auch für die Partitur besitzt. Liszts Klavierpartitur wurde ihrem Anspruch durchaus gerecht: Sie gab das Werk so exakt wieder, daß selbst jemand, der es noch nie gehört hatte, sich eine plastische Vorstellung von seiner Gestalt, bis hin zu Details der Instrumentation machen konnte. Schumann selbst bemerkt zum Klavierauszug, Liszt habe ihn *mit so viel Fleiß, Begeisterung und Genie ausgearbeitet, daß er wie ein Originalwerk, ein Resümee seiner tiefen Studien, als praktische Clavierschule im Partiturspiel angesehen werden* müsse. Eine weitläufigere Besprechung – die offensichtlich jedoch nie realisiert wurde – sparte sich Schumann für die Zukunft auf, ebenso wie *einige Ansichten über die symphonistische Behandlung des Pianofortes.* Denen, die sich mit der seltenen Kunst des symphonistischen Vortrags vertraut machen wollten, müsse dieses Klavierwerk als einzig genannt und empfohlen werden[27].

Das Zusammentreffen dreier der bedeutendsten Komponisten der Generation nach Beethoven in Schumanns Aufsatz über die *Symphonie fantastique* sollte jedoch keine flüchtige Begegnung bleiben, sondern zeigte weitreichendere Folgen, von denen hier zwei kurz skizziert seien:

Berlioz war Schumann überaus dankbar für dessen Artikel und bemüht, diesem ebenfalls nützlich zu sein. Er machte Liszt mit Klavierwerken Schumanns bekannt und bat ihn im Mai 1837 um eine Rezension dieser Werke für die *Revue et Gazette musicale de Paris*[28]: *Fais-moi le plaisir d'analyser pour la „Gazette musicale" les œuvres de Schumann*

---

[27] *NZfM*, Bd. 3, Nr. 12, 14. August 1835, S. 47

[28] Brief Hector Berlioz' an Franz Liszt, 22. Mai 1837, in: *Hector Berlioz. Correspondance générale*, a.a.O., Bd. II, S. 348;

„Tu mir den Gefallen, die Werke von Schumann, die ich Dir geschickt habe, für die *Gazette musicale* zu analysieren; dies wäre in jeder Hinsicht von großem Interesse, denn Du bist der einzige, wie mir scheint, der dies in umfassender Weise machen könnte. [...] Ich möchte Schumann gegenüber nicht wortbrüchig werden, dem ich Hoffungen auf eine Kritik Deiner Art von seinen Werken gemacht habe."

que je t'ai envoyées; ce sera d'un très grand intérêt sous tous les rapports, car tu es le seul,
ce me semble, qui puisses le faire d'une manière complète. [. . .] Je voudrais bien ne pas
manquer de parole à Schumann, à qui j'avais fait espérer une critique de ta façon sur ses
œuvres. Tatsächlich schrieb Liszt einige Monate später in Bellagio die gewünschte Rezension dreier Werke Schumanns, der *Impromptus über ein Thema von Clara Wieck* op. 5, der *Sonate* op. 11 und des *Concert sans orchestre* op. 14. Obgleich die *Impromptus* op. 5 bereits bei Richault gedruckt vorlagen[29], wird man diese Besprechung Liszts, die zugleich zentrale Aspekte seiner Musikanschauung enthält, als den eigentlichen Beginn der Schumann-Rezeption in Frankreich betrachten dürfen.

Daß Schumann die *Symphonie fantastique* gewissermaßen als Klavierwerk kennenlernte, welches ihn zu Gedanken über die *symphonistische Behandlung des Pianofortes* anregte, legt es andererseits nahe, trotz der offensichtlichen stilistischen Unterschiede zwischen Berlioz und Schumann und trotz der unterschiedlichen Gattungen nach Einflüssen dieses Werkes auf Schumanns Klavierwerke jener Jahre zu fragen. Zum einen bieten sich hier – schon aufgrund des Titels – die *Symphonischen Etüden* op. 13 an, deren Komposition als *Variations pathétiques* zwar bis 1834 zurückreicht, deren Fertigstellung und Veröffentlichung jedoch erst 1837 erfolgte[30]. Im Zusammenhang mit der Bemerkung Schumanns über die *symphonistische Behandlung* des Klaviers, für die Liszts Klavierauszug der *Symphonie fantastique* exemplarisch sei, erscheint es durchaus wahrscheinlich, daß die Komplexität des Klaviersatzes der *Symphonischen Etüden* nicht zuletzt auf Liszts Klavierpartitur zurückzuführen ist.

Bedeutender ist jedoch der formale Einfluß, den die *Symphonie fantastique* vielleicht auf ein so zentrales Werk im Schaffen Schumanns wie die *Fantasie* op. 17 ausübte. Es liegt in der Natur „großer" Werke – zumindest des 19. Jahrhunderts –, die eben gerade keine (epigonale) Nachbildung eines Schemas sein können, daß es kaum jemals möglich ist, sie unmittelbar und eindeutig auf ein Vorbild zu beziehen, sondern daß mögliche Anregungen stets nur verschleiert und in Wechselbeziehung mit anderen, völlig individuellen Charakteristika auftreten.

In der *Fantasie* op. 17 hat von jeher die Freiheit fasziniert und irritiert, mit der Schumann im ersten Satz in ‚phantastisch'-phantasievoller Weise die Form behandelte. So sah Charles Rosen hier beispielsweise eher eine an Prinzipien der barocken Da-capo-Arie orientierte Dreiteiligkeit als ein Sonatenallegro[31]. Wesentliche Züge des Satzes widersprechen jedoch diesem Verständnis, so der lyrische Seitensatz und die eher an Beethoven erinnernde Zielstrebigkeit des Satzes. Übersehen wird ferner häufig, daß das ruhigere *Im Legendenton* die Durchführung nicht ersetzt, sondern das Zentrum eines umfangreicheren Formteils bildet, der harmonisch und satztechnisch Durchführungscharakter besitzt. Dietrich Kämper konstatiert denn auch, ein Sonatengrundriß sei durchaus vorhanden, zeige aber formale und harmonische Freiheiten in einem bisher unbekannten Ausmaß, und spricht von einer verkürzten Reprise, mit der sich die Musik gleichsam zur

---

[29] Bereits am 10. April 1834 war in *Le Pianiste* eine ablehnende Rezension dieser Ausgabe erschienen, die in dem Satz gipfelt, Richault sei *la providence des étrangers qui ne savent où faire imprimer leurs œuvrages. (Le Pianiste,* 6/1834 S. 89)

[30] Weitere geplante Titel waren: *Zwölf Davidsbündler Etüden* und *Zehn Etüden im Orchestercharakter.* Der endgültige Titel lautete in der Haslinger-Ausgabe von 1837: *Études symphoniques.*

[31] Charles Rosen, *Der klassische Stil. Haydn, Mozart, Beethoven,* Kassel u. a. 1983, S. 509f.

Ordnung rufe[32]. Der Einsatz dieser vermeintlichen Reprise erfolgt jedoch nicht in der Tonika, sondern – bei vorgezeichnetem Es-Dur bzw. c-Moll – mit einer Gestalt des Hauptthemas, die dem Überleitungsteil der Exposition (T. 29ff.) entnommen ist, und die zunächst den Seitensatz nach sich zieht[33]. Die tonale Reprise des Hauptthemas erfolgt erst 24 Takte vor dem Schluß des Satzes, das heißt 10 Takte vor dem abschließenden Adagio. Allem Anschein nach ging Schumann hier von einer Formidee aus, die in wesentlichen Zügen jener Bogenform gleicht, die er selbst für die *Symphonie fantastique* konstatierte, und es darf an die Worte erinnert werden, mit denen er in seiner Rezension die beiden Formschemata, das der *Symphonie fantastique* und die Sonatenhauptsatzform, kommentiert: *Wir wüßten nicht, was die letzte* [die ältere Norm] *vor der ersten an Mannichfaltigkeit und Uebereinstimmung voraus haben sollte, wünschen aber beiläufig, eine recht ungeheure Phantasie zu besitzen und dann zu machen, wie es gerade geht*[34].

Die genannten Aspekte mögen zumindest die Möglichkeit eines im weitesten Sinne französischen Einflusses auf Schumann andeuten, und zwar gerade in den Jahren, die den Höhepunkt seines Klavierschaffens bezeichnen. Vor diesem Hintergrund aber erhält auch die Widmung an Franz Liszt einen neuen Sinn, die 1838 noch keinesfalls in Beziehung zu dessen Bemühen um das Bonner Beethoven-Denkmal, zu dem Schumann mit seiner *Fantasie* bekanntlich einen Beitrag leisten wollte, stehen konnte[35]. Während das Verhältnis Schumanns zu Liszt und Berlioz in den 1840er Jahren deutlich abkühlte, wird man 1835 und die sich unmittelbar anschließenden Jahre als die Zeit der größtmöglichen Annäherung zwischen Schumann und der französischen Romantik werten müssen.

---

[32] Dietrich Kämper, *Die Klaviersonate nach Beethoven. Von Schubert bis Skrjabin*, Darmstadt 1987, S. 107 u. 109

[33] vgl. hierzu Yonty Solomon: *As for the Recapitulation, this appears to begin daringly in the 'wrong' key of Eb major [. . .] But when we examine the structure more carefully, we see that Schumann has merely by-passed his opening pages and come in at a later stage of the main idea. The 'missing' stage turns up in the coda. (Sonatas and Fantasie*, S. 65f., zitiert nach Nicholas Marston, *Schumann. Fantasie Op. 17*, Cambridge 1992, S. 45)

[34] *NZfM*, Bd. 3, Nr. 10, 7. August 1835, S. 38

[35] vgl. Kämper, a.a.O., S. 105 u. 110. Der Erstdruck der *Fantasie* erschien spätestens Anfang April 1839, während Liszt frühestens Ende desselben Monats von dem geringen Ergebnis der Subskription in Frankreich erfuhr. Sein Angebot schließlich, den fehlenden Betrag für das Denkmal aufzubringen, wurde erst im Oktober 1839 bekannt; vgl. *Franz Liszt. Sämtliche Schriften*, a.a.O., Bd. 1, *Lettre d'un bachelier ès-musique. <XIV.> A M. Hector Berlioz* mit zugehörigen Erläuterungen. – Die in diesem Zusammenhang oft gestellte Frage, ob das musikalische Zitat aus Beethovens Liederzyklus *An die ferne Geliebte (Nimm sie hin denn, diese Lieder)* am Schluß des ersten Satzes der *Fantasie* primär eine verborgene Widmung an Beethoven oder an Clara Wieck sei, ist insofern unerheblich, als für Schumann ja gerade die autobiographische Dimension von Musik ein charakteristischer Zug Beethovens war; vgl. den ersten, mit Florestan unterzeichneten Artikel der Berlioz-Rezension. Anders ausgedrückt: Wenn bei den *Beethovenschen Charakteren die Kunstbildung mit ihrer Lebensgeschichte genau zusammenhängt*, dann ist gerade die verborgene (autobiographische) Widmung an Clara Wieck zugleich auch eine Hommage an Beethoven.

Joachim Draheim

Robert Schumann und Henri Herz

Im ersten Band von Robert Schumanns *Gesammelten Schriften über Musik und Musiker*, die im Mai 1854 in einer noch vom Autor überwachten Ausgabe erschienen, lesen wir unter *Einleitendes: Zu Ende des Jahres 1833 fand sich in Leipzig, allabendlich und wie zufällig, eine Anzahl meist jüngerer Musiker zusammen, zunächst zu geselliger Versammlung, nicht minder aber auch zum Austausch der Gedanken über die Kunst, die ihnen Speise und Trank des Lebens war, – die Musik. Man kann nicht sagen, daß die damaligen musikalischen Zustände Deutschlands sehr erfreulich waren. Auf der Bühne herrschte noch Rossini, auf den Klavieren fast ausschließlich Herz und Hünten. Und doch waren nur erst wenige Jahre verflossen, daß Beethoven, C. M. v. Weber und Franz Schubert unter uns lebten.*[1] Dies ist mit Sicherheit nicht nur die letzte, sondern auch die bekannteste Äußerung Schumanns über den Pianisten, Klavierfabrikanten und Komponisten Henri Herz. Daß sie im Kontext eine ganz und gar negative Bewertung des in der ersten Hälfte des 19. Jahrhunderts beispiellos erfolgreichen Modekomponisten einschließt, sollte uns nicht davon abhalten, Schumanns Verhältnis zu diesem einmal näher zu betrachten und das anscheinend so eindeutige Bild völliger Ablehnung etwas zu differenzieren. Aufschlußreich ist bereits die Kombination *Herz und Hünten*, der man in Schumanns Rezensionen noch öfter begegnet, ebenso wie der Zusammenstellung *Herz und Czerny*[2] – schließlich schrieb Schumann 1842 sogar, daß das *Dreiblatt Czerny, Herz und Hünten bedeutend in der Gunst des Publikums verloren* habe[3]. Während Schumann aber nicht ein einziges Werk des aus Koblenz stammenden, für wenige Jahre auch in Paris wirkenden deutschen Pianisten und Komponisten Franz (François) Hünten (1793–1878), dessen gefällige und meist bequem spielbare Klaviermusik sich lange großer Beliebtheit erfreute, in seiner 1834 gegründeten *Neuen Zeitschrift für Musik* rezensiert hat und lediglich im ersten Jahrgang jemand anderen einen gnadenlosen Verriß von Hüntens *Méthode pour le Pianoforte* op. 60 schreiben ließ[4], und während er die Werke des allzu fruchtbaren Beethoven-Schülers Carl Czerny (1791–1857) meist sehr kurz abfertigte und 1838 gar den Vorschlag machte, *den geschätzten Komponisten in Ruhestand* zu versetzen und *ihm eine Pension* zu geben[5], damit er endlich mit dem Komponieren und Arrangieren aufhöre, hat er von Henri Herz immerhin fünf Werke ausführlich besprochen, darunter zwei Klavierkonzerte.

Bevor wir uns diesen Kritiken, die zu den brillantesten Kabinettstücken des Essayisten Robert Schumann gehören, zuwenden, sollen einige biographische Angaben zu Henri Herz, der heute so gründlich vergessen ist, wie er einst bekannt und geschätzt war[6], gege-

---

1   *Gesammelte Schriften I*, S. 1
2   ebd., S. 58, 95, 150 (*die talentvollsten Tageskomponisten*), 190, 400
3   *Gesammelte Schriften II*, S. 106
4   vgl. *NZfM*, Bd. 1, Nr. 24, 23. Juni 1834, S. 94–95
5   Robert Schumann, *Gesammelte Schriften I*, S. 364
6   vgl. zu Herz neben den einschlägigen Lexikonartikeln vor allem Harold C. Schonberg, *Die großen Pianisten. Eine Geschichte des Klaviers und der berühmtesten Interpreten von den Anfängen bis zur Gegenwart*, Bern/München/Wien 1965, passim

ben werden. Daran, daß Herz mittlerweile in Vergessenheit geraten ist, konnte auch der amerikanische Pianist Frank Cooper nichts ändern, der 1971 im Covertext einer heute längst vergriffenen Schallplatte mit Klavierwerken von Herz und Hünten (*Geniuses of the Parisian Salon*[7] – man beachte auch hier wieder die Zusammenstellung!) allen Ernstes behauptete, Schumann mit seiner unzureichenden technischen Ausbildung als Pianist wäre nur eifersüchtig auf die überlegene Brillanz von Herz und Hünten gewesen und habe sie deswegen mit seinem unerbittlichen Haß verfolgt und bei der Nachwelt in Mißkredit gebracht. Henri Herz wurde als Heinrich Herz 1803 in Wien geboren, war am Pariser Conservatoire u.a. Schüler des legendären Anton Reicha, der auch der Lehrer von Liszt, Berlioz, Gounod, César Franck und von Schumanns frühverstorbenem, genialem Jugendfreund Ludwig Schuncke war[8], konzertierte zwischen 1825 und 1835 höchst erfolgreich und wirkte von 1842 bis 1874 als Professor für Klavier am Conservatoire seiner Wahlheimat Paris. 1846/47 und 1849/50 unternahm er zwei vor allem finanziell lukrative Tourneen durch Nord-, Mittel- und Südamerika (wobei er u. a. die Nationalhymne Mexikos komponierte), über die er später in seinem Buch *Mes Voyages en Amérique* sehr amüsant zu berichten wußte. Er gründete außerdem eine Klavierfabrik; seine Instrumente erhielten auf der Pariser Weltausstellung 1855 den ersten Preis. Herz starb 1888, also 32 Jahre nach Schumann, in Paris und überlebte damit seinen eigenen Ruhm um viele Jahre.

Da Schumann zunächst Ambitionen als Klaviervirtuose hatte, konnte es nicht ausbleiben, daß er in seiner Jugend mit Werken von Herz konfrontiert wurde, die sich zudem in den Jahren 1828–1833, wenn auch nicht in allzu großem Umfang, im Repertoire des Wunderkindes Clara Wieck befanden[9]. Bei ihrem ersten eigenen Konzert im Leipziger Gewandhaus am 8. November 1830 spielte sie z.B. unter großem Beifall seine *Variations*

---

[7] vgl. *Geniuses of the Parisian Salon*, Genesis GS 1006. Frank Cooper schreibt auf dem Cover über die Gründe, warum Herz und Hünten vergessen wurden: *It is not that it is bad music. Nor it is that the heavier, deeper piano actions of today make it too difficult. It is simply that one man waged against the music of Herz and Hünten such a battle that eventually people began accepting his views. Herz and Hünten were laid aside. Authors began repeating that one man's opinions, often without knowing the music under criticism, and history has come to regard the two as anathemas. The culprit: Robert Schumann. Poor creature, his jealousy of Herz and Hünten knew no bounds. He wanted to be like them and was miserably equipped for the task, a fact he came to realize after his Opus 1, the ABEGG Variations, proved a let-down to audiences. In time, he turned against everything which he took the music of Herz and Hünten to represent and vented in his writings the frustrations of his own shattered technique, burgher upbringing and unstable mentality. As self-proclaimed „defender of the faith" (his own, by circumstance, not choice) Schumann led German music towards that self-righteous nationalism from which it has yet fully to recover. In the process, he killed that with which he could not compete: the music of Franz Hünten and Henri Herz. And only now, after all the years that separate us from him and them, do we dare re-open the case.*

[8] vgl. zu Ludwig Schuncke: Joachim Draheim/Michael Schuncke, *Ludwig Schuncke und die Musikerfamilie Schuncke – Zum 150. Todestag des Schumann-Freundes*, Broschüre zur gleichnamigen Ausstellung im Stadtmuseum Düsseldorf vom 16. Mai bis 1. Juli 1984; Joachim Draheim, *Ein Mensch, ein Künstler, ein Freund sonder Gleichen". Zum 175. Geburtstag des Schumann-Freundes und Mitbegründers der Neuen Zeitschrift für Musik Ludwig Schuncke*, in: NZfM, Jg. 146/1985, Heft 12, S. 22–24; Ruskin A. Cooper, *Robert Schumanns engster Jugendfreund: Ludwig Schuncke (1810–1834) und seine Klaviermusik*, Hamburg 1997 (Texte deutsch und englisch)

[9] *Litzmann III*, S. 616–617; *Gesammelte Schriften II*, S. 352

brillantes op. 23[10], im folgenden Jahr beeindruckte sie bei ihrem Auftritt vor dem 82jährigen Goethe in Weimar am 1. Oktober 1831 u. a. mit *La Violetta* (Variationen über eine Cavatine von Carafa op. 48) und den *Bravour-Variationen* op. 20 von Herz[11]. Goethe, der von Musik nicht sehr viel verstand, lag diesmal mit seiner Einschätzung richtig, wenn er am 5. Oktober 1831 an Zelter schrieb: *Auch erschien bey mir gestern ein merkwürdiges Phänomen. Ein Vater brachte seine flügelspielende Tochter zu mir, welche nach Paris gehend, neuere Pariser Compositionen vortrug; auch mir war die Art neu, sie verlangt eine große Fertigkeit des Vortrags, ist aber immer heiter; man folgt gern und läßt sich's gefallen. Da Du dergleichen gewiß kennst so kläre mich darüber auf.*[12] Bei einem musikalischen *Kränzchen bey Wiek* in Leipzig hörte Schumann am 4. Dezember 1828 nicht näher bezeichnete Variationen von Herz, gespielt von einer Madame Diezmann[13]; am 20. Februar 1829 spielte er selbst mit seinem Freund Moritz Semmel die *Variat:[ionen] v. Herz a 4 m.[ains] über: au clair de la lune* [op. 4][14]. Am 6. November 1829 bat er, inzwischen in Heidelberg studierend (bzw. eher bummelnd und dabei fleißig Klavier übend und improvisierend), seinen Klavierlehrer Friedrich Wieck um neue Klaviernoten und bemerkte dazu: *Etwas Neues von Herz und Czerny kann auch mit dabei sein, da ich hier – in Familien eingeführt bin.*[15] Der klavierspielende Liebling der bescheidenen Heidelberger Salons wollte damit wohl etwas spöttisch andeuten, daß die Musik von Herz und Czerny immerhin gut genug sei, um damit ahnungslose Bildungsbürger zu unterhalten und zu verblüffen. Immerhin befinden sich in einer Liste von Noten, die er sich wohl Ende 1830 in seinem Tagebuch anlegte[16], auch zwei Werke von Herz, die *Variations brillantes sur un air tyrolien favori* op. 13 und das erste Klavierkonzert A-Dur op. 34, von dem noch die Rede sein wird. Am 25. Mai 1831 gab Wieck dem inzwischen nach Leipzig zurückgekehrten und bei ihm studierenden Schumann die Variationen op. 48 von Herz *zum Einstudieren*[17], wie es im Tagebuch heißt, ganz offensichtlich, um seine zwar weitentwickelte, aber noch ungefestigte Technik zu stabilisieren. *Clavier schlecht* steht vorher, [. . .] *die Moschelessche Etüde ängstlich u. unsicher* danach im Tagebuch[18]. Wie wenig Erfolg der Lehrer mit der Wahl dieses von seiner Tochter mit Erfolg gespielten Stücks hatte, zeigt eine Tagebuchnotiz vom 27. Mai 1831, zwei Tage später: *Des Morgens ging Alles miserabel – ganz miserablinsky – Nachmittag bey Wiek – sehr theilnehmend gegen mich – ich würfe die Herzischen Variationen wie einen Hund hin – charakterisirt richtig – ich kann ohnmöglich heucheln oder die Leute merken die Verstellung im Augenblicke – bey Clären [Wieck] kommt es von innen heraus – dann über meine Finanzen – Bedenklichkeiten u. vernünftige Ansichten von seiner Seite – [. . .].*[19]

---

[10] *Litzmann I*, S. 25

[11] *Litzmann I*, S. 28–29

[12] *Briefwechsel zwischen Goethe und Zelter in den Jahren 1799 bis 1832. Mit Einleitung und Erläuterungen*, hg. von Ludwig Geiger, Bd. 3 (1828–1832), Leipzig 1902, S. 484

[13] *Tb I*, S. 152/153

[14] *Tb I*, S. 175

[15] *Jugendbriefe von Robert Schumann. Nach den Originalen mitgeteilt von Clara Schumann*, Leipzig ²1886, S. 85

[16] *Tb I*, S. 315–316

[17] ebd., S. 333

[18] ebd., S. 333

[19] ebd., S. 334

Nur wenige Tage später, am 6. Juni 1831, hörte Schumann die damals 12jährige Clara Wieck die *Bravour-Variationen* op. 23 von Herz spielen, mit denen sie auch im Gewandhaus geglänzt hatte[20]. Am selben Abend spielte Clara übrigens auch Chopins Variationen über *Là ci darem la mano* op. 2 sogar zweimal, ein Werk, das in Schumanns Entwicklung als Pianist, Komponist und Musikschriftsteller eine entscheidende Rolle spielen sollte[21]. Gerade der Vergleich der Chopin-Variationen mit Variationswerken von Herz muß für Schumann, der an seiner pianistischen Kompetenz immer mehr zweifelte, ein Schlüsselerlebnis gewesen sein. Am 1. Juli 1831, nachdem er seine berühmte Rezension der Chopin-Variationen bereits entworfen hatte, schrieb er in sein Tagebuch: *Ganz neue Personen treten von heute in's Tagebuch – zwey meiner besten Freunde, die ich jedoch noch nie sah – das sind Florestan und Eusebius. Florestan sagte: nachdem er op. 37 von Herz zum erstenmal gehört hätte: hübsch, schweizerisch, neu; nach öfteren Hören: es ist aber doch nichts als ein Kuß von einen Freudenmädchen. Eusebius meinte: Chopin wäre ein Sprung. Beyde munterten mich sehr auf, meine Rezension drucken zu lassen. Ach! hätte ich sie nur einmal gemacht.*[22] Am 26. Mai 1832 vermerkte Schumann im Tagebuch, daß Clara Wieck *die großen Bravourvariationen* [wohl op. 23] *von Herz besser als früher* gespielt habe, und fügte dann, höchst aufschlußreich, hinzu [. . .] *u. dann die Papillons. Schmeichelhaft war's schon für mich, nach Herz u. Moscheles gespielt zu werden*[23]. Clara Wieck spielte die Variationen op. 23 von Herz auch am 18. November 1832 bei einem Konzert im Zwickauer Gewandhaus, als der erste Satz von Schumanns unvollendet gebliebener g-Moll-Sinfonie erklang, der beim Publikum allerdings weitaus weniger Anklang fand als das Stück von Herz[24]. Eine zunehmende Distanz zu diesem Komponisten verrät eine Bemerkung vom Juni 1832 im Tagebuch: *Ich will eine Sammlung 'Arrogantia' anlegen, die Wiek verfaßt hat. Nun wird mir's bald zu blau. Das wäre wahre Poësie, meint er gestern von einem Herzischen Finale. Er meint es aber im Ernst.*[25] – Nicht zufällig fällt ungefähr in diese Zeit, den Mai 1832, die Idee zu *Henri Herz, Fantaisie satyrique,* auf die ich am Schluß zurückkomme. In der Abteilung *Aus Meister Raros, Florestans und Eusebius' Denk- und Dicht-Büchlein* in den *Gesammelten Schriften über Musik und Musiker* findet sich folgender Satz: *Es ist ein Unterschied, ob Beethoven rein chromatische Tonleitern hinschreibt, oder Herz. (Nach dem Anhören des Es-Dur-Konzertes.) Fl.*[26] Zu vermuten ist, daß diese Bemerkung in den Januar 1834 fällt; denn am 27. Januar 1834 spielte Schumanns bester Freund Ludwig Schuncke das Es-Dur-Klavierkonzert von Beethoven im Leipziger Gewandhaus[27].

Nach diesen Äußerungen und dem programmatischen Ziel der im April 1834 ins Leben gerufenen *Neuen Zeitschrift für Musik,* daß nämlich *die Poesie der Kunst wieder*

---

[20] ebd., S. 337

[21] vgl. Joachim Draheim, *Schumann und Chopin,* in: *Schumann-Studien 3/4,* hg. von Gerd Nauhaus, Köln 1994, S. 221–241

[22] *Tb I,* S. 344

[23] ebd., S. 397

[24] Georg Eismann, *Robert Schumann. Ein Quellenwerk über sein Leben und Schaffen,* Bd. I, S. 78

[25] *Tb I,* S. 413

[26] *Gesammelte Schriften I,* S. 28

[27] vgl. Anm. 8 und Bodo Bischoff, *Monument für Beethoven. Die Entwicklung der Beethoven-Rezeption Robert Schumanns,* Köln 1994, S. 169ff.

zu Ehren komme[28], war es kaum verwunderlich, daß Herz neben anderen Modevirtuosen und der italienischen und französischen Oper ein Hauptziel der Angriffe Schumanns und seiner Freunde sein würde. Während er aber Hünten fast vollkommen ignorierte und Czerny nur kurz, aber besonders bissig attackierte, wählte er bei Herz, dessen Werke er relativ gut kannte und eine Zeitlang sogar, wenigstens als nützliche Etüden, geschätzt hatte, einen anderen Weg, nämlich den beißender Ironie. Das wird bereits deutlich, wenn man nur die Äußerungen außerhalb der fünf z. T. sehr ausführlichen Rezensionen betrachtet. In den *Aphorismen (Von den Davidsbündlern.)* heißt es 1835 in einer kurzen Betrachtung über Rossini: [. . .] *erhält nicht der Stenograph Herz, der sein Herz nur in seinen Fingern hat — erhält dieser, sag' ich, nicht für ein Heft Variationen vierhundert Thaler* [. . .][29]. An anderen Stellen schreibt er anzüglich von *dem großen Herz*[30] oder *of the immortal Henri*[31].

Zunächst versuchte es Schumann jedoch, wie bei Hünten, mit weitgehender Mißachtung. Im ersten Jahrgang der *Neuen Zeitschrift für Musik* 1834 wurde nur eine einzige Komposition des Vielschreibers Herz rezensiert, das *Rondo militaire sur un Air du Serment* op. 69; diese allerdings sehr ausführliche Kritik stammt zwar von Ludwig Schuncke, dem Freund und Mitbegründer der Zeitschrift, dem Schumann in diesem Jahr als Dank für die Zueignung seiner großartigen Klaviersonate g-Moll op. 3 seine *Toccata* op. 7 widmete, ist aber mit Sicherheit von Schumann stark überarbeitet und redigiert worden, da Schuncke nach den Worten seines Freundes *nicht so recht mit der Feder umzugehen*[32] wußte bzw. *die Feder tausendmal schlechter führt[e] als seine Clavierhand*[33]. Es heißt dort u. a.[34]:

Dies neue Pianofortestück von H. Herz enthält gar nichts Neues, man müßte denn gewisse störende Fortschreitungen, welche er dem Ohr zu lieb hätte vermeiden sollen, dafür gelten lassen. Hiervon abgesehen, fehlt diesem Werk so wie den späteren dieses Componisten außer dem frischen Glanz die Feile, welche an den früheren nicht zu verkennen war. Ganz natürlich! nachdem er sich durch die Pianofortemäßigkeit dieser und durch ihren allgemeinen Ton, in den Viele einstimmen, weil es ein recht alltäglicher ist, Renommée erworben hatte, war er den Musikhändlern als geschickter und beliebter Arrangeur sehr willkommen, und umgekehrt sah er ein, daß dies das eigentliche Feld sei, um durch die schon erlangte Routine schnell Glück zu machen, autrement dit: zu einem Vermögen zu gelangen. Dieser ganz gewöhnlichen, unkünstlerischen Speculation verdanken die meisten Sachen von Herz ihr Dasein [. . .] Immer bleibt es eine interessante Frage, wie Arrangements von Czerny und Herz die Gunst des Publicums in einem so ganz unglaublichen Grad finden konnten, während Beethoven seine letzten Pianofortewerke der Welt übergab, während der genialische Schubert die lebensvollsten Tongestalten für dasselbe Instru-

---

28 *Gesammelte Schriften I*, S. 1
29 ebd., S. 127f.
30 ebd., S. 224
31 ebd., S. 292
32 Brief Robert Schumanns an seine Mutter, Leipzig, 2. Juli 1834, *Jugendbriefe Robert Schumanns*, a.a.O., S. 242
33 Brief Robert Schumanns an Theodor Töpken, Leipzig, 18. August 1834, *Erler I*, S. 52
34 *NZfM*, Bd. 1, Nr. 42, 25. August 1834, S. 166–167

ment schuf, während der damals so gefeierte Componist des Freischützen den ent-
gegengesetzten Weg verfolgte? Viele werden diese Frage mit dem damals auch ander-
weitig gesunkenen Geschmack des Publicums beantworten. [. . .] Man sagt, H. Herz
hätte seine Zeit verstanden; o ja: er hat ihre Seichtheit würdig besungen und die
Masse hat ihr gehuldigt. Verstehe er sie auch jetzt, halte Morgenröthe nicht für
Abendröthe und vergebe er es ihr, daß sie ihm einen Lorbeer aufsetzte, den er gar
nicht verdiente. 3.

Nach dieser deutlichen, sicher von ihm gutgeheißenen Abfuhr meldete sich Schumann
zum Thema Herz erst wieder im März 1836 zu Wort und rezensierte diesmal selbst
dessen zweites Klavierkonzert c-Moll op. 74[35]:

Ueber Herz läßt sich 1) traurig, 2) lustig, 3) ironisch schreiben, oder alles auf einmal
wie diesmal. Man kann kaum glauben, wie vorsichtig und scheu ich jedem Gespräche
über Herz ausweiche und ihn selbst mir immer zehn Schritte vom Leibe halten
würde, um ihn nicht zu stark ins Gesicht loben zu dürfen. Denn hat es, vielleicht
Saphir ausgenommen, irgend Jemand aufrichtig mit den Menschen und sich gemeint,
so ist es Henri Herz, unser Landsmann. Was will er denn als amüsiren und nebenbei
reich werden? Zwingt er deshalb Jemanden, Beethovens letzte Quartette weniger zu
lieben und zu loben? Fordert er zu Parallelen mit diesen auf? Ist er nicht vielmehr
der luftigste Elegant, der niemandem einen Finger krümmt als zum Spielen, und
höchstens seine eignen, um Geld und Ruhm festzuhalten? Und ist sie nicht lächerlich,
die lächerliche Wuth classischer Philister, die mit glotzenden Augen und vorgehalte-
nem Spieße schon zehn Jahre lang gerüstet dastehn und sich entschuldigen, daß
er ihren Kindern und Kindeskindern nicht zu nahe kommen möchte mit seiner
unclassischen Musik, während jene insgeheim sich doch daran ergötzen? Hätten die
Kritiker gleich beim Aufgange dieses Schwanzsternes, der so viel Redens über sich
gemacht, seine Entfernung von der Sonnennähe der Kunst richtig taxirt, und ihm
durch ihr Geschrei nicht eine Bedeutung beigelegt, an die er selbst gar nicht denken
konnte, so wäre dieser künstlerische Schnupfen schon längst überstanden. Daß er aber
jetzt mit Riesenschritten seinem Ende zueilt, liegt im gewöhnlichen Gang der Dinge.
Das Publicum wird zuletzt selbst seines Spielzeugs überdrüssig und wirft es abgenutzt
in den Winkel. Dazu erhob sich eine jüngere Generation, Kraft in den Armen und
Muth, sie anzuwenden. Und wie etwa in einen gesellschaftlichen Kreis, wo vorher
französische, artige Weltmännchen eine Weile das Wort geführt, plötzlich einmal ein
wirklich Geistreicher eintritt, so daß sich jene verdrüßlich in eine Ecke zurückziehn
und die Gesellschaft aufmerksam dem neuen Gaste zuhorcht, so ist's auch, als
könnte Herz gar nicht mehr so frisch parliren und componiren. Man fetirt ihn nicht
mehr so, er fühlt sich unbequem und genirt; es will nicht mehr so klappen und klin-
gen; er arbeitet, Jean Paulisch zu reden, mit Blechhandschuhen auf dem Claviere, da
ihm Ueberlegenere über die Schulter hereinsehn und jeden falschen Ton bemerken
und auch Uebriges. Dabei wollen wir aber durchaus nicht vergessen, daß er Millio-
nen Finger beschäftigt hat und daß das Publicum durch das Spielen seiner Varia-
tionen eine mechanische Fertigkeit erlangt, die schon mit Vortheil auch anderweitig

---

[35] *NZfM*, Bd. 4, Nr. 26, 29. März 1836, S. 111; vgl. *Gesammelte Schriften I*, S. 153f.

und zur Ausführung besserer, ja ganz entgegengesetzter Compositionen zu nützen ist. Wie wir also überzeugt sind, daß, wer Herzsche Bravourstücke besiegen, eine Sonate von Beethoven, wenn er sie sonst versteht, um vieles leichter und freier spielen kann, als es ohne jene Fertigkeit sein würde, so wollen wir guten Muthes unsern Schülern zur rechten Zeit Echt-Herzsches zu studiren geben und, wenn ein ganzes Publicum bei den herrlichen Sprüngen und Trillern „süperb" ruft, mitausrufen: „dies Alles hat sein Gutes auch für uns Beethovener."

Das zweite Concert von Herz geht aus C-Moll und wird denen empfohlen, die das erste lieben. Sollte an einem Concertabende zufällig eine gewisse C-Moll-Symphonie mitgegeben werden, so bittet man selbige n a c h *dem Concert anzusetzen. 2.*

Bezeichnend an dieser (hier vollständig wiedergegebenen) Rezension ist neben der feinen Ironie die Tatsache, daß Schumann mit keinem Wort auf Einzelheiten des Werks eingeht, wie es der Rezensent der Leipziger *Allgemeinen Musikalischen Zeitung* tut, der in seiner Argumentation gar nicht so weit von Schumann entfernt ist, aber das Stück eher zu verteidigen sucht und dabei u. a. schreibt[36]:

Es gibt keinen allgemein beliebten Modecomponisten, der nicht bei manchen wesentlichen Uebeln auch manches beachtenswerthe Gute hätte. Das Vergnügen, was H. der Masse brachte, ist nur selten das Einzige, was ihm als Dankenswerthes zugeschrieben werden muss. Sind doch selbst etliche seiner Gegner so weit in die Mitte geschritten, dass sie ihm zugestanden, Herz habe der Fingerfertigkeit u. einer anmuthigen Verzierung der Melodie recht gute Dienste geleistet. Dann werden freilich die Vorwürfe desto greller. Wir wollen nicht den Advokaten des Componisten machen, haben es auch nicht nöthig; seine Advokaten sind noch immer in vielen Gegenden die Hörer u. die Künstler selbst. Wenn sie seine Werke vortragen u. damit Geld verdienen, thun sie ja dasselbe, was Herz mit seinen Compositionen thut, und stehen auch nicht einen Schritt höher, wie sie sich auch gebehrden. Ja für manche Bildungszustände ist Herz u. seine Art gerade recht. Dafür sind sie zu verwenden. Es ist auch nicht wahr, dass alle seine Werke gering sind. Das hier zu besprechende Concert verdient gleichfalls kein Verdammungsurtheil; es wird sich für viele Spieler u. viele Hörer ganz gut eignen, noch obendrein mehr, als ein tieferes, mit dem sie am Ende nichts anzufangen wüssten. Die Bravouren, welche Herz schreibt, klingen, lassen sich leicht hören, haben einen frischen Schimmer, machen mechanisch gewandte, flinke Finger u. reizen durch kluge Abgänge zum Applaudiren; das höchste Glück, was viele Spieler erzielen. So sei man doch ehrlich; was will man denn mehr? Dazu ist es da, dazu gebrauche man's. – Der erste Satz, aus C moll, hat einen sehr brillanten Abgang in Es dur, dem noch nach einem Tutti ein gewaltiger Schnellläufer das Siegel von C moll aufdrückt. Der 2te Satz, Andantino cantabile, 6/8, E dur, ist ein sehr dankbarer, trefflicher u. für den Vortragenden glänzender Gesang, den man von andern Componisten ausserordentlich erheben würde. Das Rondo in C dur, ein rechtschaffener Schnellwalzer mit tüchtigen Bravouren; wird am rechten Orte seine Dienste leisten. Also: Soll's taugen, lern's brauchen. Virtuosen brauchen dergleichen; mögen darauf achten.

[36] *Allgemeine Musikalische Zeitung,* Jg. 38, Nr. 33, 17. August 1836, Sp. 544–545

Etwas konzilianter und diesmal mehr auf Details eingehend, zeigt sich Schumanns am 24. Mai 1836 erschienene Rezension der *2ème Caprice sur la Romance favorite la folle d'A. Grisar* op. 84[37]:

> *In der großen Weltpartitur aber rechne ich Henri Herz ohne Weiteres zur Janitscha-*
> *renmusik: auch er spielt mit, will beachtet sein und verdient sein Lob, wenn er*
> *gehörig pausirt und beim Einfallen nicht zu viel Lärmens macht. Ueberhaupt ist es*
> *neuster Ton der haute volée der Künstler, Herzen zu loben, und wirklich bekömmt*
> *man auch die Klagen fader Patrioten über „Ohrenkitzel, Klingelei" u.s.w. nach-*
> *gerade überdrüßig. Nicht als ob uns letztere jemals entzückt hätte oder als ob wir*
> *meinten, die Musik könne ohne Triangel nicht bestehen; – ist er aber einmal vom*
> *höchsten Capellmeister erschaffen und vorgeschrieben, so soll er auch hell und lustig*
> *zwischen klingen. Also: Herz lebe! Ueberdem kann man ja seine Compositionen als*
> *Wörterbücher musikalischer Vortragskunsttermen benutzen, in dieser Hinsicht*
> *erschöpft er die ganze italienische Sprache: keine Note, die nicht einen Zweck, eine*
> *Ausdrucksvorzeichnung hätte, keine Schmachtstelle, wo nicht ein Smorzando dar-*
> *unter stünde. Und wenn nach Jean Paul wahre Dichterwerke keines solchen Dol-*
> *metschers bedürfen, weil sie sonst Solbrig'schen Declamationsbüchern glichen, die*
> *bekanntlich mit siebenfach verschiedenen Schriftarten, je nach der sinkenden und*
> *steigenden Stimme, gedruckt, so weiß das Hr. Herz, der für gar keinen Dichter gehal-*
> *ten sein will, und spricht seine Empfindungen gleichsam noch einmal in Worten inter-*
> *linearisch aus. Wie viel gäbe es hier noch zu sagen, guckte mir nicht der Setzer ängst-*
> *lich über die Schulter herein wegen der Pfingstfeiertage. Darum von der Caprice nur*
> *noch so viel, daß ihr 83 Werke vorausgegangen, die auf sie schließen lassen. Die Folle*
> *ist eine berühmte französische Salon-Romanze, das Bravourstück der Mad. Masi,*
> *eine folie de salon, wie sie unser Hamburger Corresp. nannte, das Capriccio aber*
> *nicht nur eben so gut, sondern besser. Namentlich schüttelt Herz gewisse leicht*
> *elegante, beinah üppige harmonische Gänge zu Mandeln aus dem Aermel (so S. 8),*
> *und geräth dabei in einen gewissen Schwung, dessen Zweck und Ziel von Haus aus*
> *leider zu bekannt. Kommen nun vollends seine Strettis, Allegro, Presto, Prestissimo,*
> *4/4, 2/4, 6/8, so schäumt das Publicum wie ein entzücktes Meer über und auch der*
> *eminenteste Cantor könnte dann die Octaven S. 14. Syst. 3. zu 4. überhören. 22.*

Etwas kürzeren Prozeß machte Schumann am 23. August 1836 in einer Sammelrezension über Variationen für Pianoforte mit den *Großen Variationen über ein Thema von Bellini* op. 82[38]:

> *Aber was ist mit unserm vortrefflichen Henri H e r z vorgegangen? Ordentlich als ob*
> *er krank den Kopf senkte, als ob er gar nicht mehr so unschuldig und liebenswürdig*
> *hüpfen und springen könnte, als ob er die Launen und Untreue der Welt erfahren!*
> *Denn wahrhaftig, als Variationist erreicht ihn so leicht Niemand, und er sich selbst*
> *nicht einmal wieder. Tausend und aber tausend vergnügte Stunden dankt ihm die*
> *Welt und von schönen Lippen hörte ich, nur Herz dürfe sie küssen, wollte er. „Die*
> *Jahre vergeh'n." Einen Satz finde ich aber auch hier bewährt, daß man sich manche*

---

[37] *NZfM*, Bd. 4, Nr. 42, 24. Mai 1836, S. 173; vgl. *Gesammelte Schriften I*, S. 189
[38] *NZfM*, Bd. 5, Nr. 16, 23. August 1836, S. 64; vgl. *Gesammelte Schriften I*, S. 220f.

Modegenies, über deren schädlichen hemmenden Einfluß man übrigens durchaus im Klaren war, später, wenn sie selbst hinter sich zurückbleiben und nun eine Lücke entsteht, die Talentschwächere nur schlecht zu füllen versuchen, sehr oft zurückwünscht. So fingen die Kritiker erst Rossini recht herauszustreichen an, als Bellini aufstand; so wird man diesen erheben, da Caraffa und die Andern ihn nicht zu ersetzen vermögen. So mit Auber, Herold, Halevy. – Zu den Variationen. Sie sind von Herz, stehen aber, wie gesagt, gegen die älteren frischen und erfindungsreichen bei Weitem ab. Das Thema ist aus den Puritanern, der erste Theil voll Gesang auf Tonica und Dominante basirt, der zweite Theil aber so steril, daß freilich nichts Paradiesisches daraus zu schaffen. In der 3ten Variation wollt ich oft meine rechte Hand mit der rechten suchen; neu ist dies Ueberschlagen gewiß, und gut gespielt auch gut. Daß er S. 13. Syst. 4. T. 5. und darauf noch einmal das Ges verdoppelt, war auch nicht nöthig. Herz'isch bleiben sie jedenfalls und müssen gefallen.

Die von Schumann besonders hervorgehobene dritte Variation (der betreffende Satz wurde in den *Gesammelten Schriften* später gestrichen!) sei hier als Probe für den Klavierstil von Herz im Faksimile einer zeitgenössischen Ausgabe wiedergegeben[39], weil sie die Schwächen wie die Vorzüge des Komponisten exemplarisch widerspiegelt: musikalischer Leerlauf neben elegantem, stets wohlklingendem Klaviersatz, theatralische Gesten, die sich in Spielfiguren verflüchtigen.

Erstaunlicherweise beurteilt Schumann im Oktober 1836 die *Dramatische Phantasie über den berühmten protestantischen Choral aus den Hugenotten* op. 89 beinahe freundlich – wenn man bedenkt, mit welchem Ingrimm er wenig später die Vorlage, Meyerbeers Oper, attackieren wird[40].

Mozart, mit seligem Auge dem Allegri'schen Miserere zuhörend, mag kaum mit mehr Spannung gelauscht haben, als unser verehrter H e r z der ersten Aufführung der Hugenotten. Ihr Schelme, mochte er bei sich denken, man müßte kein Musiker sein, um nicht trotz aller Eigenthumsrechte Anderer sich das Beste und Beklatschteste einzuzeichnen hinter die Ohren – und noch spät Mitternacht setzte er sich hin und brütete und schrieb. Der Titel ist übrigens eine offenbare, jedoch dem Käufer vortheilhafte Täuschung: anstatt einer dramatischen Phantasie über 'le celebre Choral protestant intercalé par Giac. Meyerbeer dans les Huguenots' erhält man, außer diesem, der nur einmal wie hineingeplumpt kömmt, eine Scene mit Chor, ächt Meyerbeerisch, nämlich unächt, eine Arie mit wirklich schönen Stellen, eine Bohemienne, über die sich nichts sagen läßt, und ein sehr hübsches Air de Ballet. Wir selbst sind noch nicht so tief in die Hugenotten gedrungen, um mit Sicherheit sagen zu können, was Herz'en, was Meyerbeer'n angehöre! indessen getrauten wir es uns. Daß übrigens alles mit Geschick, oft Geist aneinander gefädelt ist, kann man versichern [. . .].[41]

---

[39] *Grandes Variations pour Piano seul Sur la Marche favorite de l'opéra de Bellini I Puritani Dediées à Lady Jane Parsons et composées par Henri Herz Opéra 82*, Paris [um 1835], E. Troupenas; Exemplar in der Sammlung des Verfassers

[40] *Gesammelte Schriften I*, S. 318–321

[41] *NZfM*, Bd. 5, Nr. 32, 18. Oktober 1836, S. 127–128; vgl. *Gesammelte Schriften I*, S. 234f.

Henri Herz, Variationen op. 82

Den Höhepunkt der Auseinandersetzung mit Henri Herz bildet ohne Zweifel die am 10. Februar 1837 erschienene Rezension des dritten Klavierkonzerts d-Moll op. 87, eine der boshaftesten, die Schumann geschrieben hat[42]:

> *„Herz, mein Herz, warum so traurig" sang ich immer bei'm Spielen; dreimal im ersten Satz allein kommen con dolore's vor, der Espressivo's und Smorzando's nicht zu gedenken. Ueberhaupt spannen aber die ganzen Präliminarien sehr. D-Moll schon, die Don Juan-Tonart, der seltenere Dreivierteltact, ein leiser Anfang, ein vier Seiten kurzes Tutti; – gewiß sein tiefsinnigstes Werk, dachte ich. Und so ist es auch. Unser geflügelter Liebling hat sich in Eisen und Panzer gehüllt, und wenn er sich Manches zur Rüstung von Andern borgte, so leugnet er's gar nicht. Schlagen wir einmal auf. In der Einleitung könnten zwar nur seine boshaftesten Gegner, wie große Seelen dergleichen zu allen Zeiten gehabt haben, eine Verwandtschaft mit der zum G-Moll-Concert von Moscheles, im ersten Thema eine mit dem in Chopin's F-Moll, S. 6. Syst. 5. T. 3. einen Anklang an Kalkbrenner's D-Moll-Concert, S. 8. Syst. 3. T. 3. einen an C.M.v. Weber'schen und S. 14. einen an Thalberg'schen Grundton finden. Aber das Andante müssen auch seine Freunde als eine Apotheose der Romanze aus demselben Concert von Chopin erklären, dagegen im Anfang des Finale ein Beethoven'sches Scherzo (aus der zweiten Symphonie) leicht angedeutet wird, in das das zweite Thema abermals mit einem Chopin'schen Gedanken einfällt, dem S. 35. der Marsch aus Jessonda [Oper von Louis Spohr] folgt. Ja, dramatisches Leben hineinzubringen, steht S. 31. oben sogar eine Stelle aus der neunten Symphonie von Beethoven, die Herz doch gewiß nicht kennt, und das ganze Concert schließt S. 43. Syst. 4. T. 2. der Einheit wegen (S. den Anfang) mit einem Gange aus demselben Moscheles G-Moll-Concert. Alles Uebrige aber, gestehe man es, der Schmuck, die chromatischen Perlen, die fliegenden Harpeggiobänder etc. gehören ihm grundeigen. Man sieht, von den Besten will er lernen und nur etwa bei Kalkbrenner und Thalberg ließ er sich auch zu Helden zweiten Ranges herab. Halte seine Tapferkeit nur an und aus; wir wollen ihm Herolde sein, trotz der allgemeinsten musikalischen Zeitung, die ihn und Hünten schon längst als Meister anerkannt hat und Händel'n auch, und studire man sich das Concert ordentlich ein. Wozu hat man seine Finger und das Gefühl? Wir fragen. 12.*

Mit der hier sicherlich absichtlich übertriebenen (und auch nicht in allen Fällen zwingenden) Reminiszenzenjägerei wollte Schumann offensichtlich nur jene *äußerlichste Tendenz, höchste Nichtoriginalität und Stillosigkeit*[43] unter Beweis stellen, die er Meyerbeers *Hugenotten* vorgeworfen hatte. Interessant ist auch hier wieder der Vergleich mit der *Allgemeinen Musikalischen Zeitung*, in der das Konzert erst am 11. Juli 1838 rezensiert wurde[44]:

> *Was wir im J. 1836 über das zweite Konzert dieses Mannes S. 543 vorausschickten, das gilt noch, weshalb wir jede Eingangsbetrachtung übergehen. Das vorliegende Bravourstück ist der Philharmonischen Gesellschaft in London gewidmet, ist mit*

---

[42] *NZfM*, Bd. 6, Nr. 12, 10. Februar 1837, S. 49–50; vgl. *Gesammelte Schriften I*, S. 283f. (Schluß leicht verändert)

[43] *Gesammelte Schriften I*, S. 321

[44] *Allgemeine Musikalische Zeitung*, Jg. 40, Nr. 28, 11. Juli 1838, Sp. 455

Orchester- und Quartett-Begleitung, auch für das Pianoforte allein zu haben. Bravour ist genug darin, auch solche, an welcher immer noch viele heranstrebende Künstler Manches lernen können. Der erste Satz, All. moderato, D moll, 3/4, ist dem Gehalte nach völlig in seiner längst besprochenen und gekannten Art, vielerlei, dem Instrumente angemessene, oft wirksame Fingerfertigkeiten in Anspruch nehmend, also für viele nützlich übend. Dass es zuweilen stark walzermässig klingen muss, wird man sich denken. Nach dem geschmückten Cantabile des Satzes in F moll wechselt die Vorzeichnung nach der Rückkehr ins erste Tempo einige Male, bevor es sich zum ausgeführten Schluss-Solo in D dur glänzend genug wendet. Das Andantino, F dur, 6/8, verweilt sich, nach D moll, am längsten und mit rauschenden Schnellgängen in D dur, worauf es kurz vor dem Schlusse wieder in F dur fällt, ohne die Schnellbegleitung zu versäumen. Das Final bringt endlich 2/4 Takt. Es ist ein brillantes Rondo in des Komponisten Art, das auch als besonderes Stück verkauft wird.

Schumanns letzte Kritik einer Komposition von Herz, der *Phantasie und Variationen für Pianoforte mit Begleitung des großen Orchesters über ein Thema aus Norma von Bellini* op. 90, bezeichnenderweise unter der Rubrik *Gelegenheitsmusik für Pianoforte*, vom 19. Januar 1838, ist sehr kurz, kaum mehr als ein boshaftes Bonmot, das Motive der vorangehenden Rezensionen kurz aufgreift: *Etwas mehr im Hintergrunde steht H. H., obwohl mit dem Kreuz der Ehrenlegion geschmückt (vgl. n.Ztschr.f.M., Bd. VI); seine Stirne ist leicht umwölkt, sein Blick mild, er beschwert sich über Undankbarkeit der Welt, die ihm schon so viel selige Stunden zu verdanken. „Was wird noch aus dem werden", flüstert eine Dame einer zweiten in's Ohr, „er hat ordentliche Leidensfurchen im Gesicht bekommen"* [. . .][45]

Nach diesem Aperçu verschwindet Henri Herz fast vollständig aus Schumanns Blickfeld. Seine Zeit, zumindest in Deutschland, war vorbei. Am 8. Februar 1838 entschuldigt sich Schumann bei seinem belgischen Verehrer Simonin de Sire dafür, daß er ihm auf deutsch und nicht auf französisch antworten werde, mit der hübschen Bemerkung: [. . .] *aber mein Französisches* [sic!] *reicht nicht weiter als bis etwa zu Herz und Hünten* [. . .][46], womit wir wieder beim Ausgangspunkt unserer Betrachtung angelangt wären.

Was hatte Schumann an Henri Herz auszusetzen? Natürlich kann von einer *konsequente*[n] *Ablehnung jüdischer Modemachwerke (Moscheles, Herz)*[47], wie Wolfgang Boetticher antisemitisch geifernd 1942 formulierte, nicht die Rede sein, zumal Schumann Moscheles als Komponisten z. T. hochschätzte und als Künstler geradezu verehrte. Was ihn bei Herz störte, waren hohles Pathos mit zu vielen Vortragsanweisungen, Sentimentalität und eine dünne musikalische Substanz, die in keinem Verhältnis zum technischen Aufwand stand, die penetrante Bevorzugung der hohen und höchsten Lagen des Klaviers, die er selbst eher mied, Eklektizismus und Geschwätzigkeit, mit einem Wort *äußerlichste Tendenz, höchste Nichtoriginalität und Stillosigkeit*. Die melodische Erfindungskraft von Herz ist sehr begrenzt; nicht zufällig sind die meisten seiner Werke Variationen und Paraphrasen fremder Themen und Melodien. Schumann war aber auch nicht blind für die positiven Seiten der Musik von Herz, vor allem seine erfindungsreiche, mitunter

---

[45] *NZfM*, Bd. 8, Nr. 6, 19. Januar 1838, S. 24. Nicht in der 1. Auflage der *Gesammelten Schriften über Musik und Musiker* enthalten; vgl. *Gesammelte Schriften II*, S. 327

[46] *Erler I*, S. 142

[47] Wolfgang Boetticher, *Robert Schumann in seinen Schriften und Briefen*, Berlin 1942, S. 52

geniale Ausnützung aller klavieristischen Möglichkeiten, der er propädeutische Funktion für das Erlernen besserer Werke zuerkannte. Deswegen empfiehlt er auch ausdrücklich einige der *Exercices et Préludes* op. 21[48], die auch bei der pianistischen Ausbildung Clara Wiecks herangezogen[49] und bis in unser Jahrhundert immer wieder aufgelegt wurden.

Auch der Komponist Robert Schumann empfing einige Anregungen von Henri Herz, wenn auch nicht so viele wie von Hummel, Moscheles oder Kalkbrenner. Claudia Mac-Donald hat überzeugend nachgewiesen, daß Schumann sich für den ersten Satz seines 1829/30 entworfenen Klavierkonzerts F-Dur, das er dann Hummel widmen wollte, das erste Konzert op. 34 von Herz, dessen Noten er besaß, zum Muster genommen hat, z. B. was das Verhältnis von den Tutti zum Solo, die Modulationen oder das Passagenwerk betrifft. Das ist sogar durch einen Verweis auf Herz in Schumanns Skizzen belegt[50].

Es gibt aber noch eine zweite kompositorische Reminiszenz, ein von Schumann nicht vollendetes Rondo B-Dur für Klavier, von dem sich 4 Takte (*Allegro* überschrieben) im Tagebuch finden mit dem Hinweis *Auf d.[em] Weg v.[on] Münster n.[ach] Paderborn*, also am 28./29. September 1830 auf der Heimreise von Heidelberg nach Leipzig geschrieben[51]; vier Takte davon stehen im Skizzenbuch II[52] und im Skizzenbuch V sogar 44 Takte[53]. – Im Tagebuch wurde es als *Rondeau in B* am 29. April 1832 unter *Pläne* vermerkt[54]. Dieses Fragment wäre mit dem Rondo aus dem ersten Klavierkonzert A-Dur op. 34 von Herz zu vergleichen: gleiches Tempo, gleiche Taktart, gleiche musikalische Gestik:

[48] Robert Schumann, *Die Pianoforteetüden, ihren Zwecken nach geordnet.*, in: *Gesammelte Schriften I*, S. 214ff.
[49] *Litzmann III*, S. 616
[50] Claudia MacDonald, *Robert Schumann's F-Major Piano Concerto of 1831 as Reconstructed from his First Sketchbook: A History of its Composition and Study of its Musical Background*, Diss. University of Chicago, Chicago 1986, passim
[51] *Tb I*, S. 320, 297

Rondo Herz

Ein Bericht über Schumanns Verhältnis zu Herz wäre unvollständig ohne die Erwähnung einer Komposition, von der bisher allerdings nur winzige Skizzen entdeckt wurden. Am 12. Mai 1832, also in einer Zeit, als Schumann dem Komponisten Herz zusehends kritischer gegenüberstand, wie wir gesehen haben, kam ihm laut Tagebuch die *Idee zu Henri Herz, Fantaisie satyrique*[55]. Zwei Tage später heißt es im Tagebuch: *Die Idee zur satyrischen Fantaisie von Herz ist so übel nicht; u. würde eher als Alles andere diesen* [sic!] *Genre niederdrüken.*[56] Am 16. Mai lesen wir schließlich im Tagebuch: *Mit dem Alten* [Friedrich Wieck] *auf den Brand: ich theilt ihm die Idee zur satyrischen Fantaisie mit.*[57] Leider sind bisher nur zwei kleine Bruchstücke zu diesem Werk aufgetaucht. Es ist geradezu absurd, diese winzigen Skizzenfragmente in Schumanns Werkverzeichnis auf-

[52] Universitätsbibliothek Bonn, Sign.: *Schumann 14*, S. 2: Gedächtnis-Incipit, Nr. 22, Rondeau, datiert *9 (30)* [= September 1830?]

[53] Universitätsbibliothek Bonn, Sign. *Schumann 17*, S. 21: Überschrift: *Rondo*

[54] *Tb I*, S. 381; Daß das im Tagebuch im August 1832 (*Tb I*, S. 413) unter *Arbeiten* vermerkte *Rondoletto.* mit dem *Rondeau* identisch ist, darf man wohl vermuten.

[55] *Tb I*, S. 387

[56] ebd., S. 389

[57] ebd., S. 391; Mit dem Brand ist das Brandvorwerk vor dem Peterstor in Leipzig gemeint.

zunehmen, wie dies in einigen neueren Publikationen geschehen ist. Im Bonner Skizzenbuch II ist eine Art von „Gedächtnis-Incipit" von 3 ½ Takten mit dem Vermerk *Fantaisie satyrique* notiert[58], auf einem weiteren Skizzenblatt, auf dem sich auch der Entwurf zur Paganini-Studie op. 10, Nr. 5 befindet, ein zweiteiliges Fragment, überschrieben mit *Henri Herz. Fragment satirique*, das aus sechs Takten Sostenuto molto, wohl einer geplanten Introduktion, und einer Variante des anderen Fragments (4 Takte, ohne linke Hand) besteht[59]. Trotz des sehr skizzenhaften Zustandes läßt sich erkennen, was Schumann beabsichtigte: eine skurrile Karikatur jener für Herz typischen hohlen theatralischen Gestik, die er in seinen Kritiken so gerne verspottet hatte.

Henri Herz. Fragment satyrique

---

[58] Universitätsbibliothek Bonn, Sign.: *Schumann 14*, S. 1.
[59] Österreichische Nationalbibliothek Wien, Photogrammarchiv, Sign.: *1517–P.*

Petr Vít

Berlioz, Liszt und Schumann in Prag 1846

Um gleich zu Beginn jeder Mystifikation zuvorzukommen, zu der der Titel des Beitrages führen könnte, sei betont, daß Schumann 1846 nicht zur gleichen Zeit wie Hector
Berlioz und Franz Liszt in Prag weilte und so auch nicht mit Berlioz und Liszt, deren
Wege sich hier kreuzten, zusammentraf. Deshalb allein könnte gegen den Titel des Refe-
rats Einwand erhoben werden. Da jedoch bekannt ist, daß Schumann die Stadt mit
seiner Gemahlin Clara zu Beginn des Jahres 1847 besuchte und bereits vorher das Prager
Musikmilieu grundsätzlich zugunsten der französischen Romantik beeinflußte, geht es in
diesem Fall also nicht um die Anwesenheit Schumanns in Prag im Jahre 1846 und um eine
mögliche persönliche Begegnung mit Berlioz und Liszt, sondern vielmehr um musikhistorische Zusammenhänge. In den nachfolgenden Erläuterungen wird versucht, das
Prager Künstlerklima, d.h. sowohl die Denkströmungen als auch entscheidende Musikereignisse vor und besonders im Jahre 1846 zu beschreiben und die darin enthaltene
musikhistorische Bedingtheit von Persönlichkeiten wie Schumann, Berlioz und Liszt zu
zeigen.

Da das Prager Musikmilieu um 1846 nicht so konservativ und verknöchert war und
den zu Staub zerriebenen Mozartkult zelebrierte, wie es Berlioz selbst vor seiner Ankunft
in Prag 1846 verlauten ließ[1] und wie es bis heute häufig in der musikhistorischen, diesen
Zeitraum abhandelnden Literatur beschrieben wird, ist ein kurzer Blick auf das Prager
Musikleben in der ersten Hälfte der vierziger Jahre daher unerläßlich.

Eine der bedeutendsten und bewunderungswürdigsten Prager Persönlichkeiten jener
Zeit, der Musik- und Kunsthistoriker, Ästhet, Komponist, Kritiker und Professor für
Musikgeschichte an der Prager Universität, August Wilhelm Ambros, von Beruf
ursprünglich Rechtsanwalt und in der Hierarchie der damaligen offiziellen Stellen Staats-
anwalt, schrieb in seiner Selbstbiographie[2]:

> *Das ehemalige Prager Musikleben* [er meinte damit den Beginn der vierziger Jahre]
> *war glänzend. Der aufgehende Stern Mendelssohns, die Zeitschrift Schumanns, wie
> sehr mich das alles beeindruckte! Bei sämtlichen Proben großer Konzerte pflegte ich
> mit der Partitur in der Hand zu sein und studierte noch fleißiger als früher. [...] Zu
> dieser Zeit arbeitete ich fleißig als Musikkritiker der „Bohemia"* [ein Prager Tage-
> blatt], *auch unter dem Namen „Flamin der letzte Davidsbündler" in Schumanns
> Blatt. [...] Mit Schumann, den ich persönlich kennenlernte, freundete ich mich sehr
> bald an. 1846 kam Berlioz nach Prag, und meine Studie über die „Lear"-Ouvertüre,
> welche ich dem Schmidt-Blatt zugesendet hatte, war die Ursache, daß ich zu Berlioz
> herzliche und freundschaftliche Kontakte knüpfte.*

Ambros war der spiritus agens von allem, was damals mit den Ideen der Schumannschen
Zeitschrift verbunden war. Seine geistige Verwandtschaft zu Schumann zeigte sich in der

---

[1] vgl. Hector Berlioz, *Memoiren mit der Beschreibung seiner Reisen in Italien, Deutschland, Rußland
und England 1803–1865*, Leipzig 1980, S. 340
[2] August Wilhelm Ambros, *Autobiographie* (tschechisch), in: *Dalibor*, Prag 4. März 1905, Nr. 16, S. 122

Nachahmung der Leipziger Davidsbündler. Für den Kreis seiner Freunde veranstaltete er *Davidsbündeleien* genannte Abende, an denen die jungen Anhänger des Schumann-Kults neue Kompositionen spielten sowie unendliche, leidenschaftlich interessierte Diskussionen über die Artikel der *Neuen Zeitschrift für Musik (NZfM)* führten. Hieran nahmen der Kritiker, Komponist und spätere Finanzrat Joseph Heller, der Komponist und langjährige Musikdirektor des Tageblattes *Bohemia*, Franz Ulm, der Pianist und Musiklehrer Jacob Hock sowie der junge Eduard Hanslick, zu Beginn noch der Rechtsanwalt Josef Alexander Helfert und der spätere Professor für Kunstgeschichte in Wien, Joseph Bayer, teil. Ambros verlieh seinen Freunden nach dem Leipziger Vorbild fiktive Namen, unter denen diese ebenfalls ihre Kritiken, Artikel u. a. veröffentlichten. Hock wurde Benjamín genannt, Heller Obulus, Ulm gab man den Namen Barnabas, Hanslick unterzeichnete mit Renatus, und Ambros nannte sich Flamin, den letzten Davidsbündler. Es waren also Ambros und dessen Freundeskreis, die seit Beginn der vierziger Jahre des 19. Jahrhunderts die Idee *einer sich selbst erneuernden Musik, der Musik als Ton-Dichtung, die das Unaussprechliche des Menschenlebens ausspricht, eine Idee, deren Programm in den Worten „Musik ist klingendes Leben"* lag[3], in das Prager Musikleben hineintrugen.

Während die Prag-Aufenthalte von Berlioz und Liszt von 1846 vielfach im Zentrum des musikwissenschaftlichen Interesses standen (im Falle von Berlioz betraf das zuletzt eine umfangreiche Studie von Geoffrey Payzant[4]), ist Schumanns Kontakten zu Prag und seinen Aufenthalten in dieser Stadt bisher keine dementsprechende Aufmerksamkeit gewidmet worden. 1827, mehrere Jahre bevor die Freunde aus Ambros' Kreis Schumanns *Neue Zeitschrift für Musik* in die Hände bekamen, besuchte der Komponist die Stadt erstmals allein auf der Reise von Leipzig über Dresden und Töplitz nach Wien. Während seines kurzen Aufenthalts besichtigte er vor allem Sehenswürdigkeiten[5].

Sein zweiter Aufenthalt in Prag 1838, wiederum während einer Reise von Leipzig über Dresden nach Wien, war weitaus reicher an persönlichen Kontakten zu bedeutenden Prager Persönlichkeiten. Seinen Tagebuchaufzeichnungen nach besuchte Schumann am ersten Tag den damaligen Direktor des Prager Konservatoriums Friedrich Dionysos Weber, *einen älteren würdigen Kopf*, wie er notierte, traf mit Ludwig Ritter von Rittersberg und Carl Eduard Hoffmann zusammen und begegnete auch Johann Friedrich Kittl, der nach dem Tod Webers im Jahre 1843 das Amt des Konservatoriumsdirektors übernahm. Am folgenden Tag hatte er eine Begegnung mit dem Prager Verleger Marco Berra, mit dem er auch Briefkontakte unterhielt. Ebenso wichtig war das Zusammentreffen mit den Brüdern Porges aus einer bedeutenden Fabrikanten- und Mäzenenfamilie. Auch der Besuch bei Václav Jan Tomášek dürfte zweifellos ein Erlebnis für Schumann gewesen sein. Ein gemeinsamer Abend mit Rittersberg, Kittl, Wenzel Heinrich Veit, einem Juristen und Komponisten, und Hoffmann im Hotel Stern, in dem Schumann wohnte[6], beendete den Aufenthalt. Auch im folgenden Jahr 1839 machte Schumann auf der Reise

---

[3] siehe Petr Vít, *August Wilhelm Ambros und sein Kompositionsschaffen. Zur Geschichte der Prager Musikromantik in den vierziger bis sechziger Jahren des 19. Jahrhunderts*, in: *Studia minora facultatis philosophicae Universitatis Brunnensis*, Heft 10, Brünn 1975, S. 49f.
[4] Geoffrey Payzant, *Eduard Hanslick and Ritter Berlioz in Prague*, 1991
[5] vgl. *Tb I*, S. 54f.
[6] vgl. *Tb II*, S. 68

von Wien nach Dresden kurz in Prag halt[7]. Er verbrachte hier einen Tag und traf abends im Theater mit Kittl zusammen. Am nächsten Morgen setzte er seine Reise nach Dresden fort.

Ende 1842 besuchten der Pianist Julius Schullfort und Johann Friedrich Kittl Schumann in Leipzig[8]. Im folgenden Jahr 1843 weilte der Kapellmeister des Ständetheaters, František Škroup, eine bedeutende Persönlichkeit des Prager Musiklebens, bei Schumann in Leipzig[9].

Schumann selbst stattete Prag einen weiteren kurzen Besuch auf seiner Reise nach Wien im November 1846 ab. In den Morgenstunden angekommen, traf er mit dem Musikhändler Johann Hoffmann und mit Johann Friedrich Kittl zusammen und reiste nachmittags nach Wien weiter[10]. Obgleich es scheint, daß Schumanns Kontakte zu Prag vor dem Jahre 1846 nicht so zahlreich waren, sollten sie angesichts der Bedeutung seiner Zeitschrift und des Einflusses, den die darin enthaltenen Artikel auf die junge Generation hatten, nicht unterschätzt werden. So schrieb Schumann bereits 1838 in der *NZfM* über die Aufführung des Quartetts Nr. 2 von Wenzel Heinrich Veit[11]. Weitere Artikel über des-sen Kompositionen folgten 1840 und 1841[12]. Auch Johann Friedrich Kittl war als Komponist für Schumann kein Unbekannter, was Artikel von 1838 und den folgenden Jahren beweisen. So äußerte sich Schumann z. B. 1841 in der *NZfM* lobend über Kittls *Jagd-Sinfonie* op. 9[13].

Im Prager Musikmilieu des Jahres 1846, in dem besonders das Werk Felix Mendelssohn Bartholdys verehrt wurde und den Opern, Kammermusikkompositionen, Konzerten und Sinfonien Ludwig Spohrs eine bedeutende Stellung zukam, erschien nun zu Jahresbeginn Hector Berlioz wie ein Komet; von den einen verherrlicht, von den anderen verdammt. Seine zwei Besuche in Prag im Januar und im April sowie die Konzerte mit seinen Werken stellten lange Zeit alles in den Schatten, was sich bis dahin im Prager Musikleben abgespielt hatte. Die *Symphonie fantastique, Harold en Italie, Roméo et Juliette* – das waren Werke, die auch in Prag die Gemüter des Laien- und Fachpublikums bewegten. So ist es nicht verwunderlich, daß die damaligen Prager Zeitungen, vor allem die in deutsch herausgegebene *Bohemia* und *Prager Zeitung*, zwei Hauptorgane der Musikkritik, buchstäblich mit Artikeln über Berlioz und dessen Werke gefüllt waren. Der Nährboden hierfür war übrigens durch die Begeisterung von Ambros und seinen Freunden für die Schumannsche Zeitschrift bereitet worden. Eine ebenso entgegenkommende Atmosphäre begleitete den Besuch Franz Liszts, der sich im April 1846 mit Berlioz in Prag traf. Nach dem Urteil der Zeitkritik waren Liszts Konzerte unter dem Gesichtspunkt der pianistisch phänomenalen Virtuosität große Sensationen und trugen in nicht geringem Maße zur aufregenden Atmosphäre dieser Tage bei[14].

---

7   ebd., S. 90
8   ebd., S. 256
9   ebd., S. 271
10 ebd., S. 410
11 siehe *Gesammelte Schriften I*, S. 340
12 ebd., S. 475, 495; *Gesammelte Schriften II*, S. 58
13 vgl. *Gesammelte Schriften I*, S. 369, 406, 503, *Gesammelte Schriften II*, S. 21
14 vgl. *Bohemia*, Jg. 19, Nr. 47, Prag, 14. April 1846; Nr. 50, Prag, 19. April 1846; Nr. 51, Prag, 21. April 1846

Prag erlebte aber in den ersten Monaten des Jahres 1846 noch andere bedeutende Musikereignisse. Vor Berlioz' Aprilbesuch wurde im zweiten Konzert des Prager Konservatoriums am 15. März Spohrs Sinfonie Nr. 5 aufgeführt. In der Kritik der *Prager Zeitung* war über dieses Konzert zu lesen: *Es wird wenige Städte geben, in denen sich der herrliche deutsche Meister einer solchen Sympathie erfreute als in Prag*.[15] Im darauffolgenden Konzert des Prager Konservatoriums erklang am 29. März, dem Tag, an dem 1827 *der phantasiereichste, genialste Tondichter neuerer Zeit, zu Grabe getragen wurde*[16], in der Aufführung des Prager Konservatoriums Beethovens 9. Sinfonie. Dazwischen war während der zweiten Quartettsoiree Beethovens Streichquartett op. 131 cis-Moll zu hören, von dem bereits damals die Kritik feststellte, daß es *unbestreitbar den Gipfelpunkt der Quartettmusik bildet*[17]. Während Berlioz' und Liszts Aufenthalt erklang am 6. April im Rahmen des Konzertes der Tonkünstler-Societät in einer Aufführung von fast 300 Mitwirkenden das gewaltige Oratorium *Mose* von Adolph Bernhard Marx. Auch das war, wie der Kritiker der Prager Zeitung *Bohemia* bemerkte, ein außergewöhnliches Ereignis, denn das Werk *bietet ganz ungewöhnliche Schwierigkeiten für die Aufführung dar, insbesondere für Orchester und Chor*[18].

In diesen Zeitraum setzt Schumann mit der Aufführung seines Werkes *Das Paradies und die Peri* op. 50 ein weiteres Zeichen im Prager Musikleben. Während er mit seinen Artikeln den Boden für die Ankunft von Berlioz und Liszt vorbereitete, präsentierte er sich diesmal selbst als Komponist. Der Aufführung des weltlichen Oratoriums nahm sich am 14. Mai die Sophienakademie unter der Leitung des Direktors Johann Nepomuk Škroup, des Bruders des Dirigenten des Ständetheaters František Škroup, an. Die Soloparts interpretierten führende Sänger des Theaters. Nach der Begeisterung, mit der Berlioz und Liszt in Prag empfangen worden waren, lohnt es sich sehr, die Aufnahme des Schumannschen Werkes zu verfolgen. Die erste umfangreiche Rezension der Aufführung publizierte am 17. Mai und an den folgenden Tagen unter der Chiffre A ein unbekannter, bisher nicht identifizierter Autor (Ambros ist in diesem Fall auszuschließen) im Tageblatt *Bohemia*. Die Kritik ist sehr umfassend, aber äußerst reserviert. Es wird hierin festgestellt, daß das Werk beim Publikum nicht sehr begeistert und spontan aufgenommen wurde. *Schumann's Peri hat nichts weniger als sehr gefallen. Die Ursache davon liegt [. . .] im Werke selbst. Ich kenne*, hebt die Kritik weiter hervor, *kein zweites, das bei großer, ja mitunter hinreißender und sublimer Schönheit in vielen Einzelheiten, doch im Ganzen erschlaffend, ja tödlich langweilend wirkt, wie diese Peri.* Und nach weiteren Einwänden heißt es: *Das Gedrückte, Monotone wird auch durch die Instrumentierungsweise nicht verbessert [. . .].* Nach der Feststellung von Mängeln findet der Autor jedoch auch Worte der Anerkennung. *Aber umgekehrt könnte nur ein Böswilliger läugnen, daß in der ganzen Sache Ernst, hohe Würde und besondere Poesie der edelsten Art herrscht. Ich*

---

[15] Chiffre U, *Zweites Concert des Conservatoriums im landständischen Theater am 15. März 1846*, in: *Prager Zeitung*, Jg. 29, Nr. 45, Prag, 19. März 1846

[16] Chiffre W, *Drittes Concert des Musik-Conservatoriums im landständischen Theater am 29. März 1846*, in: *Prager Zeitung*, Jg. 29, Nr. 54, Prag, 3. April 1846

[17] B. G. [=Bernard Gutt], *Zweite Quartettsoirée*, in: *Bohemia*, Jg. 19, Nr. 38, Prag, 29. März 1846

[18] B. G. [=Bernard Gutt], *Mose. Oratorium von Dr. Adolf Bernhard Marx*, in: *Bohemia*, Jg. 19, Nr. 46, Prag, 11. April 1846; Nr. 47, Prag 14. April 1846

wiederhole es: selbst ein verfehltes Werk eines edeln Geistes ist immer noch tausendmal
mehr werth, als ein glattes Opuskulum falscher Alltäglichkeit [. . .][19].

Ganz anderen Charakters ist der Beitrag des damals jungen Eduard Hanslick, den er
am 19. Mai in der Zeitschrift *Ost und West* unter dem Titel *Robert Schumann und seine*
Cantate „Das Paradies und die Peri". Ein Brief an Flamin, den letzten Davidsbündler,
veröffentlichte. Es war keine Kritik im eigentlichen Sinne des Wortes, sondern ein offe-
ner Brief an Flamin über die Eindrücke und Gedanken, die die Aufführung dieses
Werkes in Hanslick hervorriefen. Die Briefform, die gerade so typisch für den Leipziger
Kreis der Davidsbündler um Schumann war, stellt die exaltiert formulierte künstlerische
und ästhetische Konfession des jungen, romantisch temperamentvollen Hanslick dar. In
späteren Jahren verurteilte er diesen Typ seiner schriftlichen Äußerungen ebenso scharf
wie den blumigen Ausdrucksstil, den er als geradezu abstoßend bezeichnete. Hanslicks
Brief beinhaltet die charakteristischen Ausdrucksmittel der Davidsbündler – eine Reihe
poetischer Wendungen, Vergleiche, Anspielungen und Metaphern. Das Meritum seiner
erregten Aussage bildet nicht die eigentliche Bewertung des Werkes und dessen Aufführung, sondern die Apologetik der genialen Schumannschen Zwillingshaftigkeit, wie
Hanslick die literarischen und kompositorischen Sphären des schöpferischen Geistes
Schumanns bezeichnet, gegen Gleichgültigkeit und Unverständnis des Zeitgeistes. *Robert*
Schumann, einer der tiefsten, poetischesten, genialsten Tondichter, Robert Schumann, auf
den die deutsche Nation stolz sein kann – er hat ein sehr kleines Publikum[20]. Hanslick
nannte Schumann einen Propheten. Er *schrieb einen gar frischen begeisterten Koran, die*
Neue Zeitschrift für Musik, und nebenbei sprach er eifrig mit den Sternen und den
Blumen, und schwärmte für die holde Chiara[21]. Um Objektivität bemüht, konstatiert
Hanslick am Schluß seines Briefes, daß es das erste Werk Schumanns war, das in Prag
öffentlich aufgeführt wurde. Gleichzeitig beklagte er sich, daß die 1. Sinfonie B-Dur, die
sie so häufig bei ihren Abenden spielten, in Prag nicht erklungen war.

Letztlich erschien am 19. Mai in der *Prager Zeitung* die dritte Kritik unter der Chiffre
U. Wie die in der *Bohemia* ist auch diese, vom Umfang her viel kleinere Kritik nicht auf
eine genauere Analyse des Werkes und dessen Aufführung ausgerichtet. Trotzdem soll die
wesentliche Passage hier zitiert werden[22]:

Seine Symphonie kennen wir bloß aus dem Klavierauszuge und das am 14. d. M. auf-
geführte „weltliche Oratorium" ist die erste größere Komposition des geistreichen
Autors, die wir in Prag hörten. Durch die neuromantische Schule auf manches Frem-
dartige vorbereitet, erwartet man gewiß etwas absonderliches und, siehe da, der Ton-
dichter zeigt sich hier ruhiger, ja klarer als man vermutete. Was sich an dieser ersten
Aufführung von dem primitiven Eindrucke sagen läßt, bezieht sich darauf, daß sich
in diesem Werke wahre Schönheiten finden, die ihre Wirkung nie und nirgends ver-
fehlen werden. Zumeist hat der Komponist die Finales der drei Abtheilungen mit

---

19 Chiffre A, *Die Peri und das Paradies*, in: *Bohemia*, Jg. 19, Nr. 66, Prag, 17. Mai 1846; Nr. 67, Prag,
    19. Mai 1846; Nr. 68, Prag, 21. Mai 1846

20 Eduard Hanslick, *Robert Schumann und seine Cantate „Das Paradies und die Peri". Ein Brief an Fla-*
    min, den letzten Davidsbündler, in: *Ost und West*, Jg. 10, Nr. 59, Prag, 19. Mai 1846, S. 235

21 ebd., S. 235

22 Chiffre U, *Donnerstag den 14. Mai: Das Paradies und die Peri. Dichtung aus Lalla Rook. In Musik*
    gesetzt von R. Schumann, in: *Prager Zeitung*, Jg. 29, Nr. 79, Prag, 19. Mai 1846

außerordentlicher Liebe und reichem Aufgebote der seinen tiefen Kenntnissen und interessanten Talenten zustehenden Mittel ausgestattet.

Es könnte scheinen, daß sich im Falle Schumanns der Kreis symbolisch schloß. Er, der mit seinen Artikeln in Prag Berlioz zu einem begeisterten Empfang verhalf, erfuhr selbst keine eindeutig positive Reaktion auf die eigene Komposition. Der Kreis schloß sich jedoch für Schumann nicht, sondern öffnete sich in Prag buchstäblich durch die Aufführung des Oratoriums. Während die anfängliche Begeisterung und Sensation um Berlioz und dessen Werk deutlich zurückgingen, erlangte Schumanns kompositorisches Werk von seinem Besuch im darauffolgenden Jahr 1847 an im Prager Musikleben ständig größere Bedeutung. In diesem Zusammenhang dürfen auch die Verdienste Clara Schumanns nicht übersehen werden. Und es ist nur verständlich, wenn A. W. Ambros vor der Ankunft Clara und Robert Schumanns im Januar 1847 in Prag als Flamin, der letzte Davidsbündler, einen umfangreichen Artikel mit dem Titel *Rede Flamin's des letzten Davidsbündlers, gehalten an sämtliche Bündlerschaft*, veröffentlichte. Ambros reihte sogleich bei seinen Einführungsworten Schumann, Mendelssohn und Berlioz unter die Repräsentanten *unserer Musikperiode*, wie er es selbst bezeichnete, ein. Eindeutig ist der Abschluß von Ambros' Proklamation ein Bekenntnis zu Schumann: *Brüder! Ich denke jetzt an alle die köstlichen Clavierkompositionen Schumann's, seine beiden Sonaten, seine lieben „Kinderscenen", seine phantastische „Kreisleriana", seine „Noveletten", an seine herrlichen Lieder, an seine B-Dur Symphonie – einen meiner Lieblinge in dieser großen Gattung — an seine Peri, aus der uns alle Wunder des Orients entgegenschimmern, ich denke daran und freue mich, daß der edle Künstler und biedere Mann bei uns ist*[23].

[23] August Wilhelm Ambros, *Rede Flamin's des letzten Davidsbündlers, gehalten an sämtliche Bündlerschaft*, in: *Bohemia*, Jg. 20, Nr. 16, Prag, 28. Januar 1847

Petra Schostak

Der Kritiker Robert Schumann aus französischer Sicht*

1. Kritiker oder Komponist?
Robert Schumann in Frankreich

Bei den Untersuchungen zur Rezeptionsgeschichte Schumanns in Frankreich geht es zunächst um Forschungsarbeiten zur Qualität des soziokulturellen Austausches zwischen Deutschland und Paris im 19. Jahrhundert. Schumann selbst hat im Moment der Gründung der NZfM den Horizont noch erheblich weiter gesteckt; mit seinem Auftreten als Redakteur präsentiert er sich über den Kontakt mit Paris der gesamten europäischen Musikwelt.

Forum Paris – Schumann mischt sich ein

Die Rezeptionsgeschichte Robert Schumanns in Frankreich beginnt im Moment der Gründung der NZfM – nur bleibt es vorerst bei diesem einen Aspekt der Wahrnehmung seiner Künstlerpersönlichkeit: Bis in die Mitte des Jahrhunderts hinein wird der Name Schumanns fast ausschließlich mit seiner redaktionellen Tätigkeit in Verbindung gebracht.

Die wache und umtriebige Musikszene in Paris nimmt das neue deutsche Musikfachblatt augenblicklich zur Kenntnis und ordnet es sofort dem Reigen der bedeutendsten europäischen Musikzeitschriften zu[1]; ein Existenzkampf findet nicht statt. Selbstbewußt meldet die NZfM Anspruch auf internationale Gültigkeit an. Die ständigen Rubriken *Correspondenz* und *Chronik*, in denen die Berichterstattung aus Paris eine wichtige Rolle spielt, sowie die Auswahl der rezensierten Kompositionen tragen diesem Konzept Rechnung.

Als Schumann mit der NZfM auf den Plan tritt, tobt in Paris der literarische Streit zwischen Klassizisten und Romantikern[2]. Diese sehr heftig geführte ästhetische Auseinandersetzung findet natürlich auch Eingang in die französische Musikkritik[3].

---

* Die deutschen Übersetzungen in diesem Referat erfolgten durch Petra Schostak.
[1] Zum Beispiel hatte François-Joseph Fétis, der Doyen der konservativen Partei der französischen Musikkritik, die NZfM – neben 28 anderen deutschsprachigen Musik-Zeitschriften – von Anfang an abonniert. Im Katalog seiner äußerst umfangreichen Bibliothek findet sich zur NZfM folgende Notiz: *Robert Schumann fut le fondateur de cet écrit périodique entrepris en opposition à la musique classique et en faveur de l'école novatrice.* – „Robert Schumann war der Begründer dieser Zeitschrift, die als Gegenbewegung zur klassischen Musik und zugunsten der Neuen Schule antrat." (*Catalogue de la Bibliothèque de F.-J. Fétis*, Paris 1877, S. 549)
[2] Klaus Heitmann, *Klassiker und Romantiker, sich heftig bekämpfend*, in: *Neues Handbuch der Literaturwissenschaft. Europäische Romantik II*, hg. von Klaus Heitmann, Wiesbaden 1982, S. 1–24
[3] Die Debatte um die *musique de l'avenir* – womit später vor allem Wagner gemeint ist – spiegelt sich beispielsweise in den Stellungnahmen der beiden Kontrahenten Berlioz und Fétis drastisch wider.

Was erwartet Schumann in dieser Situation von Frankreich? Er selbst spricht schlecht französisch; eine Reise in dieses Land scheint für ihn nicht gerade von außerordentlichem Interesse zu sein[4]; er bemüht sich zudem nicht sonderlich, die zeitgenössische Literatur des Nachbarn kennenzulernen. Das bedeutet aber keineswegs, daß Schumann nicht genauestens über den Stand der ästhetischen Diskussion in Frankreich informiert gewesen wäre.

Die Besprechungen in der *NZfM* zeugen davon, wie wach Schumann die neuesten kompositorischen Entwicklungen in Paris mitverfolgt. Im Lager der französischen Musikkritik rechnet er sich nicht gerade eine vorbehaltlose Rückendeckung für sein künstlerisches Ideal aus. Schumann aber weiß nur zu gut, daß Paris die wichtigste europäische Kulturdrehscheibe der Zeit ist – und hier an Ort und Stelle mitzumischen ist für ihn als Musiker unerläßlich. Der geschickteste Schachzug, den er zu diesem Zweck machen konnte, ist die Gründung der *NZfM*. Ebenso klar kalkuliert sind die Kontakte in die französische Hauptstadt zu Verlegern wie Schlesinger und Probst und seine daraus resultierende Mitarbeit an verschiedenen Pariser Musikzeitschriften[5]. Diese Beziehungen versucht Schumann außerdem zu nutzen, um die Drucklegung seiner Werke in Frankreich voranzutreiben. Von Claras Auftritten in der „Höhle der Musiklöwen" verspricht er sich auch eine Basis für seine Karriere als Komponist[6], dennoch wird seine Musik weitgehend nicht wahrgenommen.

Hat Schumann sich verrechnet bei seinem Coup, eine überregionale Zeitschrift zu gründen und darüber gleichzeitig seine Kompositionen bekannt zu machen? Er plante seine doppelte Karriere sehr überlegt. Doch während das in seiner Persönlichkeit angelegte Ineinanderwirken von Poesie und Musik für ihn die natürlich gegebene Ausgangssituation ist, sieht sich die Musikwelt mit einem exotischen Novum konfrontiert.

Schumanns Wesen wird in Frankreich zunächst immer nur selektiv wahrgenommen. Bei der Fülle von Komponisten, komponierenden Virtuosen und Opernspektakeln konnte Schumanns Musik in Paris vorerst keine Chance haben. Seine literarische Tätigkeit dagegen wird geschätzt; unglücklicherweise werden seine Kompositionen als Nebenerscheinung dazu eingestuft. Die meisten Pariser Kritiker haben sich einmal als Musiker oder Komponisten versucht. Dabei wird ebenso geflissentlich auch Berlioz übersehen. Als Kritiker der liberalen *Revue et Gazette musicale de Paris* darf er heftig und laut Stellung nehmen zu den Pariser Musikgeschehnissen; seine Konzerte jedoch werden weitgehend boykottiert. Offensichtlich sind die geneigten Leser von Berlioz' oder von Schumanns Kritiken nicht bereit, das diesen Schriften innewohnende Programm und dessen Tragweite zur Kenntnis zu nehmen. Dabei weist Georges Kastner bereits 1840 mit verblüffender Deutlichkeit auf diese Dimension des künstlerischen Erscheinungsbildes

---

[4] Brief von Robert Schumann aus Wien an Clara auf dem Weg nach Paris, 19. Januar 1839, in: *Clara und Robert Schumann. Briefwechsel. Kritische Gesamtausgabe*, hg. von Eva Weissweiler, Bd. II, Basel, Frankfurt/M. 1987, Nr. 117, S. 361

[5] Schumann wird von 1839 bis 1846 u.a. als Mitarbeiter bei der *Revue et Gazette musicale de Paris* (im folgenden abgekürzt: *RGM*) geführt. Diese Mitarbeit ist jedoch eher ideeller Natur. Mir ist kein Artikel aus der Feder Schumanns bekannt, der hier publiziert worden wäre.

[6] Briefe von Robert an Clara Schumann, Wien, 9. Januar 1839 u. 15. Januar 1839, in: *Clara und Robert Schumann. Briefwechsel*, a.a.O., Nr. 117, S. 361 u. Nr. 116, 357f.

von Schumann hin: *Il en est de la critique comme de l'art lui-même, l'une suit les phases de l'autre, et quand celle-ci se transforme, celle-là doit se transformer aussi, sous peine de rester en arrière ou de formules des jugements défectueux, faute d'être placée au point de vue véritable. Lors donc qu'il y eut en Allemagne une sorte de commotion révolutionnaire dans la musique, le même mouvement s'opéra dans la presse, et presque en même temps que l'école moderne musicale surgit une nouvelle école critique.*[7]

Die Resonanz auf diesen Artikel bleibt aus. Es ist daher anzunehmen, daß das breitere Publikum sich bemüht, um diese stilistischen Merkwürdigkeiten herumzulesen, die eine allzu deutliche Affinität mit den – vor allem für die Franzosen unverständlichen – Verirrungen Jean Pauls aufweisen[8].

Schumanns Musik in Paris: Aspekte einer vergessenen Rezeption

Schumann hat als aufsehenerregendes Erstlingswerk keine Oper zu bieten[9]. Und obwohl sich der renommierte Verleger Richault und auch Schlesinger, der Herausgeber der *Revue*

---

[7] Georges Kastner, *Biographie. Robert Schumann*, in: *RGM*, 7. Jg., Nr. 41, 21. Juni 1840, S. 345; „Mit der Kritik verhält es sich wie mit der Kunst selbst – die eine folgt den Entwicklungen der anderen; und wenn diese sich verändert, muß die andere mitgehen, sonst bleibt sie zurück oder verliert ihr Urteilsvermögen, weil ihr der entsprechende Blickwinkel fehlt. Wenn wir also davon ausgehen, daß es in Deutschland eine Art revolutionäre Umwälzung in der Musik gegeben hat, so wird sich dieselbe Bewegung auch in der Presse vollziehen; und fast gleichzeitig mit einer neuen musikalischen Schule wird eine neue Art der Musikkritik auf den Plan treten."

[8] Sehr früh schon kritisiert der damals noch eher Schumann-freundliche Schilling diese Seelenverwandtschaft: *Inzwischen hatte Schumann der „Allgemeinen Musikalischen Zeitung" gegenüber 1834 seine neue begründet, die den Ton eines musikalischen jungen Deutschlands anstimmte, jedoch wohl etwas zu Jean=Paulisch. [. . .] Dabei verfolgte er als musikalischer Kritiker immer entschiedener und kühner seinen Weg, der alles Fade und Veraltete liegen ließ und durchaus gleichsam eine Entdeckungsreise war. Bald wird S. als ein musikalischer Columbus allgemein anerkannt seyn [. . .]. Seine Recensionen sind mehr musikalische Fantasien als Kritiken; S. ist aber durch und durch auch Poesie und Humor.* (Gustav Schilling, *Encyclopädie der gesammten musikalischen Wissenschaften, oder Universal=Lexicon der Tonkunst*, 6 Bde., Stuttgart 1835–1842, Bd. 6 (1838), Artikel *Schumann*, S. 281f.) Der „negative Einfluß" Jean Pauls bleibt auch innerhalb des in der *RGM* erschienenen Nachrufs nicht unerwähnt und läßt sich danach noch lange durch alle Biografien verfolgen. [. . .] *lui, dont l'imagination s'illuminait aux rayons de Shakespeare et aux feux follets de Jean-Paul.* – „[. . .] er, dessen Fantasie sich an den Strahlen Shakespeares und an den Irrlichtern Jean Pauls entzündete." (Chiffre P. S. [Paul Smith], *Nécrologie. Robert Schumann*, in: *RGM*, 23. Jg., Nr. 39, 28. September 1856, S. 313)

[9] *La musique, dite de théâtre, était donc la seule qui comptait en France.* – „Die sogenannte Dramatische Musik war also die einzige, die in Frankreich zählte." (Henri Maréchal, *Paris. Souvenirs d'un Musicien 185?–1870*, Paris 1907, S. 120)

et Gazette musicale de Paris, schon früh um die Veröffentlichung von Klavierwerken Schumanns bemühen, läßt eine Reaktion des Pariser Publikums auf sich warten[10].

Clara hätte die Botschafterin von Schumanns Musik sein können. Doch aus Angst vor einer Niederlage als Virtuosin, ganz dem Pariser Modegeschmack ergeben, spielt Clara während ihres zweiten Paris-Aufenthaltes 1839 kein einziges Werk ihres Verlobten in der Öffentlichkeit[11]; nur vor einem ausgewählten Kennerkreis wagt sie es, Schumanns Musik zu interpretieren[12].

Auch in diesem Punkt erfaßt Georges Kastner die rezeptionsgeschichtliche Situation und riskiert einen geradezu prophetischem Blick in die Zukunft: *On ne connaît en*

---

[10] Richault wagt sich 1834 als erster französischer Verleger an die Veröffentlichung eines Schumann-Werkes. Mit kaufmännischem Gespür hat er natürlich auch die Publikumswirksamkeit des Namens Clara Wieck im Blick, als er die *Impromptus sur une romance de Clara Wieck,* op. 5, publiziert. Im *Régistre du Dépot Légal* (im folgenden abgekürzt: *DL*) ist dieses Ereignis sträflicherweise nicht nachzulesen. Die Drucklegung im Jahre 1834 geht aus den Verlagsverzeichnissen Richaults hervor.
Nicht in der hauseigenen *RGM,* sondern im *Ménestrel* erscheint 1837 eine ganzseitige Anzeige des Verlagshauses Schlesinger:
  MUSIQUE NOUVELLE PUBLIEE PAR MAURICE SCHLESINGER.
  Nouvelles récréations musicales – pour piano seul:
  – p. f. (=première force) –
  SCHUMANN. op. 9. „Carnaval", scènes mignonnes.
(*Le Ménestrel,* 4. Jg., Nr. 44, 1. Oktober 1837) Im *DL* ist der Druck nicht verzeichnet. Schlesinger bietet den Abonnenten der *Gazette musicale* den *Carnaval* ab Juli 1837 als Supplement an; vgl. Joël-Marie Fauquet, *Les sociétés de musique de chambre à Paris de la Restauration à 1870,* Paris 1986, S. 133.
1840 erscheint eine Anzeige des Verlagshauses Richault:
  Pour paraître le 20 courant:
  MUSIQUE POUR LE PIANO – SCHUMANN. Oeuvre 7 – Toccato [sic!]
  Oeuvre 18 – Arabesque
  Oeuvre 19 – Pièces fleuries
  Oeuvre 20 – Bumoresque [sic!]
(*La France musicale,* 3. Jg., Nr. 24, 14. Juni 1840, S. 236)
Annonce von Schlesinger 1845:
  NOUVEAUTES POUR LE PIANO. FANTAISIES. AIRS VARIES.
  SCHUMANN (R). op.9. „Les Masques"; scènes de carnaval.
(*RGM,* 12. Jg., Nr. 17. 27. April 1845, S. 136) In der *RGM* Nr. 25 vom 22. Juni 1845, S. 205 erscheint hierzu eine ausführliche Rezension von Henri Blanchard, aus der hervorgeht, daß unter diesem Titel sowohl die *Kinderszenen* als auch der *Carnaval* zusammengefaßt sind.

[11] [...] *si le nombre des concerts diminuait de moitié* [...] *ce serait* [...] *un bien immense.* – „[...] es wäre eine Wohltat, wenn sich die Anzahl der Konzerte um die Hälfte verringerte." (1)
  [...] *les mêmes artistes figurent presque constamment dans tous les concerts d'une saison;* [...] *ces mêmes artistes y exécutent presque constamment la même musique. Un inconvénient tout aussi maussade, c'est le peu de bonne foi des programmes, qui se transforment à l'infini et ne tiennent jamais que le quart de leurs promesses.* – „Immer dieselben Künstler treten beinahe ständig und überall bei allen Konzerten dieser Saison auf; [...] und genau dieselben Künstler spielen dabei fast immer dieselbe Musik. Eine weitere mindestens genauso unangenehme Unsitte ist die geringe Verläßlichkeit der Programme, die immer und immer wieder geändert werden." (2) (*Les Concerts de Paris* – zwei aufeinanderfolgende Beiträge zum künstlerischen Niveau der Konzerte, in: *Le Ménestrel,* 7. Jg., Nr. 29, 14. Juni 1840, S. 340 (1) und Nr. 28, 7. Juni 1840, S. 339 (2)) Auch Clara änderte ständig ihre Programme.

France de cet artiste que les scènes pour l'enfance, le „ Carnaval", et aussi, nous croyons, la „Toccata"; nous attendrons donc que le reste soit également publié pour l'apprécier comme compositeur. Il se peut qu'il n'obtienne pas en France un succès populaire, mais sans aucun doute, il y rencontrera des admirateurs et des partisans zélés parmi les artistes, et tous ceux qui savent apprécier et comprendre une imagination ardente, un sentiment élevé, un style noble et varié à l'infini.[13]

Die Rezeptionsgeschichte des Komponisten Robert Schumann in Frankreich nimmt daraufhin ihren „klassischen" Verlauf. Erst nach seinem Tod, der wegen des populär-romantischen Klischees von Genie und Wahnsinn plötzlich die Öffentlichkeit beschäftigt[14], beginnt allmählich, aber deutlich spürbar, eine ernsthafte Auseinandersetzung mit seinem kompositorischen Œuvre. Nachdem sich die *Société Sainte-Cécile* doch schon 1853 eine Aufführung der *Manfred*-Ouvertüre erlaubt hatte[15], wagt es am 26. Februar 1860 Jules Pasdeloup mit seiner *Société des Jeunes Artistes du Conservatoire Impérial de Musique et de Déclamation* erstmals, das Pariser Publikum des Cirque Napoléon einem

[12] [. . .] *eben weil ich Deine Compositionen so sehr verehre und liebe, darum spiele ich sie nur Auserwählten.* [. . .] *Sieh, das ist mir so schrecklich Jemand dabei zu sehen, der nichts versteht – das bringt mich außer mir.* (Brief von Clara an Robert Schumann, Paris, 1. März 1839, in: *Clara und Robert Schumann, Briefwechsel,* a.a.O., Nr. 131, S. 424)

[. . .] *Uebrigens hab ich neulich Herrn Zimmermann und Artot Deine Etude Symphoniques und den Carnaval vorgespielt und sie damit entzückt, doch das Publikum hier versteht viel weniger als das Deutsche.* (Brief von Clara an Robert Schumann, Paris, 21. März 1839, in: ebd., Nr. 138, S. 454)

[. . .] *Schlesinger werde ich sprechen* [. . .]; *fänd ich nur Gelegenheit einmal von Dir zu spielen; ich wollte in einer Soirée d. 21. bei Zimmermann von Dir spielen, doch er sagte mir, ich möchte das nicht thun, da Deine Compositionen für das Publikum zu serieux seyen.* (Brief von Clara an Robert Schumann, Paris, 10. März 1839, in: ebd., Nr. 133, S. 432f.)

[13] G. Kastner, a.a.O., S 347;

„In Frankreich kennt man von diesem Künstler nur die *Kinderszenen,* den *Carnaval,* und, so glauben wir jedenfalls, die *Toccata;* um ihn als Komponisten schätzen zu lernen, warten wir nun darauf, daß der Rest auch endlich publiziert wird. Es kann passieren, daß er in Frankreich nicht besonders populär wird, aber sicherlich wird er dort in Künstlerkreisen Bewunderer und engagierte Vorkämpfer finden, und ebenso bei allen, die eine lebhafte Phantasie, eine hochentwickelte Empfindsamkeit in der Ausdrucksweise und einen anspruchsvollen und unendlich abwechslungsreichen Stil zu schätzen wissen."

[14] *Après avoir commencé par l'enthousiasme, Robert Schumann finit par la folie, triste exemple de ces ambitions fougueuses qui demandent à l'art plus que l'art ne peut donner.* – „Robert Schumann fing mit Begeisterung an und endete im Wahnsinn; ein trauriges Beispiel für diesen ungestümen Ehrgeiz, der von der Kunst mehr verlangt, als sie geben kann." (P. Smith, a.a.O., S. 313)

Je ne sais pas de nom qui soit en plus complète opposition avec toute idée d'ordre, de régularité, déquilibre. Et pourtant cet halluciné, cet aveugle [. . .], *ce déshérité de la nature, qui est mort fou et qui peut-être a vécu de même, mérite une place à part au premier rang des créateurs* – „Mir fällt kein Name ein, mit dem ich einen noch größeren Gegensatz zu jeglicher Idee von Ordnung, Regelmäßigkeit oder Gleichgewicht verbinden würde. Und trotzdem verdient dieser Geisteskranke, dieser Blinde, dieser von der Natur Benachteiligte, der im Wahnsinn endete und der vielleicht auch so gelebt hat, einen besonderen Platz unter den erlesensten Künstlern." (Antoine François Marmontel, *Symphonistes et virtuoses. Silhouettes et médaillons,* Paris 1881, Kapitel XIV: *Robert Schumann,* S. 230) Marmontel war z. B. Debussys Klavierlehrer am Conservatoire.

Qui pourrait expliquer cette mystérieuse fraternité du génie et de la folie? – „Wer vermag diesen geheimnisvollen Bund zwischen Genie und Wahnsinn zu erklären?" (Camille Bellaigue, *Un siècle de musique française,* Paris 1887, Kapitel *Robert Schumann,* S. 213)

[15] *RGM,* 20. Jg., Nr. 49, 4. Dezember 1853, S. 421

großen Orchesterwerk Schumanns auszusetzen; es erklingt – ungekürzt – die 1. Sinfonie. Das Urteil der Presse ist geteilt, aber eine erste Tür, und zwar die zu den Vorhöfen des erzkonservativen Conservatoire, ist aufgestoßen[16].

Etwa dreißig Jahre später ist sich Paris noch immer nicht einig in der Bewertung von Schumanns Musik: *Le nom de Schumann a été longtemps, en France, synonyme de vague et d'obscurité. Musique terne et nuageuse, disait-on; et l'on ajoutait, en hochant la tête: c'est de la métaphysique allemande filée en bémols et en diézes. Il y a quelques années, un personnage de M. Pailleron, pour caractériser un salon qui suintait l'ennui, s'écriait: „On joue du Schumann".*[17]

[16] *Quant aux concerts de ce temps?* [1844] *Point. Seule, la Société des concerts du Conservatoire régnait de par les vieux maîtres (encore presque ignorés), et ce n'est pas elle qui eût risqué vingt-cinq mesures d'un simple prix de Rome retour* [. . .]. – „Was die Konzerte der Zeit anbetrifft? Nichts. Nur die Konzertgesellschaft des Conservatoire regierte unumschränkt mit ihren Alten Meistern (die noch fast unbekannt waren), und sie wäre die letzte gewesen, die es riskiert hätte, 25 Takte von einem heimgekehrten einfachen Rompreisträger zu spielen." (H. Maréchal, a.a.O., S. 87f.)
Stimmen zur Aufführung der 1. Sinfonie:
[. . .] *un chef-d'œuvre que les plus récalcitrants finiront par apprécier, et dont le scherzo aurait été bissé si l'usage des bis en matière de symphonie était passé dans nos mœurs.* – „[. . .] eines jener Meisterwerke, das auch die Widerspenstigsten schätzen lernen werden, und dessen Scherzo beinahe noch einmal verlangt worden wäre, wenn die gesellschaftlichen Konventionen das ,Da-Capo'-Einfordern innerhalb einer Sinfonie nicht verboten hätten." (*Le Ménestrel*, 27. Jg., Nr. 14, 4. März 1860, S. 111)
Schumann a commencé par être un compositeur plein de mélodie, de science et de poésie; il est tel morceau de ce maître qui, à mes yeux, est un chef-d'œuvre. Par une pente fatale il est entré corps et âme dans la musique de l'avenir, et il est mort fou. On se demande s'il a composé la surdite musique de l'avenir parce qu'il était fou, ou s'il est devenu fou parce qu'il a composé cette musique. [. . .] *Toujours est-il que la symphonie en si bémol de Schumann est pure de toute aberration d'esprit; tout est clair, mélodique et bien rhythmé dans cette œuvre, qui sans être de premier mérite, renferme de jolies parties.* – „Die frühen Kompositionen Schumanns sind durch ihren Sinn für die Melodie geprägt; sie sind voller Plan und Poesie; diese Stücke sind in meinen Augen Meisterwerke. Durch eine verhängnisvolle Disposition hat er sich kopfüber in die *musique de l'avenir* gestürzt und ist verrückt geworden. [*Musique de l'avenir* wird in dieser Zeit pejorativ verwendet als diffuser Oberbegriff für alle romantischen Neuerungen – ob von Deutschland importiert oder „hausgemacht"; später ist der Terminus Synonym für die Neue Deutsche Schule.] Man fragt sich, ob er die sogenannte *musique de l'avenir* geschrieben hat, weil er verrückt war, oder ob er verrückt geworden ist, weil er diese Musik komponiert hat. [. . .] Trotzdem ist die Symphonie in Es-Dur von Schumann alles andere als wirr; in diesem Werk ist alles durchsichtig, melodisch nachvollziehbar und in einem guten Rhythmus; ein Werk, was nicht gerade erster Qualität ist, aber durchaus schöne Stellen in sich birgt." (Oscar Comettant, *La France musicale*, 24. Jg., Nr. 10, 4. März 1860, S. 111)
[17] Edouard Schuré, *Robert Schumann. L'Homme et le Musicien*, in: *La Grande Revue*, o.J., S. 458; „Schumanns Name galt in Frankreich lange Zeit als Synonym für fehlende ,objektive Klarheit' [wie es Joseph Wilhelm von Wasielewski in: *Robert Schumann. Eine Biographie*, Dresden 1858, S. 125, formuliert] und für Unverständlichkeit in musikalischer und formaler Hinsicht [im Original: *le vague und l'obscurité*]. Man pflegte sie als schwer und verschwommen zu bezeichnen und fügte schulterzuckend hinzu: Deutsche Metaphysik — aus „bs" und „#en" gehäkelt. Vor wenigen Jahren stellte man auf der Bühne die Atmosphäre in einem Salon, der vor Langeweile zu sterben drohte, mit dem geflügelten Wort dar: ,Sie spielen Schumann!'".
Etiketten wie „vague", „obscur" oder „nuageux" prägen lange Zeit das Schumann-Bild der Fachkreise, wie im weiteren noch gezeigt werden wird.

Mit der Jahrhundertwende wendet sich auch das Blatt zugunsten einer sachlichen und unvoreingenommenen Auseinandersetzung mit der Musik Schumanns. Das neue Jahrhundert wird tatsächlich mit vier teilweise gleichzeitigen Aufführungen seiner Es-Dur-Sinfonie eingeläutet[18].

Schumann zum Nachschlagen

Kritiker oder Komponist? – die beiden Wahrnehmungsfelder des Schumann'schen Erscheinungsbildes stehen sich auch in der wissenschaftlichen Diskussion lange polar gegenüber; sie heben sich zeitweilig sogar gegenseitig auf. Mit der einsetzenden Verbreitung und Akzeptanz seiner Kompositionen in Frankreich gerät der Kritiker Schumann in den Hintergrund.

Ab 1835 erscheinen erste biographische Abrisse auch in deutschen Musiklexika. Solange die Fachwelt versucht, eine Schublade für das Phänomen Schumann zu finden, bleibt die Verwirrung zunächst groß. Schumanns Postulat der Durchdringung von Poesie und Musik wird in Frankreich zwar schon 1840 von Kastner reklamiert, tatsächlich aber erst nach der Jahrhundertwende zur Grundlage des Verständnisses seiner Persönlichkeit[19]. Biographische Skizzen in Zeitschriften und Kurztiteln der in zeitgenössischen Lexika erschienenen Artikel zeichnen trotz all ihrer Unzulänglichkeit sehr griffig die Veränderungen nach, denen das Schumann-Bild unterworfen ist.

Der von Schumann nicht besonders hochgeschätzte Gustav Schilling[20] widmet ihm 1838 unter der Mitwirkung von Rellstab und Fink immerhin mehr als zwei Seiten in seinem *Universal-Lexicon der Tonkunst*. Für dieses Kritiker-Team verbindet sich Schumanns Name vor allem mit der *NZfM*: *Redakteur der "Neuen Zeitschrift für Musik" und Componist zu Leipzig*.[21]

Auch die bereits mehrfach zitierte 1840 erschienene Biographie von Kastner widmet sich in den einleitenden Abschnitten zunächst ganz Schumanns eminenter Bedeutung als Literat und Vorkämpfer romantischer Ideale. *Schumann, que nous nous honorons de*

---

18 Aufführungen der Es-Dur-Sinfonie in Paris:

31 Décembre 1899:	*Théâtre de la République (Lamoureux)*
7 Janvier 1900:	*Théâtre de la République*
[und!]	*Conservatoire*
14 Janvier 1900:	*Conservatoire*
[und!]	*Théâtre de la République:* [Klavierkonzert]

(zitiert nach *La Musique à Paris*, 1898–1900, S. 344–346)

19 vgl. Raoul Pugno, *Leçons écrites sur Schumann*, Paris 1911; Victor Basch, *L'estéthique de Schumann*; Robert Pitrou, *D'Eusébius à Florestan*, in: *RGM, Robert Schumann. L'estétique et l'œuvre. Documents inédits*, Sondernummer 1835, S. 34–53 u. S. 22–28

20 *S. ist ein sehr fleißiger Bücherschreiber, ohngefähr wie Czerny ein Componist; [. . .] S. hat ein schlechtes Buch nach dem anderen editirt, der Stoff fängt an ihm auszugehen, und da ist ihm nun der Gedanke einer musikalischen Zeitung gekommen [. . .] er steht in dem übelsten Ruf mit seiner Bücher- und Geldmacherei [. . .].* (Robert an Clara Schumann, Wien 4. Februar 1839, in: *Clara und Robert Schumann. Briefwechsel*, a.a.O., Nr. 122, S. 378–380)
Clara ist auf ihrer Reise nach Paris mit Schilling in Stuttgart zusammengetroffen und meint in ihrer Naivität, sie könne Schumann als Mitarbeiter von Schillings noch zu gründender Zeitung gewinnen. Schumann reagiert heftig – und vor allem: eifersüchtig.

21 G. Schilling, a.a.O., S. 281

compter parmi nos collaborateurs [gemeint ist die *RGM*], *a été sans contredit un des membres les plus actifs, les plus spirituels et les plus éminents de cette jeune littérature qui venait de s'élever pleine de force, de vigueur et d'avenir à côté de l'ancien journalisme*[22].

Im selben Jahr veröffentlicht August Gathy seinen Beitrag zum Phänomen Schumann. Sein überraschend schlecht recherchierter, aber im übrigen sehr enthusiastischer Artikel könnte auf den ersten Blick vermuten lassen, daß sich Schumann nach wie vor hauptsächlich als Pianist betätige. Doch Gathy hat dabei erfaßt, wie sehr Schumann in seiner Seele Musiker ist, und nennt ihn *Pianofortevirtuos, Komponist und Redacteur der „Neuen Zeitschrift für Musik", in Leipzig*[23].

Ich interpretiere die Unterlassung des Titels „Komponist" in dem sehr grob gearbeiteten, vor allem Aktualität reklamierenden *Musikalischen Europa* von Schilling aus dem Jahre 1842 als persönlichen Seitenhieb auf den ungeliebten Rivalen. Hier erscheint Schumann nur noch als *Redacteur der neuen Zeitschrift für Musik in Leipzig*[24].

Den zweiten höchst ernst zu nehmenden französischsprachigen Artikel zum Thema Schumann veröffentlicht Fétis 1844 – zeitgleich mit dem Rücktritt Schumanns als Redakteur der *NZfM*. Hier wird erstmals dem Musiker der erste Platz in der Rangfolge eingeräumt. Trotz der Welten, die ihn und Schumann ideologisch trennen – wobei von Jean Paul übrigens noch keine Rede ist –, gesteht er ihm die Anerkennung zu, ihn als einen allgemein „geschätzten" Kritiker aufzuführen: *compositeur et critique distingué*[25].

Schumann selbst legt in der 1850 erschienenen Autobiographie ein deutliches Zeugnis ab von der Ambivalenz seiner Gefühle gegenüber der Vielfalt seiner Begabungen: *So von Wissenschaft, Poesie und Tonkunst fast gleich angezogen und beschäftigt, hatte er sein 18. Jahr erreicht [. . .]. Viele geistreiche Aufsätze, welche er in dieses Journal lieferte, so wie das Geschäft der Redaktion, welches ihm fast ganz allein oblag, mußten ihn von seinem eigentlichen Berufe abziehen [. . .].*[26]

Diesem Tenor entspricht der von Paul Smith verfaßte Nachruf in der *RGM*, der auch Auszüge des in *La France musicale* von Ferdinand Hiller veröffentlichten Textes zitiert: *Robert Schumann mérite mieux qu'une pierre tumulaire; il mérite mieux, comme musicien et comme critique, par les hautes aspirations de son esprit, par l'ardeur de son âme, par l'énergie de ses convictions et de sa foi [. . .]. Il voulait être et il fut virtuose, compositeur et critique; mais dans cette triple carrière il se sentait appelé à quelque chose de plus élevé, de plus complet qu'il ne lui fut pas permis d'atteindre.*[27]

---

[22] G. Kastner, a.a.O., S. 345;
„Wir fühlen uns geehrt, Schumann zu unseren Mitarbeitern rechnen zu dürfen. Er war ohne Zweifel einer der aktivsten, geistreichsten und hervorragendsten Köpfe dieser jungen Literaturbewegung, die sich voller Kraft, mutig und zielstrebig neben dem altmodischen Journalismus erhob."

[23] August Gathy, *Musikalisches Conversations=Lexikon. Encyklopädie der gesammten Musik=Wissenschaft für Künstler, Kunstfreunde und Gebildete*, Hamburg ²1840 (¹1835), Artikel *Schumann*, S. 411f. Übrigens erscheint Gathy für das Jahr 1856 auf dem Titel der *RGM* als Mitarbeiter.

[24] Gustav Schilling, *Das Musikalische Europa oder Sammlung von durchgehends authentischen Lebens-Nachrichten über jetzt in Europa lebende ausgezeichnete Tonkünstler, Musikgelehrte, Componisten, Virtuosen, Sänger &c. &c.*, Speyer 1842, Artikel *Schumann*, S. 308–309. Der Artikel über Clara hat eine Länge von 39 Zeilen, die Informationen zu Schumann umfassen nur 14 Zeilen.

[25] François-Joseph Fétis, *Biographie universelle des musiciens et bibliographie générale de la musique*, 8 Bde., Bruxelles 1835–1844, Bd. 8 SA-ZY (1844), S. 157

[26] Robert Schumann, *Autobiographie von 1848*, in: *AMZ*, Nr. 52, Beiblatt zum Jahrgang 1850

Hiller bedauert dabei den Verlust eines der größten deutschen Komponisten: *L'Allemagne vient de perdre un de ses plus grands compositeurs.*[28]

Diesem Nachruf Hillers in *La France musicale* geht eine kurze Notiz aus der Feder Marie Escudiers über den Tod Schumanns voraus, die vermerkt, daß der Komponist und Kritiker über ein *gewisses Ansehen* in Deutschland verfügt habe; im selben Artikel wird mit feinem Unterton auf die Konzerttätigkeit der *berühmten Pianistin* Mme Clara Schumann hingewiesen[29].

Nach der bahnbrechenden Premiere der 1. Sinfonie im Conservatoire wird Pasdeloup vor allem auch durch die Veröffentlichungen des dort tätigen hochdekorierten Harmonielehre-Professors Antoine Elwart in seinem Vorhaben bestärkt. Elwart verfaßt 1864 einen Überblick über die Entstehung und Geschichte der Pasdeloup-Konzerte und fügt am Ende biographische Skizzen der Komponisten Haydn, Mozart, Beethoven, Weber, Mendelssohn und Schumann an. Hier heißt es dann: *L'artiste dont nous allons esquisser la biographie fut tout à la fois un compositeur distingué et un critique sérieux, quoique très passionné.*[30]

Fétis bringt in den Jahren 1860–1865 eine zweite, völlig überarbeitete Auflage seiner *Biographie universelle des musiciens* in Paris heraus. Er nimmt sich dabei elf Spalten Platz, um Schumann auseinanderzupflücken. Aus dem Kurztitel hat er den *geschätzten* Kritiker zurückgezogen und spricht nun nüchtern von Schumann als einem *compositeur et critique*[31].

Das Schumann-Bild ist vorerst wieder einseitig gefestigt; jetzt steht der Komponist im Vordergrund. 1868/69 bringt *Le Ménestrel* in aufeinanderfolgenden Nummern die ziemlich verfremdete Übersetzung der Wasielewski-Biographie[32] und informiert über

---

27 P. Smith, a.a.O., S. 31;
„Robert Schumann hätte anderes verdient als einen Grabstein; er hätte es anders verdient sowohl als Musiker wie auch als Kritiker: mit seinem hohen intellektuellen Anspruch, mit der Glut seiner Seele, mit der Kraft seiner Überzeugung und seines Glaubens [. . .]. Virtuose, Komponist und Kritiker wollte er sein, und er war es auch; aber innerhalb dieser dreigeteilten Karriere fühlte er sich berufen zu etwas Höherem, strebte einer noch größeren Vollendung entgegen; ein Ziel, das er nicht mehr erreichen sollte."

28 Ferdinand Hiller, *Funérailles de Robert Schumann*, in: *La France musicale*, 20. Jg., Nr. 34, 24. August 1856, S. 271f;
„Deutschland hat gerade einen seiner größten Komponisten verloren."

29 *Robert Schumann, compositeur et critique, qui a joui d'une certaine réputation en Allemagne, est mort le 29 juillet à Endenich, près de Bonn.* [. . .] *La célèbre pianiste, Mme Clara Schumann, qui a passé la saison à Londres, est de retour à Dusseldorf.* – „Robert Schumann, Komponist und Kritiker, der in Deutschland einen gewissen Ruf genoß, ist am 29. Juli in Endenich, in der Nähe von Bonn, gestorben. [. . .] Die berühmte Pianistin, Mme Clara Schumann, die die Konzertsaison in London verbracht hat, ist nach Düsseldorf zurückgekehrt." (Marie Escudier, *Nouvelles. Etranger*, in: *La France musicale*, 20. Jg., Nr. 32, 10. August 1856, S. 260)

30 Antoine-Aimable-Elie Elwart, *Histoire des Concerts populaires de musique classique*, Paris 1864, Kapitel V, *Esquisses sur la Vie et les Œuvres*, § 6, *Robert Schumann*, S. 125;
„Der Künstler, dessen Biographie wir hier skizzieren wollen, war zugleich ein geschätzter Komponist und ein ernstzunehmender, wenn auch manchmal sehr leidenschaftlicher Kritiker."

31 François-Joseph Fétis, *Biographie universelle des musiciens*, 8 Bde., ²Paris 1860–1865, Bd. 7 1864, Artikel *Schumann (Robert)*, S. 525

32 F. Herzog, *Notes Biographiques. Robert Schumann*, in fortlaufender Reihenfolge in: *Le Ménestrel*, 36. Jg., Nr. 2–34, 13. Dezember 1868 – 25 Juli 1869

183

eine in Buchform konzipierte Ausgabe einer Portraitreihe berühmter Komponisten[33]. Der Name scheint sich nun auch in Frankreich etabliert zu haben. Der renommierte *Grand Larousse du XIXe Siècle* aus dem Jahre 1875 führt Schumann mit den inzwischen üblichen Attributen auf[34], von einer wirklichen Akzeptanz der Werke oder einem angemessenen Verständnis der Schriften kann jedoch überhaupt nicht die Rede sein. Und es wird noch lange diskutiert, wie folgende Schilderung von Henri Maréchal deutlich macht:

> *Un jour, un illustre compositeur qui me faisait l'honneur de venir me voir, trouvant une partition de Schumann sur le piano, y posa l'index et laissa tomber cette sévère appréciation: „Ceci est du poison." Je fus d'autant plus surpris de l'apostrophe que, pas plus que bien d'autres, le musicien dont il s'agit ne semble avoir échappé à l'intoxication.*
>
> *[. . .] Il déplorait l'influence dangereuse que Schumann peut exercer sur un jeune compositeur et, considérée à ce point de vue, son opinion paraît juste.*[35]

2. Paris – Leipzig.
Musikalisch-journalistische Kontakte

Paris und seine musikalische Presselandschaft

Trotz der Fülle von musikalischen Fachblättern, die seit Ende der dreißiger Jahre in Paris gegründet werden, beherrschen im wesentlichen doch nur etwa drei wichtige Periodika den Markt. Im Unterschied zur Leipziger *AMZ* oder zur *NZfM* sind deren Herausgeber gleichzeitig mächtige Verleger, was selbstredend die Gefahr kommerziell orientierter Rezensionen in sich birgt. Die Verlagshäuser Heugel (*Le Ménestrel*, 1833–1940), Schlesinger (*Revue et Gazette musicale de Paris*, 1834–1880, ab 1835 Fusion von Schlesingers *Gazette musicale de Paris* mit der *Revue musicale de Paris* von Fétis) und Escudier (*La France musicale*, 1837–1870 / *L'Art musical*, 1860–1894) kontrollieren die musikalische Presselandschaft und teilen die angesehensten Kritiker unter sich auf. Stolz präsentieren sie auf den Titelseiten die prominenten Namen, um auf ihre Bemühungen um eine ausgewogene Berichterstattung und faire Kritik hinzuweisen.

---

[33] *En vente au „Ménestrel"* [. . .]: *Notices Biographiques des célèbres compositeurs de musique.* [. . .] *Pour paraître successivement: Robert Schumann, traduit de la biographie allemande de J. Von Vasielewski, par F. Herzog.* – „Über den *Ménestrel* zu beziehen: [. . .] Biografische Skizzen zu berühmten Komponisten. [. . .] Demnächst erscheint: *Robert Schumann*, die deutsche Biografie von J. von Wasielewski, in der Übersetzung von F. Herzog." (*Le Ménestrel*, 36. Jg., Nr. 18, 4. April 1869, S. 144; u. Nr. 25, 23. Mai 1869, S. 20)

[34] [. . .] *célèbre compositeur et critique allemand* [. . .]. – „[. . .] berühmter deutscher Komponist und Kritiker [. . .]." (Pierre Larousse, *Grand Dictionnaire universel du XIXe siècle*, Band XIV S.-SODE, Paris 1875, S. 382)

[35] H. Maréchal, a.a.O., S.257;
„Eines Tages erwies mir ein berühmter Komponist die Ehre, mich zu besuchen. Er fand auf dem Klavier Noten von Schumann, legte den Zeigefinger darauf und ließ das folgende scharfe Urteil fallen: ‚Das ist Gift.' Ich war umso überraschter, als der Musiker, um den es sich handelt, genausowenig wie viele andere der Vergiftung entgangen zu sein scheint. [. . .] Er beklagte den gefährlichen Einfluß, den Schumann auf einen jungen Komponisten ausüben kann, und so gesehen erscheint seine Meinung gerechtfertigt."

Tendenziöse Artikel bleiben jedoch nicht aus. Die Autoren nutzten in ihren Stellungnahmen zu aktuellen Diskussionen diese Plattform für teils heftige Polemiken[36]. Fétis zieht gegen die Romantische Schule zu Felde, wobei ihm vor allem Berlioz als Zielscheibe dient[37]. Berlioz wehrt sich seinerseits in der *RGM*, deren Mitarbeiter sie nach der Fusion plötzlich beide sind; *La France musicale* wirft Liszt vor, während seiner Konzertreisen nach Deutschland sozusagen musikalischen Landesverrat begangen zu haben[38], und wirft sich gegen Wagner ins Zeug[39]. Der zunächst gefürchtete Paul Scudo, Kritiker bei der *Revue des Deux Mondes* und neben Fétis *la bête noire* (das rote Tuch) von Berlioz[40], führt diese Streitkultur und damit seine eigenen Aufsätze ad absurdum; wegen seines extremen Konservatismus disqualifiziert er sich der Fachpresse gegenüber letztendlich selbst.

Die *NZfM* nimmt Stellung: Zwei Periodika in der Journalschau

Mit der im ersten Jahrgang der *NZfM* regelmäßig zur Diskussion gestellten *Journalschau* kommt die neue Zeitschrift ihrem überregionalen Anspruch nach; gleichzeitig dienen diese Rezensionen auch ihrer eigenen Standortbestimmung.

Obwohl auch *Le Ménestrel* schon gegründet ist, sucht sich die *NZfM* – wohl wegen der journalistisch interessanteren ästhetischen Kontrastivität – die *Revue musicale* von Fétis und die *Gazette musicale* von Schlesinger für diese Unternehmung aus[41] – fast als hätten die Leipziger die im Jahre 1835 erfolgte Fusion der beiden Blätter vorausgeahnt. Der bereits schwerkranke Ludwig Schuncke ist der Autor der erfrischend herben Besprechung der *Revue musicale*[42]. Der Artikel über die *Gazette musicale* ist nicht signiert;

---

[36] vgl. *Musik in Geschichte und Gegenwart. Allgemeine Enzyklopädie der Musik* [MGG], 17 Bde., Bd. 3, Kassel u. a. 1954, Artikel *Escudier*, Sp. 1524ff.; Christian Goubault, *La Critique musicale dans la presse française de 1870 à 1914*, Diss. Paris-Sorbonne 1982; Genève-Paris 1984, Kapitel 1, *La presse française / Les périodiques musicaux*, S. 66–84. Fétis polemisiert in seiner *Revue musicale* gegen die Romantische Schule, respektive Berlioz.

[37] *Revue musicale*, 7. Jg., 11. Mai 1833, Artikel *Le Balcon de l'Opéra*

[38] MGG, a.a.O., Sp. 1524

[39] vgl. auch Ursula Eckart-Bäcker, *Frankreichs Musik zwischen Romantik und Moderne. Die Zeit im Spiegel der Kritik*, Regensburg 1965, S. 86ff.

[40] Léon Guichard, *La musique et les lettres au temps du romantisme*, Paris 1955, S. 197f. Scudo war einer der gescheiterten Komponisten, die sich daher auf das Kritikenschreiben verlegt hatten. Berlioz benachrichtigt am 27. Oktober 1864 seinen Freund Humbert Ferrand vom Tod Scudos mit den Worten: *Vous savez que notre bon Scudo, mon insulteur de la „Revue des Deux Mondes", est mort, mort fou furieux. Sa folie, à mon avis, était manifesté depuis plus de quinze ans!* – „Wissen Sie übrigens, daß unser guter Scudo, der mich in der *Revue des Deux Mondes* immer beleidigte, gestorben ist; und zwar ist er vor Wut verrückt geworden [im Original: mort fou furieux]. Meiner Meinung nach ist sein Wahnsinn schon vor mehr als 15 Jahren in Erscheinung getreten!" (Hugues Imbert, *Symphonie. Mélanges de Critique Littéraire & Musicale*, Paris 1891, S. 60)

[41] *Journalschau. (Fortsetzung.) VI. Revue musicale.*, in: *NZfM*, Bd. 1, Nr. 58, 20. Oktober 1834, S. 230–232; *Journalschau. (Fortsetzung.) VII. Gazette musicale de Paris.*, in: *NZfM*, Bd. 1, Nr. 67, 20. November 1834, S. 266f.

[42] Joachim Draheim, *Ludwig Schuncke – Sein Leben in Daten, Stichworten und Dokumenten*, in: Joachim Draheim und Michael Schuncke, *Ludwig Schuncke und die Musikerfamilie Schuncke*, Broschüre zur gleichnamigen Ausstellung im Stadtmuseum Düsseldorf vom 16. Mai bis 1. Juli 1984, S. 6–13

eventuell hat ihn Schuncke sogar noch kurz vor seinem Tod am 7. Dezember 1834 verfaßt[43].

Die *Journalschau* präsentiert die *Revue musicale* als den verlängerten Arm von Fétis, der als fast alleiniger Verfasser eines Großteils der Beiträge [. . .] *tiefe und sehr mannichfache Kenntnisse in allen Theilen der Geschichte der Musik besitzt* [. . .][44].

Dieser Nebensatz stellt bereits die Summe allen Lobes dar. Im übrigen wird Fétis mit seiner konservativen Ausgangsbasis, die der Einschätzung aktueller Entwicklungen keinen Raum läßt, scharf kritisiert und muß bereits im ersten Absatz die vernichtende Frage nach dem Verbleib der „Poesie" hinnehmen: [. . .] *so herrscht das Geschichtliche auf eine auffallende Weise vor, indem es alles andere in den Hintergrund zurückdrängt. Die Poesie hat hierbei nichts zu thun, und läßt Hrn. Fétis mit seinen Jahreszahlen oft allein dastehen.* [. . .] *Nun erlaube uns Hr. Fétis eine Frage. Steht die Musik in Frankreich wirklich auf der hohen Stufe, daß eine Kritik des Neuen, Guten wie Schlechten gar nicht nöthig ist? Der Schlechtunterrichtete müßte das glauben, wenn er im ganzen Halbjahrgang der „Revue" blos vier Sachen recensirt findet, und zwar eine Theorie der Harmonie von Gérard, die erste Symphonie von Maurer, die letzten Violincompositionen von Rode und eine Cavatine des Hrn. Prosper de Gineste.*[45]

Während zwei längere Artikel von Fétis in einer geschliffenen deutschen Übersetzung wiedergegeben werden, schiebt Schuncke *Zur Belustigung unserer Leser* wie zufällig einen in der *Revue musicale* erschienenen deutschen Anzeigentext, der durch seine unglaublich radebrechende Rechtschreibung kaum noch zu entziffern ist, dazwischen[46].

Nachdem in den einleitenden Zeilen darauf hingewiesen wurde, daß Fétis in Brüssel lebt, aber eine Pariser Zeitschrift leitet, karikiert die *NZfM* den hieraus resultierenden ziemlich schiefen Blickwinkel und bescheinigt Fétis letztlich die Inkompetenz, das europäische Musikleben adäquat einschätzen zu können: *Die Nachrichten aus Paris selbst scheinen uns nicht so vollständig, als sie bei einem Institut von diesem Umfang sein sollten. Ausführliche Correspondenzen finden wir aus Brüssel, Marseille, Neapel. Aus Deutschland und überhaupt aus anderen Ländern und Städten, als den angeführten, sind die Correspondenzen gleich 0 und stehen oft sogar unter 0.*[47]

Schunckes brillant-bissiger Stil ist gewürzt mit einem guten Schuß bester Heine'scher Ironie und hervorragender Sachkenntnis – die *NZfM* setzt internationale Maßstäbe für ihre Vorstellungen von Kompetenz und elegantem Journalismus. Und „David" Schuncke riskiert es, der allseits respektierten „Grauen Eminenz" der frankophonen Musikkritik die Stirn zu bieten.

Die *Gazette musicale* wird im Vergleich hierzu gnädiger beurteilt. Gründungsjahr und Programm scheinen sie eng mit der *NZfM* zu verbinden. Lobend nimmt die *Journalschau* zur Kenntnis, *daß mit Ausnahme weniger Literaten nur Musiker thätigen Theil an der*

---

43 Am Tag, als der genannte Artikel in der *NZfM* erscheint, schreibt Schumann an Hauptmann von Fricken: *Von Leipzig trieb mich auch Schunckens vorrückende Krankheit fort, die etwas schreckhaft Leises für mich hat.* [. . .] *es war kein Seelenhalt im Ganzen, Schuncke darf schon nicht mehr aus dem Zimmer,* [. . .]. (ebd., S. 11)

44 *NZfM*, Bd. 1, Nr. 58, 20. Oktober 1834, S. 230

45 ebd., S. 230f.

46 ebd., S. 231

47 ebd.

neuen Zeitschrift nehmen, welche in der ersten Nummer ihr Glaubensbekenntnis ablegt: sie will durch eine ausführliche und unparteiische Kritik dem in Frankreich herrschenden Ungeschmack kräftig entgegentreten und zugleich die classischen Werke vergangener Zeiten gewissenhaft würdigen und auf Vergessenes wieder aufmerksam machen[48].

Übriggebliebene Spuren des *Ungeschmacks* werden mit einem kurzen, aber heftigen Seitenhieb über die niveaulose Beethoven-Erzählung von Jules Janin angeprangert; kopfschüttelnd wird das – *erbauliche Capitel* – *Ueber verbotene Quinten und Octaven* aus der Hand von Franz Stöpel genannt, der übrigens auch in Verbindung mit der *NZfM* steht[49].

Das Schlußwort hat Berlioz, *Der junge Componist Hector Berlioz, ein bedeutender Romantiker*, wie es im Titel heißt. Es erscheint ein Auszug seiner Reisebeschreibungen, in denen der Rompreisträger zu Italien und den dortigen Musikgepflogenheiten kritisch Stellung nimmt. Sein spritzig-ironischer Stil spricht der *NZfM* ohne Zweifel aus der Seele.

Ein weiterer Hinweis für die Sympathie der *RGM* gegenüber wird den Lesern der *NZfM* auch mit den dort erscheinenden Werbeanzeigen für die französische Musikzeitschrift bekundet. Kistner vertreibt das Blatt für Leipzig und Deutschland (!). Die Vorzüge der *RGM* werden folgendermaßen zusammengefaßt: *Der vierte Jahrgang dieses interessanten Journals [. . .] dankt der so thätigen Mitwirkung obengenannter Männer* [George Sand ist auch darunter!] *den großen Succes den es erhalten. Da es seiner Tendenz nach nicht allein für jeden Musiker, sondern durch interessante Novellen, die auf Musik Bezug haben, und von den ersten Schriftstellern Frankreichs geschrieben werden, für jeden Gebildeten von Interesse ist, so kann es allen Journalzirkeln ganz besonders empfohlen werden. [. . .]. In den nächsten Nummern erscheint La voix humaine, Nouvelle par Balzac. – Le ton Des, par George Sand. – Une nouvelle par Jules Janin. – Cimarosa par Aleandre Dumas.*[50]

Schumann verleiht seinen Namen nach Frankreich

So vereinigt, trotz einiger Kritik, die *Gazette musicale* auch nach ihrer Fusion mit der *Revue musicale*[51] die meisten Sympathien des Leipziger Redaktionsteams auf sich. Es findet ein intensiver informeller Austausch zwischen *NZfM* und *RGM* statt. Rezensionen, Stellungnahmen zu verschiedenen Aspekten des Musiklebens und Querverweise auf aktuelle Beiträge der anderen Zeitschrift zeugen von der engen Verbindung beider Blätter. So erscheint 1837 in der *RGM* die erste berühmte Besprechung von Klavierkompositionen Schumanns durch Liszt[52], und es ist die *RGM*, in der sich Berlioz in einem

---

[48] *NZfM*, Bd. 1, Nr. 67, 20. November 1834, S. 266
[49] ebd., S. 267
[50] *NZfM*, Bd. 6, Nr. 45, 6. Juni 1837, S. 182
[51] Die letzte Nummer unter dem Namen *Revue musicale* erscheint am 27. Juni 1839. Von 1835 bis dahin erscheint die *Revue et Gazette musicale* sonntags, die *Revue musicale* donnerstags. Ab dem 4. Juli 1839, beginnend mit der Nr. 27, ist die *RGM* an beiden Wochentagen in fortlaufender Numerierung zu haben.
[52] In *RGM*, 4. Jg., Nr. 46, 12 Novembre 1837, S. 488–490, erfolgt die Besprechung von op. 5, op. 11 und op. 14.

offenen Brief an Schumann für dessen engagiertes Eintreten zugunsten seiner Werke mit den vielzitierten Worten bedankt: *Je vous dois beaucoup, monsieur, pour l'intérêt que vous avez bien voulu prendre jusqu'ici à quelques-unes de mes compositions.*[53]

Im Kopf der *RGM* vom 15. Dezember 1839 wird Schumann als *directeur de la Nouvelle Gazette musicale de Leipzig* erstmals als Mitarbeiter aufgeführt[54]. Doch diese Mitarbeit ist ideeller Natur. Wie bereits angedeutet, ist mir kein Artikel aus der Hand Schumanns bekannt, der direkt in der *RGM* erschienen wäre. Es geht hier eher um freundschaftliche Zusammenarbeit auf der offenen Bühne des Pressetheaters[55]; Mainzer, Panofka und Stöpel sind z. B. gemeinsame Korrespondenten[56].

Stolz präsentiert die *RGM* also im Kopf einer jeden Nummer den illustren Reigen ihrer Redakteure. Schumanns Name steht pikanterweise in trauter Harmonie neben denen von Fétis und Rellstab (der seit 1837 mitarbeitet), aber auch in angenehmerer Nachbarschaft mit Liszt, Berlioz und George Sand[57]. Für Schumann ist mit diesem Ehrentitel ein Teil seiner hochgesteckten Träume erreicht – als Musikschriftsteller ist er definitiv international anerkannt. Zugleich ist das auch als Zeichen für die Würdigung seiner Schriften und deren programmatischen Überbau zu verstehen; der „Davidsbündlerkampf" um die Durchsetzung einer neuen Ästhetik in der Musik hat ein gutes Stück an Boden gewonnen.

Schumann arbeitet über seine Redaktionstätigkeit in Leipzig hinaus bis einschließlich 1846 mit der *RGM* zusammen.

Nicht ganz so innig entwickelt sich die Zusammenarbeit mit *La France musicale*. Am 31. Dezember 1837 gründen die Brüder Léon und Marie Escudier die Zeitschrift, die nach und nach einen großen Einfluß auf das Musikleben gewinnt und sich später vor allem für die Werke Verdis einsetzt.

Die ersten beiden Jahrgänge 1838 und 1839 geben keinen Überblick über die Namen der Redakteure. Von 1840 bis 1843 vermerkt *La France musicale* unter dieser Rubrik: *Schumann, rédacteur de la „Gazette de Leipsick"* als Mitarbeiter, während sich die folgenden Jahrgänge ab 1844 diese Liste wiederum ersparen. Es ist jedoch sehr wahrscheinlich, daß Schumann schon 1839 mit *La France musicale* zusammenarbeitete, was aus einem Brief Claras hervorgeht[58].

---

[53] *A.M.B.* [sic!] *SCHUMANN, DE LEIPSICK.*, in: *RGM*, 4. Jg., Nr. 8, 19. Februar 1837, S. 61–63; „Ich verdanke Ihnen viel, verehrter Herr Schumann, aufgrund Ihres wohlwollenden Interesses, das Sie bisher einigen meiner Kompositionen entgegengebracht haben."

[54] *RGM*, 6. Jg., Nr. 68, 15 Dezember 1839

[55] So erscheinen z.B. am 19. und 22. Dezember 1839 zwei von Stephen Heller verfaßte Rezensionen in Briefform über Berlioz' Sinfonie *Roméo et Juliette*, die die Überschrift *A ROBERT SCHUMANN, A LEIPZIG.* tragen und mit den Worten *Mon cher ami* beginnen, in: *RGM*, 6. Jg., Nr. 69, 19. Dezember 1839, S. 546–549 und Nr. 70, 22. Dezember 1839, S. 560–562.

[56] *NZfM*, Bd. 2, Nr. 1, 2. Januar 1835, S. 2

[57] *RGM*, 6. Jg., Nr. 68, 15. Dezember 1839

[58] *Du arbeitest mit an der „France musicale"? ich laß es neulich mit größtem Erstaunen.* (Clara an Robert Schumann, Paris 18. April 1839, in: *Clara und Robert Schumann. Briefwechsel*, a.a.O., Nr. 152, S. 491)

Schumann verleiht seinen Namen und stellt sich damit als Kritiker ins internationale Rampenlicht. Er bleibt nach wie vor umstritten und ist Zielpunkt ausgiebiger Polemiken von seiten des konservativen Lagers. Vor allem aber bleibt er im Gespräch, was die im folgenden angeführten Textpassagen illustrieren.

3. Ausgewählte Stimmen zu Schumanns Kritiken

1837: Rellstab

Ce journal est dirigé par Robert Schumann, musicien d'un talent sujet à d'étranges écarts, quoique d'ailleurs très-réel. Une foule de forces jeunes et vivaces concourent à l'entreprise. Si nous avions à leur donner un conseil devant le grand jury de Paris, ce serait de bannir l'esprit de coterie, et de ne pas permettre à quelques-uns de leurs collaborateurs, peu remarquables comme écrivains et comme musiciens, de s'encenser eux-mêmes, c'est-à dire par la plume de leurs amis, par suite, soit d'un accord, soit d'une estime réelle réciproque.[59]

Im ersten Jahr seiner Mitarbeit an der *RGM* holt Schumanns *Bête Noire* zum wohlgezielten Schlag aus. Die erste ausführlichere Stellungnahme in französischer Sprache zu Schumanns redaktioneller Tätigkeit stammt aus der Feder von Rellstab[60].

In der letzten Nummer des Jahres widmet die *RGM* dem heftigen Protest Schumanns gegen den Vorwurf der *camaraderie* einigen Platz für eine Notiz in eigener Sache[61].

Rellstab berichtet zwei Seiten lang über die Bedeutung Leipzigs als wichtigste deutsche Musikmetropole – die Hochschule, die Gewandhauskonzerte, Mendelssohn (dessen kompositorische Fähigkeiten sehr abfällig bewertet werden[62]), die Verlagshäuser und vor allem die einflußreichen Musikzeitschriften werden genannt. Mit einer auffallenden

---

[59] Ludwig Rellstab, *De la musique dans le nord de l'Allemagne. (Suite et fin)*, in: *RGM*, 4. Jg., Nr. 50, 10. Dezember 1837, S. 536;
„Diese Zeitschrift wird von Robert Schumann herausgegeben, einem Musiker, dessen Talent ihn zu manch merkwürdigen Verirrungen hinreißt, der aber auch sehr klare Ziele hat. Eine Menge junger, engagierter Kräfte arbeiten an dem Unternehmen mit. Wenn wir jenen angesichts der geschätzten Fachwelt von Paris einen Rat geben dürfen, dann sei es der, mit der Vetternwirtschaft aufzuhören. Sie mögen sich davor hüten, weiterhin einigen ihrer — weder als Literaten noch als Musikern besonders bemerkenswerten — Mitarbeitern zu gestatten, dort ihre eigenen Werke zu rezensieren; egal, ob das durch die Hand eines Freundes geschieht, über Absprachen vereinbart ist, oder ob es tatsächlich Ausdruck einer echten gegenseitigen Anerkennung ist."
[60] Vielleicht rächt sich Rellstab damit für die nicht gerade schmeichelhafte Rezension der *Iris* durch die *NZfM*, erschienen als dritter Beitrag zur *Journalschau* in der Nr. 49, 18. September 1834, S. 193f.
[61] *RGM*, 4. Jg., Nr. 53, 31. Dezember 1837, S. 577
[62] ebd., Nr. 50, 10. Dezember 1837, S. 537

stilistischen Nähe zu Fétis sieht er die *AMZ*, trotz einiger altmodischer Tendenzen, als „Institution", lobt ihre solide Basis an unerschöpflichem Wissen[63]. Weiter heißt es[64]:

> *Auprès de cette ancienne „Gazette", s'en est élevée une plus jeune, la nouvelle „Gazette musicale de Leipzig", feuille qui s'est placée, à l'égard de la première, dans une situation pareille à celle qu'occupe, dans tout état constitutionnel bien ordonné, la chambre des députés vis-à-vis de celle des pairs. Celle-ci est le principe conservateur et protecteur, celle-là le principe de création, de renouvellement, portant ses efforts vers l'avenir sans dédaigner le passé. [. . .] „La Nouvelle Gazette musicale" a, sans contredit, l'air beaucoup plus frais. Elle suit rarement les sentiers battus de l'ancienne critique; mais elle s'avance, d'un pas plus rapide et plus sûr, par les chemins de traverse, et souvent aussi à travers champs. Il arrive nécessairement que, dans une semblable course au clocher, plus d'un cavalier vide les étriers, et culbute même d'une façon assez risible, au lieu d'atteindre le but. Mais cela ne fait rien à l'affaire; car celui qui n'est pas tombé cent fois de cheval s'y tient probablement avec moins de sûreté qu'un autre, ou n'a jamais pris de sa vie qu'une allure timide. [. . .] [Es folgt die bereits zitierte Passage.] En tout cas, la „Nouvelle Gazette musicale" de Leipzig est, dans son ensemble, une publication fort intéressante, pour laquelle on doit beaucoup de reconnaissance au fondateur et directeur, Robert Schumann.*

Paris lachte, Schumann wird außer sich gewesen sein; doch Rellstab setzt sich mit der *RGM* ihm gegenüber in ein sehr ungesundes Licht. Vorsichtshalber würdigt er Schumann im nächsten Abschnitt neben Rochlitz und Finck dann doch noch als den fähigsten Musikschriftsteller Leipzigs.

1840: Kastner

Schumann ist inzwischen hochgeschätzter Mitarbeiter der *RGM*, und sein Kollege Georges Kastner veröffentlicht den ersten, bereits mehrfach zitierten ausführlichen Lebenslauf in französischer Sprache.

---

[63] ebd., S. 535
[64] ebd., S. 535f.
„Neben dieser alteingesessenen *Gazette* ist eine jüngere auf den Plan getreten, die *NZfM*; ein Blatt, das im Verhältnis zum ersteren etwa den Platz einnimmt, den in jedem wohlgeordneten Staatswesen die Deputiertenkammer dem Oberhaus gegenüber vertritt. Jene steht für das bewahrende und schützende Prinzip, die andere will Kreativität, Erneuerung und richtet ihr Engagement auf die Zukunft aus, ohne jedoch die Vergangenheit zu vernachlässigen. [. . .] Die *NZfM* hat zweifellos mehr Schwung. So gut wie gar nicht mehr läßt sie sich auf die Niederungen des alten Stils in der Kritik ein; statt dessen kommt sie über Querverbindungen, aber oft auch querfeldein, mit schnellerem und festerem Schritt voran. Bei einem solchen Wettrennen [im Original: *course au clocher*] läßt es sich nicht vermeiden, daß der eine oder andere Reiter aus dem Steigbügel fällt und ziemlich lächerlich kopfüber zu Boden geht, statt das Ziel zu erreichen. Aber das macht nichts; denn wenn man nicht schon hundertmal vom Pferd gefallen ist, hält man sich auch nicht so sicher – oder man behält sein Leben lang Angst. [. . . Es folgt die bereits zitierte Passage.] Jedenfalls ist die *NZfM* insgesamt gesehen eine höchst interessante Publikation, für die man dem Gründer und Direktor Robert Schumann große Anerkennung und Dankbarkeit entgegenbringen sollte."

Lors donc qu'il y eut en Allemagne une sorte de commotion révolutionnaire dans la musique, le même mouvement s'opéra dans la presse, et presque en même temps que l'école moderne musicale surgit une nouvelle école critique. [...]

A cette époque Chopin débutait dans le monde musical comme compositeur; Schumann fut profondément captivé par le faire de cet artiste; et si nous ne nous trompons, ce fut lui qui le premier en Allemagne appela l'attention sur ce talent fin, délicat et hardi dans son genre d'originalité, par un long article inséré dans l'ancienne „Gazette musicale" de Leipsig, alors le seul organe de la critique musicale. [...]

En 1833, se trouvait à Leipzig un jeune compositeur et pianiste d'un rare mérite, „Louis Schunke", qu'une mort prématurée vint trop tôt ravir à l'art et à ses amis (il mourut à 26 ans). Etroitement lié avec ce jeune artiste, ainsi qu'avec „Know" [sic!] et „Wieck" (le père de la pianiste), Schumann forma avec eux le projet d'établir à Leipzig une „Nouvelle Gazette musicale", et ils la fondèrent en effet dans le mois d'avril 1839. Le moment était favorable; la nouvelle gazette prit son essor et se répandit rapidement, car elle se distinguait par des critiques remarquablement bien écrites, spirituelles autant qu'impartiales, mais avant tout d'une hardiesse peu ordinaire, par la nouveauté des aperçus et la justesse des observations.

Le même journal renfermait trois critiques sur le même objet, signées chacune d'un nom différent. Le premier rédacteur se nommait „Florestan", et était le plus incisif, le plus spirituel, le plus mordant; le second, d'un caractère plus affable, avait toujours un pardon prêt pour les crimes de lèse-musique, et il inclinait à glisser sur les défauts pour mettre en relief les qualités; il se nommait „Eusèbe". Enfin, le dernier signait „Maître Raro"; c'était le plus grave, le plus calme, le plus recueilli, celui, en un mot, qui semblait chargé de ratifier ce que les deux premiers jugements pouvaient avoir d'exagéré, chacun dans son genre. Tout le monde se demandait le vrai nom de ces trois collaborateurs, et cherchait à deviner la singulière liaison de trois hommes qui différaient autant dans leur manière de voir, lorsqu'on découvrit, non sans surprise, que c'était Schumann, qui, sous le pseudonyme des „Davidsbündler", écrivait seul ces différents articles, et par conséquent analysait son ouvrage sous trois faces différentes, bien entendu beaucoup plus par la forme que par le fond. C'était une manière ingénieuse de captiver le lecteur et d'exciter son intérêt, car les critiques musicales passant alors pour assez insipides et ennuyeuses, étaient généralement redoutées des abonnés.

On conçoit que la composition musicale dut être un peu négligé pour faire place à ces nouveaux travaux, qui devinrent dans la suite plus importants encore, Schumann demeurait chargé presque seul dans tout le fardeau de la rédaction. D'un autre côté la position de rédacteur en chef d'une gazette musicale présentait certains avantages; elle donnait beaucoup de poids et d'influence aux jugements prononcés par Schumann sur des questions musicales, et le mettait en relation intime avec la plupart des artistes distingués. [...]

Il est à désirer que le journal de Robert Schumann, qui occupe une grande partie de son temps, et qui est, parmi les journaux de musique allemands, un des plus répandus, ne l'empêche pas d'écrire des morceaux pour l'orchestre [...]. L'influence s'accrît de jour en jour. Cette influence, il en a usé d'une manière légitime et honorable en proclamant ce qu'il y a de bien dans tous les pays et dans tous les temps, et en faisant connaître à ses compatriotes les plus célèbres artistes modernes, tels que: „Berlioz,

Chopin, Bennet, Verhulst, Henselt, Stephen Heller, Édouard Franck" (*élève de Mendelssohn*), *etc., etc.*[65]

---

[65] G. Kastner, a.a.O. 1840, S. 345-347

Wenn also für Deutschland in jener Zeit eine Art revolutionäre Umwälzung in der Musik stattgefunden hat, dann wird sich dieselbe Bewegung auch in der Presse bemerkbar machen. Und fast gleichzeitig mit der Neuen Schule in der Musik wird eine Neue Schule der Musikkritik entstehen.[...]

In jener Zeit [1829/30] debütierte Chopin in der Musikwelt als Komponist; Schumann war vom Tun dieses Künstlers tief ergriffen; und wenn wir uns nicht täuschen, war er auch der erste, der in Deutschland auf dieses erlesene, so köstliche und kühne Talent in der alten Leipziger *Gazette musicale* aufmerksam machte, dem damals einzigen Presseorgan, das ein Forum für die Musikkritik bot. [...]

1833 lebte in Leipzig ein junger Komponist und Pianist von außerordentlicher Begabung: *Louis Schunke*, der durch einen viel zu frühen Tod der Kunst und seinen Freunden entrissen wurde (er starb im Alter von 26 [sic!] Jahren). Schumann, der sehr eng mit diesem jungen Künstler und zugleich auch mit *Know* [sic!] und *Wieck* (dem Vater der Pianistin) befreundet war, schmiedete mit ihnen zusammen den Plan, in Leipzig eine *Nouvelle Gazette musicale* zu gründen; und das geschah dann auch tatsächlich im April 1834. Der Augenblick war günstig; die *NZfM* hatte Erfolg und wurde schnell bekannt, weil sie sich durch bemerkenswert gut geschriebene Kritiken, die sowohl geistreich, wie auch unparteiisch sind, auszeichnete, vor allem bestach sie aber durch eine seltene Kühnheit bei ihrer völlig neuen Sicht der Dinge und ihren sehr angemessenen Beurteilungen.

Diese eine Zeitung vereinte in sich drei Kritiker, die über das gleiche Thema sprachen und alle mit unterschiedlichen Namen signierten. Der erste Redakteur nannte sich *Florestan*; und das war der frechste, geistreichste und bissigste. Der zweite war ein bißchen freundlicher und hatte stets eine Entschuldigung für musikalische Sünden auf den Lippen. Zugunsten der Betonung der Qualitäten eines Stücks verzichtete er gern darauf, auf den Mängeln herumzureiten; *Eusèbe* nannte er sich. Der letzte im Bunde schließlich unterzeichnete mit *Meister Raro*. Er war derjenige, der die meiste Würde, Ruhe und Ernsthaftigkeit ausstrahlte, kurz gesagt derjenige, der den Überschwang im Urteil der beiden anderen ins Gleichgewicht bringen sollte. Alle rätselten darüber, wer wohl diese drei Mitarbeiter sein könnten und stellten über die besondere Beziehung der drei Männer, deren Sichtweise sich so sehr voneinander abhob, Vermutungen an. Bis man, nicht ohne Überraschung, erkannte, daß Schumann unter dem Pseudonym der *Davidsbündler* ganz allein diese verschiedenen Artikel schrieb und folglich sein Werk, natürlich eher formell als inhaltlich, unter drei verschiedenen Aspekten analysierte. Eine geniale Methode, den Leser zu fesseln und sein Interesse zu wecken; umso mehr als die damaligen Musikkritiken für ziemlich seicht und langweilig befunden und von den Abonnenten nicht ernst genommen wurden.

Man kann sich vorstellen, daß die kompositorische Tätigkeit darunter leiden mußte, um der neuen Aufgabe Platz zu machen, die in der Folge sogar noch umfangreicher wurde, weil auf Schumann schließlich ganz allein die Bürde der Redaktion lastete. Auf der anderen Seite brachte die Position des Chefredakteurs einer Musikzeitung auch einige Vorteile. Sie verlieh den von Schumann musikalischen Fragen gegenüber ausgesprochenen Urteilen großes Gewicht und erheblichen Einfluß und gab ihm die Möglichkeit, mit dem größten Teil der hervorragendsten Künstler in sehr engen Kontakt zu treten. [. . .]

Wir hoffen, daß die Zeitschrift von Robert Schumann, die ihn zeitlich sehr in Anspruch nimmt, und die unter den deutschen Musikzeitschriften die mit der größten Verbreitung ist, ihn nicht daran hindert, Werke für Orchester zu schreiben [. . .]. Ihr Einfluß wird Tag um Tag bedeutender. Diesen Einfluß hat er auf eine legitime und ehrenhafte Weise geltend gemacht, um zu verkünden, was es in allen Ländern und in allen Zeiten Gutes gibt, und er hat seine Mitstreiter so mit den bekanntesten modernen Künstlern bekannt gemacht, wie z. B. mit *Berlioz, Chopin, Bennett, Verhulst, Henselt, Stephen Heller, Edouard Franck* (dem Schüler von Mendelssohn) und mit vielen anderen."

1844: Fétis

Fétis, international renommierte „Graue Eminenz" der konservativen frankophonen Musikkritik, veröffentlicht zwischen 1837 und 1844 in Brüssel mit seiner *Biographie universelle des musiciens* das bedeutendste französische Standardwerk des 19. Jahrhunderts.

Angesichts der wenigen Veröffentlichungen im deutschen Sprachraum wagt sich Fétis mit seinen Ausführungen zum Thema Schumann erstaunlich weit vor[66]. Obwohl Fétis allem musikalischen Nonkonformismus gegenüber eine unerbittlich spitze Feder führt, bemüht er sich in diesem Beitrag um eine möglichst neutral gehaltene Auflistung biographischer Daten und um eine objektiv formulierte Einschätzung der Bedeutung Schumanns als Komponist und Kritiker. Dabei werden acht Zeilen von 111 auf die Beurteilung des Kritikers verwendet: *critique distingué* heißt es in der Überschrift. Mit etwa 13 Zeilen Umfang zeichnet Fétis ein vorsichtiges Bild von Schumanns kompositorischer Tätigkeit.

Vornehme Zurückhaltung spricht aus den Formulierungen von Fétis, der den unbequemen deutschen Querdenker durchaus einzuschätzen weiß. Beide haben ihr ästhetisches Credo bereits am Fall Berlioz in Form von heftigen Polemiken ausgetauscht[67]. Trotz aller von ihm selbst postulierten Bemühungen um Objektivität versetzt Fétis seinem deutschen Gegenspieler doch einen entsprechenden Seitenhieb[68]:

Les liaisons de Schumann avec Knorr et Wieck (père de la pianiste) donnèrent naissance au projet qu'ils formèrent de publier une „Nouvelle Gazette musicale", dont les premiers numéros parurent dans le mois d'avril 1834. Le jeune artiste y a déployé depuis lors beaucoup d'activité, et y fait preuve d'un talent distingué de critique dans de nombreux articles signés de différents pseudonymes. Il est regrettable seulement que d'ardentes polémiques et des satires personnelles aient fait perdre à la „Nouvelle Gazette musicale", dans les dernières années, le caractère grave et digne qui convient à une critique pure de l'art.

Mit dem Hinweis auf die Erlangung der Doktorwürde an der Universität Jena und einem Satz über seine Hochzeit mit Clara, die in dieser Zeit in Frankreich weitaus bekannter und beliebter war, klingt der Artikel aus. Dabei fällt auf, wie nuancenreich Fétis zu formulieren weiß; da wird Schumann eher die untergeordnete Rolle zugeschoben: *En 1840, il est devenu l'époux de la célèbre pianiste Clara Wieck*[69].

---

[66] F.-J. Fétis, a.a.O. 1844, S. 157–158; Der Artikel umfaßt etwa 2 Spalten, bzw. 111 Zeilen.

[67] *NZfM*, Bd. 2, Nr. 25, 27. März 1835, S. 102 und Nr. 28, 7. April 1835, S. 114

[68] F.-J. Fétis, a.a.O. 1844, S. 158;
„Die Beziehungen von Schumann zu Knorr und Wieck (dem Vater der Pianistin) führten zu dem Projekt, gemeinsam eine *Nouvelle Gazette musicale* zu gründen, deren erste Nummern im April 1834 erschienen. Der junge Künstler hat seither darauf viel Energie verwendet, und er hat dabei in zahlreichen Artikeln, die mit unterschiedlichen Pseudonymen unterzeichnet sind, sein bemerkenswertes Talent als Kritiker unter Beweis gestellt. Bedauerlicherweise hat die *NZfM* durch scharfe Polemiken und verletzende Satiren ihren seriösen Charakter verloren, der Grundlage einer objektiven Kritik in der Kunst sein sollte."

[69] ebd.
„1840 wurde er der Ehemann der berühmten Pianistin Clara Wieck."

1856: Nachrufe

Schumann stirbt, und damit setzt seine Rezeption als Komponist ein. Die Nachrufe thematisieren vor allem diese Seite seiner künstlerischen Existenz.

Marie Escudier berichtet in *La France musicale* am selben Tag wie die *RGM* vom Tod Schumanns[70].

Zwei Wochen später erscheint dort der ins Französische übertragene Bericht von den Trauerfeierlichkeiten aus der Feder Ferdinand Hillers, in dem mit keinem Wort auf die Bedeutung Schumanns als Kritiker eingegangen wird. In diesem Sinne lautet der erste Satz: *L'Allemagne vient de perdre un de ses plus grand compositeurs*[71].

Die *RGM* nimmt diesbezüglich mit ihrer Berichterstattung eine noch deutlichere Gewichtung vor: *M. Robert Schumann, le célèbre compositeur, est mort le 29 juillet dernier à Endenich, près de Bonn; il était né à Zwickau en 1808* [sic!].[72]

Neben dem hier falsch angeführten Geburtsdatum läßt sich die *RGM* in ihrem ausführlichen Nekrolog zu der Behauptung hinreißen, Clara sei bereits vor Schumann gestorben und zitiert wörtlich und ausführlich den Hiller-Artikel aus *La France musicale*[73]. Über den Kritiker Schumann erfährt man hier folgendes[74]:

Ainsi Robert Schumann poursuivait toujours son idéal à travers des régions dont la littérature et l'harmonie se disputaient la souveraineté. Il le poursuivait par la méditation, par la discussion, par l'étude, en véritable musicien du Nord qu'il était, et à la différence de ces heureux musiciens du Midi, qui parviennent à leur but sans autre guide que l'instinct. Il voulait être et il fut virtuose, compositeur et critique; mais dans

---

[70] vgl. Anm. 29

[71] ebd., Nr. 34, 24. August 1856, S. 271;
„Deutschland hat einen seiner größten Komponisten verloren."

[72] *RGM*, 23. Jg., Nr. 32, 10. August 1856, S. 258;
„Herr Robert Schumann, der berühmte Komponist, ist am 29. Juli in Endenich, in der Nähe von Bonn, verstorben; er wurde 1808 [sic!] in Zwickau geboren."

[73] *Clara Wieck, qu'il devait épouser et voir mourir avant lui* [. . .].– „Clara Wieck, die er eines Tages heiraten und die noch vor ihm sterben sollte [. . .]" (Chiffre P.S.[Paul Smith?], in: ebd., Nr. 39, 28. September 1856, S. 313) Die Berichtigungen erfolgen in der Nr. 40, 5. Oktober 1856, S. 322f.

[74] ebd.
„So war Robert Schumann immer seinem Ideal auf der Spur, quer durch Regionen, in denen sich Literatur und Komposition den Platz streitig machen. Er verfolgte dieses Ziel, indem er lange darüber nachdachte und Gespräche führte und indem er studierte – auf eine Weise, die ihn als echten Musiker des Nordens auswies; und eben nicht in der Art der Musiker aus dem Süden, die durch pure Intuition an ihr Ziel gelangen. Er hatte es sich vorgenommen, sowohl Virtuose, als auch Komponist und Kritiker zu sein; und das war ihm auch gelungen. Aber innerhalb dieser dreifachen Karriere fühlte er sich zu Höherem berufen; doch es sollte ihm nicht vergönnt sein, diesen noch ausgereifteren Grad der Vollendung erreichen zu dürfen. Und so verzehrte er sich in Anstrengungen, den Berggipfel zu erklimmen, als ihn plötzlich Schwindelgefühl überkam: er fiel an den Rand eines Abgrunds; sein Verstand trübte sich und sein Dasein wurde zu einem schmerzlichen Traum. [. . .]
1836 gründete er mit Knorr und Wieck, dem Vater von Clara, eine *Nouvelle Gazette musicale* als Gegengewicht zur *AMZ*. Seine Polemik war stets geradlinig und voller Nachdruck, beherrscht von seiner heißen Liebe zur Kunst und zu den Großen Meistern. Aber wenn er dabei auch ein gewisses Talent zeigte, so gaben doch sogar seine Mitstreiter zu, daß seine Phantasie dabei eine allzu große Rolle spielte."

cette triple carrière il se sentait appelé à quelque chose de plus élevé, de plus complet qu'il ne lui fut pas permis d'atteindre; il se consumait en efforts pour gravir la montagne jusqu'à la cime, et tout à coup le vertige le saisit: il tomba sur le bord d'un abîme; sa raison s'obscurcit et son existence ne fut plus qu'un rêve douloureux. [...]
En 1836, il fonda avec Knorr et Wieck, le père de Clara, une „Nouvelle Gazette musicale", en opposition à la „Gazette universelle allemande". Sa polémique y fut toujours franche et vigoureuse, dictée par un chaleureux amour de l'art des grands maîtres. Mais quelque talent qu'il y ait prodigué, ses compatriotes eux-mêmes reconnaissent que la fantaisie y joue un trop grand rôle.

1864: Fétis

Die kritische Auseinandersetzung mit Leben und Werk Schumanns hat eingesetzt. Die *Biographie universelle des musiciens* erscheint in einer zweiten völlig überarbeiteten Auflage in Paris von 1860 bis 1865 und bietet zum Thema Schumann einen auf 11 Spalten erweiterten Aufsatz an[75]. Aus dem Vergleich der Artikel von 1844 und 1864 läßt sich sehr gezielt der Wandel des Schumann-Bildes in Frankreich nachvollziehen. Dabei greift Fétis mit seinen ausführlichen biographischen Darstellungen auf die 1858 erschienene Biographie von Wasielewski zurück[76]. Aufgrund dieser aktuellen Informationen beschäftigen sich zehn Prozent des Artikels mit der Frage des im Wahnsinn geendeten Genies – ein nicht unbedeutender Punkt für das aufkommende Interesse an der Figur Schumanns. Etwa ein Viertel des Textes bezieht klare, wertende Positionen, wobei die negative Kritik den positiven Urteilen im Verhältnis 3:1 gegenübersteht.

Das musikästhetische Credo von Fétis läßt sich in seinen wichtigsten Zügen aus dem Vorwort zur Pariser Auflage ersehen[77]. Es würde hier zu weit führen, in Einzelheiten darauf einzugehen; Die Nennung einiger Schlüsselbegriffe jedoch sei mir zum Verständnis des antipodischen Verhältnisses von Schumann und Fétis an dieser Stelle gestattet.

---

[75] François-Joseph Fétis, *Biographie universelle des musiciens et bibliographie générale de la musique*, Paris 1860–1865, Band 7 (1864), S. 525–530. Im Anschluß an diesen Artikel werden Clara ebenfalls zwei Spalten eingeräumt.

[76] *La grande Biographie de Robert Schumann, par Wasielewski (Dresde, 1858), m'a éclairé à cet égard.* – „Die große Biographie über Robert Schumann von Wasielewski (Dresden, 1858) hat mir diesbezüglich wichtige Informationen vermittelt." (ebd., S. 525, Fußnote (1))

[77] F.-J. Fétis, *Biographie universelle des musiciens*, a.a.O. 1860, Vorwort zur zweiten Auflage, S. I–XXI

Eigentlich, so meint Fétis, müssen sich die Künste nicht um eine Weiterentwicklung bemühen – am allerwenigsten dürfe die Musik sich das zur Aufgabe machen wollen; ein solch falsch verstandener Fortschrittsglaube müsse zwangsläufig in der *décadence* enden[78]. Der Zwang, musikalische Gedanken endlos fortzuspinnen, Irritationen im Umgang mit der Form, die aktuelle Entwicklung der Instrumentation – all das sind für Fétis, mit Blick auf Berlioz, Erscheinungsformen von *décadence,* die nun auch die Künste anstelle des Bewußtseins für reine Schönheit durchdringe. In ausgewogener Mischung hatten sich einst *idée* und *sentiment,* entsprechend dem klassizistischen Ideal, dem Postulat von *forme* und *beauté* untergeordnet[79]. Als gültiges Beispiel für vollkommene musikalische Schönheit in der „modernen Musik" nennt er Mozart: *le goût le plus pur* thront über dem Ausdruck des *génie*[80].

---

[78] [. . .] *certaines choses, considérées comme le progrès, sont en réalité la décadence. Par exemple, le développement de la pensée d'une œuvre, dans certaines limites, est, sans nul doute, une condition de la beauté, mais si l'on dépasse le but, il y a divagation* [. . .] *le gigantesque, le disproportionné, qu'on a voulu réaliser* [. . .]. *dans certaines productions, sont des monstruosités qui indiquent une époque d'égarement.* [. . .] *L'excès de l'instrumentation* [. . .]; *le bruit, le fracas toujours croissant de ses forces exagérées, dont l'oreille est assourdie de nos jours, c'est la décadence, rien que la décadence, loin d'être le progrès.* [. . .] *Disons-le donc avec assurance: la doctrine du progrès, bonne et vraie pour les sciences comme pour l'industrie, n'a rien à faire dans les arts de l'imagination, et moins dans la musique que dans tout autre.* – „Gewisse Entwicklungen, die man als Fortschritt wahrzunehmen pflegt, sind eigentlich künstlerische Verfallserscheinungen. So ist beispielsweise die Vorgehensweise der Fortspinnung eines Gedankens, sofern sich diese innerhalb gewisser Grenzen bewegt, ohne Zweifel eine Voraussetzung dafür, ein vollendet schönes Werk zu schaffen; aber sobald man hier über das Ziel hinausschießt, gerät das Ganze schnell zur orientierungslosen Spinnerei [. . .]. Jene Experimente mit dem Überdimensionierten, mit der Verschiebung des Gleichgewichtes, die in gewissen Produktionen umgesetzt werden sollten, sehe ich als Ungeheuerlichkeiten, die eine Epoche der Verirrungen ankündigen. [. . .] Der übertriebene Einsatz instrumentatorischer Effekte [. . .], der Krach, der ständig wachsende Lärmpegel dieser bis zum Exzeß eingesetzten Mittel, die unser Ohr betäuben - das ist das Ende aller schöngeistigen Ideale, die pure décadence, und dabei meilenweit entfernt von dem, was Fortschritt heißen könnte. [. . .] Lassen Sie es uns mit Nachdruck sagen: der Glaube an den Fortschritt, so gut und von elementarer Bedeutung er auf dem Gebiet der Naturwissenschaften und der industriellen Entwicklung sein mag, hat nichts zu suchen in den Künsten, die von der Kraft der Phantasie leben; und er hat am allerwenigsten etwas zu suchen in der Musik." (ebd. S. Vf.)

[79] ebd. S. IIIf. Das klassizistische Glaubensbekenntnis der französischen Literatur des frühen 19. Jahrhunderts (formuliert in den Abhandlungen von Saint-Chamans und Louis-Simon Auger nach den Regeln von Boileau) wird im wesentlichen beherrscht von einem Schönheitsideal, das von der Kontrolle des Genius durch „goût" und „raison" bestimmt ist, vgl. *Nicolas Boileau. L'Art poétique,* hg. von August Buck, München 1970. Mme de Staëls Manifest der romantischen Dichtkunst stellt dieses Regelwerk komplett auf den Kopf und fordert die Ausrichtung auf den Genius als höchste Instanz; vgl. Germaine de Staël, *De „ L'Allemagne". Seconde partie,* Kapitel XIV, *Du goût,* Paris 1813. 1826 bringt Victor Hugo die Idee der Authentizität der Empfindungen ins Spiel: *Le poète ne doit avoir qu'un modèle, la nature; qu'un guide, la vérité. Il ne doit pas écrire ce qui a été écrit, mais avec son âme et avec son cœur.* – „Der Dichter darf sich nur an einem Idealbild orientieren: an der Natur; und er darf sich auf dem Weg dorthin nur von einem Führer leiten lassen: von der Wahrheit. Was schon einmal geschrieben worden ist, sollte er nicht noch einmal wiederholen; dafür aber muß er mit seiner ganzen Seele und ganzem Herzen Dichter sein."(Victor Hugo, *Œuvres complètes, Odes et ballades, Préface 1826,* Paris 1912, S. 28)

Fétis' *Préface* mutet an wie ein klassizistisches Rückzugsgefecht. Die *bataille roman-tique* (Kampf der Romantiker gegen die Klassizisten) in der Literatur, die in der nach-restaurativen Epoche die Anhänger der klassizistischen Doktrin gegen die Freiheitsbe-strebungen der Romantiker in den Jahren 1813 bis etwa 1830 geführt hatten, ist längst entschieden. Ebenso verschreckt wie die Traditionalisten auf literarischem Gebiet rea-gierte auch Fétis auf die *nouvelle école*, die von der anderen Seite des Rheins an den Fundamenten des französischen kulturellen Selbstbewußtseins rüttelte, und nutzte als mächtiger Redakteur gleich den Literaten die Presse, um seine Stimme gegen jene *secte germanique* zu erheben[81]. Jetzt ist es an der Zeit, ästhetische Statements in der bewährten Form eines Vorworts festzuschreiben. Dabei ist Fétis weit davon entfernt, die aktuellen Entwicklungen der Musik in irgendeiner Weise in seine Grundsatzüberlegungen einzu-beziehen.

[. . .] *le siècle présent a vu se produire, dans les vingt-cinq ou trente dernières années, des artistes plus sérieux qui possèdent une incontestable habileté à se servir des res-sources de l'harmonie et de l'instrumentation, et qui aspirent à la réalisation du beau dans leurs ouvrages. Hommes du cœur, il sont à sa recherche avec bonne foi; mais une erreur singulière leur fait manquer le but vers lequel ils croient se diriger. Elle con-siste à se persuader que le beau n'est pas le simple. Incessamment préoccupés de la crainte de tomber dans le commun, ils se jettent dans le bizarre. [. . .] Mendelssohn, le premier, s'est jeté dans cette voie où Schumann et d'autres l'ont suivi. Nonobstant le talent réel qui brille dans certaines parties de leurs ouvrages, la cause que je viens d'indiquer y jette un vague perpétuel, d'où naissent la fatigue et la distraction de l'au-ditoire. Ajoutons à ce défaut considérable l'excès d'un travail harmonique sous lequel la pensée principale est comme étouffée: car la simplicité du style est aussi une des aver-sions de la nouvelle Ecole. [. . .] Il est une autre cause qui contribue à mettre*

---

[80] *Mozart, qui écrivit „Don Juan" soixante-quinze ans avant le moment où je trace ces lignes, est resté le plus grand des musiciens modernes, parce qu'il eut ce qu'il ne progresse pas, le génie le plus riche, le plus fécond, le plus souple, le plus varié, le plus délicat et le plus passionné, réuni au goût le plus pur. –* „Mozart, der, 75 Jahre bevor ich diese Zeilen zu Papier bringe, seinen *Don Juan* schrieb, bleibt nach wie vor der bedeutendste moderne Musiker, weil er über etwas verfügte, was nichts mit Fortschritt zu tun hat: in ihm vereinte sich eine Erfindungsgabe, wie sie reicher, fruchtbarer, sensibler, vielseitiger, feinsinniger und leidenschaftlicher nicht ausgeprägt sein kann, mit dem reinsten Empfinden für das vollendet Schöne." (ebd. S. Vf.)

[81] zur literarischen Auseinandersetzung in der zeitgenössischen Presse vgl. K. Heitmann, a.a.O., S. 2

de l'obscurité dans les productions de l'Ecole nouvelle: je veux parler de l'incertitude qui règne sans cesse sur la tonalité [. . .][82].

Diese Passage enthält nicht nur Schumanns Namen, sondern zugleich prägt Fétis hier und auch in seinem Artikel über Schumann einige der wichtigsten Schlüsselbegriffe in bezug auf negative Wertungen seiner Musik, die sich bis zur Jahrhundertwende halten sollten: *le bizarre, l'obscurité, le vague perpétuel*[83].

---

[82] F.-J. Fétis, a.a.O. 1860, S. VIIf.;
„In den letzten 25 bis 30 Jahren unseres Jahrhunderts haben wir seriösere Künstler erlebt, die eine unbestreitbare Fertigkeit hatten, mit den Errungenschaften von Tonsatz und Instrumentation umzugehen, und die darauf hofften, auf diesem Weg ein vollendetes Werk schaffen zu können. Guten Mutes spüren sie treuherzig der Stimme ihres Herzens nach; aber ein entscheidender Irrtum verwehrt ihnen das Ziel, das sie zu erreichen hoffen: ihre Überzeugung, daß etwas Schönes nicht etwas Einfaches sein kann. Ihre gesamte Aufmerksamkeit ist demnach auf die Vermeidung von Allgemeinplätzen gerichtet, und so werfen sie sich dem Bizarren entgegen. [. . .] Als erster hat sich Mendelssohn in dieses Fahrwasser gestürzt, wohin ihm Schumann und andere gefolgt sind. Trotz des wirklichen Talents, das in einigen Passagen ihrer Werke durchschimmert, ist dieser Punkt, den ich gerade angesprochen habe, verantwortlich für eine ständige Orientierungslosigkeit (*un vague perpétuel*), was das Publikum langweilt und vom aufmerksamen Zuhören ablenkt. Zu diesem beträchtlichen Fehler kommt noch ein weiterer hinzu: die übertriebenen harmonischen Erweiterungen, unter deren Gewicht der ursprüngliche musikalische Gedanke fast erstickt: denn einer der Hauptkritikpunkte der Neuen Schule ist auch die stilistische Schlichtheit. [. . .] Und es gibt noch ein weiteres Merkmal, welches dazu beiträgt, die Produktionen der Neuen Schule nicht mehr nachvollziehbar werden zu lassen (*mettre de l'obscurité*): ich meine dabei das ständige Vermeiden einer klaren Tonalität [. . .].“
[83] F.-J. Fétis, a.a.O. 1864, S. 528; ins Deutsche übertragen sind diese ästhetischen Wertungskriterien in etwa so zu verstehen: *le bizarre*: das Ausgefallene, gesucht Merkwürdige, das Unverständliche; *l'obscurité*: die Undurchsichtigkeit; *le vague perpétuel*: die ständige Orientierungslosigkeit, der andauernde Schwebezustand. Dabei werden diese drei Schlagworte meist als sich ergänzende Synonyma zum selben Phänomen verwendet: *le vague* ist dabei der am häufigsten verwendete Terminus und von seiner Bedeutung her der *obscurité* am nächsten. Sprachgeschichtlich erscheint die Vokabel *le vague* bis dahin hauptsächlich im Sinne von *ne pas préciser sa pensée* (seinen Gedanken nicht klar zum Ausdruck bringen) *oder qui a une forme indécise, mal définie* (was eine unklare, schlecht erkennbare Form hat). *Se perdre dans le vague*; auch ein in diesem Zusammenhang prominent vertretener Vorwurf, wird umrissen mit *faire de longs raisonnements, sans solidité ou sans conclusion* (zu einem Gedanken weitschweifige Überlegungen anstellen, die weder strukturiert sind, noch zu irgendeinem Ergebnis führen); vgl. Walther von Wartburg, *Französisches Ethymologisches Wörterbuch*, Bd. 14 (U–Z), Basel 1961, Artikel *vagus*, S. 127f. Auch *le bizarre* bringt Fétis in der Schumann-Kritik als erster ins Spiel, wobei er hier von seinem klassizistisch geprägten Wertekodex aus gesehen ein sehr zutreffendes Etikett gefunden hat: *le bizarre* wird in dieser Zeit definiert als *qui est difficile à comprendre en raison d'étrangeté* (was wegen seiner Befremdlichkeit schwer nachvollziehbar ist) und *qui s'écarte de l'ordre habituel des choses* (was aus der gewohnten Ordnung ausbricht); vgl. *Trésor de la langue française. Dictionnaire de la langue du XIe et du XXe siècle (1789–1960)*, hg. von Paul Imbs, Bd. 14, Paris 1990, S. 550f.
Auch Brahms wird mit diesen Etiketten versehen: *Brahms semble chercher l'effet dans l'excentricité et la surprise des modulations, en se rendant par cela souvent assez obscur.* – „Brahms versucht, die Wirkung seiner Werke durch ausgefallene und überraschende Modulationen herbeizuführen, und gleitet dabei aber oft in eine ziemliche Undurchsichtigkeit ab.“(*Le Ménestrel*, 36. Jg., Nr. 12, 21. Februar 1869, *Nouvelles divers. – L'Etranger*, S. 94) Dabei besingt Lamartine bereits 1820 *l'obscurité* und *l'ombre* als grundlegende atmosphärische Voraussetzung für den romantischen Geist, vgl. Alphonse de Lamartine, *Le Vallon* und *L'Isolement*, in: *Méditations poétiques*, hg. von Suzette Jacrès, Paris 1973, S. 27–29 und 39–42.

Der Artikel in der *Biographie universelle* enthält dementsprechende Passagen zur Einschätzung des Kritikers Schumann: *En 1831, Schumann, âgé seulement de vingt et un ans, s'était essayé comme critique par une analyse élogieuese passionnée des variations de Chopin (œuvre 2) sur le thème „La ci darem la mano", qui parut dans la „Gazette générale de musique de Leipsick". Tout rempli des idées de Jean Paul sur l'art, et persuadé comme beaucoup d'autres rêveurs, de la nécessité de lui ouvrir des voies nouvelles, il avait en profond mépris les traditions des vieux maîtres. Encouragé par quelques amis à mettre au jour ses vagues aperçus sur ce sujet, il prit la résolution de fonder, en opposition à la „Gazette générale de musique", un écrit périodique où serait exposée sa doctrine de la réforme.*[84]

Als unterschwelligen Hinweis auf seine umfassende Kompetenz nennt Fétis daraufhin wie selbstverständlich die Namen der wichtigsten Gründungsmitglieder der *NZfM* und verweist auf die entsprechenden Artikel in seinem Dictionnaire. Vor diesem Hintergrund spricht er dann im selben Atemzug ein absolut vernichtendes Urteil über die Freunde Schumanns,

[. . .] dont la courte vue n'apercevait pas les résultats, devenus évidents aujourd'hui, de ces aspirations impuissantes d'innovation. [. . .] Âgé de vingt-quatre ans lorsqu'il commença cette publication, Schumann mettait alors la fantaisie libre et l'affranchissement des traditions de la forme au-dessus de toutes les autres qualités dans la musique. Les œuvres de la troisième époque de Beethoven et celles de François Schubert, non-seulement dans ses admirables chants poétiques, mais même dans ses compositions instrumentales, d'un ordre bien inférieur, lui paraissaient être les types par excellence de la musique de son temps. Les mêmes idées ont été constamment reproduites et même exagérées dans le „Neue Zeitschrift für Musik", soit par lui, soit par ses successeurs; elles y règnent encore (1864). Jusqu'en 1844, Schumann resta à la tête de la rédaction de ce journal, qui, pendant les premières années, l'absorba presque tout entier. Devenu ainsi chef d'une côterie, il exerça sur elle une puissante influence par ses convictions autant que par son talent littéraire. [. . .] Ces pauvres gens, qui s'imaginent avoir agrandi l'horizon de l'art, ne voient pas qu'ils y ont fait un vide immense; [. . .].
Le talent de Schumann a été apprécié de manières très diverses; à l'exception de quelques amis enthousiastes, il eut peu de partisans, jusqu'à la mort de Mendelssohn. Dans un voyage que je fis, en 1838, visitant une partie de l'Allemagne, je n'entendis parler de lui que comme d'un critique qui n'était pas approuvé. En 1849 et 1850, je ne

---

[84] F.-J. Fétis, a.a.O 1864, S. 526;

„1831 hatte sich Schumann, der gerade erst 21 Jahre alt war, als Kritiker versucht mit einer redegewandten und leidenschaftlichen Analyse der Variationen von Chopins op. 2 über das Thema *La ci darem la mano,* die in der *Gazette générale de musique de Leipsick* erschienen war. Ganz erfüllt von den Ideen Jean Pauls über die Kunst und, wie so viele andere Träumer, überzeugt davon, dieser Kunst neue Bahnen öffnen zu müssen, mißachtete er grundlegend das Erbe der Alten Meister. Einige Freunde ermunterten ihn, seine vagen Gedanken auf diesem Gebiet an die Öffentlichkeit zu bringen; und so entschloß er sich, eine Zeitschrift als Gegengewicht zur *AMZ* herauszugeben, in der er seine Doktrin von einer anstehenden Reform in der Musik darlegen konnte."

trouvai aucune sympathie pour ses compositions; à Vienne, à Prague, à Munich ni à Berlin[85].

Fétis kommt am Ende seiner Ausführungen zu dem Schluß, daß Schumann wohl im eigenen Land zu hoch geschätzt werde, im Ausland jedoch zu wenig anerkannt sei und verweist auf die Wasielewski-Biographie.

1868/69: Wasielewski/Herzog

Ziemlich mutig veröffentlicht *Le Ménestrel* mit seinem 36. Jahrgang in fortlaufender Reihenfolge die Wasielewski-Biographie in einer sehr freien und außerdem schlechten Übersetzung von Herzog[86]. Dabei zeugen die ersten Artikel noch von einer gewissen Sorgfalt, auch wenn sie sehr an den französischen Geschmack adaptiert sind; gegen Ende wird die Übertragung leider zusehends schlampiger, und Herzog streicht seine Vorlage gnadenlos zusammen. Es ist anzunehmen, daß ihm von seiten des *Ménestrel* ziemlich unerwartet ein Limit gesetzt wurde. Der Pariser Fachwelt wird nun klar geworden sein, daß sich Fétis mit seinen altmodischen Ansichten zwar auf einem untergehenden Schiff befindet, daß er aber nicht ganz allein ist. Viele negative Werturteile finden sich plötzlich auch von deutscher Seite her untermauert. So moniert Wasielewski beispielsweise die fehlende *objective Klarheit, absolute Schärfe und Bestimmtheit der Kritik*[87] – Kriterien, die Schumann – als Komponist oder Literat – in den Ohren von Fétis genauso endgültig disqualifizieren. Selbstverständlich wird Jean Paul von Wasielewski im gleichen Maße verteufelt[88], wie man das bereits von französischen Stellungnahmen her kennt.

Die Veröffentlichung der Biographie in Frankreich trägt, insgesamt gesehen, sicher zu einem gesteigerten Interesse der Öffentlichkeit bei; jedoch ist sie nicht etwa Auslöser

---

85 ebd., S. 527 und 529;
„[. . .] die in ihrer Kurzsichtigkeit die uns heute bekannten Ergebnisse jener unsinnigen Bemühungen um eine Innovation nicht erkannten. [...] Als Schumann mit 24 Jahren dieses Organ gründete, stellte er die absolute Freiheit der Erfindung und die Überwindung des tradierten Formbewußtseins über alle anderen musikalischen Qualitäten. Die Kompositionen aus der dritten Schaffensperiode von Beethoven und jene von Franz Schubert – nicht nur seine wunderbaren Liedvertonungen, sondern eben auch die Instrumentalwerke mit ihrem weitaus niedrigeren Anspruch – erschienen ihm als beispielhafte Meisterstücke seiner Zeit. Die selben Ideen wurden von ihm und seinen Nachfolgern in der *NZfM* ohne Ende reproduziert und dabei ziemlich übertrieben. Noch heute (1864) bestimmen sie den Stil. Bis 1844 blieb Schumann Chefredakteur der Zeitschrift; eine Tätigkeit, die ihn fast ausschließlich in Anspruch nahm. Als Kopf einer Clique übte er durch seine Weltanschauung wie auch durch sein literarisches Talent einen mächtigen und richtungsweisenden Einfluß aus.[. . .] Die Ärmsten verdienen unser Mitgefühl: sie meinten, den künstlerischen Horizont erweitern zu können – und merken nicht, daß sie statt dessen eine unendliche Leere daraus gemacht haben.[. . .] Schumanns Begabung ist bisher sehr unterschiedlich bewertet worden; mit Ausnahme von einigen Freunden, die ihn glühend verehren, hatte er bis zum Tod Mendelssohns nur wenige Mitstreiter. Auf einer Reise, die mich 1838 durch Deutschland führte, sprach man von ihm nur als von einem nicht besonders geschätzten Kritiker. 1849 und 1850 hörte ich weder in Wien, in Prag, München noch in Berlin Positives über seine Kompositionen."
86 *Le Ménestrel*, 36. Jg., Nr. 2, 13. Dezember 1868, bis Nr. 33, 18. Juli 1869. In der Nr. 34 vom 25. Juli erscheint außerdem noch ein biographischer Abriß zu Clara und Friedrich Wieck.
87 J. W. v. Wasielewski, a.a.O., S. 125; F. Herzog, a.a.O., Nr. 16, 21. März 1869, S. 122
88 J. W. v. Wasielewski, a.a.O., S. 104

einer endlich einsetzenden Rezeption, sondern eher ein wichtiger Mosaikstein neben vielen. Frankreich baut sich in dieser Zeit ein Bild zusammen, das die Bedeutung des Kritikers zunächst ein wenig vernachlässigt. Erst um die Jahrhundertwende beginnt man in Schumann wieder die Doppelbegabung zu sehen.

1881: Marmontel

Il est peu de figures plus intéressantes que celle de Robert Schumann; il est également peu de talents aussi contestés et peu de réformateurs dont l'œuvre ait produit des résultats aussi incertains. Personne n'oserait affirmer qu'il occupe pleinement et triomphalement la postérité, ni qu'il soit sûr de posséder jamais une gloire sans réserves, un rayonnement sans ombre; et cependant il n'est indifférent à personne; ceux-là mêmes qui ont cru le combattre au nom de la saine raison et des vrais principes, ont apporté à cette lutte une certaine partialité inconsciente, une fougue d'injustice dont l'outrance même est un hommage[89].

Marmontel, Klavierlehrer Debussys am Conservatoire, zeichnet ein schillerndes Bild von der Rezeptionssituation. Noch schleppt er eine Menge der von Fétis ins Feld geführten Vorurteile mit sich herum – vor allem, was die Definition von *beauté* angeht, bemüht sich aber dennoch ernsthaft und voller Engagement, seinen Lesern einen Zugang zum Phänomen Schumann zu eröffnen.

L'esprit cultivé et la science esthétique de Schumann semblaient le prédestiner à la critique musicale, et en effet il ne tarda pas à tourner ses vues de ce côté. Passionné, partial, injuste même, dans ses appréciations sur le mérite de ses contemporains, Robert Schumann n'en acquit que plus d'autorité. La vaillance de sa plume, l'initiative audacieuse de ses doctrines groupèrent bientôt une école. Un ensemble d'adeptes se forma, comprenant les champions de l'école romantique, décidés comme Schumann à rompre avec les traditions des vieux maîtres; enthousiastes généreux, mais téméraires, dont les audaces théoriques valaient mieux que les œuvres. Quand on juge de sang-froid, avec l'impartialité facile de l'heure actuelle, ces réformateurs réunis en un petit cénacle, où Schumann s'était multiplié lui-même, sous plusieurs signatures fictives, de façon à donner l'illusion d'un groupe déjà nombreux, on aperçoit aisément ses côtés faibles, le vagabondage de l'inspiration, l'impuissance et la stérilité des rêveries trop prologées, les aspirations flottantes vers un idéal mal défini, essayant en vain de se substituer aux lois éternelles et simples du beau.

---

[89] Antoine-François Marmontel, *Symphonistes et Virtuoses*, Paris 1881, Kapitel XIV, *Robert Schumann*, S. 229–246;
„Es gibt neben Robert Schumann nur wenige Figuren, von denen eine noch größere Faszination ausgeht; es gibt gleichzeitig nur wenige Talente, die so abgelehnt werden, und nur wenige Neuerer, deren Werk so umstritten ist. Niemand würde die Behauptung wagen, daß ihm die Generationen nach uns einen glänzenden Triumph bereiten; niemand würde sich zu der Vermutung hinreißen lassen, daß ihm jemals ein Ruhm ohne Vorbehalte, eine alles überstrahlende Bewunderung ohne Schatten zukommen würde; und doch bleibt ihm gegenüber niemand gleichgültig. Selbst jene, die meinten, ihn im Namen des gesunden Menschenverstandes und wahrer Prinzipien angreifen zu müssen, haben unbewußt Partei ergriffen in diesem Kampf, in dieser Flut von Ungerechtigkeit, die in ihrem Übermaß auch als eine Art Hommage gewertet werden muß.“

Ce fut en 1834 que Robert Schumann fonda sa revue sous le titre de „Nouvel écrit périodique sur la musique". Il obtint d'abord un succès de curiosité grâce à sa polémique hardie et à la bruyante audace de ses attaques contre les anciennes formules scolastiques. Remarquons, à ce propos, que Schumann, grand admirateur des œuvres de Mendelssohn, s'est au contraire montré injuste et sévère pour les ouvrages dramatiques de Meyerbeer. Les compositions de la troisième manière de Beethoven avaient toutes ses préférences, et, à part quelques légères restrictions, il témoignait une vive sympathie aux compositions pour piano et aux œuvres vocales de Schubert. Les productions de Chopin et celles de Stephen Heller occupaient aussi une place à part dans ses préférences. Ajoutons que la nature bizarre, le tempérament inégal de Schumann ont laissé des traces profondes dans l'œuvre de l'esthéticien, la sincérité de ses convictions n'a jamais été mise en doute; s'il s'est trompé, c'est toujours de bonne foi[90].

1913: Lavignac / de la Laurencie

Die Zeit hat für Schumann gearbeitet. In dem großen *Dictionnaire du Conservatoire* kann man einen enthusiastischen Beitrag über Schumann als Kulminationspunkt der intellektuellen Auseinandersetzung mit der Romantik lesen[91]; das Conservatoire als höchste Instanz der musikalischen Lehre in Frankreich hat sich nun endgültig aufgerafft, das Schumann-Bild offiziell zurechtzurücken[92]:

[90] ebd., S. 235f.;

„Mit seiner hervorragenden Bildung sowie seiner Vorliebe für die Auseinandersetzung mit ästhetischen Fragen schien er prädestiniert für eine Karriere als Musikkritiker, und tatsächlich zögerte er nicht damit, diese Möglichkeit ins Auge zu fassen. Die Urteile Robert Schumanns über seine Zeitgenossen sind leidenschaftlich, parteiisch, sogar ungerecht – und seine Autorität nahm dabei zu. Seine stilistische Schärfe, die kühne Willenskraft, mit der er seine Doktrin vertrat, machten bald Schule. Ein Kreis Gleichgesinnter bildete sich um ihn; die wichtigsten Vertreter der Romantischen Schule, die ebenso entschlossen waren wie Schumann, mit dem überlieferten Regelwerk der Alten Meister aufzuräumen, versammelten sich um ihn: ebenso überschwengliche wie waghalsige Schwärmernaturen, deren theoretische Kühnheiten mehr wert waren als ihre Kompositionen. Schaut man sich heute mit kühlem Kopf und objektiv diese Reformer an, in deren kleinem Kreis Schumann sich selbst unter verschiedenen Pseudonymen vervielfältigt hatte, um so den Anschein einer bereits viel umfassenderen Bewegung zu geben, dann erkennt man leicht die Schwächen, die nicht zu lokalisierenden Ideen, die Ohnmacht und Unfruchtbarkeit von viel zu ausschweifenden Träumereien, die Hoffnungen, ein ungenau definiertes Ziel erreichen zu können, die vergeblichen Bemühungen darum, das Ideal künstlerischer Vollendung mit seinen auch in der Zukunft gültigen schlichten Gesetzen auf den Kopf zu stellen [im Original: *se substituer aux lois éternelles et simples du beau*].
1834 gründete Robert Schumann seine Zeitschrift unter dem Titel *Nouveau écrit périodique sur la musique* [sic!]. Der Grund für seine ersten Erfolge bestand zunächst in dem Aufsehen, das er mit seinen gewagten Polemiken und mit der aufbrausenden Kühnheit seiner Angriffe auf die Verfechter der Alten Schule erregte. In diesem Zusammenhang ist zu bemerken, daß Schumann, der große Bewunderer Mendelssohns, sich den musikdramatischen Werken Meyerbeers gegenüber ungerecht und unnachsichtig gezeigt hat. Dagegen empfand er den Werken der dritten Schaffensperiode von Beethoven gegenüber tiefe Bewunderung, und, abgesehen von einigen Einschränkungen, bekundete er eine lebhafte Sympathie für die Klavier- und Vokalkompositionen von Schubert. Außerdem zeigte er für Chopin und Stephen Heller eine besondere Vorliebe. Falls das ungewöhnliche Naturell Schumanns [im Original: *la nature bizarre*] und sein unausgeglichenes Temperament im Werk des Ästhetikers tiefe Spuren hinterlassen haben sollten, so stand die Ernsthaftigkeit seiner Anschauungen niemals zur Debatte; wenn er sich getäuscht haben sollte, dann in bestem Glauben."

Le premier geste de Schumann adolescent n'est pas de confier à l'orchestre, comme Mendelssohn, de paisibles impressions de littérature et de nature, ni de s'asseoir à son piano, comme Chopin, pour la conquête magnétique des foules. Jetant les yeux autour de lui, [. . .] il revêt son armure. En même temps que les premières confidences de ses improvisations de pianiste, sa plume de polémiste reçoit les messages de son ardente intellectualité, et il s'exprime d'emblée avec une maîtrise littéraire qui le classe le digne héritier de Jean-Paul et d'Hoffmann.

Cette attitude n'est pas de celles qui commandent le succès immédiat. Schumann se crée d'abord plus d'inimitiés que de sympathies dans son entourage. C'est à la postérité de lui savoir gré d'une indépendance et d'une vaillance qui grossissent le tribut de nos admirations pour ce pionnier infatigable [. . .].

Schumann se fit le champion de la liberté totale et l'un de ses chefs de la fraction d'humanité directrice de son époque. Ce fut dans sa musique, sur l'échelle ascendante et progressive du piano, du lied, puis de la symphonie instrumentale et chorale, que Schumann réalisa pleinement sa surhumanité, mais il commença par la forger dans l'étude de la philosophie et la pratique des lettres, en menant le bon combat du pamphlétaire. [Fußnote 7 hierzu: *Schumann fonda en 1834 sa feuille appelée „Nouveau*

---

91 P.-H. Raymond Duval, *Schumann: apogée du romantisme intellectuel.*, in: Albert Lavignac und Lionel de la Laurencie, *Encyclopédie de la musique et Dictionnaire du Conservatoire*, Teil 1, *Histoire de la Musique*, Band II *Italie – Allemagne*, Paris 1931, S. 1082–1089. Auf S. 1099 unterzeichnet Duval seine Artikel über Schumann, den Schumann-Kreis und Liszt mit der Jahresangabe 1913.

92 ebd., S. 1082 und 1083;
„Die erste Tat des heranwachsenden Schumann besteht nicht darin, idyllische Impressionen, die einer literarischen Vorlage oder der Natur nachempfunden sind, dem Orchester anzuvertrauen – so wie das Mendelssohn anfing. Und er setzt sich auch nicht an sein Klavier wie Chopin, um die Massen magnetisch an sich ziehen zu wollen. [. . .] Er schaut um sich und steigt in seine Rüstung. Zusammen mit den ersten Improvisationen am Klavier fließen die Botschaften seines überragenden Geistes in die gezückte Feder des Polemikers; und er drückt sich dabei mit einer literarischen Meisterschaft aus, die ihn als den würdigen Erben von Jean Paul und Hoffmann erscheinen läßt. So verhält man sich nicht unbedingt, wenn man an einem schnellen Erfolg interessiert ist. Schumann schafft sich in seiner Umgebung mit dieser Vorgehensweise eher Feinde als Sympathien. Erst die Nachwelt wird diesem unermüdlichen Vorkämpfer einst dankbar sein für sein Bewußtsein als Freidenker und für seinen Mut; und unsere Bewunderung für ihn wird weiter steigen. [. . .] Schumann forderte die totale künstlerische Freiheit und wurde damit Anführer eines Kreises, der für den Ausdruck echter menschlicher Gefühle kämpfte; ein Ziel, welches seine Epoche prägte. Er begann, dieses Ideal auf seine Musik zu übertragen, und wählte so seinen Weg auf der steil nach oben führenden Leiter der Klaviermusik, des Liedes und der Sinfonie – auch der chorischen Sinfonie. Zuerst aber schmiedete er sich die Gedanken zu seinem Freiheitsbegriff in Form von philosophischen Studien und in Briefen zurecht; auf einem Gebiet also, wo er den gerechten Kampf eines *pamphlétaire* führte. [Fußnote 7 hierzu: Schumann gründete 1834 sein Blatt mit dem Titel *Nouveau Journal de musique*. Sein berühmt gewordener Aufsatz, mit dem er auf Chopins Genialität aufmerksam machte, stammt aus dem Jahre 1871 [sic!] (*Journal universel de musique*).] Man kann sich nun leicht ein Bild davon machen, wie wenig sensationell Schumanns Auftreten in der Musik vonstatten ging. [. . .] Damals begann Mendelssohn, der in seinem Rivalen vor allem einen hervorragenden Kritiker sah, einen feinsinnigen Kopf, mit dem er sich gerne täglich auszutauschen pflegte, seine Lieder zu schätzen. [. . .] Im Gegensatz zu Mendelssohn, der über eine perfekte Technik verfügte, noch bevor sein Intellekt reif genug war, hatte Schumann schon früh ein sehr stark ausgebildetes poetisches Empfinden entwickelt, noch bevor er mit dem kompositorischen Handwerkszeug umgehen konnte."

Journal de musique". Son célèbre salut au génie de Chopin date de 1871 [sic!] („Journal universel de musique")]. Dès lors on se représente aisément combien le début de Schumann fut peu sensationnel dans la musique. [. . .] Alors Mendelssohn, qui voyait surtout en son émule un éminent critique, un „cérébral" raffiné avec lequel il aimait de quotidiens échanges d'idées, commença à goûter ses lieder. [. . .]
A l'opposé de Mendelssohn, qui possédait une technique parfaite avant même d'avoir mûri sa pensée, Schumann hérita d'un sentiment poétique précoce et vigoureux avant d'être un habile ouvrier des sons.

Leider enden hiermit die Ausführungen zu Schumanns literarischer Tätigkeit; ein detaillierter Überblick über das kompositorische Schaffen wird den Autoren des *Dictionnaire du Conservatoire* in ihrer Zeit mit Recht von vorrangigem Interesse gewesen sein. Gleichzeitig ist diese Sichtweise zeitbedingt symptomatisch – der Komponist Schumann steht ganz im Vordergrund; das für den Schaffensvorgang wie für die Interpretation unverzichtbare ästhetische Weltbild Schumanns wird vernachlässigt. Erst in der Sondernummer der *RGM* von 1935 stellen sich französische Wissenschaftler einer ernsthaften Auseinandersetzung mit diesem Themenkomplex[93].

---

[93] *Robert Schumann, L'Esthétique et l'Œuvre. Documents inédits,* in: *RGM*, Sondernummer 1935. Die Artikelserie beginnt übrigens mit Überlegungen zu einer Standortbestimmung der Person Schumanns und seiner Mitstreiter im Zusammenhang mit dem *An III du „Troisième Royaume".* Zur Frage, wie weit Musik, Philosophie und Lebensweg Schumanns aus der Sicht der zeitgenössischen französischen Musikwissenschaft Gefahr laufen könnten, von den Nationalsozialisten vereinnahmt zu werden, siehe Henri Lichtenberger, *Schumann et le temps présent,* S. 2–6.

Damien Ehrhardt

Der französische und der deutsche Erstdruck
von Robert Schumanns *Carnaval* op. 9

Die Verbreitung des Schumannschen Werkes in Frankreich wurde in der Sekundärliteratur bis jetzt nur am Rande behandelt. 1961 präsentierte Olivier Alain in seinem Artikel *Schumann und die französische Musik* eine Aufzählung der ältesten Ausgaben der Pariser *Bibliothèque nationale* in chronologischer Ordnung. Diese Aufzählung umfaßt die Jahre 1847 bis 1880[1]:

1847	*Klavierquartett op. 47 (S. Richault)*
1849	*Widmung, Lied* [op. 51/5], *transkribiert für Klavier allein von Liszt (S. Richault)*
1850	*Trio op. 63 (S. Richault)*
1852	*Drei Romanzen für Oboe op. 94 (S. Richault)*
1853	*Sonate für Violine und Klavier op. 105 (S. Richault)*
1854	*Lied „An die Sonne"* [recte: *„An den Sonnenschein"* op. 36/4], *Übersetzung Bélanger* [recte: Béranger], *(S. Richault)*
1855	*Sechs Lieder op. 36 („6 Melodien, gesungen von Jenny Lind") (S. Richault)*
1856	*Zwölf Lieder op. 39; Drei Streichquartette* [op. 41]; *Fantasiestücke für Pianoforte, Violine und Violoncello op. 88; Myrthen op. 25 (S. Richault)*
1857	*Fantasiestücke op. 12 (die ersten vier Nummern; S. Richault)*
1860	*Faschingsschwank aus Wien* [op. 26]; *Nachtstücke* [op. 23] *(S. Richault)*
1861	*Bilder aus Osten* [op. 66] *(Flaxland)*
1862	*Papillons* [op. 2]; *Sonate op. 11; Drei Kindersonaten* [op. 118] *(Flaxland)*
1863	*Intermezzi op. 4; Streichquartette* [op. 41], *transkribiert für Klavier vierhändig (S. Richault); Skizzen für den Pedalflügel op. 58; Ouvertüre zur „Braut von Messina"* [op. 100], *Klavierauszug; Ouvertüre, Scherzo und Finale* [op. 52], *Klavierauszug; Märchenbilder* [op. 113]; *Drei Fantasiestücke op. 111 (Flaxland)*
1864	*Jugendalbum* [op. 68]; *Albumblätter* [op. 124]; *Bunte Blätter* [op. 99]; *Davidsbündler-Tänze* [op. 6]; *Gesänge der Frühe op. 133; Sonate op. 22; Fughetten op. 126, Kinderball, zwölf Stücke* [sic!] *zu vier Händen* [op. 130]; *Acht Stücke aus op. 99 (Flaxland)*
1865	*„Das Paradies und die Peri"* [op. 50], *Übersetzung V. Wilder; 29 Melodien op. 79; Noveletten* [op. 21] *(Flaxland)*
1867	*„Manfred"* [op. 115], *Übersetzung V. Wilder, Bearbeitung für Gesang und Klavier; Quintett op. 44; Fantasie op. 17; Drei Romanzen für Klavier* [op. 28] *(Flaxland)*
1868	*Konzert op. 54; Konzertstück op. 92; Adagio und Allegro für Klavier und Horn op. 70; Andante und Variationen für zwei Klaviere* [op. 46]; *verschiedene*

---

1 Olivier Alain, *Schumann und die französische Musik*, in: *Sammelbände der Robert-Schumann-Gesellschaft I*, Leipzig 1961, S. 48f.

> *Lieder (darunter der „Liebesfrühling"* [op. 37]*); Sonate für Violine und Klavier op. 121 (Flaxland)*

1869   *Fantasiestücke op. 73; Konzert op. 54 (S. Richault); Des Sängers Fluch* [op. 139], *Übersetzung V. Wilder; Kinderszenen* [op. 15]*; Vier Märsche* [op. 76]*; die drei Trios* [op. 63, 80, 110]*; Fantasie op. 73 (Flaxland)*

1872   *Mädchenlieder* [op. 103]*; Studien op. 56, bearbeitet für vierhändig Klavier* [sic!] *von Georges Bizet (Durand, Schoenwerk et Cie.)*

1873   *Etüden* [sic!] *op. 56; Fantasie op. 131; nachgelassenes Presto* [WoO 5, Nr. 2]*; nachgelassenes Scherzo* [WoO 5, Nr. 1] *(Durand, Schoenwerk et Cie.)*

1874   *Adventlied* [op. 71]*; Zigeunerleben* [op. 29/3], *instrumentiert von Gevaert; 30 Lieder, bearbeitet für Klavier allein von Clara Schumann; Spanische Gesänge der opera 74 und 138 (Durand, Schoenwerk et Cie.)*

1875   *Myrten op. 25 (Durand, Schoenwerk et Cie.)*

1879   *Requiem für „Mignon" op. 98b (Durand, Schoenwerk et Cie.)*

Dreiundzwanzig Jahre später beschrieb Wolfgang Boetticher die französischen Erstdrucke zu op. 7, 9 und 13 in seiner Untersuchung über Robert Schumanns Klavierwerke[2]. Angesichts dieser Forschungslage erscheint eine weitere Untersuchung notwendig. Einen Beitrag zur dieser Thematik soll das Referat leisten.

Eine Gesamtübersicht der französischen Erstdrucke der Schumannschen Werke bis 1870 ist hier als Anhang wiedergegeben[3]. Sie wurde unter Heranziehung verschiedener Verlagsverzeichnisse, der sogenannten *Registres du Dépôt Légal*, der Bestände der *Bibliothèque nationale* und des Konservatoriums, hergestellt[4]. Die für die Datierung der Erstdrucke einbezogenen Quellen sind in der Gesamtübersicht gekennzeichnet. Da die Erstausgabe des *Carnavals* als Beilage der *Revue et Gazette musicale de Paris* am 30. Juli 1837 erschien, ist eine genaue Datierung möglich[5]. Es fällt auf, daß Alains Aufzählung unvollständig ist. Er hat weder die Bestände des Konservatoriums noch die verlorenen Editionen berücksichtigt.

Die Herausgabe von Werken Schumanns in Frankreich von den *Impromptus* op. 5 an bis 1870 geschah in drei Perioden. In der ersten Periode – von ca. 1834 bis 1840 – erschienen vor allem Werke, die den in Frankreich seiner Zeit beliebten Gattungen angehörten: Variationszyklen (op. 5 und 13), Etüden (op. 10) und leichte Stücke (op. 15, 18 und 19). Die überwiegende Anzahl der großen Zyklen (op. 6, 12 und 16) und die Sonaten (op. 11, 14 und 22) wurden erst zu einem späteren Zeitpunkt veröffentlicht. In der zweiten Periode, die die Jahre 1840 bis 1846 umfaßt, wurde kein Schumannsches Werk mehr in Frankreich veröffentlicht. Dies ist verständlich, da die Werke des Komponisten nach 1840 weniger den in Frankreich beliebten Gattungen angehörten. In der dritten Periode, von 1846 an, erschienen in Frankreich wieder Werke mit großer Regelmäßigkeit: erst bei

---

2   Wolfgang Boetticher, *Robert Schumanns Klavierwerke. Neue biographische und textkritische Untersuchungen II (Opus 7–13)*, Wilhelmshaven 1984, S. 25 (zu op. 7), S. 83f. (zu op. 9) und S. 251 (zu op. 13)

3   siehe S. 202ff.

4   siehe *Erläuterungen* S. 215f.

5   vgl. *Revue et Gazette musicale de Paris*, Jg. 4, Nr. 31, 30. Juli 1837. Dort heißt es: *Messieurs les Abonnés recevront, avec le numéro de ce jour, Schumann op. 9, Carnaval, Scènes mignonnes pour le piano.*

Richault, und dann – ab 1861 – bei Flaxland. Bis 1870 wurde ungefähr die Hälfte der Schumannschen Werke in Frankreich veröffentlicht[6].

Für dieses Referat wurden nur einige französische Erstausgaben herangezogen. Es handelt sich, außer dem *Carnaval* op. 9[7], um die *Impromptus* op. 5[8], die Etüden op. 10[9], die *Symphonischen Etüden* op. 13[10] und die Arabeske op. 18[11]. Ein Vergleich der herangezogenen französischen Ausgaben und den deutschen Erstdrucken zeigt zahlreiche Textvarianten, die aber meist nicht die Gesamtkonzeption der einzelnen Stücke verändern. Es ist fraglich, ob Schumann diese Varianten beim Korrekturlesen überhaupt zur Kenntnis genommen hat. Die erwähnten Fakten lassen vermuten, daß es Schumann – wie es Ernst Herttrich zu einem Brief des Komponisten bemerkte – um rein finanzielle Interessen und um eine weitere Verbreitung seiner Werke ging[12].

Wie erklärt sich also das Fehlen ganzer Stücke im französischen Erstdruck des *Carnavals* (siehe Tabelle 1)? Wie können diese Abweichungen erklärt werden? Ebenfalls durch

---

6   Dabei handelt es sich um die veröffentlichten Werke mit Opuszahl.

7   *CARNAVAL / Scènes Mignonnes / Composées / Sur quatre notes / Pour le Piano Forte / Par / ROBERT SCHUMANN / à Mr Charles Lipinski / Opéra: 9 Prix: 9f. / Propriété des Editeurs. / PARIS, chez Maurice SCHLESINGER, Editeur, Rue de Richelieu 97. / Leipsick, chez Breitkopf & Härtel.* Platten-Nr.: *M.S. 2415*, Paris, Bibliothèque nationale, Sign.: *L. 5919 (2)*;
    Schlesinger-Ausgabe mit derselben Platten-Nummer, aber mit abweichendem Titelblatt: *à Mr. Ch. Lipinski. / – / LES / MASQUES / Scènes DE Carnaval / POUR LE / PIANO / PAR / Robert Schumann / Op: 9 Pr: 9f. / A PARIS, chez MCE. SCHLESINGER, Rue Richelieu, 97 / Leipzig, Breitkopf et Hartel. Propriété des Editeurs.*; Privatbesitz: Joël-Marie Fauquet. In dieser Edition wurden die fehlenden Stücke im französischen Erstdruck von Alexis Rostand – dem Großvater von Claude Rostand – handschriftlich hinzugefügt; vgl. hierzu Tabelle 1, S. 208

8   *Impromptu / sur une Romance / DE C. WIECK / Pour LE Piano / DÉDIÉ / à Mr Frédéric Wieck / par / ROBERT SCHUMANN / Œuv: 5. Prix: 6f. / Propriété des Editeurs. / A PARIS, chez RICHAULT, Editeur et Md de Musique Boulevart Poissonnière N° 16 au Premier. / A LEIPSICK, chez Fr. HOFFMEISTER. / 3146 R.*, Paris, Bibliothèque nationale, Sign.: *L. 13 575*

9   *6 / Etudes de Concert / POUR / PIANO / Composées d'après des Caprices de / PAGANINI. / PAR / R. SCHUMANN. / Opera 10. Prix 9f. / 2e Suite. / PARIS, chez S. RICHAULT, Editeur, Boulevart Poissonnière, N° 16 au 1er. / Leipzig, chez F. Hoffmeister. 6146. R. Propriété des Editeurs.*, Paris, Bibliothèque nationale, Sign.: *L. 13 578*

10 *à son ami / William Sterndale Bennett. / – / 12 / ÉTUDES / symphoniques / POUR / PIANO / PAR / Robert Schumann / Op: 13. Prix 9f. / PARIS, chez S. RICHAULT, Editeur, Boulevart Poissonnière, 26 au 1er. / 5003 R.*, Paris, Bibliothèque nationale, Sign.: *L. 13 579*

11 *ARABESQUE / POUR LE / PIANO / DÉDIÉ / à Madame Marjolin Essere* [sic!], */ PAR / ROBERT SCHUMANN / Opera 18. Prix: 5f. / PARIS, chez S. RICHAULT, Editeur, Boulevart Poissonnière, 16 au 1er. / Vienne, chez Pietro Mechetti. / 6022 R.*, Paris, Bibliothèque nationale, Sign.: *L. 13 580*

12 Ernst Herttrich, *Robert Schumanns frühe Klavierwerke und ihre späteren Fassungen*, in: *Schumann Forschungen*, Band 3, *Schumann in Düsseldorf*, Düsseldorf 1993, S. 26f. Im Januar 1839 schrieb Schumann an Clara: *Wegen Probst bat ich Dich schon mir zu schreiben, ob ich ihn bitten soll wegen Herausgabe einiger m. Sachen, vielleicht der Toccata, Phantasiestücke, Sonate, Ddblertänze u. Kreisleriana (letztere dann vielleicht unter anderen Titeln). Ich glaube, es ist die günstigste Zeit nächsten Frühling, wo Du und die Laidlaw hier und einmal von mir spielen. Das große Honorar (Probst weiß Einiges herauspreßen* [sic!]*) schenk ich Dir in die Wirthschaft.* Es ging Schumann in diesem nach Paris (!) geschickten Brief lediglich um die Frage, ob nicht die genannten Werke von französischen Ver-legern herausgebracht werden könnten, also um rein finanzielle Interessen und um eine weitere Verbreitung seiner Werke.

finanzielle Interessen? Oder durch eine andere Konzeption des Werkes? Wichtig erscheint, daß der französische Erstdruck zu op. 9 vom Komponisten autorisiert wurde. Schon am 22. Mai 1837 schreibt Schumann an Härtel[13]:

Ich nehme hier die Gelegenheit wahr, Sie, wie ich schon längst im Sinne hatte, um Verlagsübernahme zweier Compositionen von mir zu ersuchen. Eine heißt: „Carnaval"; die andere: „Phantasien [Phantasiestücke] für Pianoforte". Der Carnaval erscheint gleichzeitig, aber in etwas anderer Gestalt und mehr für die Franzosen verändert, bei Schlesinger in Paris, und würde ich Sie bitten, dessen Firma mit auf dem Titel zu erwähnen.

Tabelle 1:

Der französische und der deutsche Erstdruck zu op. 9:
Reihenfolge der Stücke

Französischer Erstdruck (30. Juli 1837)	Deutscher Erstdruck (August 1837)
Préambule	Préambule
Pierrot	Pierrot
Arlequin	Arlequin
	Valse noble
	Eusebius
	Florestan
Coquette	Coquette
Réplique	Réplique
3 Sphinxes	Sphinxes
	Papillons
	A.S.C.H.-S.C.H.A. (Lettres dansantes)
Chiarina	Chiarina
Chopin	Chopin
	Estrella
Reconnaissance	Reconnaissance
Pantalon et Colombine	Pantalon et Colombine
	Valse allemande
	Paganini
	Aveu
Promenade	Promenade
	Pause
Finale	Marche des „Davidsbündler" contre les Philistins

[13] *Robert Schumanns Briefe. Neue Folge*, hg. von F. Gustav Jansen, Leipzig ²1904, S. 421

Einige Abweichungen erscheinen durch die Absicht motiviert, dem französischen Publikum die Autorintention zu verdeutlichen. Das ist der Fall bei den *Sphinxes*, wo die Zahl 3 hinzugefügt wird:

Darüber hinaus hat Schumann fast alle Überschriften mit Chiffrencharakter unterdrückt. Es handelt sich um: *ASCH-SCHA (Lettres dansantes), Estrella, Florestan, Eusebius,* der *Marche des „Davidsbündler" contre les Philistins* und den Hinweis auf den *Großvatertanz* im Finale (*Thème du XVIIe siècle*). Einige Abweichungen können rein musikalisch erklärt werden, wobei zwei Möglichkeiten bestehen. Die fehlenden Stücke wurden entweder wegen ihrer zu geringen Konventionalität oder wegen einer Änderung der Gesamtkonzeption des Werkes unterdrückt. Das Fehlen von *Florestan* und *Eusebius* könnte durch ihre unklassische Syntax erklärt werden. Das gilt auch für die aphoristischen Stücke *Aveu* und *Pause*. Der syntaktisch ebenfalls unkonventionelle *Pierrot* wird jedoch beibehalten. Es kann also nicht angenommen werden, daß die in der französischen Edition fehlenden Stücke getilgt wurden, weil sie unkonventionell waren. Die Abweichungen sind eher durch eine Änderung der Gesamtkonzeption zu erklären. In diesem Zusammenhang sei auf die Gruppierung der Stücke in Paare hingewiesen, wie sie sich in der deutschen Erstausgabe finden lassen. Die Paare werden vor allem semantisch definiert, sie sind unregelmäßig im Werk verteilt, und ihre Einzelstücke stehen nicht immer unmittelbar hintereinander. Das Paar *Valse noble/Valse allemande* bietet dafür ein Beispiel (siehe Tabelle 2)[14].

Die paarweise Anordnung der Stücke des französischen Erstdruckes ist dagegen regelmäßig und kann sowohl auf semantischer als auch auf rein musikalischer Ebene erklärt werden. Der Zyklus umfaßt eine Einleitung (*Préambule*), vier Paare, einen Ruhepunkt (*Promenade*) und als Schluß das *Finale*. *Pierrot, Arlequin* (Paar I) sind durch dynamische Kontraste und Statik gekennzeichnet. *Coquette, Réplique* (Paar II) sind motivisch verbunden. *Chiarina, Chopin* (Paar III) zeigen übereinstimmend weitgespannten Periodenbau. *Reconnaissance, Pantalon et Colombine* (Paar IV) bilden größere Stücke mit kontrastierendem Mittelteil. Es fällt auf, daß die Stücke im Verlauf des Werkes immer rascher werden. Diese Entwicklung entspricht der Steigerung sowohl des *Préambules* als auch des *Finales* (siehe Tabelle 3). Die französische Erstausgabe des *Carnavals* erscheint demnach formal besonders ausgewogen. Schumann erzielt in dieser Fassung einen klassisch regelmäßigen Aufbau, der von der phantasievollen Konzeption der deutschen Ausgabe sehr entfernt ist. Auch der Tonartenplan ist in der Pariser Edition konsequenter dargestellt als in der deutschen Ausgabe (siehe Tabellen 4 und 5). Hinter der französischen Edition steht demzufolge eine konventionellere Gesamtkonzeption als hinter der deutschen Ausgabe. Schumann versuchte die phantasievolle Gesamtkonzeption des *Carnavals* den Bauplänen seiner schon in Frankreich veröffentlichten Variationswerke anzugleichen. Erinnert sei einerseits an die Steigerungsanlage der *Impromptus* op. 5 und der *Symphonischen Etüden* op. 13; andererseits an die paarweise Anordnung der letzten

---

[14] vgl. Jacques Chailley, *Carnaval de Schumann (op. 9)*, Paris 1971, S. 11

Fassung der *Beethoven-Etüden*. Sowohl die Steigerungsanlage als auch die paarweise Gliederung spiegeln sich in der Gesamtkonzeption des französischen Erstdruckes zu op. 9 wider.

Gruppierung der Stücke

Tabelle 2: In der deutschen Erstausgabe

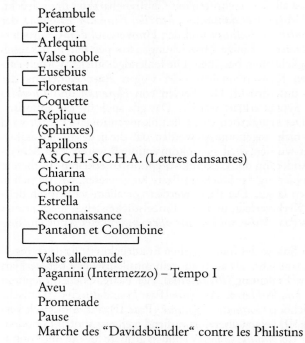

Préambule
┌Pierrot
└Arlequin
Valse noble
┌Eusebius
└Florestan
┌Coquette
└Réplique
(Sphinxes)
Papillons
A.S.C.H.-S.C.H.A. (Lettres dansantes)
Chiarina
Chopin
Estrella
Reconnaissance
┌Pantalon et Colombine

Valse allemande
Paganini (Intermezzo) – Tempo I
Aveu
Promenade
Pause
Marche des "Davidsbündler" contre les Philistins

Tabelle 3: In der französischen Erstausgabe

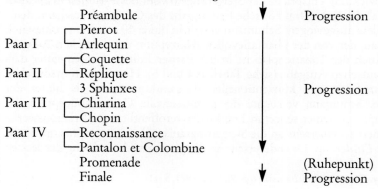

	Préambule	Progression
Paar I	┌Pierrot └Arlequin	
Paar II	┌Coquette └Réplique	
	3 Sphinxes	Progression
Paar III	┌Chiarina └Chopin	
Paar IV	┌Reconnaissance └Pantalon et Colombine	
	Promenade	(Ruhepunkt)
	Finale	Progression

Tonartenplan

Tabelle 4: In der deutschen Erstausgabe

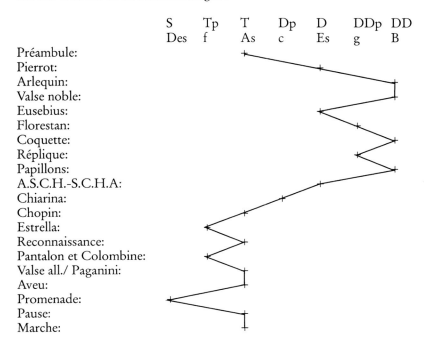

Tabelle 5: In der französischen Erstausgabe

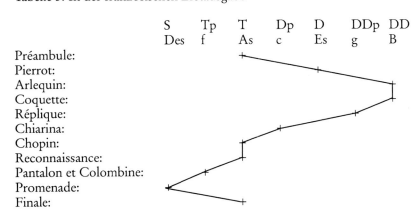

Der Einfluß der Variationswerke ist verständlich:
1. weil die *Symphonischen Etüden* zur selben Zeit entstanden wie der *Carnaval* und die letzte Fassung der *Beethoven-Etüden*;
2. weil die *Impromptus* op. 5 und die *Symphonischen Etüden* op. 13 zu den frühesten französischen Erstdrucken gehören.

Diese Wandlung der Strategie könnte Änderungen im Notenstich zwischen dem deutschen und dem französischen Erstdruck erklären. In der deutschen Ausgabe beginnen die Stücke sehr häufig in der Mitte einer Seite, in der französischen Edition dagegen die Paare bzw. die Stücke immer auf der linken Seite oben. Diese Rücksicht auf die graphische Gestalt erklärt, weshalb die 1. Reprise von *Coquette* nicht ausgeschrieben, die Reprise von *Chopin* dagegen ausgeschrieben ist. Diese Änderungen im Notenstich können natürlich auf eine Entscheidung des Verlegers zurückgehen. Briefe darüber sind meines Wissens nicht vorhanden.

Zusammenfassend und abschließend ist festzustellen, daß es Schumann bei den herangezogenen französischen Erstdrucken primär um eine weitere Verbreitung seiner Werke ging. Der *Carnaval* op. 9 bildet dabei eine Ausnahme. Er bietet eine völlig andere Gesamtkonzeption. Allerdings ist diese Strategieänderung vor allem durch den Versuch motiviert, den phantasievollen *Carnaval* seinen zuletzt geschriebenen Variationswerken anzupassen. Der französische Erstdruck des *Carnavals* bildet dementsprechend ein wichtiges Dokument für die Schumann-Forschung und erscheint für die *Neue Schumann-Gesamtausgabe* relevant.

Anhang

Gesamtübersicht der französischen Erstdrucke
Schumannscher Werke (1834–1870)[15]

Laut	Erschienen	Verlag	Opus	Titel
R1	ca. 1834	Richault	5	Impromptu [sic] sur une romance de Clara Wieck
GM	30. 7. 1837	Schlesinger	9	Carnaval
CS	ca. 1839	Richault	3	Etudes pour piano
R2			10	Six études de concert
			13	Douze études symphoniques
DL	12. 1839		18	Arabesque
			19	Pièce fleurie
			20	Humoresque
R3	ca. 1840		7	Toccata
S4		Schlesinger	15	Étrennes, scènes d'enfants
CS	1846	Brandus	49/1	Les deux grenadiers

---

[15] siehe Erläuterungen S. 215ff.

DL	1847	Richault	47	Quatuor
BN	1849		51/5	Mélodies favorites traduites pour piano par Liszt Nr. 1: Chanson d'amour de Schumann
DL	1850		63	Trio pour piano, violon et violoncelle
	1852		94	Trois romances pour hautbois
	1853		105	Sonate en *La* mineur pour piano et violon
R6	ca. 1854		56	Six morceaux pour orgue ou piano à pédales*
R7		Richault	44 54 70 73 80 110 121	Quintette Concerto Adagio et allegro Trois fantaisies Deuxième trio Troisième trio Deuxième sonate pour piano et violon
BN	1855		36	Six mélodies chantées par Jenny Lind
	1856		25 39	Le myrthe. 24 mélodies Douze lieder
CS			41 88	Trois quatuors Morceau de fantaisie
DL	1855–57		83/3	–
BN	1857	Maho	12	Pièces romantiques en deux livres
DL	1860	Richault	23 26	Heures du soir. Nocturne Le carnaval de Vienne
CS		Maho	16	Kreisleriana, fantaisie en deux livres
M2	ca. 1860		82	Dans la forêt, arrangé par Oechsner
DL	1861	Flaxland	66	Reflets d'orient. Six impromptus pour piano à quatre mains
BN	1862	Richault	25 42 u. a.	Douze lieders [sic] ou romances sans paroles [op. 25/3,7, 24; 36/6; 39/5,11; 42/1-4; 48/14; 90/2]
		Flaxland	11	Sonate en *Fa* dièze mineur connue sous le nom de Florestan et Eusèbe
DL			2	Les Papillons. Morceau de piano
			118	Trois sonatines pour piano

DL	1863	Richault	4	Six pensées fugitives pour piano
		Flaxland	42 48 u. a.	50 Mélodies. Textes allemands et français [op. 25/1,3,4,11,12,14; 27/1–5; 30/1,3; 36/4; 39/1,3–6,11,12; 42; 48; 49/1,2; 51/1–3]
BN			52	Ouverture, scherzo et finale. Réduction pour piano seul
DL			58 100 102 111 113	Esquisses pour le piano à pédales Ouverture de la fiancée de Messine pour piano Cinq pièces pour violoncelle, violon avec accompagnement de piano Trois morceaux de fantaisie pour piano Contes de fées pour alto ou violon
F1	ca. 1863		14 17 28 32 46 61 92 115 129 139	Troisième Sonate en *Fa* mineur Fantaisie pour piano Trois romances Scherzo, gigue, romance et fughette Andante et variations pour deux pianos. Arrangement pour piano seul par J. Schäffer Deuxième symphonie arrangée à quatre mains par l'auteur Introduction et allegro appassionato. Morceau de concert avec accompagnement d'orchestre Ouverture de Manfred (piano) Concerto La malédiction du chanteur
DL	1864		6 22 29/1 29/2 29/3 38 68 85 aus 99	Davidsbündler. 18 pièces caractéristiques pour piano Deuxième sonate pour piano Villanelle à deux voix Lied à trois voix Les bohémiens, chœur Première symphonie pour piano à quatre mains Album dédié à la jeunesse Douze pièces à quatre mains pour piano Huit morceaux

DL	1864	Flaxland	120	Quatrième symphonie en *Ré* mineur, arrangée à quatre mains
			124	Vingt feuillets d'album pour le piano
			126	Sept pièces pour le piano
			130	Bal d'enfants. Six pièces pour piano à quatre mains
			133	Chants du matin. Cinq pièces pour piano
	1865		21	Novelettes pour piano
			50	Le paradis et la péri, partition piano et chant
BN			79	29 mélodies dédiées à la jeunesse
DL	1867		24	Mélodies
M4 und M5	ca. 1868	Maho	112	La vie d'une rose. Cantate pour solos, chœur et orchestre
F2		Flaxland	WoO 3	Scènes de Faust de Goethe
DL	1868		aus 37	Douze mélodies. Musique de Robert et Clara Schumann [op. 37/1,3,8,9,10,12]
BN			40	Cinq mélodies
DL			78	Quatre duos
BN			125	Cinq mélodies
DL	1869		76	Quatre marches pour le piano

Erläuterungen

* In : FESSY, *L'organiste français. Répertoire de musique pour le service catholique*, Quatorzième année

BN Bestände der *Bibliothèque nationale*

BR Verlagsverzeichnisse von *Brandus et Cie*, Juli 1848; [Oktober und Dezember 1850]; 1852; 1853; Juli-November 1855; Juli 1858; Januar 1859; März und Oktober 1860; Mai, Oktober und November 1861; März und Dezember 1863; Januar und Juli 1865; Januar 1866; Juli 1868; [1873]

CS Bestände des Konservatoriums (in der *Bibliothèque nationale* vorhanden)

DL Registres du *Dépôt légal*[16]

---

[16] Die *Registres du Dépôt légal* sind in folgenden Pariser Institutionen vorhanden:
– *Archives nationales*
– *Bibliothèque nationale* (Doubletten);
vgl. hierzu Anik Devriès, François Lesure, *Dictionnaire des éditeurs de musique français II (1820–1914)*, Genf 1988, S. 20; Einzig die Doubletten der Bibliothèque nationale wurden für diese Arbeit berücksichtigt.

F1   *G. FLAXLAND / ÉDITEUR DE MUSIQUE / 4, PLACE DE LA MADELEI-*
     NE, 4 / PARIS / CATALOGUE DE SES PUBLICATIONS / Dépôt de Musique
     Étrangère / 1865

F2   *G. FLAXLAND / ÉDITEUR DE MUSIQUE / 4, PLACE DE LA MADELEI-*
     NE, 4 / PARIS / SUPPLÉMENT / AU / CATALOGUE DE SES PUBLICA-
     TIONS / Dépôt de Musique étrangère / 1869

GM   *Revue et Gazette musicale de Paris*, 4. Jg., Nr. 31, 30. 07. 1837[17]

M1   *CATALOGUE DE MUSIQUE / J. MAHO / ÉDITEUR-COMMIS-*
     SIONNAIRE / SPÉCIALITÉ / POUR LA MUSIQUE ÉTRANGERE /
     PARIS / 24, PASSAGE JOUFFROY, 24 / 1858

M2   *SUPPLÉMENT / AU CATALOGUE DE J. MAHO, ÉDITEUR A PARIS / 25,*
     rue du Faubourg-Saint-Honoré, 25, zwischen Februar 1859 und 1865 erschienen

M3   *CATALOGUE DE MUSIQUE / COMPOSANT LE FONDS / DE /*
     J. MAHO / EDITEUR-COMMISSIONNAIRE / 25, rue du Faubourg-Saint-
     Honoré / A PARIS / 1865 / COMMISSION ET EXPORTATION / SPÉCIA-
     LITÉ DE MUSIQUE ÉTRANGERE

M4   *SUPPLÉMENT / AU / CATALOGUE DE MUSIQUE / DE J. MAHO /*
     ÉDITEUR-COMMISSIONNAIRE / 25, rue du Faubourg-Saint-Honoré /
     A PARIS, zwischen 1865 und 1870 erschienen

M5   *CATALOGUE DE MUSIQUE / COMPOSANT LE FONDS / DE /*
     J. MAHO / ÉDITEUR-COMMISSIONNAIRE / 25, rue du Faubourg-Saint-
     Honoré, 25 / A PARIS / 1870 / COMMISSION ET EXPORTATION /
     SPÉCIALITÉ DE MUSIQUE ÉTRANGERE

R1   *Deuxième Partie du Catalogue / OU 1er SUPPLÉMENT / DU FONDS DE*
     MUSIQUE / DE SIMON RICHAULT, / ÉDITEUR DE MUSIQUE / Boule-
     vard Poissonnière, N° 16, au Premier, à Paris, ca. 1834

R2   *IIE SUPPLÉMENT / AU / CATALOGUE DE MUSIQUE / PUBLIÉE /*
     Par Simon Richault, / ÉDITEUR DE MUSIQUE, BOULEVARD POISSON-
     NIERE, 16, AU PREMIER, A PARIS, 1839

R3   *IVE SUPPLÉMENT / AU / CATALOGUE DE MUSIQUE / PUBLIÉ /*
     Par Simon Richault, / EDITEUR DE MUSIQUE, BOULEVARD POISSON-
     NIERE, 16, AU PREMIER. A PARIS, 1840–1841;

R4   *CATALOGUE DE MUSIQUE / PUBLIÉE PAR / S. RICHAULT / BOULE-*
     VARD POISSONNIERE, N° 26, AU PREMIER, A PARIS ca. 1844

R5   *DEUXIEME SUPPLÉMENT / AU / CATALOGUE DE MUSIQUE / DU*
     FONDS DE / S. RICHAULT / EDITEUR DE MUSIQUE / BOULEVARD
     POISSONNIERE, N° 26, AU PREMIER, 1848

R6   *CATALOGUE / DE / MUSIQUE RELIGIEUSE POUR LE CHANT /*
     AVEC / ACCOMPAGNEMENT D'ORGUE, OU DE PIANO, OU D'OR-
     CHESTRE / MUSIQUE D'ORGUE, ORGUE EXPRESSIF ET HARMO-
     NIUM / EXTRAIT DU / CATALOGUE GÉNÉRAL / PUBLIÉ PAR /
     S. RICHAULT / ÉDITEUR, / Boulevard Poissonnière, n° 26, au premier, /
     A PARIS, 1854

---

[17] siehe Anm. 5

R7   *CATALOGUE DE MUSIQUE / DE / PIANO / D'ORGUE EXPRESSIF, D'HARMONIUM / ET / D'ACCORDÉON, EXTRAIT DU / Catalogue général de Musique / PUBLIÉ PAR / S. RICHAULT / Editeur / A PARIS, / Boulevard Poissonnière, N° 26, au 1er,* 1855

S1   *CATALOGUE / DE / Maurice Schlesinger / 97, rue de Richelieu / Paris",* 1836

S2   *NOUVEAUTÉS / MUSICALES / publiées par / MAURICE SCHLESINGER / ÉDITEUR, / Paris, / 97, RUE RICHELIEU,* 1838

S3   *MUSIQUE NOUVELLE / PUBLIÉE PAR / MAURICE SCHLESINGER, / EDITEUR DE MUSIQUE, / 97, Rue de Richelieu, à Paris,* 1839

S4   *MUSIQUE NOUVELLE / PUBLIÉE PAR / Maurice SCHLESINGER, éditeur de musique, / 97, RUE DE RICHELIEU, A PARIS,* ca. 1840–1841

S5   *ABONNEMENT A LA LECTURE MUSICALE / MUSIQUE / pour / LE PIANO / Publiée par / MAURICE SCHLESINGER / ÉDITEUR / RUE RICHELIEU, 97 / PARIS,* ca. 1843

Ulrich Drüner

Frühe Musikdrucke
als Zeugen authentischer Textentwicklung

Über den Umgang mit Erst- und Originalausgaben
im allgemeinen

Die Problematik der Arbeit mit alten Musikdrucken sollte von zwei Seiten angegangen werden: einerseits von der terminologischen – auf der eine große Undeutlichkeit der üblicherweise verwendeten Begriffe zu beklagen ist – und andererseits von der technischen, wenn es um die Beurteilung von Druckverfahren und Besonderheiten des Musikverlagswesens geht. Die technischen Kriterien eines alten Musikdrucks sind zumeist entscheidend für die Beschreibung mittels einer adäquaten Terminologie.

1. Terminologie für die Bestimmung alter Musikdrucke

Der Begriff Erstausgabe (EA) hat zunächst eine rein zeitliche Bedeutung – Originalausgabe (OA) eine eher verlagsrechtliche. Eine Erstausgabe ist nicht mehr und nicht weniger als der früheste Druck eines bestimmten Werkes, muß aber nicht unbedingt vom Autor initiiert worden sein; eine Erstausgabe kann deshalb textlich auch einmal von unbefriedigender Qualität sein, da die Quellen nicht immer direkt vom Komponisten kommen. Viele Erstausgaben, u.a. auch bei Mozart, sind nichts anderes als ganz gewöhnliche Raubdrucke – Mozarts und Haydns Briefe enthalten lebensnahe Beschreibungen der üblen Methoden, durch die Verleger des 18. Jahrhunderts sich kostengünstige Kopien neuer Werke zum Schaden der Komponisten zu besorgen wußten. Der Wert einer Erstausgabe kann daher im Einzelfall eher emotionaler denn wissenschaftlicher Natur sein; in Fällen, da kein Autograph nachweisbar ist, ist die Erstausgabe ein „faute de mieux" mit vielen textkritischen Fragezeichen. – Eine Originalausgabe ist ein Druck, der auf Veranlassung des Komponisten (oder seines Rechtsnachfolgers) entstanden ist und oft auch vom Komponisten beaufsichtigt und korrigiert wurde. Zumeist liegen solchen Ausgaben schriftliche oder mündliche Verträge oder Korrespondenzen zugrunde, die heute, soweit noch vorhanden, eine wichtige Datierungshilfe sind; als Quelle diente in der Regel das Autograph oder eine sorgfältige und vom Komponisten überprüfte Abschrift. Es kann nur einen Erstdruck, durchaus aber mehrere Originalausgaben ein und desselben Werkes geben: erstens, wenn ein Werk revidiert und verändert, sodann wieder neu vom Komponisten publiziert wurde; zweitens war es im 19. Jahrhundert ein weitverbreiteter Brauch, die Rechte für eine Originalausgabe lediglich mit einer geographisch begrenzten Gültigkeit zu vergeben. Chopin, Berlioz, Meyerbeer, Liszt, Mendelssohn, Spohr, Rossini und viele andere sorgten dafür, daß ihre Werke möglichst gleichzeitig in Paris, London, Leipzig und Mailand erschienen, so daß für viele bedeutende Komponisten des 19. Jahrhunderts oft von einer französischen, englischen, deutschen und italienischen Originalausgabe zu sprechen ist. Von ihnen kann freilich nur eine gleichzeitig auch als Erstausgabe gelten, sofern die Publikationstermine aller Originalausgaben eines Werkes genau bekannt sind. Die Mitwirkung des Komponisten bei der Korrektur ist meistens nur bei einer der Originalausgaben nachzuweisen: in der Regel bei der in seinem jeweiligen Aufenthaltsland erschienenen, weshalb nicht alle Originalausgaben die gleiche „Urtext"-Qualität besitzen. Die Methode der länderbegrenzten Originalausgaben war die effektivste, um das Raubdruckunwesen unter Ausnutzung der bis gegen 1870 jeweils nur innerhalb eines Staates (oder Staatenbundes) gültigen Autorenrechte effektiv zu bekämpfen. Gute Erfahrung hatten in dieser Hinsicht bereits am Ende des 18. Jahrhunderts Joseph Haydn und vor allem Ignaz Pleyel gemacht, etwas später in einigen Fällen auch Ludwig van Beethoven (z. B. op. 59, 61, 76, 91, 92, 96, 97, wofür er z. T. neuerliche Textrevisionen durchführen ließ). Erst etwa ab dem mittleren Brahms waren die internationalen Rechts- und Vertriebsverhältnisse so stabil geworden, daß die Verlagsrechte weltweit auf einen einzigen Verleger konzentriert werden konnten.

Fällt eine reguläre Abtretung der Verlagsrechte mit der gesicherten frühesten Veröffentlichung zusammen, kann man (seit Hobokens Haydn-Verzeichnis) von einer Original-Erst-Ausgabe (OEA) sprechen. Im autorenrechtlich sich allmählich ordnenden 19. Jahrhundert impliziert das „Erst-" bald auch das „Original-", so daß der einfachere Terminus Erstausgabe ab etwa 1815 ordentliche Text- und Rechtsverhältnisse mitbeinhaltet. Das wird im Titeltext sehr oft in Vermerken wie *Eigenthum des Verlegers, Propriété de l'éditeur, Entered at Stationers Hall, Proprietà dell'Editore* deutlich, was in der Regel bereits als Hinweis auf eine Originalausgabe oder deren spätere Auflagen gewertet werden darf. Vor 1815 dagegen muß „Erst-" von „Original-" zumeist getrennt werden; im 18. Jahrhundert waren die Verhältnisse ohnehin zu unsicher. Mozarts zu seinen Lebzeiten erschienene Werke sind zwar Erstausgaben; die eindeutige Anwendung des Beiworts „Original-" ist jedoch nur in seltenen Fällen möglich, da die Zustimmung des Komponisten oder gar seine Mitwirkung oder die einer autorisierten Person nur selten nachweisbar ist. In manchen Fällen könnte man die späteren, nach 1799 bei André in Offenbach aufgrund des von Mozarts Witwe erworbenen Autographen-Nachlasses mit erstaunlicher Textsorgfalt herausgebrachten Drucke schon eher als „Original-Ausgaben" bezeichnen, auch wenn eine „Erstausgabe" bereits zu Mozarts Lebzeiten erschienen war. – Krassere Einzelfälle gibt es aber auch viel später: Im politisch und juristisch noch nicht geeinten Italien konnte von Verdis *Rigoletto* zuerst ein Raubdruck in Neapel erscheinen, während die Originalausgabe erst einige Wochen später in Mailand herauskam. In manchen Fällen kann man auch heute keine Entscheidung zur Druckpriorität treffen – vielleicht auch nicht in Zukunft: Mozarts *Zauberflöte* ist in Einzelnummern praktisch gleichzeitig bei zwei Wiener Verlegern erschienen, wobei für den einen und anderen „Hit" mal der eine, mal der andere Verleger in Termin und Preis an der Spitze lag – wohl beides aber sind Raubdrucke.

Sofern der Verleger mit den gut aufzubewahrenden Stichplatten operierte, konnte er mit für die Lagerhaltung günstigen Kleinauflagen von 20 bis 200 Exemplaren arbeiten; diese Auflagenzahlen sind verbürgt. Neuauflagen waren leicht herzustellen. Diese genau zu beschreiben ist eine schwierige und aus verschiedenen Gründen wichtige Aufgabe. Dabei richtet man das erste Augenmerk auf Unterschiede, die im Verhältnis zur frühesten Auflage am Titelblatt auftreten: Änderungen des Titeltextes und Preises, Änderungen der Verlagsadresse oder des Verlegers, oft auch Neustich des Titelblattes. Sind am Titelblatt solche Veränderungen ersichtlich, nennt man diese Abzüge Titelauflagen (TA) (vgl. Abbildungen 1 und 2).

Das zweite Augenmerk gilt den Folgeseiten mit dem Notentext. Oft sind diese völlig unverändert; oft aber enthalten sie Korrekturen, die manchmal auch auf den Komponisten zurückgehen. In manchen Fällen bei Beethoven, auch in einigen bei Schumann, sind diese Textänderungen – wie das Schumann-Symposion 1994 in besonders spannender Weise zeigte (vgl. u. a. Ausführungen Bernhard R. Appels zu Schumanns op. 18 S. 275ff.) – von erheblicher Bedeutung für die Textentwicklung und die Textkritik. – Zeigt eine Folgeauflage keine Änderungen im Titelblatt, kann man sie lediglich als späteren Abzug der Erst- (oder Original-)Ausgabe bezeichnen; auch sie kann Korrekturen, neu gestochene Platten, in Sonderfällen auch einen weitgehend neugestochenen Notentext enthalten. Die Grenzen zwischen den Titelauflagen und anderen Spätabzügen einer Erst- (oder Original-) Ausgabe einerseits und den eigentlichen Neustichen andererseits sind fließend, denn oft ersetzte man nur im Maße des Druckverschleißes einzelne Platten durch neue Stichplatten. Bei vielen Wiener Mozart-Erstausgaben kann man deren spätere Abzüge anhand der Anzahl der nachgestochenen Platten zeitlich in eine eindeutige Reihenfolge bringen. Besonders die Wiener Verleger nahmen bei der Wiederverwendung schwere Plattenschäden durchaus in Kauf und entschlossen sich zu Neustichen erst, wenn es kaum mehr anders ging.

Wurde eine Original-Ausgabe wegen zu starker Abnutzung vom Originalverleger durch einen Neudruck ersetzt, so darf man diese immer noch als (zweite, dritte . . .) Originalausgabe bezeichnen; viele dieser Nachstiche sind äußerst schwer als solche zu erkennen, da man das Titelblatt der Erstausgabe oft möglichst genau nachgestaltete. Manchmal wurde, wie bereits angedeutet, das gleiche Titelblatt wiederverwendet, soweit die Vorlage noch nicht abgenützt war. In solchen Fällen ist, wie z. B. bei Mendelssohns op. 45, die Unterscheidung von Erstausgabe und Nachstich kaum möglich. Beim Vergleich von Titeldekoration und Textumbruch muß gelegentlich auch der Millimeter-Maßstab herhalten; in manchen Fällen kann aber erst die Entdeckung einer Korrektur zur Identifizierung von Erst- und Neustich führen. – In der Regel haben die Neustiche des Originalverlags einen hohen Standard in der Textqualität, manchmal auch textlich einschneidende, auf den Komponisten zurückgehende Veränderungen (z. B. Brahms, op. 8). Besonders schnell folgten solche Nachfolge-Originalausgaben bei Mendelssohns *Liedern ohne Worte*, zum Teil aber auch bei diversen Klavierwerken Schumanns. Die Häufigkeit der originalen (wie freilich auch der nicht originalen) Neustiche sind gute Gradmesser für Rezeption und Beliebtheit des betreffenden Werkes und seines Komponisten.

2. Technische Begriffe im älteren Musikverlagswesen

Ohne eine genaue Untersuchung der drucktechnischen Beschaffenheit eines alten Musikdrucks kann man diesen nicht genau beurteilen und auch die zuvor eingeführten Termini nicht korrekt anwenden. Bisher wurde von der im 18. und in der ersten Hälfte des 19. Jahrhunderts am weitesten verbreiteten Drucktechnik gesprochen, dem Plattendruck, der als typischstes Merkmal auf dem Papier sichtbar den Rand des Plattenumrisses hinterläßt; beim Typendruck und beim Flachdruck bleibt dieser unsichtbar. Beim Plattendruck wird der Musiktext in ziemlich dünne und auch verletzliche Platten aus relativ weichen Metallen graviert (Kupfer, seit 1720 auch Zinn-Blei-Legierungen, seit 1850 auch die härteren Zinkplatten, die nur 1 mm Stärke aufwiesen). Diese Technik

221

erlaubte häufige, oft auch kleine Auflagen. Unter dem Druck der Druckpresse neigten die älteren und weicheren Platten gelegentlich zu Verformungen und Plattenrissen; letztere nahmen die schwarze Farbe leicht auf und sind als Zeugen späterer Abzüge im Druckbild gut zu erkennen. Auch das Stichbild unterlag der Abnutzung: zunehmende Undeutlichkeit sowie kleinere Verletzungen der Plattenoberfläche weisen ebenfalls auf spätere Auflagen hin.

Metallplatten zeigten bereits ab etwa einhundert Abzügen erste Abnützungszeichen; nach einigen hundert Abdrucken war die Stichplatte unbrauchbar geworden. Zwecks Ermöglichung höherer Auflagen kam man im 18. Jahrhundert wieder auf den Typendruck zurück. Dieser war ursprünglich um 1500 von Petrucci in ästhetisch bewunderungswürdiger Perfektion entwickelt worden, aber in einer technisch nur einfachen Form, die nur die Zusammensetzung von Einzelnoten, nicht aber von sauber gebalkten Notengruppen und Akkorden erlaubte. Johann Gottlob Immanuel Breitkopf griff diese Technik ab 1754 wieder auf und verfeinerte sie wesentlich durch Unterteilung der Notenzeichen in kleinste metallene Elemente, die durch Zusammensetzung die Darstellung sämtlicher rhythmischer und akkordlicher Verbindungen gestattete und die in mühsamer Kleinarbeit auf einer Platte montiert wurden. Nach einer hohen, aber einmaligen Auflage (ca. 400 bis 1000 Exemplare, seltener auch mehr) mußte man die Platten wieder demontieren; wegen hohen Gewichts und Volumens konnte man die Druckplatten nicht lagern, und außerdem mußten die Drucktypen wegen der hohen Herstellungskosten schnell anderweitig wiederverwendet werden. Beim Typendruck haben alle Abzüge in der Regel den gleichen Text; Varianten sind mir, abgesehen vom Austausch von Vokaltexten durch Übersetzungen bei Teilauflagen Haydnscher Werke, nicht bekannt.

Ebenfalls hohe Auflagen erlaubte in gewissen Varianten der Flachdruck. Es sind zwei Verfahren zu unterscheiden: einerseits die echte Lithographie (Steindruck), und andererseits der lithographische Umdruck. Bei der Lithographie wurde der Notentext entweder direkt (seitenverkehrt) auf den Stein aufgebracht, bevor man letzteren ätzte, oder es wurde ein spezielles Umdruckpapier verwendet, das das seitenverkehrte Aufbringen einer zunächst rechtsseitig geschriebenen Schrift auf den Stein gestattete (Autographie). Dieses Verfahren war schneller und bequemer als der Stich und erlaubte kleine bis mittlere Auflagenhöhen, ergab allerdings ein Notenbild, das dem gestochenen an Deutlichkeit und graphischer Brillanz nachstand. – Ab der Mitte des 19. Jahrhunderts gab es als abgewandeltes (oder weiterentwickeltes) Lithographie-Verfahren den Umdruck, bei dem der Notentext zunächst nach klassischer Methode in eine Metallplatte gestochen wurde. Von diesen Platten bedruckte man über Spezialpapierabzüge Steinplatten, die sodann geätzt und dadurch druckfähig gemacht wurden. Dieses Verfahren erlaubte sehr große Auflagen, da die Originalplatte geschont und erst nach dem Verschleiß jeweils eines Steinabzuges für einen weiteren Druckvorgang beansprucht wurde. Besonders nach der Erfindung der Röderschen Schnellpresse (1866) gelangte dieses Verfahren zu industrieller Dimension und diente bis zur Einführung der industriellen Photogravur im 20. Jahrhundert. Das Umdruckverfahren wurde – insbesondere bei Spät- und Titelauflagen bei Schumann sowie bei Frühwerken von Brahms – auch mit Platten veranstaltet, die bereits zuvor bei den (vor 1866 erschienenen) Erstauflagen für 100 oder mehr Exemplare im direkten Abzugsverfahren gedient hatten. Solche Flachdruck-Titelauflagen unterscheiden sich von Drucken, deren Stichplatten von Anfang an für das lithographische Schnellpressenverfahren konzipiert waren, durch eine leicht geringere Schärfe: z. B. oben offene

8- und 0-Typen in Seitenzahlen und Plattennummern, schlechter erkennbare Liedtexte und Phrasierungsbögen (bei mittleren und späten Brahms-Originalausgaben blieb dies in allen Auflagen des Schnellpressendrucks immer gestochen scharf).

3. Datierung und Textqualität

Während der ersten Hälfte des 18. Jahrhunderts nahmen die Verleger die bedauerliche Gewohnheit an, Musikdrucke nicht mehr zu datieren, wohl um den schwerer als Bücher absetzbaren musikalischen Produkten den Anschein des anhaltend Neuen zu geben. Für die Zeit davor und für die Zeit nach Einführung des datierten Copyright-Vermerks am Ende des 19. Jahrhunderts verursacht die Altersbestimmung von Musikdrucken geringere Probleme (wenn auch der Copyright-Vermerk noch lange keinen Aufschluß über das möglicherweise wesentlich spätere Abzugsdatum gibt). Zur nicht immer exakt möglichen Datierung der Musikdrucke des frühen 18. bis späten 19. Jahrhunderts gibt es verschiedene Methoden, die oft erst in ihrer kombinierten Anwendung befriedigende Ergebnisse erbringen.

Seit 1710 begann man zunächst vereinzelt, sodann häufiger, Musikdrucken Verlags- oder Plattennummern zu geben. Verlagsnummern erscheinen auf dem Titelblatt, Plattennummern im unteren Rand des Musiktextes; oft wurden die Plattennummern auch auf dem Titelblatt vermerkt, so daß in diesen Fällen Verlags- und Plattennummer identisch sind. Im letzten Drittel des 19. Jahrhunderts, da die großen Verlagshäuser bereits bei fünfstelligen Plattennummern angelangt waren, führte man auch von diesen abweichende, niedrigere Titelnumerierungen ein (Breitkopf & Härtel, Peters, Litolff etc.), die man auch als Editionsnummern bezeichnen kann und die als Titelersatz die Musikalienbestellung wesentlich vereinfachten. Manche dieser Serien sind, besonders bei Breitkopf & Härtel, nach Gattungen geordnet (Partitur-, Orchester-, Kammermusik-Bibliothek etc.). Diese diversen, in der Regel von den Verlegern chronologisch in aufsteigender Reihenfolge verwendeten Numerierungen sind oft datierbar, und es gibt inzwischen verschiedene Verzeichnisse, z. B. das (heute allerdings nicht mehr genügende) von O. E. Deutsch. Soweit diese Verzeichnisse nicht auf spezialisierten Verlagsmonographien oder originalen Druckbüchern basieren, müssen sie mit Vorsicht angewandt werden. Denn ihre Grundlage bilden in der Regel nur punktuelle Fälle heute kaum noch vorhandener datierter Verlagsunterlagen sowie Musikerbriefe und Verlagskorrespondenzen; auch Zeitungs- und Zeitschriftenanzeigen wurden verwendet, aber diese kündigten Verlagsprodukte gelegentlich auch mal um Wochen zu früh oder auch um Monate zu spät an. Dennoch ergibt sich aus den Verlagsnummer-Verzeichnissen ein brauchbares Datierungsgerüst, in das die übrigen Verlagsnummern als zeitliche Annäherungswerte eingefügt werden können. Solche Datierungen bleiben meistens Schätzungen, da die Nummernvergabe chronologisch eher für den Zeitpunkt des Rechtsabschlusses des Verlages mit dem Komponisten steht; Verlegung und Druck konnten bei vielversprechenden Produkten rasant schnell innerhalb weniger Wochen erfolgen – bei weniger gängigen Werken sind Abweichungen von Publikationsterminen aus der „normalen" Nummernreihe bis zu einigen Jahren bekannt. Daher: Vorsicht beim Umgang mit Verlags- und Plattennummern, besonders bei weniger bekannten oder erst später berühmt gewordenen Komponisten (was nicht ausschließt, daß Verlagsnummern heute unbedeutender, seinerzeit aber erfolgreicher Komponisten zeitlich sehr präzise sein können).

Ein weiteres Datierungsmittel sind die Verlagsadressen, die fast immer im unteren Teil des Titelblattes zu finden sind. Besonders in England und Frankreich wechselten die Musikverleger häufig ihre Adressen und Geschäftspartnerschaften; in Paris und anderswo wurden Straßen auch häufiger umbenannt. Daraus läßt sich ein Datierungsraster ableiten, das manchmal aufs Jahr genau, oft aber nur in Spannen von mehreren Jahren, seltener in wenig brauchbaren Abschnitten von 10-25 Jahren Auskunft über das Erscheinungsdatum gibt. Dies ist ein wichtiges Hilfsmittel bei Drucken ohne Platten- oder Verlagsnummern; aber auch Drucke mit diesen Nummern müssen anhand der Verlagsadresse überprüft werden, da letztere Auskunft über Titelauflagen und spätere Abzüge einer Ausgabe geben kann. Denn zumeist aktualisierte man bei einer Neuauflage nur die Verlagsadresse, nicht aber die Numerierung.

Wertvolle Aufschlüsse können auch Verlagskataloge geben, die oft auf der Rückseite des Titelblattes oder der letzten Seite oder auf Leerseiten des Umschlages aufgedruckt sind. Für Frankreich gibt es für das 18. und frühe 19. Jahrhundert bereits sehr gute Katalogverzeichnisse, aber auch für die anderen Länder sind diese Annoncen wichtig und geben oft Hinweise auf das ante quem und/oder post quem einer Publikation. Dieser Gesichtspunkt ist auch für die Musikverlagserzeugnisse des 20. Jahrhunderts wichtig: die Höhe angezeigter Opuszahlen oder die Anzeige späterer Kompositionen geben Aufschluß, wie lange nach dem Copyright-Datum ein Musikdruck wiederaufgelegt worden ist. Bisher lassen sich Erstauflagen von Werken Schönbergs, Weberns, Hindemiths und vieler anderer nur durch das Fehlen von Anzeigen später entstandener Werke mit einiger Sicherheit bestimmen – aber auch für Originalausgaben von Mendelssohn, Schumann, Brahms, Reger und vielen anderen ist diese Methode wichtig.

Eine weitere Datierungshilfe geben die auf dem Titelblatt vermerkten Verkaufspreise. Diese unterlagen häufigeren Wechseln und sind in guten Werkbibliographien als wichtiges Mittel der Auflagenidentifizierung stets vermerkt. Im Rahmen von Währungsumstellungen (z. B. 1841 Groschen/Neugroschen, 1873 Taler/Mark) können auch bei weniger gut erschlossenen Komponisten die früheren von den späteren Auflagen durch den Vergleich von Plattennummer und Preis geschieden werden.

Das sicherste, aber aufwendigste Datierungsmittel bleiben Komponisten- und Verlagskorrespondenzen sowie, in etwas geringerem Maße, die zeitgenössischen Zeitungs- und Zeitschriftenannoncen. Für die Arbeit mit den Erst- und Originalausgaben der bedeutenden Komponisten müssen dies die wesentlichen Arbeitsmittel bleiben – erst wo diese versagen oder nicht vorhanden oder nicht zugänglich sind, dürfen die anderen Methoden als Ersatz dienen. Exakte Datierung und genaueste Bestimmung des Textzustandes sind die Voraussetzungen zur kritischen Aufarbeitung eines Drucktextes im Rahmen der Werküberlieferung einer musikalischen Komposition. Zur Erstellung einer Bibliographie ist die Beherrschung der Beurteilung alter Musikdrucke eine unerläßliche Voraussetzung, ebenso bei den Vorarbeiten zur Edition von Urtext- und Gesamtausgaben. Besonders bei Werken, deren Autographen verloren sind, kommt den Erst- bzw. Originalausgaben höchste Bedeutung zu. Aber selbst wenn ein Autograph vorhanden ist, kann die Originalausgabe (oder sogar die letzte zu Lebzeiten des Komponisten erschienene originale Ausgabe) den besten, „endgültigen" Musiktext enthalten: die Korrekturverfahren vieler Komponisten waren auch Stationen des Werdens und der Weiterentwicklung eines Werkes, die oft nur noch in den Druckausgaben nachvollziehbar sind. So werden

Originaldrucke oft Zeugen des Weiterlebens eines Werkes über den Zustand des Autographs hinaus.

Zur Arbeit an der gedruckten Quelle sind Filme und Fotokopien oft ungenügend. Die Aussagekraft mancher Details der Papier- und Druckbeschaffenheit geht durch gewöhnliche reprographische Wiedergabe verloren; so ist, um nur ein Beispiel zu nennen, der am Papier unter dem Druck der Presse entstehende und am Original gut sichtbare Rand der Stichplatte in der Kopie oft nicht zu erkennen, so daß Platten- von Flachdruck und Erst- von Titelauflagen kaum zu unterscheiden sind. Kopien sind Behelfe, können aber den direkten, durchaus auch emotionalen und sinnlich-perzeptiven Kontakt mit der Originalquelle nicht ersetzen.

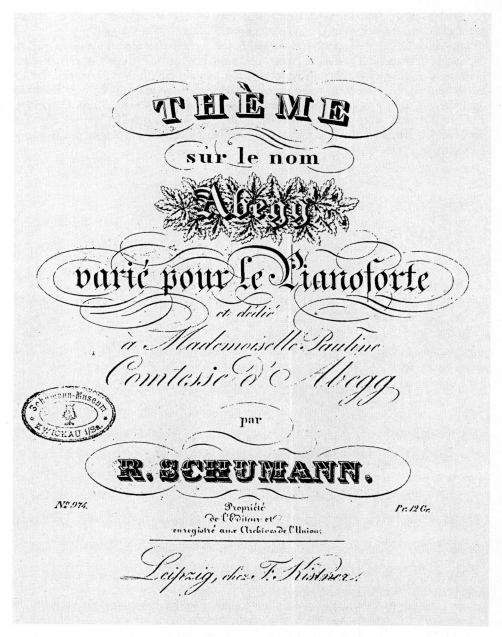

Abbildung 1a   Titelblatt des Erstdrucks von op. 1 (ohne Opuszahl)
Robert-Schumann-Haus Zwickau;
Sign.: *4501-D1/A4, Bd. 1* (Handexemplar Robert Schumanns)

Abbildung 1b   Titelblatt der 2. Titelauflage von op. 1
(mit veränderter Preisangabe und Angabe der Opuszahl)
Robert-Schumann-Haus Zwickau;
Sign.: *466-D1*

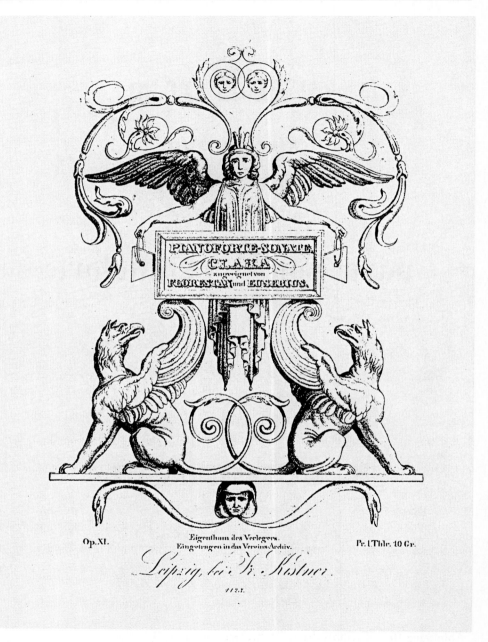

Abbildung 2a: Titelblatt des Erstdrucks von op. 11
                Robert-Schumann-Haus Zwickau;
                Sign.: *11837-D1/A4*

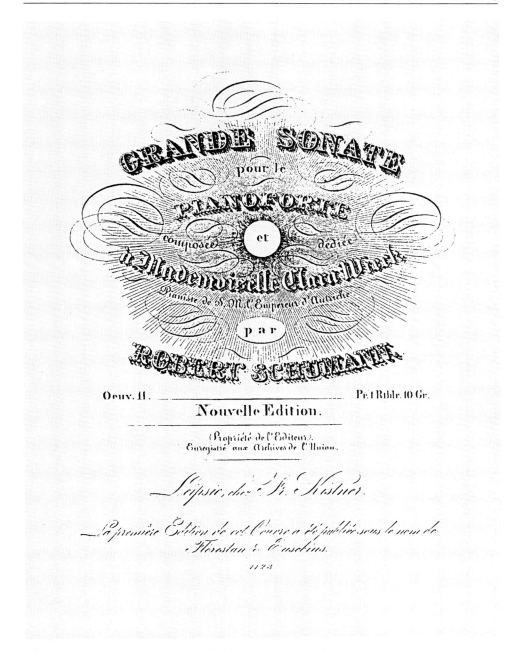

Abbildung 2b   Titelblatt der 1. Titelauflage von op. 11
                Robert-Schumann-Haus Zwickau;
                Sign.: *4501-D1/A4, Bd. 3* (Handexemplar Robert Schumanns)

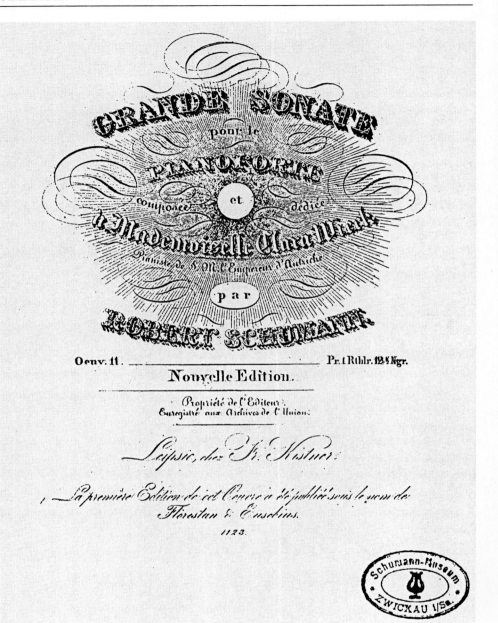

Abbildung 2c   Titelblatt der Plattenauflage der
1. Titelauflage von op. 11 (mit veränderter Preisangabe)
Robert-Schumann-Haus Zwickau;
Sign.: *3908-D1*

Diskussion

Bezugnehmend auf Herrn Drüners Begriffsbestimmungen von Original- bzw. Erstausgabe macht Frau Lühning darauf aufmerksam, daß bei mehreren Originalausgaben auch mehrere authentische Stichvorlagen und demzufolge praktisch auch mehrere Fassungen vorhanden sein können. Ob man nun von mehreren Fassungen sprechen will oder nicht, hängt vom Ausmaß der Abweichungen ab.

In seiner Erwiderung verweist Herr Drüner als Antiquar erneut auf die Notwendigkeit eines differenzierten Gebrauchs der Termini und plädiert dafür, den Begriff Originalausgabe in einem rechtlichen Zusammenhang, den Terminus Erstausgabe dagegen möglichst nur dann, wenn dieser rechtliche Zusammenhang nicht gegeben ist, zu verwenden. Er sieht darin die einzige Möglichkeit, in die Vielzahl der Bedeutungen, die in der Literatur mit diesen Bezeichnungen verknüpft sind, etwas Ordnung zu bringen.

Die Notwendigkeit einer einheitlichen Terminologie, die zumindest für die Schumann-Forschung Gültigkeit haben sollte, unterstreicht ebenfalls Herr Wendt, besonders auch im Hinblick auf einen Abgleich zwischen Gesamtausgabe und Werkverzeichnis.

Herr Appel gibt jedoch zu bedenken, daß bei Schumann der Gebrauch des Terminus Originalausgabe im rechtlichen Zusammenhang nicht immer eindeutig möglich ist, und verweist auf die von Clara Schumann quasi im Auftrag ihres Mannes herausgegebenen nachgelassenen Schumannschen Werke. Es handelt sich hierbei natürlich rechtlich um Originalausgaben, die allerdings nicht in dem Sinne wie andere autorisiert sind.

Während Herr Wendt dagegen die Auffassung vertritt, daß dies keinesfalls Originalausgaben sind, bekräftigt Herr Appel seinen Standpunkt, diese Ausgaben seien durch die Tatsache, daß Clara Schumann ein Rechtsverhältnis mit dem Verlag hatte, im rechtlichen Sinne durchaus autorisiert. Er unterstreicht seine Position, den Rechtsbegriff bei den nachgelassenen Werken Schumanns dennoch nicht zu verwenden.

Der Gebrauch des Terminus Originalausgabe als Rechtsbegriff ist Frau Gerlach neu, aber durchaus einleuchtend. Dominiert jedoch ein musikalisch orientierter Standpunkt, so ist es völlig uninteressant, ob zwischen dem Verleger und dem Komponisten Verhandlungen stattfanden, oder ob es sich gar um die Ausgabe nach einer Raubkopie handelt. Wichtig ist aus musikalischer Sicht nur, daß die Ausgabe auf einer dem Autorentext gemäßen Vorlage beruht. Das allein wird häufig unter dem Begriff authentisch oder autorisiert verstanden; und hierauf beziehen sich dementsprechend viele Editoren, in dem Glauben, daß es sich tatsächlich um den vom Komponisten beabsichtigten Notentext handelt, obwohl auch hier primär nur eine geschäftsmäßige Mitwirkung des Komponisten angesprochen ist. Deshalb sollte der Sinngehalt der Termini nicht noch weiter differenziert werden. Frau Gerlach schlägt vor, den Begriff Erstausgabe, der oft genug mit Originalausgabe gleichgesetzt wird, als den neutraleren zu gebrauchen, da es in der Regel einfacher ist, die Erstausgabe zu bestimmen, schwieriger dagegen festzustellen, ob es sich gleichzeitig um eine Originalausgabe handelt. Im Zusammenhang mit dem Werkverzeichnis sollte daher vom Erstdruck ausgegangen und der Terminus Originalausgabe nur dann ergänzt werden, wenn die Angabe gesichert ist. Die Frage, ob es sich dann tatsächlich um den vom Komponisten beabsichtigten Text handelt, ist ihrer Ansicht nach ein weiteres Problem.

Bezugnehmend auf die Bemerkungen Herrn Appels und die Bedenken Herrn Wendts schlägt Herr Drüner vor, den Begriff Originalausgabe für die postumen Ausgaben nicht zu verwenden, da das Rechtsverhältnis eben auch den direkten Kontakt zwischen Komponist und Verlag voraussetzt. Trotz aller Hochachtung vor den Leistungen Clara Schumanns für ihren Mann sind auch die von ihr nach Schumanns Tod ausgeführten Korrekturen keine Garantie dafür, daß sie im Sinne des Komponisten waren. Deshalb handelt es sich nicht nur um einen Rechts-, sondern auch um einen Authentizitätsunterschied hinsichtlich des Korrekturlesevorgangs. Herr Drüner empfiehlt, für die postumen Ausgaben nur den Begriff Erstausgabe zu verwenden.

Nach Auffassung Herrn Mayedas steht die Frage der Autorisierung im Vordergrund, wobei festgestellt werden sollte, ob der Komponist überhaupt und wie genau er Korrektur gelesen hat. Bekanntlich führten die Verlage ebenfalls Korrekturarbeiten aus, auf die sich Schumann möglicherweise oft verließ. Bezüglich der Korrektur schreibt Schumann beispielsweise an Breitkopf & Härtel, daß der Korrektor des Verlages sehr gründlich gearbeitet und er (Schumann) nur einen Fehler gefunden habe. Herr Mayeda stellt in diesem Zusammenhang die Frage, ob Schumann bis dahin wirklich immer selbst ausführlich eine eigene Korrektur vornahm. Seiner Ansicht nach geht es auch nicht allein um eine Autorisierung an sich, sondern um deren Ausmaß, deren Grundlage, deren Intensität.

Herr Schanze schlägt für die Klärung des Problems eine definitorische Differenzierung vor, da es sich einmal um buch-, verlags- bzw. textgeschichtliche Begriffe, zum anderen um editionsgeschichtlich bedeutsame Fragen handelt, wobei es auf die Bewertung der jeweiligen Überlieferungsträger ankommt. Spielen buch- oder verlagsgeschichtliche Bezeichnungen eine Rolle, so ist zu beachten, daß es um 1815, nach Gründung des Deutschen Bundes, zu Begriffsveränderungen kam. Daher sollten Termini wie Original- oder Erstausgabe sehr spezifisch auf den Zeitraum bezogen werden, in dem sie gebraucht wurden. Mit Zunahme der Autorenrechte änderte sich das Verhältnis zwischen Autor und Verleger grundlegend gegenüber der Zeit, als es für den Komponisten nur darum ging, allein über den jeweiligen Druck eine entsprechende Einnahme zu erzielen. In der hochverdienstvollen Klassifikation von Herrn Drüner ist für Herrn Schanze die historische Schichtung zu kurz gekommen. Er macht den Vorschlag, im Falle Schumanns bei den Begriffsbildungen von den Verhältnissen auszugehen, die von 1815 bis etwa 1866 (Gründung des Norddeutschen Bundes) galten. Weiterhin wurden in dem allgemeiner konzipierten Referat von Herrn Drüner Begriffsaspekte genannt, die für Schumanns Zeit nicht zutreffen und deshalb in diesem Zusammenhang wieder gestrichen werden könnten, während die für diesen Zeitraum geltenden noch mehr differenziert werden sollten.

Herr Drüner erwidert, daß er in einem Aspekt sogar weiter gegangen ist, indem er darauf hinwies, daß die Begriffe für jeden Komponisten spezifisch festgelegt werden müssen. Im Vorwort zum Schumann-Werkverzeichnis ist es daher notwendig, Termini wie z. B. Originalausgabe für den speziellen „Fall Schumann" zu definieren. Sein Anliegen war es, vom Standpunkt des Antiquars, der mit Werken aller Komponisten zu tun hat, eine allgemeine, für die meisten Komponisten zutreffende Begriffsbestimmung zu geben, von der ausgehend man im Spezialfall differenzieren kann.

Frau Lühning kommt es nicht auf die zeitgenössische Verwendung der Begriffe, die rechtlichen Möglichkeiten und Verbindlichkeiten für den Komponisten oder den Verleger an, sondern darauf, was Frau Gerlach mit Authentizität des Notentextes bezeichnete. Je älter die Werke sind, desto schwerer wird es, diese festzustellen. Oftmals ist man in der frühen Musikgeschichte froh, überhaupt einen zeitgenössischen Notentext zu besitzen, der wenigstens den Anschein erweckt, authentisch zu sein; ob das nun eine Original-, Erst- oder eine andere Ausgabe ist, interessiert hierbei nur peripher. Je mehr man sich allerdings der Gegenwart nähert, desto einfacher wird durch die zunehmende Vollständigkeit der historischen Quellen eine Differenzierung. In der Beethoven-Forschung ist eine Originalausgabe grundsätzlich nur eine Edition, an der Beethoven selbst beteiligt war, deren Herausgeber er war. Da bei Schumann nach ihrer Kenntnis die Quellen immerhin so vollzählig überliefert sind, daß man zwischen Original- und Erstausgabe unterscheiden kann, sollte dies auch begrifflich geschehen.

Herr Wendt macht darauf aufmerksam, daß im Verlaufe des Roundtable auch für Schumann noch ein Beispiel vorgestellt wird, für das keine Dokumente vorliegen, die eindeutig belegen, was Erst- bzw. Originalausgabe oder was originale Erstausgabe und spätere Nachdrucke sind (vgl. das Referat von Bernhard R. Appel).

Susanne Cramer

Historisches Aufführungsmaterial: Quellentypische Merkmale am Beispiel des Notenbestandes des Düsseldorfer Musikvereins

Obgleich die deutschen Bibliotheken über umfangreiche historische Bestände verfügen, wurde deren Erschließung und Nutzbarmachung durch öffentliche Gelder bislang unverhältnismäßig wenig gefördert[1]. Lediglich einzelne Katalogisierungsprojekte, finanziert und betreut von der Deutschen Forschungsgemeinschaft, trugen in den letzten Jahren zur Aufarbeitung dieses Defizits bei. Auch der historische Notenbestand des Städtischen Musikvereins Düsseldorf wird seit Juni 1992 in einem mehrjährigen Projekt der Deutschen Forschungsgemeinschaft erschlossen und katalogisiert. Die Musikalien, die fast durchweg aus dem 19. Jahrhundert stammen, lagerten jahrzehntelang in abgelegenen Räumen der heutigen Universitätsbibliothek. Erst 1989 stieß Herr Dr. Bernhard Appel von der Schumann-Forschungsstelle Düsseldorf bei der Suche nach Düsseldorfer Quellen zu Werken von Schumann auf die vergessenen Noten[2]. Auf seine Initiative hin wurde der gesamte Notenbestand vom Heinrich-Heine-Institut Düsseldorf als Depositum übernommen. Allerdings vergingen nochmals zwei Jahre, bis die Deutsche Forschungsgemeinschaft für das Katalogisierungsvorhaben gewonnen war, die Stadt Düsseldorf die notwendigen Sachmittel bereitgestellt hatte und die Referentin, die das Projekt durchführt, die in Packpapier verschnürten Musikalien vom gröbsten Staub befreien und einer ersten Sichtung unterziehen konnte.

Was dabei an Raritäten zum Vorschein kam, entlohnt zweifellos für die Bemühungen um die seltene Sammlung[3]. Diese füllt immerhin 120 Regalmeter und zählt mehrere 1000 Bände. Das musikalische Repertoire umfaßt ein breites Spektrum an Chor- und Orchestermusik des 19. Jahrhunderts, vor allem Oratorien, Kantaten, Chorballaden, Sinfonien, sinfonische Dichtungen und Phantasien, Konzerte und Ouvertüren. Dabei handelt es sich durchweg um jene Aufführungsmaterialien – Konvolute aus handschriftlichen und gedruckten Orchester- und Chorstimmen, Partituren und Klavierauszügen – die vom ehemaligen Düsseldorfer Musikverein angeschafft und verwendet wurden.

Dieser Verein, aus dem der heutige Städtische Musikverein und bereits im 19. Jahrhundert das städtische Orchester hervorgegangen sind, wurde 1818 anläßlich des 1. Niederrheinischen Musikfests in Düsseldorf gegründet. Chor und Orchester umfassend,

---

1 vgl. Bernhard Fabian, *Buch, Bibliothek und geisteswissenschaftliche Forschung. Zu Problemen der Literaturversorgung und der Literaturproduktion in der Bundesrepublik Deutschland*, Göttingen 1983; Ludger Syré, *Altbestandserfassung in wissenschaftlichen Bibliotheken der Bundesrepublik Deutschland*, Berlin 1987

2 Bernhard Appel, *Noten im Dornröschenschlaf. Wertvolle Funde beim Düsseldorfer Musikverein*, in: *Fermate*, Jg. 4/1989, S. 7–9.

3 Susanne Cramer, *Ausgepackt und abgestaubt: Raritäten aus dem historischen Notenbestand des Städtischen Musikvereins*, in: *175 Jahre Städtischer Musikverein zu Düsseldorf 1818–1993*, hg. von Johanna Becker, Düsseldorf 1994

setzte er sich zum größten Teil aus Musikliebhabern und -dilettanten zusammen und bildete mit dieser Laienbesetzung jahrzehntelang den wichtigsten Träger des öffentlichen Konzertwesens in Düsseldorf. Lediglich für die musikalische Leitung und Organisation wurden Berufsmusiker herangezogen: August Friedrich Burgmüller (1818–1824), Felix Mendelssohn Bartholdy (1833–36), Julius Rietz (1835–47), Ferdinand Hiller (1847–50), Robert Schumann (1850–53), Julius Tausch (1854–90) und Julius Buths (1890–1908).

Zahlreiche Chor- und Orchesterwerke dieser Komponisten sind in dem Notenbestand mit Uraufführungs- und Originalmaterial vertreten, u.a. mit handschriftlichen Stimmen von Düsseldorfer Kopisten. Dieses Material enthält vielfach Ergänzungen und Korrekturen von der Hand der Komponisten und besitzt aufgrund seiner Autorisierung einen hohen Quellenwert. Zu Schumann etwa liegen in dem Bestand acht Chor- und Orchesterwerke in autorisierten Stimmenabschriften vor. Davon abgesehen, enthält der Bestand zahlreiche rare Erstausgaben zu Werken von Haydn, Mozart, Cherubini, Beethoven, Spontini, Spohr und Weber. Die Komponisten der folgenden Generationen sind überwiegend mit unikaten Erstausgaben vertreten.

Merkmale des Düsseldorfer Musikalienbestandes

Es sei nun die Frage verfolgt, welche generellen Merkmale der Düsseldorfer Notenbestand aufweist, handelt es sich hier doch um einen ganz bestimmten Quellentypus, nämlich um Aufführungsmaterial, mit dem Dirigenten, Musiker und Sänger jahrzehntelang gearbeitet haben. Diese Musikalien hatten also in erster Linie einen Gebrauchswert und unterscheiden sich dadurch von anderen Quellentypen, wie etwa Widmungsexemplaren aus privatem Besitz.

In diesem Zusammenhang sollen vier Merkmale für diesen Quellentypus angeführt und im folgenden erläutert werden:

1. Depravation und Verlust des Notenmaterials
2. Erweiterung des Notenmaterials durch gebrauchsspezifische Zusätze
3. Heterogenität des Notenmaterials zu einem Werk
4. Erweiterung des Notenmaterials durch werkbezogene Zusätze

Die Depravation äußert sich in dem schlechten Zustand vieler Musikalien. Zahlreiche Noten weisen starke Gebrauchsspuren und Verschleißerscheinungen auf oder sind unvollständig. Die Stimmen und Partituren sind vielfach überhäuft mit handschriftlichen Einträgen. Nicht selten stößt man in den Orchesterstimmen auf private Notizen. Die Musiker trugen jedoch nicht nur ihren Namen ein, sondern auch Datum und Ort der Aufführung, bei der sie mitwirkten (siehe Abbildung 1). So enthalten insbesondere die Bläserstimmen oftmals eine Reihe von Aufführungsvermerken, die zur Erhellung der Düsseldorfer Aufführungsgeschichte eines Werkes beitragen.

Der Notenbestand ist außerdem durch einen erheblichen Materialverlust gekennzeichnet. Von den 439 Werken, die in dem Bestand vorliegen, sind nur 208 Werke durch ein komplettes Aufführungsmaterial vertreten. Bei den übrigen Werken fehlen einzelne Stimmen, ganze Stimmengruppen (etwa sämtliche Chorstimmen) oder, was noch häufiger vorkommt, die zugehörige Partitur. Solche Verluste müssen in vielen Fällen bereits im 19. Jahrhundert eingetreten sein und sind u.a. darauf zurückzuführen, daß die Musikvereine der Region ihr Notenmaterial untereinander austauschten. So befinden sich in dem Düsseldorfer Bestand andererseits zahlreiche Stimmen, deren Stempel darauf hinweist, daß sie von Gesangsvereinen aus Köln, Elberfeld, Aachen oder einer anderen rheinischen Nachbarstadt stammen.

Ein zweites Merkmal ist die Erweiterung der Musikalien durch gebrauchsspezifische Zusätze. Hierzu gehören etwa die Stempel, Etiketten oder Schutzumschläge, die von dem Musikverein in oder an dem Notenmaterial angebracht wurden. Auch die historischen Programmzettel, die noch in vielen Stimmen zu finden waren, stehen in diesem Zusammenhang. Solche Zusätze sind mitunter wertvolle Datierungshilfen. Zum Beispiel wechselte der Musikverein im Laufe des 19. Jahrhunderts mehrmals seine Besitzerstempel, wobei sich diese durch die Vereinsgeschichte zeitlich zuordnen lassen. So tritt etwa ein runder Stempel mit Aufschrift *ALLGEMEINER MUSIK-VEREIN DÜSSELDORF* erst seit 1845 auf[4]. Auch die Etiketten auf den Schutzumschlägen sowie Farbe und Beschaffenheit der Schutzumschläge selbst sind Kriterien für die Datierung. Wurden beispielsweise unter Mendelssohn ellipsenförmige Etiketten verwendet, so waren zu Schumanns Zeit rechteckige und bedruckte Etiketten üblich (siehe Abbildung 2). Die bereits erwähnten Aufführungsvermerke in den Orchesterstimmen können ebenfalls als termini ante quem herangezogen werden, insbesondere dann, wenn es sich bei den Stimmen offensichtlich um spätere Auflagen handelt, deren Erscheinungsjahr in den Monatsberichten von Hofmeister bekanntlich nicht angezeigt wird. Ebenso geben die beiliegenden Programmzettel nicht nur Aufschluß über die konkrete Verwendung des Materials, sondern sind auch termini ante quem für das Erscheinungsjahr der betreffenden Stimmenausgabe.

Der Aspekt der Heterogenität des Notenmaterials sei zunächst am Beispiel des *Dettinger Te Deum* von Händel erläutert. Zu diesem Werk liegt folgendes Material vor:

1. Klavierauszug und Chorstimmen (Trautwein, 1830)
2. Partiturabschrift (vor 1835)
3. Handschriftliche Orchesterstimmen (vor 1835 und später)
4. Partiturausgabe in der Bearbeitung von F. Mendelssohn (Kistner, 1869)
5. Klavierauszug (Rieter-Biedermann, ca. 1872)

Aus der Konzertchronik des Musikvereins geht hervor, daß das *Dettinger Te Deum* im 19. Jahrhundert mehrmals aufgeführt wurde. Die erste heute bekannte Aufführung fand 1835 unter Mendelssohn statt. Nun enthält die Partiturabschrift an zahlreichen Stellen mit Bleistift ausgeführte Ergänzungen und Varianten instrumentaler Stimmen, die mit ziemlicher Sicherheit von Mendelssohns Hand stammen (siehe Abbildung 3). Auch in den handschriftlichen Bläserstimmen finden sich Eintragungen von Mendelssohn, etwa in einer Oboenstimme ein Notentext für das Terzett *Thou sittest at the right hand* (siehe Abbildung 4). 1838, 1841 und 1846 wurde das *Dettinger Te Deum* unter Julius Rietz aufgeführt. Für den 8. 1. 1852 weist die Vereinschronik eine Aufführung unter Schumann nach. Aus dieser Zeit stammen möglicherweise einige handschriftliche Streicherdubletten, die sich durch ihr Papier deutlich von den Stimmen der Mendelssohn-Zeit unterscheiden. Jedenfalls wurden mehrere dieser Stimmen von dem Düsseldorfer

---

4 Julius Rietz vereinigte 1845 verschiedene Düsseldorfer Gesang- und Musikvereine zu einem *Allgemeinen Musikverein Düsseldorf.*

Kopisten Ottmann geschrieben, der unter anderem für Schumann tätig war. 1870 setzte Tausch das Chorwerk auf den Düsseldorfer Konzertplan. Von ihm stammen vermutlich die handschriftlichen Ergänzungen in der Partiturausgabe der Mendelssohnschen Bearbeitung. Das Material zum *Dettinger Te Deum* birgt somit Spuren verschiedener Aufführungen. Im Zuge dieser Aufführungen wurde es erweitert und um neue Ausgaben angereichert.

Die Heterogenität des Aufführungsmaterials zum *Dettinger Te Deum* ist ein repräsentatives Beispiel für den gesamten Notenbestand, der in der ersten Jahrhunderthälfte angelegt wurde (vgl. Tabelle 1).

Tabelle 1

Zur Heterogenität der Überlieferung

	Anzahl der Werke im Notenbestand des Düsseldorfer Musikvereins
Rein handschriftliche Überlieferung:	21
aus der 1. Hälfte des 19. Jahrhunderts	14
aus der 2. Hälfte des 19. Jahrhunderts	7
Mischüberlieferung:	93
(handschriftliche und gedruckte Überlieferung)	62
aus der 2. Hälfte des 19. Jahrhunderts	31
Rein gedruckte Überlieferung:	325
Anteil der homogenen Drucküberlieferung:	141
(Partitur und Stimmen als bibliographische Einheit)	
1820-1835 erschienen:	4
1835-1850 erschienen:	23
1850-1875 erschienen:	37
nach 1875 erschienen:	77

Von den 439 Werken liegen 21 Werke rein handschriftlich vor. Zu 14 dieser Werke stammen die abschriftlichen Quellen aus der ersten Jahrhunderthälfte. So ist beispielsweise die Kantate *Kampf und Sieg* von Carl Maria von Weber in einer Partiturabschrift, 64 handschriftlichen Orchesterstimmen und 83 handschriftlichen Chorstimmen vorhanden, wobei sämtliche Kopien aus der Zeit vor 1836 stammen. Weitere 93 Werke des Bestands sind durch eine gemischt handschriftliche und gedruckte Überlieferung repräsentiert. Auch hier stammt der Großteil des handschriftlichen Materials aus der ersten Jahrhunderthälfte, betrifft also Werke, die vor 1850 erschienen sind. Der Fall, daß nur die Partitur im Druck vorliegt, sämtliche Stimmen hingegen abschriftlich, tritt vor 1850 doppelt so häufig auf wie danach. Diese Mischüberlieferung geht im Laufe des Jahrhunderts zunehmend in eine reine Drucküberlieferung über. Bei den Werken aus der ersten Jahrhunderthälfte ist die gedruckte Überlieferung noch in vielen Fällen heterogen. Ein wesentlicher Grund dafür ist der schon erwähnte Materialverlust. So kommt es beispielsweise häufig vor, daß ein originaler Stimmensatz in einzelnen Stimmen durch spätere Auflagen oder neue Stimmenausgaben ergänzt wird. Zweifellos hängt der Nachkauf von

Orchesterstimmen, insbesondere von Streicherstimmen, auch mit der Vergrößerung des Düsseldorfer Orchesters zusammen.

Erst die nach 1870 erschienenen Werke liegen weitgehend in gedruckten Quellen vor, die eine bibliographische Einheit bilden, also homogen sind.

Ein viertes Merkmal ist die Erweiterung des Notenmaterials durch werkbezogene Zusätze. Am Beispiel des *Dettinger Te Deum* wurde bereits deutlich, daß sich im Notentext handschriftliche Ergänzungen, Aufführungshinweise und Streichungen befinden, die von Hand der Dirigenten oder in deren Auftrag eingetragen wurden. Das Notenmaterial birgt also vielfältige Spuren sowohl der historischen Aufführungspraxis allgemein als auch bestimmter Aufführungsereignisse in Düsseldorf.

Dieser Aspekt soll am Beispiel der 4. Sinfonie von Schumann abschließend erläutert werden, die in ihrer revidierten Fassung im März 1853 in Düsseldorf unter Schumann uraufgeführt wurde. Im Mai 1853 kam es auf dem Musikfest in Düsseldorf zu einer zweiten Aufführung unter Schumann. Im Notenbestand des Musikvereins liegt zu der Sinfonie folgendes Material vor:

1. drei handschriftliche Streicherstimmen: eine Violinstimme 1, eine Violinstimme 2 und eine Bratschenstimme
2. ein Satz Orchesterstimmen von Breitkopf & Härtel
3. eine Partitur von Breitkopf & Härtel

Jede der handschriftlichen Stimmen enthält Tonhöhenkorrekturen, Ergänzungen dynamischer Zeichen und Artikulationsbögen, die aufgrund der Korrekturvermerke und der Schrift Schumanns Hand zugewiesen werden können. Diese Eintragungen von Schumann sind teilweise mit Rotstift, teilweise mit Bleistift ausgeführt. Die Rotstifteintragungen sind durchweg in den Druck der Düsseldorfer Stimmenexemplare von Breitkopf & Härtel eingeflossen (vgl. Abbildung 5). Die handschriftlichen Stimmen stellen also auf jeden Fall eine frühere als die gedruckte Quelle dar. Da zur Zeit der Uraufführung im März 1853 noch keine gedruckten Stimmen vorlagen, ist anzunehmen, daß es sich bei den handschriftlichen Streicherstimmen um Uraufführungsmaterial handelt. Nun enthalten die gedruckten Streicherstimmen ihrerseits Bleistiftkorrekturen und -ergänzungen zur Dynamik, von denen einige mit Sicherheit von Schumanns Hand stammen. Diese Ergänzungen aber sind identisch mit den Bleistifteinträgen in den handschriftlichen Stimmen, die ja ebenfalls von Schumann eingetragen wurden. Ein Vergleich der Düsseldorfer Stimmendrucke mit Exemplaren vom Oktober 1853 führt nun zu dem interessanten Ergebnis, daß sich sämtliche der Bleistiftergänzungen von Schumanns Hand im Stimmenerstdruck wiederfinden (vgl. Abbildung 5 und Tabelle 2).

Am 8. Mai 1853 bedankte sich Schumann in einem Brief bei seinem Verleger Härtel für die schnelle Lieferung der Sinfoniestimmen, mit dem Zusatz, daß an dem Druck wenig zu korrigieren sei. Es liegt also nahe, daß es sich bei den Düsseldorfer Stimmenexemplaren um jene handelt, die Schumann um den 8. Mai zur Korrektur von seinem Verleger erhielt, mithin um Korrekturexemplare. Da er die Sinfonie am 16. Mai zum zweiten Mal aufführte, ist ferner anzunehmen, daß er diese Stimmenexemplare für diese zweite Aufführung verwendete. Schumanns handschriftliche Eintragungen in diesen Stimmen gehen dann auf die Probenarbeit für diese Aufführung zurück. Außerdem sind in den Düsseldorfer Stimmenexemplaren auch dynamische Anweisungen von anderen Händen enthalten, von denen einige ebenfalls im Stimmenerstdruck vom Oktober 1853

Tabelle 2

Vergleich der Düsseldorfer Streicherstimmen zur 4. Sinfonie von Schumann mit Stimmenerstdruckexemplaren vom Oktober 1853

Quelle A: Handschriftliche Streicherstimmen aus dem Bestand des Düsseldorfer Musikvereins (1 Violine 1, 1 Violine 2, 1 Viola)

Quelle B: Orchesterstimmen von Breitkopf & Härtel aus dem Bestand des Düsseldorfer Musikvereins

Quelle C: Exemplare des Stimmenerstdrucks von Breitkopf & Härtel im Oktober 1853

Quelle A	Rötelkorrekturen und -ergänzungen von Schumann	Bleistiftkorrekturen und -ergänzungen von Schumann	
	↓	↕	
Quelle B	gedruckter Notentext	Bleistiftkorrekturen und -ergänzungen von Schumann	Dynamische Ergänzungen von anderen Händen
	↓	↓	↓
Quelle C	gedruckter Notentext	gedruckter Notentext	gedruckter Notentext

erscheinen. Auch diese Anweisungen stehen also im Zusammenhang mit den Proben zur 2. Aufführung und wurden offenbar im Auftrage Schumanns von Orchestermusikern notiert.

In den handschriftlichen Eintragungen der Düsseldorfer Stimmen spiegeln sich somit zwei Aufführungen wider: die Uraufführung und die 2. Aufführung im Mai 1853.

Dieses fruchtbare Ergebnis ist innerhalb der Katalogisierung jedoch eher atypisch und nur durch einen Quellenvergleich möglich. In der Regel ist es äußerst schwierig, die handschriftlichen Eintragungen auf bestimmte Aufführungen zurückzuführen. Das ist vor allem dann problematisch, wenn ein Werk im Laufe des Jahrhunderts mehrmals aufgeführt wurde und die Eintragungen potentiell auf verschiedene Aufführungen bzw. Hände zurückgehen können. Gerade in den Stimmen wurden diese handschriftlichen Vermerke zur Dynamik, Artikulation oder zum Tempo meistens im Auftrag des Komponisten oder Dirigenten und nicht von ihm selbst angebracht. Bei vielen Stimmen und Partituren läßt sich bezüglich der Eintragungen letztlich nur das Faktum verschiedener Aufführungen konstatieren, ohne eine präzise Verbindung zwischen der Vielzahl der Eintragungen und bestimmten Aufführungen herstellen zu können. Da es sich oftmals nur um Schwellzeichen, Artikulationsbögen oder dynamische Einzelzeichen handelt, ist schon die eindeutige Identifizierung der Handschrift problematisch. Die Katalogisierung kann eine eindeutige Zuordnung und Identifizierung der handschriftlichen Eintragungen also in der Regel nicht leisten, sondern nur Vermutungen aufstellen.

Als Resümee ist abschließend festzuhalten, daß das Aufführungsmaterial des Düsseldorfer Musikvereins in erster Linie einen musikhistorischen Wert besitzt. Es trägt vielfältige Spuren des Gebrauchs. Diese Spuren, die auf der einen Seite den antiquarischen Wert der Musikalien herabsetzen, ermöglichen auf der anderen Seite wertvolle Erkenntnisse über die Aufführungspraxis der Zeit und über bestimmte Aufführungsereignisse in Düsseldorf. Außerdem besitzen insbesondere die Aufführungsmaterialien zu Werken der Düsseldorfer Komponisten einen potentiell hohen Quellenwert. Eine angemessene Katalogisierung muß dem Problem der Heterogenität und zeitlichen Vielschichtigkeit des Notenbestandes gerecht werden. Dies kann nicht bedeuten, daß die Katalogisierung aus der Überlieferung bereits Ergebnisse ableitet. Es kann lediglich darum gehen, daß die Erschließung einen hohen Grad an Differenziertheit aufweist und im Kontext der Katalogisierung Aspekte und Fragestellungen aufwirft, die für den späteren Benutzer eine Basis für weiterführende Ergebnisse bereitstellen.

Abbildung 1
Aufführungsvermerke in einer handschriftlichen Hornstimme zu der Kantate *Kampf und Sieg* von C. M. v. Weber

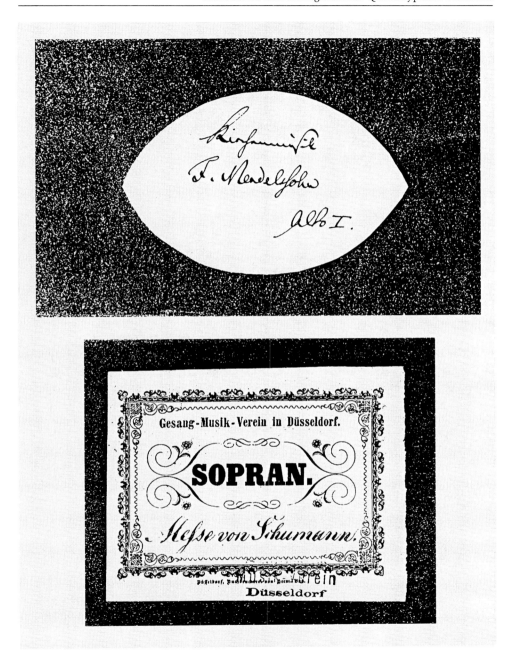

Abbildung 2
Etiketten des Städtischen Musikvereins Düsseldorf

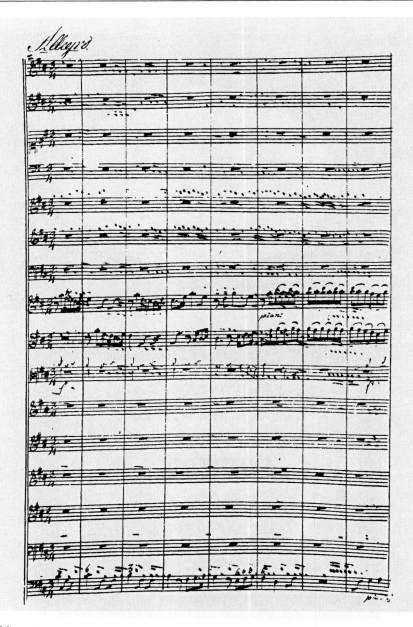

Abbildung 3
Partiturabschrift zum *Dettinger Te Deum* von G. F. Händel. Die Bleistifteinträge in dem
System der Bratschenstimme (7. System von unten) stammen mit ziemlicher Sicherheit
von Mendelssohn.

Abbildung 4
Handschriftliche Oboenstimme zum *Dettinger Te Deum* von Händel. Der untenstehende Notentext zu dem mit *Andante* überschriebenen Terzett stammt von Mendelssohns Hand.

Bleistift- und Röteleintragungen von Schumann in der handschriftlichen Bratschenstimme

Bleistifteintragungen von Schumann in einem Düsseldorfer Exemplar der Bratschenstimme

Entsprechender Text in einem Erstdruckexemplar der Bratschenstimme

Abbildung 5

Diskussion

Herr Wendt würdigt die Untersuchungen von Frau Cramer, denn das Phänomen, daß Schumann aus Korrekturexemplaren der Stimmen spielen ließ, war bisher nur für die 2. Sinfonie belegt. Um so interessanter ist es, daß dies auch für die 4. Sinfonie zutrifft. Er hebt die Bedeutung des von Frau Cramer gesichteten Materials hervor, denn bekanntlich sind originale Korrekturabzüge nur selten überliefert, worauf bereits Herr Drüner hinwies. Allerdings liegen der Schumann-Forschung im Vergleich zu der über andere Komponisten relativ viele Korrekturabzüge vor; außer den von Frau Cramer neu ermittelten stehen noch etwa 15 Korrekturabzüge zur Verfügung.

Daß das Material heute noch existiert, ist nach Ansicht von Herrn Niemöller ein glücklicher Umstand, was Frau Cramer bestätigt.

Ute Bär

Erstdrucke – Widmungsexemplare – Handexemplare

Zum Bestand von Erstdrucken Schumannscher Werke
im Robert-Schumann-Haus Zwickau

Eine auf Quellen beruhende Edition von Musikwerken ist ohne die Berücksichtigung von Originalausgaben, das heißt der zu Lebzeiten des Komponisten erschienenen und von ihm autorisierten Erstausgaben, kaum denkbar. Sie nehmen in nicht wenigen Fällen eine dominierende Position ein und dienen oft als Hauptquelle, da sie in der Werkgenese in der Regel den Schlußpunkt darstellen. Das trifft besonders auf Kompositionen zu, die seit Ende des 18. Jahrhunderts entstanden, da, wie auch ein Blick auf die Editionsrichtlinien verschiedener Gesamtausgaben zeigt, der Quellenwert von Originalausgaben mit Annäherung an das 19. Jahrhundert nicht zuletzt wegen der Entwicklung des Notenstichs und anderer Vervielfältigungsmethoden an Bedeutung zunimmt[1].

Wichtig ist daher zunächst die Bestimmung des originalen Erstdrucks, seine Abgrenzung von späteren Titel- und Plattenauflagen sowie von frühen Druckstadien[2]. Eine entscheidende Voraussetzung hierfür sind Übersichten über Standorte noch vorhandener Erstdrucke.

Für die Schumann-Forschung ist in dieser Hinsicht zweifellos das Zwickauer Robert-Schumann-Haus, das wohl über eine der umfangreichsten Sammlungen sowohl autorisierter als auch posthumer Erstdrucke Schumannscher Werke verfügt, einer der wesentlichsten Standorte. Einen wichtigen Teil in diesem Bestand stellen die Handexemplare dar. Schumann hat der Nachwelt diesbezüglich einen großen Dienst erwiesen. Er, der 1852/53 seine schriftstellerischen Arbeiten ordnete, ließ auch seine Werke in 23 Bände binden, was später Clara Schumann fortsetzte, die die posthum erschienenen Kompositionen ihres Mannes in gleicher Weise wie Schumann selbst binden ließ[3]. Somit besteht der glückliche Umstand, daß hierin, mit Ausnahme von op. 2, 3, 6 und 97, alle Werke Schumanns der offiziellen Zählung von op. 1 bis 148 in mindestens einem Erstdruckexemplar vorhanden sind[4]. Rechnet man den Band, in dem die Beilagen der *Neuen Zeitschrift für Musik* zusammengefaßt sind, hinzu, umfassen die Zwickauer Handexemplarbestände insgesamt 30 Bände (siehe Tafel 1).

---

1 vgl. *Editionsrichtlinien musikalischer Denkmäler und Gesamtausgaben,* hg. von Georg von Dadelsen, Kassel 1967

2 Im Falle Schumanns und Brahms' z.B. ist die Erstdruckbestimmung durch die von Kurt Hofmann herausgegebenen Erstdruckverzeichnisse, in denen neben den Titelblättern wesentliche, den jeweiligen Erstdruck kennzeichnende Merkmale sowie Hinweise auf spätere Auflagen für das gesamte Œuvre enthalten sind, erleichtert; vgl. Kurt Hofmann, *Die Erstdrucke der Werke von Johannes Brahms,* Tutzing 1975, ders., *Die Erstdrucke der Werke Robert Schumanns,* Tutzing 1979.

3 Es handelt sich hierbei um die Bände 11b, 21b, 24–27.

4 Die Bestimmung erfolgte auf der Grundlage des Erstdruckverzeichnisses von Kurt Hofmann (vgl. Anm. 2). Von op. 2, 3, 6 und 97 sind Exemplare der 1. Titelauflage eingebunden. Diese entspricht bei op. 3 dem Druck von op. 10, Nr. 1. Von op. 6 ist das Heft 1 doppelt vorhanden, Heft 2 fehlt. Im Falle von op. 97 handelt es sich um die 1. Titelauflage des vierhändigen Klavierauszuges von Carl Reinecke.

Die Handexemplare selbst sind jedoch nicht, wie bisher vermutet, erst 1853 zusammengestellt und gebunden worden, sondern ein Teil entstammt bereits der Dresdner Zeit (1844–1850). Kurz vor dem Umzug nach Düsseldorf ordnete Schumann seine Werke, was Eintragungen im *Haushaltbuch* vom 7. und 9. April 1850 bestätigen. Dort heißt es: *Ordnen vieler Kompositionen* bzw. *I̅mer fleißig im Ordnen*.[5] Diese Arbeit ist sicherlich im Zusammenhang mit einem geplanten Ortswechsel zu sehen, denn einige Tage zuvor, am 2. April 1850, vermerkt er: *Ernsthafte Gedanken an Fortziehen*.[6]

Mit der Zusammenstellung seiner Kompositionen hat Schumann aber wesentlich eher begonnen. In einem Brief an Carl Koßmaly vom 5. Mai 1843 ist zu lesen: *Noch erwähn' ich, daß die Compositionen in den beiden gebundenen Büchern und in der Folge stehen, wie sie der Zeit nach geschrieben sind: Die Variationen und Papillons 1830 – bis zu dem Concert 1836. Die nicht eingebundenen folgen sich so: Phantasie 1836, Davidsbündlertänze 1837, 2te Sonate 1835–1838, Kinderscenen 1838, alles andere 1839*.[7] Diese Bände sind jedoch nicht identisch mit den beiden ersten Handexemplarbänden, denn die von Schumann als nicht eingebunden erwähnten *Davidsbündlertänze* op. 6 sind in diesen enthalten.

Die verschiedenen Einbandvarianten, die erst bei genauer Betrachtung deutlich werden, und die Anordnung der Werke bekräftigen die Annahme, daß die Bände 1–12 in Dresden gebunden wurden. Dabei versuchte Schumann sowohl in Dresden als auch später in Düsseldorf, die Werke nach der Opuszahl aneinanderzureihen und nicht, wie bisher angenommen, nach dem Erscheinungsdatum, was jedoch nicht problemlos gelang. Vielmehr mußte er einen Kompromiß zwischen der Ordnung nach der Opuszahl und dem Erscheinungsdatum eingehen.

Tafel 1

Übersicht über die Zwickauer Handexemplarbände

Dresdner Bände

Band	Erscheinen der Werke	Enthaltene Werke	Fehlende Werke
1–8a, 9–10	bis Juli 1849	op. 1 bis op. 50 op. 52 bis op. 66 op. 68, WoO 1 Vorabdruck op. 32, 2 autorisierte Titelauflagen (op. 10,1 = op. 3, op. 11)	op. 3, 1. Auflage; op. 6, Heft 2; op. 41
11–12	bis Mai 1850	op. 51, op. 67 op. 69 bis op. 76 op. 78 bis op. 80 autorisierte Bearbeitungen	op. 70 (erschienen im August 1849, steht im Band 14)

---

5   *Tb III*, S. 523
6   ebd.
7   *Erler I*, S. 297

Düsseldorfer Bände

Band	Erscheinen der Werke	Enthaltene Werke	Fehlende Werke
8b	1844 1852	op. 50, Klavierauszug op. 50, Klavierauszug zu 4 Händen	
13–18	bis März 1852	op. 70, op. 77 op. 81 bis 105 autorisierte Neuausgaben und Bearbeitungen	
19	Mai 1852 bis Januar 1853	op. 106 bis 108 op. 110 bis 111 op. 41	
20	Oktober 1852	op. 112	
21–23	bis Januar 1854	op. 109 op. 113 bis op. 122 op. 124 bis op. 125 autorisierte Neuausgaben und Bearbeitungen	

Bände Clara Schumanns

Band	Erscheinen der Werke	Enthaltene Werke	Fehlende Werke
11 b	April 1866	op. 71, Partitur	
21 b	Januar 1862	op. 115, Partitur	
24–27	nach 1854	op. 123 op. 126–148 WoO 2	

Geordnet nach der Opuszahl, umfassen die Bände 1 bis 10 alle Kompositionen, die bis zum Juli 1849 erschienen sind. Allerdings standen Schumann zur Zeit der Bindung nicht alle Werke zur Verfügung, denn eine genaue Betrachtung der Handexemplare zeigt, daß mehrere Drucke, die nach der Opuszahl in die jeweiligen Bände gehören, erst nachträglich hinzugefügt wurden. Das ist allerdings nur geschehen, wenn eine völlige Neubindung vermieden werden konnte, das heißt, wo die entsprechenden Drucke lediglich angeheftet werden mußten. Konkret handelt es sich um den *Carnaval* op. 9 (letztes Werk im Band 1), um die *Kinderscenen* op. 15, die Lieder und Gesänge op. 27 und das Klavierquintett op. 44 (jeweils erstes Werk in den Bänden 3, 5 und 7). Vorgenommen wurden diese Nachträge wahrscheinlich erst Ende 1853. Darauf weist ein Brief Schumanns an Breitkopf & Härtel vom 9. November 1853 hin, in dem es heißt: *Bei Durchsicht meiner opera omnia sah ich leider, daß mir die Kinderscenen fehlen! Wollten Sie mir damit wohl ein Praesent machen, und vielleicht auch ein zweites für meine Kinder, die sie gern spielen möchten?*[8] Op. 15 ist eines der nachgebundenen Werke. Nicht eingearbeitet wurden dagegen die 1848 erschienenen Partituren der 3 Streichquartette op. 41. Sie gehören entsprechend der Ordnung nach der Opuszahl in den Band 6, der mit den zweistimmigen Liedern op. 43 endet. Der Band hätte bei Einhaltung der Opusreihenfolge völlig neu gebunden werden müssen, was nicht geschah. So ist von op. 41 lediglich das 1852 erschienene Arrangement für das Pianoforte zu vier Händen von Otto Dresel im Band 19 enthalten[9].

Die Bände 11 und 12 stammen aus späterer, aber noch aus der Dresdner Zeit. In ihnen sind die bis Mai 1850 veröffentlichten Kompositionen bis einschließlich des 2. Klaviertrios op. 80 sowie die in die Bände 9 bzw. 10 gehörenden Drucke der *Lieder und Gesänge* op. 51 und der *Romanzen und Balladen* op. 67 enthalten. Aber auch hier gibt es eine Ausnahme. *Adagio und Allegro für Pianoforte und Horn* op. 70, erschienen im August 1849[10], steht nicht folgerichtig im Band 11, sondern erst in dem ersten, mehrere Werke umfassenden Düsseldorfer Band 14 (Band 13 enthält den Klavierauszug der Oper *Genoveva* op. 81). Offensichtlich stand Schumann das Werk zum Zeitpunkt der Bindung von Band 11 nicht zur Verfügung. Eine Nachbindung wie in anderen Fällen war wiederum aufgrund der Opusfolge nicht möglich.

Eine Besonderheit unter den Bänden stellt der in a und b geteilte Band 8 dar. Der Band 8a mit der Partitur *Das Paradies und die Peri* op. 50 stammt entsprechend der Einbindung und der Opusfolge aus der Dresdner Zeit; der Band 8b mit dem zweihändigen Klavierauszug ohne Worte aus dem Jahre 1844 und dem 1852 erschienenen vierhändigen Klavierauszug ohne Worte desselben Werkes kann erst nach 1852 in Düsseldorf gebunden worden sein, worauf auch der Einband hindeutet, der den aus dieser Zeit stammenden Bänden entspricht[11].

Für die Düsseldorfer Zeit ist zu vermuten, daß trotz einheitlicher Gestaltung die Bände 13 bis 18 und 20, bzw. 19, 21 bis 23 nicht zusammenhängend, sondern nacheinander hergestellt wurden, wobei auch hier eine Ordnung nach der Opuszahl im Vordergrund stand, was im Falle von Band 19, der nach dem Band 20 gebunden worden sein muß, erkennbar ist. Band 20, der die im Oktober 1852 erschienene Partitur von *Der Rose Pilgerfahrt* op. 112 enthält, entspricht in der äußeren Gestaltung den Bänden 13 bis 18. Band 19 mit den Kompositionen op. 106 bis op. 111 und dem erwähnten Arrangement der Streichquartette op. 41, die teilweise erst nach der Partitur von op. 112 erschienen, steht von der äußeren Gestaltung her in einer Reihe mit Band 21. Schumann ließ also demzufolge in der Bandnumerierung zunächst Platz offen, um die Chronologie der Opuszahlen einhalten zu können.

---

[8] Brief Robert Schumanns an Breitkopf & Härtel, Düsseldorf, 9. November 1853, Hessische Landesbibliothek Darmstadt, *Breitkopf & Härtel Archiv, Nr. 101*

[9] vgl. Adolph Hofmeister, *Musikalisch literarischer Monatsbericht neuer Musikalien, musikalischer Schriften und Abbildungen. Als Fortsetzung des Handbuchs der musikalischen Literatur*, 24. Jg., Leipzig, Juni 1852, S. 97

[10] ebd., 21. Jg., September/Oktober 1849, S. 100

[11] vgl. ebd., 1. Jg., September/Oktober 1844, S. 157; 24. Jg., Oktober 1852, S. 175

Das Bemühen um Konsequenz in der Bandanordnung wurde wie in den späten Bänden der Dresdner Zeit dann durchbrochen, wenn einzelne Werke wesentlich später erschienen als die übrigen eines Bandes. Das trifft z. B. für die *Ball-Scenen* op. 109 zu. Das Werk gehört chronologisch in den Band 19 und ist auch entsprechend auf der Bandrückenangabe integriert. Da sein Erscheinen im September 1853 wohl zu sehr mit den anderen Werken dieses Bandes, die zwischen Juli 1852 und Mai 1853 veröffentlicht wurden, divergierte[12], ließ Schumann den Band zunächst ohne op. 109 binden und fügte das Werk entsprechend seinem Erscheinungsdatum in den Band 22 ein, der die zwischen Mai 1853 und Dezember 1853 herausgegebenen Kompositionen op. 116 bis op. 119 enthält. Gleiches trifft für die *Fest-Ouverture über das Rheinweinlied* op. 123 zu, die laut Opusnummer im Band 23 stehen müßte, aber erst nach dessen Bindung erschien und dementsprechend in den ersten der von Clara Schumann herausgegebenen Bände aufgenommen wurde. Das bestätigt ein Brief Schumanns an Johannes Brahms vom 11. März 1855, in dem es heißt: *Bei Simrock in Bonn ist jetzt der vierhändige Clavierauszug zur Festouvertüre über das Rheinweinlied erschienen. Meine Frau schrieb mir, daß sie vielleicht jetzt noch einen neuen Band binden könne. Nach der Opusnummer 123 müßte sie zum Anfang kommen; aber auf dem Rücken die Opuszahlen, die fortlaufen.*[13]

Einbezogen in die einzelnen Bände wurden neben neuen Kompositionen auch Titelauflagen[14], autorisierte Neuausgaben bereits zuvor erschienener Werke (*Impromptus* op. 5, 1. und 3. Klaviersonate op. 11 und 14, *Kreisleriana* op. 16, Lieder nach Eichendorff op. 39) und autorisierte Bearbeitungen von fremder Hand. Das betrifft u.a. Liedbearbeitungen für Pianoforte solo von Carl Reinecke (*Myrthen* op. 25, Männerchöre op. 33, Gesänge nach Reinick op. 36), Franz Liszt (*Widmung* op. 25, 1), H. Encke (*Belsatzar* op. 57), das bereits mehrfach erwähnte Arrangement der 3 Quartette op. 41 für Klavier zu 4 Händen von Otto Dresel sowie die *Fantasiestücke* op. 73 für Klavier zu 4 Händen von Gustav Jansen.

Bei Werken, die in verschiedenen Ausgaben herausgegeben wurden, fällt auf, daß in den Bänden 1–23 Orchesterpartituren und Einzelstimmensätze sehr selten eingebunden wurden. Letztere sind nur im Falle der Chöre op. 59, der *Fantasiestücke* op. 73, der *Fünf Stücke im Volkston* op. 102 und der Lieder nach Gedichten von Elisabeth Kulmann op. 103 zu finden. Die Ursache für ihr häufiges Fehlen sowohl in den Zwickauer als auch in anderen Bibliotheksbeständen (bis heute ist außer der Solostimme kein Erstdruck der Einzelstimmen des *Concertstückes für das Pianoforte mit Begleitung des Orchesters* op. 92 bekannt) ist sicher durch musikpraktische Gegebenheiten bedingt. Schließlich handelt es sich bei den Stimmensätzen um Gebrauchs- und somit Verschleißmaterial[15]. Das bestätigt ein Brief Clara Schumanns an Wasielewski aus dem Jahre 1853: *Sie erhalten hierdurch die Stimmen zum Quintett* [gemeint ist das Klavierquintett Es-Dur op. 44],

---

[12] vgl. ebd., 25. Jg., September 1853, S. 405

[13] Brief Robert Schumanns an Johannes Brahms, Endenich, 11. März 1855, in: *Robert Schumanns Briefe. Neue Folge*, hg von F. Gustav Jansen, Leipzig ²1904, S. 406

[14] vgl. Anm. 4

[15] Deutliche Benutzungsspuren weisen die im Zwickauer Robert-Schumann-Haus vorhandenen Stimmensätze des Klavierkonzertes op. 54, Archiv-Nr.: *7398-D1/A4, 3905-D1/A4*, auf.

die zwar sehr abgespielt, aber sehr correct sind.[16] Die gleiche Ursache könnte das Fehlen zahlreicher Partituraugaben (u. a. aller 4 Sinfonien) in den Handexemplarbänden haben. Auch sie sind vermutlich von Schumann für den praktischen Gebrauch benötigt worden. In den Bänden mit den posthum erschienenen Werken bemühte sich Clara Schumann, bis auf Einzelstimmen möglichst alle Druckausgaben einzubeziehen.

Den zu einer Opuszahl gehörenden Druckexemplaren der Bände 1–23 ist in der Regel jeweils ein besonderes autographes Vorsatzblatt vorgeschaltet, auf denen sich von Schumanns Hand Angaben zur Entstehungszeit, zum Entstehungsort und bei größeren Werken auch Aufführungsdaten befinden. Diese Angaben sind aber keineswegs vollständig. In einigen Fällen wurden Aufführungsdaten durch Clara Schumann oder Ferdinand Hiller ergänzt. Doch sind sowohl die autographen als auch die ergänzten Daten nicht in allen Fällen genau.

Zusätzlich zu diesen 30 Bänden verfügt das Zwickauer Robert-Schumann-Haus noch über einige weitere Erstdrucke aus dem Besitz Robert und Clara Schumanns, die wohl auch als Handexemplare dienten. Gleiches ist für Erstdrucke (u.a. Partituraugaben der Sinfonien) zu vermuten, die sich im Düsseldorfer Heinrich-Heine-Institut und im Lübecker Brahms-Institut befinden.

Neben dem Bestand an Handexemplaren liegen in Zwickau weitere 284 Erstdrucke, darunter 217 autorisierte Erstausgaben[17]. Integriert in diese Angabe sind die von Schumann zwar nicht selbst angefertigten, aber zu seinen Lebzeiten erschienenen Klavierauszüge einzelner Werke sowie die Erstdrucke von op. 123 bis op. 135, die während seines Aufenthaltes in der Endenicher Heilanstalt veröffentlicht wurden. Obwohl bei der Korrektur und Herausgabe von letzteren bereits Clara Schumann und Johannes Brahms keinen geringen Anteil hatten, sollten sie dennoch zu den autorisierten Drucken gerechnet werden. Daneben verfügt das Zwickauer Schumann-Haus über 67 nichtautorisierte Erstdrucke der posthum erschienenen Werke und Bearbeitungen.

Von den Werken mit unterschiedlichen Ausgaben (Partitur bzw. Klavierpartitur, Klavierauszug, Stimmen) sind in der Regel nur einzelne, meist Partituren oder Klavierauszüge, vorhanden, wobei keine Dominanz einer bestimmten Ausgabenart vorliegt. Einzelstimmen sind jedoch sehr selten. Von den Orchester-, Bühnen- und Chorwerken mit Orchester liegt in Zwickau nur der komplette Orchesterstimmensatz und ein Bläserstimmensatz des Klavierkonzertes op. 54 vor[18]. Gesangsstimmen sind lediglich von drei Werken (*Requiem für Mignon* op. 98b, *Vom Pagen und der Königstochter* op. 140 und *Das Glück von Edenhall* op. 143) vorhanden. Bei den instrumentalen und vokalen Kammermusikwerken mit Klavier stehen in der Regel die Klavierpartituren, nicht aber die Solostimmen zur Verfügung.

Unter den autorisierten Erstdrucken gibt es 17 Widmungsexemplare und einen Druck der 3 Quartette op. 41 mit autographem Besitzervermerk Robert Schumanns, wobei das Widmungsexemplar des Liederkreises *Myrthen* op. 25 an Clara Wieck, Schumanns Hochzeitsgeschenk, zweifellos eine Besonderheit darstellt. Es handelt sich um ein in

---

[16] Brief Clara Schumanns an Joseph Wilhelm von Wasielewski, Düsseldorf, 20. Februar 1853, in: Renate Federhofer-Königs, *Wilhelm Joseph von Wasielewski im Spiegel seiner Korrespondenz*, Tutzing 1975, S. 44

[17] vgl. Anm. 4

[18] Archiv-Nr.: *7398-D1/A4, 3905-D1/A4*

roten Samt gebundenes, auf Glanzkarton mit Goldschrift gestochenes, mit Goldschnitt versehenes Exemplar, dessen innere Buchrücken und Vorsatzblätter mit Seide bezogen wurden. Die Widmung auf dem vorderen Vorsatzblatt lautet: *Meiner geliebten Clara / am Vorabend unserer Trauung / von ihrem Robert.*[19]

Im Verlaufe der Katalogisierungsarbeiten ist ein Widmungsexemplar des 1. Klaviertrios op. 63 an Emanuel Klitzsch wiederentdeckt worden, das, mit einem Papiereinband versehen, als normales Erstdruckexemplar betrachtet wurde. Erst die Lösung des Schutzumschlages legte die sehr gut erhaltene Widmung frei.

Rätsel gibt noch ein in Zwickau vorhandenes Widmungsexemplar der *Davidsbündlertänze* op. 6 auf. Es gelangte 1934 durch einen Herrn Professor Grothe aus Zwickau in die Archivbestände und trägt die autographe Widmung Schumanns: *In freundlichstem Gedächtnis / Robert Schumann / L[ei]pzig d. 21 Februar 1838.*[20] Dem Exemplar beigelegt ist ein handschriftliches Schreiben Grothes, nach dem ein bisher unbekannter Timoleon Miesegass der Widmungsträger sei. Anzunehmen ist, daß es sich hierbei um ein Pseudonym einer den Davidsbündlern gleichgesinnten Persönlichkeit handelt.

Von spezieller Bedeutung sind außerdem 12 weitere Drucke, die zum einen Widmungsexemplare Clara Schumanns an ihre Schülerinnen Käthchen Then, Nanette Falk und an Mary Wurm sind, zum anderen aus dem Besitz Clara Schumanns selbst stammen und handschriftliche Eintragungen von ihr enthalten. Daneben gibt es Exemplare, die als Vorlagen für die Alte Gesamtausgabe dienten und Eintragungen sowohl von Clara Schumann als auch von Johannes Brahms aufweisen. Obwohl es sich bei letzteren nicht in jedem Falle um Erstdrucke handelt (*Arabeske* op. 18, *Waldscenen* op. 82), besitzen sie durch diese Eintragungen besonderen Stellenwert.

Der Grundstein dieser umfangreichen Erstdrucksammlung wurde ebenso wie der des gesamten Archivbestandes bereits 1910, dem Jahr der Gründung des Zwickauer Robert-Schumann-Museums, gelegt. Zu diesem Zeitpunkt gelangten zunächst als Leihgabe, später als Geschenk Exemplare von Emanuel Klitzsch in den Besitz des Museums. Ein Großteil des Erstdruckbestandes konnte 1912 eingegliedert werden. Es handelt sich um 81 Drucke aus dem Nachlaß F. Gustav Jansens, die direkt durch Kauf aus der Jansenschen Familie erworben wurden bzw. aus der Schenkung eines Frl. Sonntag aus Zwickau stammen. In welcher Beziehung Frl. Sonntag zur Jansenschen Familie stand, ist bisher unbekannt.

Unter den Drucken aus dem Jansenschen Nachlaß befinden sich neben Exemplaren mit eigenen handschriftlichen Eintragungen in den Notentext auch solche, in denen Jansen sowohl Bemerkungen Schumanns zur Entstehungszeit (wahrscheinlich aus den Autographen) zitiert, als auch eigene Bemerkungen zu den Werken selbst formuliert. In dem Exemplar der *Nachtstücke* op. 23 heißt es: *Die + [Das Datum (20. Januar 1840) hat Jansen am Ende der Eintragung ergänzt.] eingesandten Nachtstücke waren mit Überschriften versehen. Am 21. Jan 1840 schrieb Schumann an / Mechetti, er möchte die vierzehn Überschriften weglassen und dafür Nummern setzen. + am 20. Januar 1840.*[21] Jansen selbst schrieb die Überschriften mit Blei in dieses Exemplar. Die Eintragungen in

---

[19] Archiv-Nr.: *5996-D1/A4*
[20] Archiv-Nr.: *10712-D1/A4*
[21] Archiv-Nr.: *494-D1/A4*

den Notentext selbst sind bisher noch nicht untersucht worden, was im Zusammenhang mit der Neuen Gesamtausgabe und anderer Editionen Schumannscher Werke aber unerläßlich ist.

Dank des unermüdlichen Wirkens von Martin Kreisig, der in 30jähriger Treue und Liebe zu Schumann und seiner Kunst das Zwickauer Archiv aufbaute, konnte in den Folgejahren auch der Bestand an Erstdrucken erweitert werden. Eine große Bereicherung stellte 1944 eine Schenkung von Dr. Emanuel Ancot, des Erben der Wiede-Sammlung, dar, der dem Schumann-Museum u.a. 18 Erstdrucke überließ. Die hohe Anzahl von Erstdrucken Schumannscher Werke ließ in Zwickau neben den gebundenen Handexemplarbänden einen zweiten kompletten Bestand vermuten, was die Nachprüfung leider nicht bestätigte. In bezug auf das Gesamtwerk zeigen sich erhebliche Lücken.

Trotz des Bemühens um Eindeutigkeit bei der Bestimmung der Drucke kann nicht ausgeschlossen werden, daß sich unter den als Erstausgaben katalogisierten Exemplaren Plattenauflagen befinden. Zwar scheint die Bestimmung zunächst vom äußeren Erscheinungsbild durch den Vergleich von Titelblättern, Plattennummern, Umschlaggestaltung, Seitenzahlen (um nur einige Kriterien zu nennen) unproblematisch, was sich aber sehr schnell als Trugschluß erwies. In Zwickau (und sicher nicht nur hier) gibt es Exemplare, die gegenüber dem Hofmannschen Verzeichnis Besonderheiten aufweisen, die zwar meist sehr geringfügig, aber dennoch vorhanden sind. Auf sie treffen aber auch nicht die Beschreibungen von Titel- bzw. späteren Auflagen zu. Um welche Ausgaben es sich handelt, können nur detaillierte Untersuchungen und Notentextvergleiche zeigen. Gleiches trifft auf Ausgaben zu, die wie das *Blumenstück* op. 19 laut Titelblattangabe gleichzeitig bei verschiedenen Verlagen erschienen, in diesem Falle sowohl bei Pietro Mechetti, Wien, als auch bei Simon Richault, Paris. Allgemein bekannt ist der Druck von Mechetti, den auch Hofmann beschreibt[22]. Von der französischen Ausgabe existieren nach bisheriger Kenntnis nur noch je ein Exemplar in der Bibliothèque nationale Paris und im Zwickauer Robert-Schumann-Haus. Unter den Handexemplaren befindet sich eine solche Ausgabe nicht.

Die „Stempelfrage" ist ein weiteres Problem, das bei der Katalogisierung der Zwickauer Erstdruckbestände auftauchte. Danach gibt es Erstdrucke mit oder ohne Verlagsstempel, die vor allem bei Werken, die im Verlag Breitkopf & Härtel erschienen, wiederum verschieden sein können. In bezug auf diesen Verlag brachte eine Analyse der Handexemplare die mögliche Lösung. Es wurde deutlich, daß nur Drucke mit Preis, der laut Hofmann bei Frei- oder Geschenkexemplaren abgedeckt wurde[23], Verlagsstempel aufweisen. Demzufolge ist anzunehmen, daß die Exemplare mit Preis und Stempel vom Verlag selbst vertrieben wurden, während andere Musikalienhandlungen ihren eigenen Stempel aufdruckten. Das bekräftigen Erstdrucke aus dem genannten Verlag, die Stempel anderer Musikalienhandlungen aufweisen. Das Zwickauer Robert-Schumann-Haus verfügt z. B. über einen Sammelband mit Schumannschen Klavierwerken aus dem Besitz Nikolai Rubinsteins. Sicher tragen die darin enthaltenen Drucke nicht zufällig vor allem Stempel Moskauer Musikalienhandlungen. Andere Verlage verfuhren anders. Sie versahen in der Regel generell ihre Drucke mit Preisangaben. Allerdings verfügen die

---

[22] vgl. K. Hofmann, a.a.O. 1979, S. 51
[23] vgl. ebd., S. XXXIX

meisten der Schumannschen Handexemplare nicht über Verlagsstempel, so daß auch hier
Frei- oder Geschenkexemplare zu vermuten sind. Eine genaue Klärung ist sicher erst
durch den Vergleich mehrerer Drucke eines Werkes gegeben. Eine Besonderheit stellt der
Verlag von Friedrich Whistling dar. Seine Drucke sind stets sowohl mit Preisangaben als
auch einem eingestanzten Verlagssignet versehen.

Die Existenz unterschiedlicher Stempel im 19. Jahrhundert resultiert laut Auskunft des
Verlages Breitkopf & Härtel aus der parallelen Verwendung verschiedener Stempel zu
unterschiedlichen Zeiten. Eine Datierung des jeweiligen Druckes anhand der Stempel ist
demzufolge nicht möglich.

Alle diese Beispiele verdeutlichen, daß rein äußerlich nicht immer eine genaue Identität
der Exemplare gegeben ist. Aber auch wenn dies der Fall sein sollte, wenn tatsächlich alle
Kriterien übereinstimmen, bedeutet das noch immer nicht, daß der Notentext identisch
sein muß. Korrigierte Plattenabzüge sind anhand äußerer Merkmale nicht ohne weiteres
als solche erkennbar. Hier ist ein genauer kritischer Vergleich des Notentextes notwendig, was an einem Beispiel, den *Kinderscenen* op. 15, verdeutlicht werden soll.

Das Zwickauer Archiv verfügt über 2 Erstdrucke dieses Werkes. Zum einen handelt es
sich um das Handexemplar, zum anderen um das 1993 neu erworbene Widmungsexemplar Schumanns an Franz Liszt[24]. Die äußeren Merkmale beider Drucke wie Titelblatt,
ornamentaler blauer Rahmen auf jeder Seite, Plattennummer und Preisangabe sind völlig
identisch und stimmen mit den von Hofmann beschriebenen Kriterien überein. Erst beim
genauen Notentextvergleich wurden Unterschiede deutlich, die darauf schließen lassen,
daß es sich bei dem Widmungsexemplar vermutlich um ein frühes Druckstadium handelt
(siehe Tafel 3). Ihm fehlen die Metronomzahlen, nur vereinzelt sind Pedalangaben vorhanden. Weiterhin existieren noch offensichtliche Stichfehler. Dies alles ist handschriftlich
von Schumann mit brauner Tinte angemerkt und bei späteren Drucken, zu denen auch
das Handexemplar gehört, teilweise korrigiert und berücksichtigt worden. Ein weiteres
Exemplar der gleichen Art ohne Widmung, aber mit Preisangabe, ist in der Musikabteilung der Staatsbibliothek Preußischer Kulturbesitz in Berlin vorhanden[25].

Tafel 2

Kinderscenen op. 15 – Notentextvergleich des Schumannschen Widmungsexemplares an
Liszt und des Handexemplares

Seite	Takt	Widmungs-exemplar	Hand-exemplar	2. Ausgabe mit grünem Rahmen
Titel-blatt		ohne Preisangabe	Preisangabe 20 Gr.	
S. 3	über der 1. Akkolade	fehlt	M. M. ♩ = 168.	
S. 3	1. Akkolade, 1. Takt	fehlt	Ped.	

[24] Archiv-Nr.: *93.77-D1/A4*
[25] Staatsbibliothek zu Berlin-Preußischer Kulturbesitz, Musikabteilung, Sign.: *MS 18227*

S. 4	über der 1. Akkolade	fehlt	M. M. ♩ = 112.	
S. 4	1. Akkolade, Auftakt	fehlt	Ped.	
S. 6	über der 1. Akkolade	fehlt	M. M. ♩=138.	
S. 6	1. Akkolade, 1. Takt	fehlt	Ped.	
S. 7	über der 1. Akkolade	Langsam.	fehlt	
S. 7	über der 1. Akkolade	fehlt	M. M. ♪=138.	
S. 7	1. Akkolade, 1. Takt	fehlt	Ped.	
S. 8	über der 1. Akkolade	fehlt	M. M. ♪=132.	
S. 8	1. Akkolade, Auftakt	fehlt	Ped.	
S. 8	1. Akkolade, 2. Takt, 2. Zählzeit, rechte Hand	Auflösungs-zeichen vor fis¹ gestrichen	eingearbeitet	
S. 9	3. Akkolade, 1. Takt, rechte Hand	fehlt	Bogen über 1. und 2. ♪	eingearbeitet
S. 10	über der 1. Akkolade	fehlt	M. M. ♩=138.	
S. 10	1. Akkolade, Auftakt	fehlt	Ped.	
S. 10	2. Akkolade, 3. Takt und 5. Akkolade, 4. Takt, jeweils 1. Zählzeit, linke Hand	Cis korrigiert zu Eis	eingearbeitet	
S. 11	über der 1. Akkolade	fehlt	M. M. ♩=100.	
S. 11	1. Akkolade, Auftakt	fehlt	Ped.	
S. 11	2. Akkolade, Takt 2/3, linke Hand	Haltebogen a-a	eingearbeitet	

S. 11	5. Akkolade, Takt 5/6, rechte Hand	Haltebogen d¹-d¹	eingearbeitet	
S. 12	über der 1. Akkolade	fehlt	M. M. ♩ = 138.	
S. 12	1. Akkolade, Auftakt	fehlt	Ped.	
S. 13	über der 1. Akkolade	fehlt	M. M. ♩ = 80.	
S. 13	1. Akkolade, 1. Takt	fehlt	Ped.	
S. 13	3. Akkolade, 4. Takt, 3. Zählzeit linke Hand	A zu G korrigiert	eingearbeitet	
S. 14	über der 1. Akkolade	fehlt	M. M. ♩ = 69.	
S. 14	1. Akkolade, Auftakt	fehlt	Ped.	
S. 16	über der 1. Akkolade	fehlt	M. M. ♩ = 96.	
S. 16	1. Akkolade, 1. Takt	fehlt	Ped.	
S. 16	5. Akkolade, Takt 2 und 5	fehlt	Änderung der Schlußstriche in Reprisezeichen	einfacher Doppelstrich
S. 17	3. Akkolade, 2. Takt	Reprisenangabe	Reprisenangabe gestrichen	eingearbeitet
S. 17	3. Akkolade, 4. Takt, linke Hand	fehlt	Korrektur des 2. Achtel von $_1$G zu $_1$H	eingearbeitet
S. 17	4. Akkolade, 2. Takt, rechte Hand	Haltebogen 3. Sechzehntel zu Achtel e¹-e¹, g-g	eingearbeitet	
S. 18	über der 1. Akkolade	Langsam.	fehlt	
S. 18	über der 1. Akkolade	fehlt	M. M. ♪ = 92.	
S. 18	1. Akkolade, 1. Takt	fehlt	Ped.	

S. 19	1. Akkolade, Takt 2/3, rechte Hand	Haltebogen c^1-c^1	fehlt	fehlt
S. 19	1. Akkolade, Takt 3/4, rechte Hand	Bogen von fis^1 zu e^1	fehlt	Haltebogen g^1-g^1
S. 19	5. Akkolade, 2. Takt, 2. Zählzeit, linke Hand	e^1 zu g^1 korrigiert	eingearbeitet	
S. 20	über der 1. Akkolade	Sehr langsam.	fehlt	
S. 20	über der 1. Akkolade	fehlt	M. M. $\downarrow$ = 112.	
S. 20	1. Akkolade, 1. Takt	fehlt	Ped.	
S. 20	5. Akkolade, Takt 1, rechte Hand	vgl. Tafel 3	vgl. Tafel 3	

Es gibt aber darüber hinaus im Handexemplar weitere zusätzliche Korrekturen, die im Widmungsemplar nicht angemerkt sind bzw. an Stellen auftreten, die gegenüber dem Widmungsexemplar andere Varianten aufweisen. Darunter befinden sich zwei Fehler, auf die Schumann in einem Brief an Breitkopf & Härtel am 15. November 1853 hinwies: *Nur in den 'Kinderscenen', für die ich übrigens gleichfalls danke,* [Schumann bat den Verlag am 9. November 1853 um zwei Kinderszenexemplare, die ihm bei der Durchsicht seiner *opera omnia* fehlten[26]] *sind die beiden alten Fehler stehengelieben; auf S. 17 eine falsche Reprise, und auf S. 20., Syst. 5. T. 5. der 2te Accord, wo statt des tiefen a in der Rechten ein c stehen muß. Ich bitte, entreißen sie diese Fehler der Unsterblichkeit.*[27]

Die falsche Reprise ist in beiden Exemplaren vorhanden. Der zweite angemerkte Fehler findet sich im Widmungsexemplar nicht. Hier weist der frühere Druck die von Schumann gewünschte Schreibweise auf. Dagegen ist im selben Takt im 2. Akkord in der linken Hand das A zu c korrigiert, im Handexemplar aber wieder rückkorrigiert zu A, während in der rechten Hand aus c^1 ein a wurde (siehe Tafel 3).

---

[26] vgl. Brief Robert Schumanns an Breitkopf & Härtel, Düsseldorf, 9. November 1853, Hessische Landesbibliothek Darmstadt, *Breitkopf & Härtel Archiv, Nr. 101*

[27] Brief Robert Schumanns an Breitkopf & Härtel, Düsseldorf 15. November 1853, Hessische Landesbibliothek Darmstadt, *Breitkopf & Härtel Archiv, Nr. 102*

Tafel 3

Kinderscenen op. 15 – Notentextvergleich 2 des Schumannschen Widmungsexemplares an Liszt und des Handexemplares

Fürchtemachen S. 16, 5. Akkolade

Widmungsexemplar

Handexemplar

Fürchtemachen S. 17, 3. Akkolade

Widmungsexemplar

Handexemplar

261

Der Dichter spricht S. 20, 5. Akkolade

Widmungsexemplar

Handexemplar

Es müssen demzufolge während der Plattenkorrektur zusätzliche Veränderungen vorgenommen worden sein, die Schumann nicht wünschte.

Seiner 1853 ausgesprochenen Bitte betreffs der Korrekturen entsprach der Verlag zunächst nicht. Die Fehler sind erhalten geblieben und fanden ebenso wie die meisten anderen im Handexemplar vorgenommenen Korrekturen in der 2. Ausgabe, die vermutlich im Laufe des Jahres 1855 erschien, Berücksichtigung[28]. Die im Handexemplar auf S. 16 eingefügte Reprise ist bisher jedoch in keiner Ausgabe erwähnt worden.

Das Beispiel, dem weitere wie das Jugendalbum op. 68 hinzugefügt werden könnten, verdeutlicht, daß die Schumannschen Handexemplare der eigenen Werke von besonderer Bedeutung für die Editionen sind, da sie vom Komponisten eingefügte Korrekturen und Lesartenvarianten enthalten können. Sie spielen demzufolge ebenso wie die Widmungsexemplare, die in der Regel als Geschenke gedacht waren und nur in Ausnahmefällen, wie bei dem Exemplar der *Kinderscenen* gesehen, auch Eintragungen aufweisen, durch die Widmung selbst und eventuelle Datierungen jedoch äußerst wertvoll sind, eine besondere Rolle unter den Druckausgaben.

Trotz des beschriebenen Quellenwertes der Handexemplare, der in vielen Fällen sicher höher ist als der anderer Erstdrucke, dürfen aber auch sie nicht als alleinige Grundlage betrachtet werden, was u.a. die von Bernhard Appel dargelegte Editionsgeschichte der Sonate op. 11 von Schumann beweist. Nur in einem der beiden im Robert-Schumann-Haus Zwickau existierenden Handexemplare sind z. B. die in der Druckfehleranzeige der

---

[28] vgl. Brief Clara Schumanns an Hermann Härtel vom 28. September 1855, in: „*. . . daß Gott mir ein Talent geschenkt*". *Clara Schumanns Briefe an Hermann Härtel und Richard und Helene Schöne*, hg. von Monica Steegmann, Zürich und Mainz 1997, S. 149

Neuen Zeitschrift für Musik aufgezeigten Korrekturen aufgenommen[29], d. h. ein Vergleich aller zur Verfügung stehenden Originaldrucke ist und bleibt unumgänglich bei der Herausgabe Schumannscher Werke, ja musikalischer Editionen überhaupt.

Diskussion

Herr Niemöller erinnert daran, daß sofort nach der deutschen Wiedervereinigung vom Ausschuß für Musikwissenschaftliche Editionen bei der Konferenz der deutschen Akademie der Wissenschaften die Errichtung von Editionsinstituten in den Neuen Bundesländern angestrebt wurde. Er betont, daß die Ausführungen von Frau Bär zeigten, daß die Arbeitsstelle in Zwickau, wenn es sie nicht aus den besonderen politischen Umständen gegeben hätte, eigens aus sachlichen Gründen für die Neue Schumann-Gesamtausgabe zu errichten wäre, da die dort zahlreich vorhandenen Quellen hierfür umfassend bearbeitet werden müssen. Es reicht nicht aus, die Untersuchungen nur anhand von Kopien (Verfilmungen ect.) durchzuführen. Für die intensive Zusammenarbeit und die Betreuung der Arbeitsstelle dankt er Herrn Nauhaus, dem Direktor des Zwickauer Robert-Schumann-Hauses. Weiterhin belegen die vorgestellten Arbeitsergebnisse, was Herr Drüner mit „Differenzierung in der Quellenlage" andeutete. Diese kann nur durch den intensiven Umgang mit den Quellen selbst erfolgen und führt letztlich zu einer terminologischen Differenzierung. Die Untersuchungen müssen über die eigentliche Schumanniana hinausgehen, um diese dann selbst wieder in ihrem Wesen und in ihrer Komplexität erkennen und besser durchschauen zu können.

Zu Beginn seiner ausführlichen Darlegungen spricht Herr Mayeda zunächst über den Erwerb des bereits vorgestellten Widmungsexemplars der *Kinderscenen* op. 15 für Franz Liszt, der nur durch schnelles gemeinsames Handeln im Rahmen einer Gemeinschaftsaktion zwischen ihm und Herrn Nauhaus im Interesse der Quellensicherung möglich werden konnte. Anhand der *Kinderscenen* op. 15 und der Abeggvariationen op. 1 erläutert er anschließend die Notwendigkeit eines sehr intensiven Textvergleichs verschiedener, zu Schumanns Lebzeiten erschienener oder von ihm beeinflußter Druckausgaben. Besonders in den Fällen, wo Autograph oder Stichvorlage nicht mehr zur Verfügung stehen, ist ein solcher Vergleich unerläßlich. Am Beispiel zweier Stücke aus den *Kinderscenen* op. 15, *Der Dichter spricht* und *Träumerei*, werden die Textveränderungen zwischen Vorabdruck, Erstdruck und Titelauflage dokumentiert, auf autographe und nichtautographe Korrekturen verwiesen und die Frage, welchen Einfluß diese auf eine Urtextausgabe haben, erläutert. Eindringlich unterstreicht Herr Mayeda das Erfordernis, solche Unterschiede und Korrekturen in der Gesamtausgabe zu dokumentieren. Er plädiert dafür, den Terminus „Ausgabe" als Ober- und „Abzug" als Unterbegriff zu verwenden. Welche Position der Begriff „Auflage" einnimmt, sei dagegen noch zu klären.

An zwei Originalausgaben der Abeggvariationen beweist Herr Mayeda, daß trotz scheinbarer äußerlicher Identität verschiedener Drucke innerhalb des Notentextes Veränderungen enthalten sein können (es handelt sich im konkreten Fall um eine im Rahmen der Originalauflage vorgenommene Plattenkorrektur, die bisher der Titelauflage von 1842

---

[29] vgl. Bernhard Appel, *Zur Editionsgeschichte von Robert Schumanns Klaviersonate op. 11*, in: *Studia Musicologica Academiae Hungaricae 34*, Budapest 1992, S. 367ff.

zugeschrieben wurde). Er betont die Wichtigkeit des Notentextvergleiches aller zur Verfügung stehenden Originalausgaben.

Herr Wendt bekräftigt dies ausdrücklich und unterstreicht nochmals, daß das von Herrn Mayeda angeführte Beispiel wiederum Beweis für die Unerläßlichkeit dieser oftmals großen Zeitaufwand verlangenden Arbeit ist, deren Bewältigung leider den meisten extern an der Neuen Schumann-Gesamtausgabe mitarbeitenden Kollegen nicht ohne weiteres zugemutet werden kann.

Herr Drüner wendet sich dem Begriff „Abzug" zu, wobei hier eine Begriffsdifferenzierung vorgenommen werden sollte. Unter „Abzug" ist seiner Meinung nach eine kleine Menge von Exemplaren zu verstehen. Man spricht z. B. von Autorenabzügen, die bei Werken Richard Wagners etwa 5–6 Exemplare umfassen. In diesem Falle sollte nicht von „Auflage" die Rede sein, die nach Drüner gewichtiger und umfangreicher ist. Auf die Frage Herrn Mayedas nach der Bedeutung solcher Abzüge antwortet er, daß sie eine wichtige Rolle in der Textentwicklung spielen, weil in diesem, wenige Einzelabzüge umfassenden Stadium, das zwischen dem Notenstich und der Verkaufsauflage liegt, oftmals noch Korrekturen vorgenommen wurden.

Herr Niemöller hebt die Bedeutung von Textvarianten für die Gesamtausgabe hervor. Er erinnert an den Unterschied zu einer von solchen Varianten freien Urtextausgabe.

Herr Kapp äußert die Auffassung, daß jedes Druckexemplar ein „Abzug", nämlich ein Abzug von Platten, sei, so daß im angesprochenen Beispiel differenzierend z. B. von „Probeabzügen" gesprochen werden sollte. In diesem Zusammenhang weist er auf ein weiteres Problem hin. Im Falle von autographen Quellen kann mit Hilfe philologischer Methoden relativ genau festgestellt werden, wann welche Willensäußerung artikuliert wurde und inwieweit diese authentisch ist. Bei den Drucken dagegen hat man es mit einer ganzen Reihe von Vorgängen und hieran beteiligten Personen zu tun. Da über die Kopisten, die Stecher, die Verleger sowie die Modalitäten in den einzelnen Verlagen bisher nur relativ wenig bekannt ist, können definitive Aussagen über die Authentizität solcher Ausgaben deshalb erst nach Untersuchung dieser Aspekte erfolgen.

Auf die von Herrn Mayeda erwähnten unterschiedlichen Druckstadien der *Kinderscenen* hinweisend, stellt Frau Bär die Frage, ob es zwischen dem Widmungsexemplar für Franz Liszt und dem erst 1853 in die Schumannschen Handexemplare eingefügten Druck noch ein weiteres Druckstadium gegeben haben könnte, da beide erwähnten Exemplare zum Teil sehr unterschiedliche Lesarten aufweisen.

Herr Draheim erinnert daran, daß leider der Korrekturzettel Schumanns an den Verlag Breitkopf und Härtel aus dem Jahre 1839 verloren gegangen ist und der Komponist, der noch zahlreiche Fehler in seinem Handexemplar übersehen hat, die im Verlag sehr ungenau ausgeführten Korrekturen nicht selbst überwachen konnte. Ein weiteres Druckstadium hält er aber für ausgeschlossen, da sich einerseits die *Kinderscenen* nicht so gut verkauften, daß eine neue Auflage erforderlich gewesen wäre, und andererseits auch das Schumannsche Handexemplar, das noch die Preisangabe 20 Groschen trägt, aus der Zeit von vor 1841 stammen muß.

Margit L. McCorkle

Von Brahms zu Schumann oder Reflexionen über das Erstellen von Werkverzeichnissen

Es ist mir eine Ehre, auf diesem Symposion über das Entstehen des *Thematisch-Biblio-graphischen Robert Schumann Werkverzeichnisses* zu berichten. Das Vorhaben, für das im Herbst 1991 der Vertrag unterzeichnet wurde, ist weit fortgeschritten. Es liegt eine auf die Erfordernisse Schumanns zugeschnittene Rohfassung von ca. 1000 Seiten vor, die alle Einträge im Hauptteil und Register enthält. Geplant sind ein oder zwei Bände von insgesamt etwa 1300–1400 Seiten, die spätestens Ende unseres Jahrzehnts erscheinen sollen, nach Möglichkeit schon früher. Das Format und das Layout werden dem Brahms-Werkverzeichnis entsprechen, jedoch für Schumann entsprechend modifiziert sein.

Zunächst sollen einige Bemerkungen über den jetzigen Stand der Arbeiten am Katalog gemacht werden. Was bisher fertiggestellt ist, basiert auf Vorarbeiten Professor Akio Mayedas und seiner Mitarbeiter in Düsseldorf. Insofern hat Professor Mayeda bereits einen wichtigen Beitrag zum Werkverzeichnis geleistet. Er hatte bemerkenswerte Erfolge bei der Untersuchung und Beschaffung von Schumanniana. Vor allem kümmert er sich um verschiedene, teilweise schwer zugängliche Privatsammlungen. Es ist geplant, daß er detaillierte Beschreibungen der Handschriften dieser sich in Privatbesitz befindlichen Sammlungen liefert, speziell der in der Sammlung Wiede befindlichen Quellen, die ihm zugänglich sind. Meine spezifische Arbeit besteht in der Zusammenstellung und Systematisierung des Materials, der Konkretisierung und Formalisierung des gesamten Projekts in der bisher vorliegenden Form, worüber später noch ausführlich berichtet wird.

Nur wenige Forscher werden mit so anspruchsvollen Aufgaben wie der Erstellung eines Werkverzeichnisses, geschweige denn mit den Anforderungen für zwei derart monumentale Werke, konfrontiert. Bevor ich über die Arbeiten an diesem Katalogprojekt berichte, möchte ich deshalb einen kurzen Überblick über die Geschichte früherer Schumann-Verzeichnisse bzw. über den Typus Werkverzeichnis generell geben, über die Voraussetzungen einschließlich der Qualifikation, die ein Autor haben muß, berichten und abschließend die diversen Entwicklungsstadien während des Entstehungsprozesses diskutieren. Ich will keineswegs eine erschöpfende Abhandlung der Geschichte oder eine Theorie der Erstellung von Werkverzeichnissen liefern, sondern vielmehr eine Einführung geben, um den Kontext zu schaffen, in den wir das Schumann-Projekt stellen können. Mit anderen Worten: Ich möchte Ihnen einige meiner Beobachtungen und Überlegungen zu den zentralen Problemen vorstellen, um ein besseres Verständnis dessen, was beabsichtigt ist, zu erzielen – und letztendlich einen besseren Zugang beim Benutzen dieser Art von grundlegenden Nachschlagewerken schaffen.

Historische Schumann-Werkverzeichnisse

Eduard Hanslicks in der *Deutschen Musik-Zeitung* erschienene Rezension der ersten Ausgabe des 1860 von Julius Schuberth herausgegebenen *Thematischen Verzeichnißes sämmtlicher in Druck erschienener Werke Robert Schumann's* beginnt mit folgenden Worten[1]:

> Die „thematischen Cataloge", wie wir sie von Beethoven, Mendelssohn, Chopin und jetzt auch von Schumann besitzen, sind eine dankenswerthe Erfindung der neuesten Zeit. Die sämmtlichen Werke Eines Componisten, chronologisch gereiht, werden uns darin nicht bloß nach ihren Titeln aufgezählt, sondern jedes einzelne Stück durch seine Anfangstacte citirt und dadurch lebendig in's Gedächtniß gerufen. Welch' unschätzbarer Behelf damit für das practische Bedürfniß des Tonkünstlers, des Dirigenten, des Verlegers, für das Wissenschaftliche des Historikers geboten ist, bedarf keines Nachweises. Allein es steckt überdies etwas von einem ästhetischen Genuß darin. Wer sich recht angelegentlich in einen Lieblingsautor vertieft hat und über den Genuß des Einzelnen hinaus zur Erkenntniß der ganzen künstlerischen Persönlichkeit gedrungen ist, der sieht in den Blättern des Themen=Catalogs das ganze Leben des Meisters wie in treuen Schattenbildchen vorüberziehen. Am Ende steht dessen gesammtes Wirken concentrirt und anschaulich wie eine Summe vor uns. Nichts kann hilfreicher in die genaue Kenntniß eines Meisters einführen, als solch ein Catalog, und nichts vermag wiederum dies Studium so befestigend abzuschließen.

Nachdem Hanslick so beredt für den Typus Werkverzeichnis eingetreten war, führt er eine Reihe von Mängeln auf, beispielsweise die Lücken – es wurde übersehen, diejenigen Werke aufzunehmen, die als Opera 144–148 publiziert worden waren, obwohl die Ankündigung des Werkverzeichnisses in der *Neuen Zeitschrift für Musik* folgendes mitteilte[2]: *Die Verzögerung des Erscheinens hat seinen Grund in den erst kürzlich edirten nachgelassenen Werken, welche der Vollständigkeit halber noch Aufnahme finden sollten.* Hanslick fährt fort: *[...] man vermißt schmerzlich bei den Vocalcompositionen die Namen der Dichter [...]* und: *Zu einem unschätzbaren historischen Document würde ein solcher Catalog, wenn jedem Werke zugleich die Jahreszahl des Erscheinens beigefügt wäre.*

Zwischen 1860 und 1868 folgten dem Erstdruck in rascher Folge drei Auflagen. Die letzte, die als *Vierte verbesserte und vermehrte Auflage* angeboten worden war, enthielt jetzt auch die Opera 144–148 und 17 *noch ungedruckte Werke Schumann's*, andererseits war aber den von Hanslick monierten Mängeln keine Abhilfe geschaffen worden. Eine Broschüre ohne musikalische Incipits, Alfred Dörffels um 1875 bei E. W. Fritzsch in Leipzig gedrucktes *Literarisches Verzeichniss der im Druck erschienenen Tonwerke von Robert Schumann*, kam den Wünschen Hanslicks weit besser entgegen. 1982 erschien ein Nachdruck der 4. Auflage des Verzeichnisses von Schuberth als *5. erweiterte und revidierte Auflage* mit Addenda und Corrigenda von Kurt Hofmann und Siegmar Keil. Dieser Ausgabe blieb es vorbehalten, auf 175 Seiten Incipits, historische Daten und eine überarbeitete umfassende Liste von Schumanns im Druck erschienenen Werken (einschließlich Hofmann/Keil WoO Nr. 32) zu vereinigen.

---

[1] *Deutsche Musik-Zeitung*, 1. Jg., Nr. 28 u. 29, Wien, 7. bzw. 14. Juli 1860, S. 217f. bzw. 225ff.
[2] *NZfM*, Bd. 52, Nr. 14, 30. März 1860, S. 128

Schumann selbst war sehr an der Veröffentlichung einer Liste seiner Werke interessiert und hatte einen Katalog für Friedrich Whistling, einen seiner bevorzugten Verleger, vorbereitet; dieser „Verkaufskatalog" kam 1851 mit dem Titel *Systematisch geordnetes Verzeichniss der im Druck erschienenen Compositionen von Robert Schumann. Mit Angabe der Verleger und Preise* heraus[3]. 1853 bot Schumann einen weiteren handschriftlichen Katalog Breitkopf & Härtel zum Druck an. In seinem Begleitbrief vom 3. November schrieb er[4]:

Wenn man älter wird, so fängt man auf sein zurückgelegtes Leben zurückzublicken [an] und man wünscht seinen geistigen Hausrath in guter Ordnung zu hinterlassen. Es existirt zwar schon ein Katalog meiner Compositionen; aber es ist an der Einrichtung manches auszusetzen, und dann, glaub' ich, ist es für theilnehmende Freunde das Anziehendste, gerade die Zeit der Entstehung zu wissen. In dieser Art habe ich nun einen neuen Katalog skizzirt, dem auch die seitdem gegen 40 neu erschienenen Werke einverleibt sind, und den ich beilege mit dem Wunsch, daß Sie ihn veröffentlichten. Auf eine thematische Ausgabe dringe ich nicht; dies mag späterer Zeit überlassen bleiben [...]

Die Firma Breitkopf & Härtel ging in ihrer umgehenden Antwort von 5. November sogar einen Schritt weiter[5]:

Endlich den Katalog Ihrer Werke anlangend so gestehen wir Ihnen offen, daß wir uns zur Herausgabe desselben so, wie Sie denselben jetzt nachgetragen und arrangiert haben, nicht entschließen können, nachdem wir unsere Kataloge sämtlich thematisch gebracht haben, des Umstandes, daß Ihre jetzige Bearbeitung doch billig wieder Whistling zukommen sollte, nicht zu gedenken. Sollten Sie aber Muße finden, einen thematischen Katalog Ihrer Werke zusammenzustellen, so sind wir gern bereit, denselben in der Art wie den Mendelssohnschen und Chopinschen zu stechen. Der Umstand daß Sie, und hoffentlich noch recht viel Neues bringen werden, kann unserer Meinung nach dabei kein Hindernis bieten, da die Platten ja stehen bleiben und Nachträge leicht geliefert werden können.

---

[3] Die Stichvorlage Schumanns befindet sich in der Staatsbibliothek zu Berlin – Preußischer Kulturbesitz, Musikabteilung, Sign.: *Mus. ms. autogr. theor. R. Schumann*

[4] *Robert Schumanns Briefe. Neue Folge,* hg. von F. Gustav Jansen, Leipzig ²1904, S. 485

[5] vgl. Schumanns Briefe an Breitkopf & Härtel, 3., 9. und 15. November, 26. Dezember 1853 und 3. Januar 1854, Hessische Landesbibliothek Darmstadt, *Breitkopf & Härtel Archiv, Nr. 100–104* (teilweise veröffentlicht in: *Robert Schumanns Briefe,* a.a.O., S. 484–487); Briefe vom Verlag Breitkopf & Härtel an Schumann, vom 5. und 11. November sowie 30. Dezember 1853 in: *Corr* Bd. 26, Nr. 114, 117 und 168; Briefe Robert Schumanns an Clara Schumann, 26. September und 10. Oktober 1854 (teilweise veröffentlicht in: *Robert Schumanns Briefe,* a.a.O., S. 399f.; siehe auch: Oskar von Hase, *Robert Schumann,* in: *Breitkopf & Härtel. Gedenkschrift und Arbeitsbericht,* Bd. 2, Teilband I, Wiesbaden ⁵1968, S. 111f.

Der fertiggestellte Katalog war am 3. Januar 1854 wirklich an den Verlag gesandt, von Breitkopf & Härtel aber nicht publiziert worden[6].

Die Gattung Werkverzeichnis und die Ansprüche an die Qualifikation des Autors

Heute, 134 Jahre nach der ersten Auflage eines thematischen Werkverzeichnisses für Schumann, gibt es für die von Hanslick erwähnten Komponisten Beethoven und Chopin (nicht jedoch für Mendelssohn) und für wenigstens ein halbes Dutzend weiterer Meister aus der klassischen und romantischen Epoche Werkverzeichnisse, die sehr viel höheren Ansprüchen genügen. Jetzt ist Schumann an der Reihe.

Es ist eine Ironie der Geschichte, daß zu dem Zeitpunkt, als Hanslick die Gattung Werkverzeichnis in seinem relativ primitiven Entwicklungsstadium lobte (und zugleich die offensichtlichen Schwächen des Schumann-Verzeichnisses beklagte), der Prototyp des modernen Werkverzeichnisses gerade zwei Jahre vor der Publikation stand. Ich spreche vom 1862 erschienenen *Chronologisch-thematischen Verzeichnis sämmtlicher Tonwerke W. A. Mozarts* von Ludwig von Köchel, das, gemessen an Hanslicks eher bescheidenen Wünschen, erheblich größeren Ansprüchen gerecht wird. Eine ganze Reihe von Werkkatalogen, die bis ins 20. Jahrhundert hinein erschienen, sind aber noch dem alten Schumann-Werkverzeichnis der 1860er Jahre ähnlich. Der Einfluß von Köchels *magnum opus* in den Verzeichnissen großer Komponisten wie Bach, Beethoven, Haydn, Schubert und anderer wird erst nach dem Zweiten Weltkrieg greifbar. Die Autoren dieser monumentalen Nachschlagewerke haben wirklich ohne Ausnahme bei ihrer jahrzehntelangen unentgeltlichen Arbeit außerordentliche bibliographische Kenntnisse eingebracht. In jüngerer Zeit wurden mehrere Werkverzeichnis-Projekte von einem Team von Bibliographen und Musikwissenschaftlern unternommen, gekoppelt an die jeweiligen neuen Gesamtausgaben. Das war beispielsweise bei Wagner der Fall, außerdem bei den revidierten Verzeichnissen von Schubert, J. S. Bach und jetzt Mozart, und es ist der Fall bei Schumann.

---

6 *Tb III*, S. 645. In seiner Anmerkung 906, S. 807, äußert Gerd Nauhaus folgende Vermutung: *Möglicherweise beruht das 1860 bei Schuberth erschienene Werkverzeichnis, als dessen Bearbeiter Dörffel [. . .] genannt wird, auf den Vorarbeiten Schumanns.* Wie dem auch sei, bei dem Manuskript mit dem Titel *D. Reihenfolge der Compositionen / der Entstehung nach*, das kürzlich vom Heinrich-Heine-Institut Düsseldorf erworben wurde (Sign.: *90.5028/b*; 12 beschriebene Seiten, 1830–1853, opp. 1–132), dürfte es sich um einen Teil dieses Katalogs handeln. Dieses bei der Auktion vom 5. Juli 1977 von Sotheby's in London angebotene Manuskript befand sich einst in der Sammlung Wiede, in die es im Jahr 1912 durch Marie Schumann gelangt war. Welche Beziehung zu einem noch heute in der Sammlung Wiede aufbewahrten handschriftlichen Verzeichnis besteht, bleibt festzustellen. Schumann erstellte übrigens drei weitere handschriftliche Listen, die sich jetzt im Robert-Schumann-Haus in Zwickau befinden. Es handelt sich um das im *Briefkonzeptbuch*, Sign.: *4871/VII,C,9–A3*, S. 185–186 (Transkription in: *Robert Schumanns Briefe*, a.a.O., S. 536f.), enthaltene Kompositionsverzeichnis von 1833, das die Opera 1–5, 7, 10 sowie WoO 29, 31 und den *Fandango* (vgl. K. Hofmann, a.a.O. 1979) auflistet; die fünfseitige Aufstellung *Compositionen vom J[ahre] 1830 an*, Sign.: *4871/VII,C,2–A3*, und die *Kompositionsübersicht 1817 bis November 1853* – als letztes Werk sind darin die später von Clara Schumann vernichteten Romanzen für Violoncello und Klavier genannt – als Teil des *Projectenbuchs*, Sign.: *4871/VII,C,8–A3*.

Was man heute unter einem Werkverzeichnis versteht, ist eine anspruchsvolle, feststehende Gattung, deren Erfordernisse außerordentlich zahlreich und verschiedenartig sind. Die Erarbeitung kann mit der Konstruktion eines vielgestaltigen und monumentalen Bauwerks verglichen werden, der oder die Autoren mit dem Architekten und dem Bauhandwerker in einem. Seine Anlage muß in bezug auf Form und Funktion ausgewogen sein, um den grundsätzlichen Anforderungen und Erwartungen an eine etablierte bibliographische Gattung gerecht zu werden. Sie darf aber gleichzeitig die speziellen historiographischen Erfordernisse nicht vernachlässigen, die nötig sind, das Werk und den Werdegang des Komponisten, um den es geht, zu charakterisieren. Das Werkverzeichnis kann jedoch nicht Medium für komplizierte kritische Auseinandersetzungen und ästhetische Bewertungen sein; es bietet auch keine Gelegenheit für rhetorische Weitschweifigkeit, für Werkinterpretation, für Hypothesen oder Spekulationen, es ist kein Platz für die sonst so zweckmäßigen Fußnoten; mit anderen Worten: es verhält sich wie eine Antithese zu normalen wissenschaftlichen Veröffentlichungen, also etwa zu kritischen Essays, zu analytischen Aufsätzen oder wissenschaftlichen Monographien. Dagegen ist in hohem Maß die Möglichkeit gegeben, weit Verstreutes zu erfassen, wohlüberlegt zusammenzufassen und innerhalb eines Formschemas zu verdichten. Kurz gesagt, der Autor muß ausgezeichnet Material zusammenstellen können, er muß ein unermüdlicher Spürhund sein, als Forscher muß er überprüfen und verifizieren, außerdem muß er einfallsreich Unmengen von Details anordnen und zusammenbauen können, er muß viele Jahre Arbeit an einem riesig angelegten Entwurf überblicken können, ohne dabei „den Wald vor lauter Bäumen nicht mehr zu sehen", er muß ein stattliches Polster an „Sitzfleisch" haben, außerdem muß er über langfristige finanzielle Ressourcen verfügen.

Die Schritte zu einem kompletten Werkverzeichnis kann man in der folgenden Reihung von Verben aufzählen: Suchen, Sammeln, Prüfen, Bewerten, Beschreiben, systematisch Ordnen und Zusammenstellen, Kommentieren und schließlich Erstellen eines Registers. Alle Musikautographe und davon abhängigen Kopistenabschriften sowie andere einschlägige Quellen wie Tagebücher, Terminkalender, Notizen, Briefe, Originalausgaben in aufeinanderfolgenden Stadien, Ankündigungen von Veröffentlichungen und Aufführungen, Rezensionen, Programmhefte und dergleichen mehr – kurz gesagt, alle primären Dokumente zur Geschichte der Kompositionen müssen ausfindig gemacht und entweder original oder als Photokopien beschafft werden; soweit als möglich muß das Original oder die Kopie sorgfältig geprüft, hinsichtlich seiner Bedeutung bewertet, genau beschrieben und kurz kommentiert werden. Die gesamte Menge an Quellen muß dann geschickt zusammengestellt und in einem geeigneten Schema aufbereitet, zuletzt im Register aufgelistet und ausreichend durch Querverweise abgesichert werden.

Lassen Sie mich kurz über drei Jahrzehnte bibliographischer Arbeit, die Brahms und Schumann gewidmet waren, berichten, um den eben beschriebenen Prozeß zu illustrieren und das gerade entstehende Schumann-Werkverzeichnis in eine größere Perspektive zu stellen. Das Brahms-Werkverzeichnis[7] beanspruchte annähernd zwei Jahrzehnte, die

---

[7] Margit L. McCorkle, nach gemeinsamen Vorarbeiten mit Donald M. McCorkle, *Johannes Brahms. Thematisch-Bibliographisches Werkverzeichnis*, München 1984

ersten zwölf Jahre davon stand eine weltweite Suche nach Primärquellen im Vordergrund. Als Donald McCorkle 1978 plötzlich und unerwartet verstarb, waren wir gerade an dem Punkt angelangt, das Verzeichnis zu entwerfen und zu schreiben – wir waren also in einer Phase des Projekts, in der enge Zusammenarbeit zwischen dem Autor und dem in Aussicht genommenen Verlag vonnöten ist, um die Vorstellungen davon, was ein Brahms-Werkverzeichnis sein sollte, mit praktischen verlegerischen Notwendigkeiten in Einklang zu bringen. Mein Mann und ich hatten mit Dr. Martin Bente und Dr. Ernst Herttrich vom G. Henle Verlag das Grundkonzept des Katalogs diskutiert. Nach dem Tod meines Mannes blieb es mir überlassen, ein innovatives Formschema zu entwerfen, das angemessen die Entwicklung von Brahms' Laufbahn als Komponist darstellen konnte. Wie Hanslick herausgestellt hat, ist ein Werkverzeichnis im Grund genommen eine Biographie des Komponisten anhand seines Komponierens, die Werk für Werk die Entstehungsgeschichte durch alle ersichtlichen Stadien vom musikalischen Einfall bis zur endgültigen Form in der Aufführung und Veröffentlichung dokumentiert. Wie es bei solch umfassenden Langzeitprojekten zu gehen pflegt, dauerte die Quellensuche und -sammlung noch an und expandierte, während ich bereits mit Zusammenstellen, Untersuchen und Schreiben beschäftigt war. In dieser Zeit hatte ich einen übervollen Arbeitsplan, der typisch ist für die Jahre, in denen das Werkverzeichnis erstellt wird.

Nach der Publikation des Brahms-Verzeichnisses trat Dr. Bente mit dem Vorschlag an mich heran, einen weiteren Werkkatalog zu übernehmen. Bevor ich mich entschloß, nochmals ein solch langfristiges Projekt zu beginnen, verwendete ich mehrere Jahre für intensive vorbereitende Studien, um mich in die speziellen Probleme und Belange der Schumann-Forschung einzuarbeiten.

Erstellen des Schumann-Werkverzeichnisses

Bei meinem ersten Gespräch mit Professor Akio Mayeda war ich besonders davon beeindruckt, daß er erzählte, wie seine eigenen Vorstellungen von einer für Schumann zu leistenden Quellenforschung auf der Lektüre eines Essays der McCorkles zur Quellensituation bei Brahms beruhen, der 1976 in den *Acta musicologica* erschienen ist[8]. Dies brachte ihn dazu, die Initiativen von seiten der Robert-Schumann-Gesellschaft e. V. Düsseldorf zu unterstützen, die darauf hinausliefen, die Forschungsstelle als ein Institut mit dem Auftrag einzurichten, eine neue Robert Schumann-Gesamtausgabe zu erstellen. In der folgenden Zeit hatte ich während verschiedener längerer Aufenthalte die Gelegenheit, in die sehr sorgfältige Arbeit der Schumann-Forschungsstelle unter der Leitung von Dr. Bernhard R. Appel und seiner Kollegen, früher Dr. Irmgard Knechtges-Obrecht und jetzt Dr. Matthias Wendt sowie Dr. Ute Bär in Zwickau, bei der Suche, dem Sammeln und Einordnen aller Primär- und Sekundärquellen für Schumann und beim Aufbau eines beispielhaften Forschungsinstitutes Einblick zu nehmen. Außerdem habe ich mit großer Freude die herzliche Zusammenarbeit zwischen der Düsseldorfer Forschungsstelle und dem Robert-Schumann-Haus Zwickau bemerkt; die großangelegten und ergiebigen Forschungen, geleitet vom Direktor Dr. Gerd Nauhaus, können sich auf ausgedehnte

---

[8] Donald M. McCorkle, in Zusammenarbeit mit Margit L. McCorkle, *Five Fundamental Obstacles in Brahms Source Research,* in: *Acta musicologica* XLVIII/II (1976), S. 253–272

Sammlungen von Schumann-Manuskripten und Memorabilia stützen. Beide Forschungsinstitute sagten ihre Hilfe zu und stellten ihr gesamtes Quellenarchiv zur Verfügung. So konnte das Schumann-Werkverzeichnis mit einem großen Vorsprung gegenüber dem Brahms-Werkverzeichnis begonnen werden.

Wie weit ist das Schumann-Werkverzeichnis nun bis jetzt gediehen? Das Schumann-Werkverzeichnis ist nach dem Muster des Brahms-Verzeichnisses gestaltet. Zur Zeit arbeite ich mit Dr. Wiltrud Haug-Freienstein, Lektorin im G. Henle Verlag, daran, dieses Muster an die speziellen Erfordernisse der Werke Schumanns anzupassen. Es beinhaltet die folgenden fünf grundlegenden Charakteristika:

1. Knappheit – so wenig Weitschweifigkeit als möglich bei Zitaten, Beschreibungen, etc.
2. Auswahl anhand der Wichtigkeit – nicht alle bekannten historischen / bibliographischen Details sollen wiedergegeben werden, sondern nur die wirklich wichtigen Fakten.
3. Darstellung – ein Schema, das erlaubt, alle signifikanten Elemente auf einen Blick übersehen zu können.
4. Dokumentation – die Belege für die gesamte Information stammen so weit wie möglich aus Primärquellen.
5. Literatur – Zitate sind beschränkt auf Literatur, die sich mit Quellenforschung beschäftigt.

Wie bereits erwähnt, basiert meine Arbeit der letzten paar Jahre auf der ausgezeichneten Forschungs- und Sammeltätigkeit von Mayeda, Appel und anderen. Ich glaube, abschätzen zu können, daß die Mehrheit der erhaltenen handschriftlichen Quellen bereits ausfindig gemacht und beschafft ist, außerdem existiert in der Forschungsstelle eine Bibliothek, die alles Wesentliche an gedruckten Quellen – Originalausgaben/-auflagen sowie Sekundärliteratur – beinhaltet. Diese enorme Menge an unentbehrlichen Materialien ist ausreichend geordnet und katalogisiert für den hausinternen Gebrauch. Um Zugang zu den Sammlungen zu erhalten, mußte ich alle erforderlichen Genehmigungen von den Bibliotheken, Archiven und privaten Sammlern einholen. Gleichzeitig erhalte ich ständig neue Informationen über Quellen, die bisher nicht bekannt waren; die Quellensuche und das Sammeln dauern also an. Alle Quellen und Informationen habe ich nach bestimmten Gesichtspunkten zusammengestellt und geordnet, die sich speziell auf das Werkverzeichnis im Gegensatz zur Gesamtausgabe beziehen. Mit der Rohfassung des Katalogs steht uns jetzt ein zusammenfassender Überblick zur Verfügung über das, was bekannt ist, so daß klar abgegrenzt ist, was in puncto Detailgenauigkeit und für die weitere Ausarbeitung noch erforscht und abgeklärt werden muß. In verschiedener Hinsicht war die Aufstellung einer Anzahl von Indizes als Hilfsmittel beim Zugriff auf den ganzen schwierigen Komplex hilfreich.

Es mag instruktiv und faszinierend zugleich sein, einige aufschlußreiche Fakten hinsichtlich Schumanns und Brahms' kompositorischer Laufbahnen und Werke einander gegenüberzustellen – aufschlußreich in bezug auf den schöpferischen Rhythmus und die Veranlagungen beider. Erstens schuf Schumann mehr Kompositionen als Brahms, und das, obwohl ihm nur etwa die Hälfte der Schaffenszeit eines Johannes Brahms zur Verfügung stand. Schumann experimentierte ständig mit neuen Gattungen und unüblichen

Instrumentenkombinationen, gleichzeitig komponierte er in allen traditionellen Gattungen; Brahms verließ die eher herkömmlichen Gattungen und Instrumentenbesetzungen selten, außerdem komponierte er keine Oper. Schumann war eindeutig ein Bahnbrecher, Brahms hatte offensichtlich keine solchen Ambitionen. Beide Komponisten waren im wesentlichen Autodidakten, was die kompositorische Ausbildung angeht, Brahms erhielt jedoch in einem jüngeren Alter eine mehr geregelte und systematische musikalische Ausbildung.

In seiner Reifezeit entwickelte Brahms eine regelmäßige Produktivität, er hielt sich konsequent an eine wohlüberlegte Einteilung seiner Arbeitszeit: dem ernsthaften Komponieren, zurückgezogen in einer idyllischen Sommerfrische, standen im Winter das Dirigieren von Uraufführungen umfangreicher Werke (viele davon waren Probeaufführungen), die Vorbereitung seiner Werke zur Drucklegung und Korrekturlesen gegenüber. Schumann komponierte frenetisch, wurde aber zu Zeiten von nervösen Erschöpfungszuständen unterbrochen, auf die jeweils Erholungsphasen folgten. Schumann hob gewissenhaft alle seine Jugendwerke, sozusagen seine „Lehrlingsarbeiten", und später seine Kompositionsskizzen auf; Brahms vernichtete beharrlich ganze Stöße früher Arbeiten und danach fast das gesamte Skizzenmaterial; nur seine handschriftlichen Sammlungen von Volksliedern und historischen Kompositionen hob er auf. Offensichtlich scheint jedoch zu sein, daß beide Komponisten ihre musikalischen Einfälle sehr effizient nutzten. – Brahms beispielsweise verarbeitete seine nicht sehr erfolgreichen jugendlichen Versuche bei einer Messekomposition, der *Missa Canonica* WoO 18, in seiner Reifezeit zu einer Motette, Opus 74 Nr. 1, während Schumann nach seinem Zusammenbruch, mit Ausnahme seiner allerersten Versuche in den fünf Skizzenbüchern, offensichtlich ebenfalls nicht viel Material in Form unbenützter Skizzen hinterließ. Obwohl Schumann von etwa zwei Dutzend seiner Kompositionen selbst Bearbeitungen, z. B. Klavierauszüge, verfertigte oder überwachte, und obwohl er gelegentlich Alternativ-Versionen von Werken vorlegte, beschäftigte er sich keinesfalls so eingehend und schöpferisch wie Brahms mit der Erarbeitung von Alternativ-Fassungen. Brahms war ziemlich karg mit Aussagen über die Quellen seiner Inspiration und zum schöpferischen Prozeß; Schumann teilte in seinen Tagebüchern oder Briefen mehr über seine Werke mit, nach 1840 allerdings zunehmend weniger Genaues; seine eigenen schriftlichen Aufzeichnungen wurden zudem ergänzt durch die Tagebücher und Briefe seiner Frau. Schumanns zwanghaft regelmäßiges Führen von Aufzeichnungen und Tagebüchern erlaubt uns, seine Tätigkeiten Tag für Tag zu verfolgen; Brahms' täglichen Stundenplan bzw. seinen Jahresablauf zu erforschen macht mehr Umstände, infolgedessen weiß man über seine Lebensgewohnheiten auch wesentlich weniger.

Brahms widmete sich mit weniger Intensität der Pflege seiner Karriere, außerdem machte er weniger Umstände bei der Überwachung der Drucklegung seiner Werke. Er stand mit 13 Verlegern in Verbindung, Schumann mit doppelt so vielen. Die Gründe dafür sind darin zu sehen, daß Schumann auf dem Höhepunkt seiner Karriere so viele Werke gleichzeitig zum Druck gegeben hatte, daß er sie auf mehrere Verleger aufteilen mußte; sein Ruhm war in den mittleren und späteren vierziger Jahren so angewachsen, daß Verleger bei ihm nach Kompositionen anfragten, um auch „irgend etwas" von ihm in ihren Verlagskatalogen anbieten zu können; er war bestrebt, derartigen Anfragen nachzukommen. Schumann veröffentlichte gezielt und effizient, um seine Karriere zu fördern. Neben seiner Tätigkeit als Komponist läßt sich ein immenses, nahezu unvorstellbares

Arbeitspensum in einer auf kürzeste Zeit zusammengedrängten Laufbahn beobachten, wenn man seine sonstigen beruflichen und privaten Aktivitäten berücksichtigt – so sein jahrzehntelanges Wirken als Gründer und Herausgeber der *Neuen Zeitschrift für Musik*, seine Dirigate in Dresden und Düsseldorf, seine umfangreiche Korrespondenz, seine literarischen Interessen, die größeren Uraufführungen (auch Probeaufführungen), die er zuwege brachte, seine Teilnahme am musikalischen und gesellschaftlichen Leben in der jeweiligen Stadt, schließlich seine Familiengründung. Alle diese Aspekte muß das Werkverzeichnis formal und inhaltlich widerspiegeln.

Die folgenden Überlegungen sollen einigen Aufschluß über den Inhalt sowie über den Aufbau des Schumann-Werkverzeichnisses geben. Es gibt keine zwingenden Ursachen, das Werkverzeichnis anders als nach den Opuszahlen aufzubauen, mit denen Schumann den größten Teil seiner Werke selbst versah, obwohl deren Reihenfolge keinesfalls einer simplen Chronologie nach Entstehungszeit oder Erscheinen entspricht. Nach Entstehen und Erscheinen geordnete Register bieten deshalb einen unentbehrlichen ergänzenden Überblick über das Werk. In der Tat werden die Register als die wichtigsten Schlüssel zum Aufzeigen zahlreicher Zusammenhänge von Sachverhalten im Schumann-Werkverzeichnis eine erheblich größere Rolle spielen als bei Brahms.

Eines der Hauptprobleme betrifft die Anordnung der *Werke ohne Opuszahl*. Von wenigen Ausnahmen abgesehen, wurden diese Werke posthum in planloser Folge publiziert. So sehr wir an die Zahlen Hofmanns gewöhnt sind, so viel läßt die chronologisch nach dem Erscheinungszeitpunkt aufgebaute Anordnung zu wünschen übrig und führt zu bibliographischen Ungereimtheiten; so werden diverse Werke unter mehr als einer WoO-Nummer aufgeführt. Nach langen Überlegungen über diese verwickelte Gruppe von bunt gemischten Werken, die mittlerweile seit mehr als hundert Jahren erschienen sind und zu denen von Zeit zu Zeit neue hinzutreten, kam ich zu der Schlußfolgerung, daß anzunehmen ist, daß alle publizierbaren Stückchen und Stücke früher oder später im Druck erscheinen werden und deshalb eine Nummer zur Identifizierung im Rahmen der WoO/Varia erhalten sollten, oder, bei entsprechender Beschaffenheit, innerhalb der Anhänge. Um die Zuordnung zu den WoO oder den Anhängen vornehmen zu können, habe ich einige alternative Vorschläge ausgearbeitet. Diesen liegt als Voraussetzung zugrunde, daß verschiedene der gegenwärtigen WoO-Nummern Hofmanns jetzt den Anhängen zugeordnet werden – was zum Beispiel mit den Bach-Bearbeitungen geschehen wird. Verglichen mit diesem Vorgehen würde eine systematische Ordnung der Werke nach Gattungen und innerhalb der jeweiligen Gattung chronologisch nach der Entstehungszeit geringeren methodischen Aufwand erfordern. Natürlich wäre auch eine rein chronologische Anordung nur nach der Entstehungszeit denkbar.

Eine interessantere Alternative, die sich sicherlich eher mit der speziellen Situation von Schumanns verfrühtem Tod vereinbaren ließe, wäre es, an die posthum veröffentlichten *Werke mit Opuszahlen* anzuschließen, also die *Faust-Szenen*, das Violinkonzert und die 3. Violinsonate als Opus 149, 150, 151 oder auch in umgekehrter Reihenfolge. Dies läßt sich aus Schumanns Korrespondenz, sogar noch aus Briefen aus Endenich, rechtfertigen: Er beabsichtigte und wünschte eindeutig, diese Werke zu publizieren. Die übrigen Werke ohne Opuszahl wären dann chronologisch nach ihrer Entstehungszeit in klar abgrenzbaren Gruppen anzuordnen, nämlich folgendermaßen: WoO, zu Schumanns Lebzeiten veröffentlicht; WoO posthum, als Anhangkompositionen zu Opus-Nummern oder als Veröffentlichungen mit Opus-Nummer einmal vorgesehen. Juvenilia, Gelegenheitskompositionen, Kompositionsversuche und -fragmente könnten in einem eigenen Teil unter der Rubrik „Varia" beschrieben werden.

Ein anderes Problem, das mit Schumanns bereits erwähnter Neigung zu tun hat, sein Skizzenmaterial aufzuheben, macht Überlegungen notwendig, wie mit dieser speziellen Gruppe von Manuskripten zu verfahren ist. Die verschiedenen Möglichkeiten, mit denen ich spiele, beruhen auf meinen Erfahrungen beim Katalogisieren der Sammlungen von Brahms' Abschriften von Volksliedern und historischer Kompositionen, von denen er sich inspirieren ließ. Ich hoffe, daß diese Besonderheit in Schumanns Komponieren in angemessener Weise innerhalb eines eigenen Anhangs abgehandelt werden kann.

Hilfreich wäre es, wenn angesichts der laufenden Reihen der Gesamtausgabenbände möglichst bald eine Entscheidung über den Inhalt und die Zählung der Werke ohne Opuszahl und der Anhänge getroffen werden könnte. Es steht zu hoffen, daß die Robert Schumann-Ausgabe und das Werkverzeichnis mit Rücksicht auf einen derart wichtigen Punkt wie die Identifizierung von Werken eine übereinstimmende Anlage haben werden.

Abschließend sei einiges Wenige über die Rolle neuer Technologien bei der endgültigen Form, in der der Katalog erscheinen soll, gesagt. Ich wurde wiederholt, und zwar hauptsächlich von Bibliothekaren, gefragt, ob die Möglichkeit besteht, den Katalog sowohl in Form einer CD-ROM als auch in Buchform auf den Markt zu bringen. Dr. Bente und ich prüfen diese Frage, da es ja selbstverständlich erscheint, daß das facettenreiche Potential der fortschreitenden Technologie an einem monumentalen, zukunftsorientierten Nachschlagewerk nicht einfach vorübergehen sollte. Die neue Technologie bietet die Chance, das Werk regelmäßig zu überarbeiten und auf den neuesten Stand zu bringen – dies wäre eine besondere Hilfe für alle, die sich mit Schumann-Forschung beschäftigen.

Diskussion

In einer Bemerkung warnt Herr Wendt davor, die Bedeutung der *Signale* zu unter- und die der *NZfM* zu überschätzen, vor allem was die spätere Schumann-Zeit betrifft. Schumann selbst hat offenbar alles, was ihm einer öffentlichen Mitteilung wert erschien, an Bartholf Senff und nicht an Franz Brendel geschickt.

Herr Mayeda weist unterstreichend darauf hin, daß das *Thematisch-Bibliographische Robert-Schumann Werkvereichnis* in Zusammenarbeit von Frau Margit L. McCorkle und ihm herausgegeben wird, und bittet alle Kollegen, dieses Projekt nach ihren Möglichkeiten aktiv zu unterstützen.

Bernhard R. Appel

Abweichungstypen in Abschriften und Drucken

„Fehlt zu einem Werk die Stichvorlage, so wird die autorisierte Druckausgabe zur editorisch maßgeblichen Hauptquelle." Die Realisierung dieses ohne weiteres einleuchtenden Grundsatzes hat nicht selten überlieferungsgeschichtliche Hürden zu überwinden:

Welche Druckausgaben sind editorisch relevant, wenn zu Lebzeiten des Komponisten mehrere voneinander abweichende, potentiell gleichermaßen autorisierte und überdies undatierte Drucke ein und desselben Werks, möglicherweise auch noch in unterschiedlichen Ausgabetypen (z. B. Partitur- und Stimmendruck) erschienen sind?

Um diese komplexe Frage zu beantworten, ist eine kritische Sichtung der Drucküberlieferung nötig. Die Verfahren der analytischen Notenbibliographie[1] sind arbeitsaufwendig und stoßen meist schnell auf Grenzen. Es fehlt an wissenschaftlich aufgearbeiteten Verlags-Katalogen, an Monographien zu den oft wechselvollen Verlagsgeschichten, an Wissen über Verlagspraktiken. Außerdem ist die bibliographische Terminologie zur Beschreibung von Editionstypen schwankend und manchmal auch mißverständlich.

Zu Robert Schumanns *Arabeske für Pianoforte* op. 18 sind weder Skizzen[2], Arbeitsmanuskripte noch eine Stichvorlage überliefert. Zwar ist das Werk nur in einem einzigen Ausgabetyp, der Klavierpartitur, überliefert, aber zu Lebzeiten des Komponisten und danach erschienen mehrere undatierte Druck-Ausgaben dieses Werks, die teilweise erhebliche Unterschiede aufweisen. Wie und wodurch werden derartige Unterschiede verursacht? Welchen Erkenntniswert besitzen sie, und welche philologischen Konsequenzen ziehen sie nach sich?

Kurt Hofmanns verdienstvolle Bibliographie *Die Erstdrucke der Werke von Robert Schumann* gibt zu den Frühdrucken der *Arabeske* op. 18 erste hilfreiche Hinweise[3]. Demnach erschien der Erstdruck am 19. August 1839 bei Pietro Mechetti in Wien. Ihm folgen *spätere Plattenauflagen mit revidiertem Notentext.* Wann diese Plattenauflagen, in welchem Stichbild und in welchem Druckverfahren sie erschienen, wer den Notentext mit wessen Legitimation revidierte, bleibt offen. Eine französische, von Simon Richault verlegte parallele Lizenzausgabe bleibt bei Hofmann unerwähnt. Merkwürdigerweise behandeln weder Alexander Weinmann[4] noch die Bibliographie von Devriés / Lesure[5] die Geschäftsverbindung zwischen dem österreichischen Verlag Mechetti und dem Pariser Verleger Simon Richault.

---

1 *Guide for Dating Early Published Music. A Manual of Bibliographical Practices*, compiled by D. W. Krummel, Hackensack, Kassel 1974; vgl. auch die einschlägigen Ausführungen hierzu in: Dan Fog, *Notendruck und Musikhandel im 19. Jahrhundert in Dänemark. Ein Beitrag zur Musikaliendatierung und zur Geschichte der Musikvermittlung*, Kopenhagen 1986

2 Ein in der Library of Congress, Washington, verwahrtes zweitaktiges Bruchstück, das sich im Kontext von Skizzen zu op. 15 und op. 124 befindet (Sign.: *ML 96 S 415 case*), steht – wenn überhaupt – in nur entferntem Zusammenhang mit op. 18.

3 Tutzing 1979, S. 49

4 *Verlagsverzeichnis Pietro Mechetti quondam Carlo*, Wien 1966 (*Beiträge zur Geschichte des Alt-Wiener Musikverlages*, Reihe 2, Folge 10)

Durch Kollation von 14 Exemplaren konnten sechs unterschiedliche Druckausgaben (D 1 bis D 6) ermittelt werden. Mit Ausnahme der französischen Parallelausgabe D 2 besitzen die übrigen fünf Mechetti-Ausgaben allesamt graphisch identische Titelblätter (siehe Abbildung 1, links), enthalten jedoch teilweise gravierende Textabweichungen.

Die nachfolgende, chronologisch nach der Erscheinungsreihenfolge angeordnete Kurzbeschreibung listet entscheidende Unterschiede dieser Ausgaben auf.

Ausgabe: D 1 (Erstdruck)

Titelblatt: gestochen (siehe Abbildung 1, links)
ARABESKE. / Für das / Piano-Forte / componirt und / FRAU MAJORIN F. SERRE / auf Maxen / zugeeignet / von / ROBERT SCHUMANN. / Eigenthum der Verleger. / Eingetragen in das Vereins-Archiv. / 18tes Werk. – Preis_ 45 x C. M. / WIEN, / bei Pietro Mechetti qm Carlo. / Michaelsplatz No. 1153. / Paris, bei Simon Richault. [August 1839][6]

Druckverfahren:
Notenstich auf den Seiten 2–9, mit deutlich erkennbaren Druckplatten-Rändern.

Plattennummer:
Auf der ersten Notenseite (S. 2) unten mittig: *Pietro Mechetti. N°. 3130.*; auf den übrigen Seiten (S. 3–9) unten mittig: *P. M. N°. 3130.*

Kriterien:
Kopftitel *ARABESKE / von / ROBERT SCHUMANN. / 18tes Werk.* Der Satztitel *ARABESKE* auf gewölbtem Zeilengrund; keine zusätzlichen Verzierungen. Über dem 1. Takt: *Leicht und zart.*; vor dem 1. Takt: *M. M.* ♩ = 152.

Stichfehler (Auswahl):
S. 7, 2. Akkol., 4. T., o. Syst.: Akzentzeichen typographisch auffallend unschön (mit freier Hand nachgestochen?)
S. 8, 2. Akkol., 4. T., o. Syst.: 1. Note c² statt a¹
S. 9, 4. Akkol., 1. T., u. Syst.: 3.–4. ZZ:

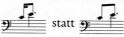

S. 9, 4. Akkol., 3. T., o. Syst.: Bogen bis 2. Note (g¹) statt bis d²

---

5 *Dictionaire des éditeurs de musique français*, Vol. II, *De 1820 à 1914*, Genf 1988, S. 362–369. Hier findet sich auf S. 363 lediglich der Hinweis *Richault accepta aussi de faire office de représentant et de distributeur français de nombreuses maisons d'éditions étrangères.* Mechetti fehlt unter den genannten ausländischen Verlagen.

6 In Adolph Hofmeisters *Musikalisch literarischer Monatsbericht neuer Musikalien, musikalischer Schriften und Abbildungen. Als Fortsetzung des Handbuchs der musikalischen Literatur,* 1. Jg., Leipzig, August 1839, S. 103, wird das Erscheinen der Druckausgabe im August 1839 angezeigt.

Exemplare:

Heinrich-Heine-Institut, Düsseldorf:

- (Akz.-Nr.: *Slg. Dickinson 84.5069*). Mit handschriftlichem Besitzervermerk auf dem Titelblatt: *M. u. B. Motehisek* [?]
- (Akz.-Nr.: *Slg. Dickinson 84.5069*). Mit handschriftlichem Besitzervermerk auf dem Titelblatt: *J. Krall.*

Robert-Schumann-Haus, Zwickau:

- Handexemplar Robert Schumanns (Archiv-Nr.: *4501, Bd. 3 A4/D*)
- Widmungsexemplar für Friederike Serre, mit autographem Dedikationsvermerk auf dem Titelblatt: *Erinnerung / an / R.Schumann* (Archiv-Nr.: *62-A4/D*)
- R. Schumanns Widmungsexemplar für Ruppert Becker, mit autographem Dedikationsvermerk auf dem Titelblatt: *An Becker.* (Archiv-Nr.: *380-A4/D*)
- Exemplar aus dem Nachlaß F. G. Jansen, mit Widmungsvermerk von Ludwig Meinardus auf dem Titelblatt: *An Gustav Jansen / Ludwig Meinardus / Leipzig 184*[?] (Textverlust durch Beschneiden). (Archiv-Nr.: *489-A4/D1*)

Österreichische Nationalbibliothek, Wien;

- Sign.: *Slg. Hoboken, Nr. 4944, Schumann 28*

Ausgabe: D 2 (lizenzierter Nachstich von D 1)

Titelblatt: gestochen (siehe Abbildung 1, rechts)
ARABESQUE / POUR LE / PIANO / DÉDIÉ / à Madame Marjolin Essere, / PAR / ROBERT SCHUMANN / A. V. / Opera 18. Prix: 5.f / PARIS, chez S. RICHAULT, Editeur, Boulevard Poissonniere 16 au 1er / Vienne, chez Pietro Mechetti. / 6022. R. [Spätjahr 1839][7]

Druckverfahren:
Notenstich auf den Seiten 2–9

Plattennummer:
Auf jeder Notenseite unten mittig: *6022. R.*

Kriterien:
Kopftitel *ARABESKE / Par / ROBERT SCHUMANN. / Oeuvre 18.* Über den ersten beiden Takten *Legeramente e teneramente.* Vor dem 1. Takt *M. M. ♩ = 152. / PIANO.* Vortragsbezeichnungen in italienisch, Satzteil-Bezeichnungen in französisch.

Stichfehler (Auswahl):
S. 3, 2. Akkol., 3.–4. T., u. Syst.: Haltebogen zu c–c fehlt
S. 3, 4. Akkol., 2. T., o. Syst.: > zur ersten Note fehlt
S. 8, 2. Akkol., 4. T., o. Syst.: 1. Note c^2 statt a^1 (aus D^1 übernommener Stichfehler)
S. 5, 2. Akkol., 4. T., o. Syst.: Vorschlagsnote zu a^1 fehlt

---

[7] vgl. Anik Devriès; Francis Lesure, *Dictionaire des éditeurs de musique français*, a.a.O., S. 365. Da Richault mehrere Numerierungssysteme parallel verwendete (ebd. S. 367), erlaubt die Platten-Nummer keine hinreichend genaue Datierung. Die entstellte Wiedergabe der Widmungsträgerin *Marjolin Essere* beruht auf einer Fehllesung des verzierten Mechetti-Titelblatts.

S. 9, 2. Akkol., 3.–4. T., u. Syst.: Haltebogen zu c–c fehlt (vgl. die oben aufgeführte Parallelstelle auf S. 3 mit gleichem Stichfehler)

Exemplar:
Bibliothèque Nationale, Paris; Sign.: *L 13 580*

Ausgabe: D 3 (Nachstich von D 1)

Titelblatt: identisch mit D 1

Druckverfahren:
1. Nachstich von D 1 im Plattendruck

Plattennummer:
Auf jeder Notenseite unten mittig *P.M. 3130.*

Kriterien:
Kopftitel *ARABESKE / von / ROBERT SCHUMANN. / Op. 18.* mit girlandenartiger Verzierung. Über dem 1. Takt *M.M.* $\downarrow$ = *152* ; vor dem 1. Takt: *Piano.* Auf der ersten Notenseite (S. 2) unten links: *Druck von A. Eckel in Wien.*

Stichfehler (Auswahl):
S. 2, 4. Akkol., 2. T., o. Syst.: letzte Note a[1] statt h[1]
S. 5, 4. Akkol., 1. T., u. Syst.: Haltebogen-Anschluß zu a fehlt
S. 9, 4. Akkol., 1. T., u. Syst.: gleicher Stichfehler wie unter D1 angeführt

Exemplare:
– Robert-Schumann-Forschungsstelle, Düsseldorf; Inv.Nr.: *0911*
– Privatbesitz des Verfassers

Ausgabe: D 4

Titelblatt: identisch mit D 1

Druckverfahren:
Plattendruck; Nachstich von D 3 mit namentlicher Angabe des Stechers: *F. Hahn*

Plattennummer:
Auf jeder Notenseite unten mittig: *P.M. 3130.*

Kriterien:
Kopftitel *ARABESKE / von / ROBERT SCHUMANN. / Op. 18.* Lediglich die Opusangabe befindet sich zwischen zwei Ornamenten. Über dem 1. Takt *M.M.* $\downarrow$ = *152. / Leicht und zart.*; vor dem 1. Takt *Piano.* Auf der ersten Notenseite (S. 2) unten links: *Druck von A. Eckel in Wien.* und rechts: *Stich von F. Hahn in Wien.*

Stichfehler (Auswahl):
S. 2, 1. Akkol., 2. T., o. Syst.: Bogen zu c[2]–cis[2] fehlt; 5. Note: g[1] statt e[1]
S. 5, 2. Akkol., 7. T., o. Syst.: irrt. ^ auf as[2]

S. 6, 1. Akkol., u. Syst.: „Tenor"-Stimme durchweg mit zusätzlichen Notenhälsen, die eine gleichförmige Mittelstimme in Viertelbewegung erzeugen

S. 7, 1. Akkol., 5. T., u. Syst.: 2. Note h statt a

S. 8, 1. Akkol., 5. T., u. Syst.: staccato-Punkt zu ♩ E fehlt

S. 9, 3. Akkol., 1. T., o./u. Syst.: C statt ¢

S. 9, 4. Akkol., 1. T., o. Syst.: 1. u. 2. ZZ: Triolenziffer 3 fehlt, wodurch der ursprünglich gemeinte Gruppierungsbogen zum Legatobogen mißdeutet wird; als Folge der getilgten Triole wurde die Achtelgruppe zur Sechzehntelgruppe auf der 2. ZZ

S. 9, 4. Akkol., 1. T., u. Syst: 3 als Fingersatz mißdeutbar, da der 2. Note zugeordnet; *ritard.* fehlt; ferner gleicher Stichfehler wie unter D1 angeführt

S. 9, 4. Akkol., 1.–3. T., o. Syst.: Bogen von 1. Note bis d² fehlt

S. 9, 5. Akkol., 3. T., u. Syst.:

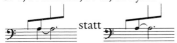

Exemplare:
– Robert-Schumann-Forschungsstelle, Düsseldorf; Inv.-Nr.: *1209*
– Staats- und Universitätsbibliothek, Bremen;
  Sign.: *not 215scumr 7/018,2*

Ausgabe: D 5

Titelblatt: identisch mit D 1, jedoch lithographiert

Druckverfahren:
Notentext von D 4 im Flachdruck[8] auf S. 2–9

Plattennummer:
P.M. 3130. auf jeder Notenseite unten mittig

Kriterien:
Stichbild samt Stichfehler identisch mit D 4

Exemplar:
– Robert-Schumann-Forschungsstelle, Düsseldorf;
  Inv.-Nr.: *1209 bis*

---

8 Da dieser Litho-Druck das Stichbild von D 4 bewahrt, kommen für ihn zwei mögliche Druckverfahren in Frage: 1. Der anastatische Druck (Klatsch-Druck) fand Anwendung in Fällen, wo keine Stichplatten einer Druckausgabe mehr existierten und ein kostspieliger Neustich vermieden werden sollte. Die Druckfarbe der einzelnen Notenseiten wird dabei durch Befeuchtung der Rückseite gelöst und das Notenbild auf einen Lithostein übertragen (abgeklatscht). Bei diesem Verfahren sind zwei Notenexemplare, jeweils eines für die Recto- und eines für die Verso-Seite nötig. 2. Beim Überdruck sind die Stichplatten noch vorhanden. Von ihnen werden in der Überdruck-Presse Abzüge auf chinesisches Papier gebracht. Diese positiven Abzugsbilder werden durch Pressen auf den Lithostein negativ übertragen. Nach dem Ätzen kann mit dem Stein gedruckt werden.

Ausgabe: D 6

Titelblatt: identisch mit D 1, jedoch Flachdruck

Druckverfahren: Flachdruck nach 1863[9]

Plattennummer:
P.M. 3130. auf jeder Notenseite unten mittig

Kriterien:
Auf der ersten Notenseite (= S. 2) unten links: *Schnellpr. Drk. v. Eberle & Schipek, VII. Westbahnstr. 9, Wien.*, unten rechts: *Stich von F. Hahn in Wien.*

Notenbild identisch mit D 4, jedoch durch Zeichenverluste aufgrund schlechter Druckvorlagen korrumpiert:
S. 5, 5. Akkol., 1. T., o. Syst.: Verlängerungspunkte zu den Achteln d[1] und g[1] fehlen
S. 8, 2. Akkol., 5. T., u. Syst.: *staccato*-Punkt zu D fehlt
S. 9, 4.–6. T., u. Syst.: *staccato*-Punkte zu E–F–D–G fehlen

Exemplar:
– Robert-Schumann-Haus, Zwickau; (Archiv-Nr.: *11860- D1/A*, = Korrekturexemplar von J. Brahms, das wohl für die von Clara Schumann herausgegebene Gesamtausgabe durchgesehen worden ist.)

Aus der Kollation läßt sich folgende Abhängigkeit der Drucke ermitteln:
[verschollene Stichvorlage]
|
D 1 (Mechetti-Erstdruck, 1839)
|
D 2 (Richault, 1839)

D 3 (1. Mechetti-Nachstich von D 1)
|
D 4 (2. Mechetti-Nachstich von D 3)
|
D 5 (Mechetti-Flachdruck von D 4)
|
D 6 (Mechetti-Flachdruck von D 4
  jedoch mit Textverlusten)

[9] Diese unsichere Datierung beruht auf dem Hinweis auf S. 2, daß es sich um einen Schnellpressendruck handelt. Die Schnellpresse wurde erst 1863 durch Carl Gottlieb Röder, Leipzig, in den Notendruck eingeführt; vgl. *Festschrift zur 50jährigen Jubelfeier des Bestehens der Firma C.G. Röder, Leipzig,* Leipzig o. J. [1896].
Diese Datierung wird jedoch ernsthaft in Frage gestellt, denn der Verlag Mechetti ging um 1855 an C. A. Spina über (vgl. Alexander Weinmann, a.a.O., S. X).

D 1 ist zweifellos der autorisierte Erstdruck, erschienen im Herbst 1839. Schumann hat Drucke dieses Typs als Widmungsexemplare verschenkt und selbst eine dieser Ausgaben seinen Handexemplaren einverleibt. Dennoch enthält dieser autorisierte Druck problematische Lesarten, die weder in den Widmungsexemplaren noch im Handexemplar handschriftlich verbessert worden sind.

D 2 ist als lizenzierter französischer Nachstich Richaults zwar eine rechtmäßige, aber offenbar nicht von Schumann korrigierte Ausgabe. Sie enthält als Nachstich von D 1 dessen Mängel und zusätzliche Entstellungen.

D 3 ist ein Nachstich von D 1 und fügt den Mängeln von D 1 weitere neue hinzu, kann also nicht von Schumann autorisiert sein.

D 4 ist ein Nachstich von D 3, denn er übernimmt Fehler von D 3 und fügt diesen weitere hinzu, weshalb auch dieser Druck zwar rechtmäßig, aber dennoch nicht-autorisiert ist.

D 5 ist mit D 4 identisch, jedoch im Flachdruck hergestellt. Für seinen Quellenwert gilt das gleiche wie für D 4.

D 6 ist mit D 4 identisch, jedoch ein mangelhafter Flachdruck mit partiellen Textverlusten und Ungenauigkeiten.

Daraus folgt, daß lediglich D 1 als Originalausgabe autorisiert ist, von der weitere nicht-autorisierte und mit Fehlern behaftete Druckausgaben abhängen. Da alle zwischen 1839 und ca. 1863 erschienenen Mechetti-Drucke sowohl die gleiche Plattennummer als auch das gleiche Titelblatt tragen, zeigt sich einmal mehr, daß Plattennummer und Titelblatt keine zuverlässigen Kriterien zur Unterscheidung von Druckausgaben darstellen.

Der vorliegende Druck-Befund war durchaus nicht zu erwarten; denn im Falle einer auf dem Erstdruck basierenden, korrigierten und autorisierten Plattenauflage wäre durchaus mit besseren Lesarten (Stichplattenkorrekturen) zu rechnen gewesen, wodurch nicht die Erstausgabe, sondern eine spätere Plattenauflage den zuverlässigeren Text geboten hätte. Bei einem autorisierten Neustich wäre sogar potentiell mit einer Neufassung des Werks zu rechnen gewesen, die dann gleichberechtigt neben der früheren Fassung stehen würde[10]. Diese Überlieferungssituation demonstriert exemplarisch die grundsätzlichen Probleme, mit denen die Edition Schumannscher Werke zu rechnen hat.

Sowohl für die Bestimmung der Druckausgaben und ihre Abhängigkeit voneinander als auch für die spätere historisch-kritische Edition ist es notwendig, sich über Herkunft, Ursache und Verursacher von Textabweichungen soweit wie möglich Klarheit zu verschaffen.

Abweichungstypen in Drucken und Abschriften

Bei Abschriften – und hierzu zählen auch Notendrucke – treten zwangsläufig verschiedene Formen von Abweichungen gegenüber der Vorlage auf. Diese Abweichungen sind für die Textkonstitution von unterschiedlicher Relevanz. Das Spektrum reicht von rein graphischen Varianten, die keine Auswirkungen auf die Textkonstitution nach sich ziehen

---

10 Vgl. hierzu den Beitrag des Verfassers *Zur Editionsgeschichte von Robert Schumanns Klaviersonate Opus 11*, in: *Studia Musicologica Academiae Scientiarum Hungaricae 43*, Budapest 1992, S. 367–388, wo eine gänzlich andere Überlieferungssituation beschrieben wird.

	1.1	1.2	1.3	2.1	2.2	3.1	3.2	4
Verursacher:	Kopist, Stecher, Hauskorrektor, Editor					Komponist		
Autorisation:	nicht bzw. passiv bzw. aktiv autorisiert			nicht oder passiv autorisiert		autorisiert		
Abweichungstyp:	**1. graphische Varianten**			**2. Korruptelen**		**3. Lesarten**		**4. Neufassung**
	1.1 Raumdisposition (Schriftbild)	1.2 klärende Lesarten ambige Vorlage	1.3 ambige Lesarten	2.1 offenkundige	2.2 verdeckte	3.1 ossia	3.2 Ersatz-	
Ursachen:	Ausgabeform Konvention Stichregeln	Ausgabeform Stichregeln ambige Vorlage	ambige oder ungenaue Vorlage	Nachlässigkeit oder Fehldeutung oder ungenaue Vorlage	Nachlässigkeit oder Korrekturabsicht ungenaue Vorlage	Konzeptionsänderung		
textliche Konsequenz:	sinnerhaltend	sinnklärend	sinngefährdend	sinnverfälschend	sinnentstellend	sinnalternierend	sinnersetzend	sinnändernd
editorische Maßnahmen:	abwägende Übernahme oder Generalvermerk, Dokumentation	Dokumentation und Übernahme	Vereindeutigung durch Kollation oder Dokumentation	Emendation durch Kollation oder Konjektur	Emendation durch Kollation und/oder Dokumentation	Edition und Dokumentation		

Abweichungstypen in Abschriften und Drucken

müssen, bis hin zu substantiellen Abweichungen, aus denen erhebliche Probleme für die Edition erwachsen[11]. Ohne Anspruch auf Vollständigkeit versucht die Tabelle S. 282 Abweichungstypen in Abschriften und Drucken im systematischen Überblick darzustellen und anhand der beschriebenen Druckausgaben der *Arabeske* zu exemplifizieren.

1. Graphische Varianten

Graphische Varianten resultieren aus dem schieren Faktum der Kopiatur; sie sind wesentliche und teilweise absichtsvolle Komponenten des Abschreibens oder Stechens: Denn aus einer Text-Vorlage soll ein Multiplikat hergestellt werden, das deutlich lesbar, frei von Fehlern oder Ambiguitäten ist und dem beabsichtigten Gebrauchszweck entsprechen soll. Um diese Ansprüche einzulösen, sind (typo)graphische Maßnahmen, die Unterschiede gegenüber der Vorlage bewirken, geradezu unvermeidlich.

1.1. Raumdisposition

Schreibschrift-, Stich- bzw. Druckbild verändern immer auch die Raumdisposition der Textvorlage. Dies betrifft sowohl marginale Aspekte wie etwa die typographische Gestalt der Notationssymbole, veränderte Seiten- und Akkoladenumbrüche als auch wesentliche Veränderungen der Räumlichkeit innerhalb der Textwiedergabe: Gegenüber der Stichvorlage kann die Partituranordnung geändert sein; Stimmenexzerpte einer Partitur wiederum erfordern eine gänzlich andere räumliche und formale Textgestalt als die ihnen zugrundeliegende Partitur-Vorlage. Konventionen und Gebrauchsfunktion (Ausgabetypen) erfordern mehr oder weniger definierbare graphische Varianten, die zwar den Textsinn bewahren sollen, aber nicht immer auch bewahren. Eine historisch-kritische Edition verändert freilich ebenfalls die Räumlichkeit und graphische Gestalt der Quellen, worüber der Editor Rechenschaft abzulegen hat, sofern die Änderungen etwa Partituranordnung und Schlüsselungen, also wesentliche Aspekte des Textes betreffen.

Selbst wenn eine faksimilehaft getreue Kopiatur den Akkoladenfall und Seitenumbruch der Vorlage zu erhalten sucht, entstehen unvermeidlich Abweichungen im graphischen Erscheinungsbild. Historische Nachstiche können aber derart täuschend hergestellt worden sein, daß Abweichungen dem oberflächlichen Betrachterblick entgehen, was fatale Konsequenzen haben kann, weil damit das Vorliegen selbständiger Plattenauflagen – die immer und möglicherweise auch autorisierte Abweichungen enthalten – unerkannt bleibt. Um dieser Gefahr zu entgehen, empfiehlt es sich, bei identisch anmutenden Druckexemplaren jene Textelemente miteinander zu vergleichen, die erstens hinsichtlich der Zeichenzuordnung eine gewisse Varianz erlauben, ohne daß der Sinn davon berührt wäre, und zweitens jene Notationssymbole miteinander zu vergleichen, welche vom Stecher mit freier Hand eingebracht worden sind[12]. Zur ersten Gruppe

---

11 Gustav Nottebohm versuchte als erster, Textfehler und Abweichungen zu systematisieren und die daraus resultierenden Konsequenzen für die Textkonstitution darzulegen; vgl. *Zur Reinigung der Werke Beethoven's von Fehlern und fremden Zusätzen*, in: *AMZ*, Neue Folge, XI. Jg./1876, Nr. 21–26, Nr. 30–33.

12 Karl Hader, *Aus der Werkstatt eines Notenstechers*, Wien 1948, S. 70f.

gehört beispielsweise die räumliche Dichte benachbarter Notationssymbole (z. B. Untersatz) und die räumliche Zuordnung dynamischer Zeichen zu Noten. Zur zweiten Gruppe gehören Bögen, Fähnchen und Durchstreichungen im Halsende und in den Fähnchen von Vorschlagsnoten[13], die im Notenstich des 19. Jahrhunderts mit freier Hand, also ohne Stempel ausgeführt wurden. Abb. 2 stellt den täuschend ähnlichen Nachstich D 4 seiner Vorlage D 3 gegenüber.

Andererseits können kleine Differenzen zweier ansonsten identischer Druckbilder Unterschiede im Notensatz – also unterschiedliche Druck-Ausgaben – suggerieren, dann nämlich, wenn Drucke von stark abgenutzten Platten herrühren. Nicht etwa der hohe Preßdruck des Druckverfahrens verschleißt die Platte, sondern der Poliervorgang, der nach jedem Einfärben der Platte notwendig ist, um die Oberfläche von Druckfarbe zu befreien. Durch das Polieren wird die Platte nach und nach dünner, so daß die ursprüngliche Stichtiefe verflacht, was schließlich – wie Abbildung 3 zeigt – zum Verschwinden von weniger tief gestochenen Notationselementen führt, so daß unterschiedliche Lesarten vorgetäuscht werden. Vom Verschwinden bedroht sind vor allem feine Stichelemente wie Bogenenden, Staccato-Punkte und kleine Akzentzeichen. Um Fehldeutungen zu vermeiden, empfiehlt es sich, bei der Untersuchung von Druckausgaben darauf zu achten, ob es sich um ein scharf gestochenes, frühes oder um ein unscharfes, spätes Druckexemplar handelt. Plattenrisse und Stichbild-Deformationen (siehe Abbildung 3) sind sichere Indizien für späte – also typographisch unzuverlässige und deshalb minderwertige – Druckexemplare.

Aber auch lithographisch hergestellte Flachdrucke sind – auch dann wenn sie auf Plattenabzügen basieren – von derartigen unfreiwilligen Zeichenverlusten bedroht (vgl. hierzu die unter D 6 beschriebenen Kriterien). Verursacht werden derartige Zeichenverluste entweder durch eine schlechte Druck-Vorlage, die für den lithographischen Umdruck herangezogen wurde, und/oder durch einen mangelhaften Abklatsch der Vorlage auf das Druck-Medium (Stein) und/oder durch einen mangelhaft ausgeführten Druckvorgang.

1.2 Klärende Lesarten

Während der autorisierten Kopiatur oder der Drucklegung können Lesarten der autographen Vorlage durch Klärungen verbessert sein. Dies betrifft insbesondere die Bläserstimmen. In der Partitur meistens paarig notiert, verlangen die exzerpierten Aufführungsstimmen notwendigerweise eine Trennung in Einzelstimmen, so daß der in der Partitur oft nicht eindeutig erkennbare Bezug der Bogensetzung im Aufführungsmaterial „sinnklärend" wiedergegeben wird.

1.3 Ambige Lesarten

Mehrdeutige Lesarten werden durch ungenaue Vorlagen, durch graphische Ambiguitäten der Zeichenzuordnung oder durch verschieden interpretierbare Notationssymbole verursacht. Derartige Ambiguitäten sind „sinngefährdend". Bei ungenauer Bogensetzung

---

[13] Dies gilt allerdings nur für den Stich vom 17. bis Mitte des 19. Jahrhunderts. Der moderne Notenstich verwendet auch für Fähnchen und Vorschlagsnoten Stempel.

beispielsweise ist der Geltungsbereich des Bogens oft mehrfach deutbar. Durch interne Kollation (Untersatz in parallelgeführten Stimmen, bzw. Parallelstellen innerhalb des Satzes) oder durch externe Kollation (Vergleich mit anderen autorisierten Quellen) ist das Problem mehrdeutiger Bogensetzung meist zu lösen.

Bögen, die ja in unterschiedlicher Bedeutung verwendet werden, werden zu ambigen Notationssymbolen, wenn der Kontext ihre Bedeutung nicht eindeutig festlegt. In Verbindung mit Proportionsziffern (z.B. Triolen) fungieren sie als Gruppenbögen, ohne artikulatorische Bedeutung. Das Notenbeispiel zu D 1 in Abbildung 4 enthält im oberen System einen derartigen Gruppenbogen, der durch die Verbindung mit der Proportionsziffer *3* und vor allem durch die gleichzeitige Anwesenheit eines weiteren Legato-Bogens eindeutig als Gruppenbogen ausgewiesen ist. Durch diesen Kontext ist auch der zwischen den Systemen befindliche, ebenfalls mit einer *3* verknüpfte Bogen als Gruppenbogen ausgewiesen. In nachfolgenden Editionen wird aufgrund einer Verkettung verschiedener Fehllesungen der Gruppenbogen zu einem Legato-Bogen (vgl. Abbildung 4, Notenbeispiel zu D 4, oberes System), und die Proportionsziffer wird scheinbar zu einem Fingersatz (vgl. Abbildung 4, Notenbeispiele zu D 3 und D 4). Um ambige Lesarten bei Gruppenbögen zu vermeiden, verwendet der moderne Notensatz Proportionsklammern statt Gruppenbögen (vgl. Abbildung 4, Notenbeispiele zur Wiener Urtext- und Henle-Ausgabe).

2. Korruptelen

Korruptelen sind sinnverfälschende oder -entstellende Schreib-, Stich- oder Druck-Fehler. Verursacht werden sie entweder durch den Kopisten, den Verlagskorrektor, den Editor oder den Stecher. Derartige Textfehler unterlaufen nicht immer passiv, verursacht durch Nachlässigkeit oder Unachtsamkeit, sondern können auch aktiv erzeugt worden sein, wenn der Kopist (Verlagskorrektor, Editor, Stecher) eine vermeintlich oder faktisch falsche Lesart durch Konjektur zu verbessern sucht und dabei entweder

a) einen Fehler durch einen anderen Fehler ersetzt oder
b) eine richtige, (z. B. ambig notierte Lesart) in eine falsche verwandelt bzw.
c) eine richtige Lesart durch eine andere musikalisch akzeptable, aber dennoch nicht-autorisierte Lesart oder
d) einen Fehler in eine akzeptable, aber nicht-autorisierte Lesart ersetzt.

Oft werden Korruptelen durch Unklarheiten in der Vorlage ausgelöst, so daß der Komponist zumindest mittelbar dafür verantwortlich ist, nämlich dann, wenn trotz erfolgter Autor-Korrektur der Abschrift (des Druckes) ein derartig sinnentstellender Fehler stehengeblieben ist. Die Emendation dieser „passiv autorisierten"[14] Korruptelen ist meist

---

[14] Zwar sperrt sich die Sprachlogik gegen den Begriff der „passiven Autorisation", da Autorisieren immer ein aktiver Vorgang ist, dennoch ist die Bezeichnung in philologischer Hinsicht sinnvoll. Das Attribut „passiv" soll lediglich besagen, daß der Autor sich – aus welchem Grund auch immer – gegenüber einer offenkundig korrumpierten Lesart innerhalb einer gesamthaft autorisierten Quelle nicht-aktiv, d. h. nicht korrigierend eingreifend, verhalten hat. Zur Problematik des Begriffs vgl. Hans Zeller, *Befund und Deutung. Interpretation und Dokumentation, Ziel und Methode der Edition*, in: *Texte und Varianten. Probleme ihrer Edition und Interpretation*, hg. von Gunter Martens u. Hans Zeller, München, 1971, S. 59–60.

durch interne Kollation (Vergleich mit parallelen Textstellen) oder durch externe Kollation (Vergleich mit anderen autorisierten Quellen) möglich. Bevor eine als Korruptele verdächtigte Textstelle vorschnell durch Konjektur „emendiert" wird, ist zu überprüfen, ob nicht eine eigenwillige Orthographie des Komponisten vorliegt, bzw. die als korrupt erachtete Lesart nicht doch einen besonderen Sinngehalt zum Ausdruck bringt. Auch hierfür findet sich in den verschiedenen Druckausgaben der *Arabeske* ein schlagendes Beispiel.

Ambig notiert ist der Ton e^1 im unteren System von T. 214. Durch die Doppelbehalsung dieses Tons ist die Zuordnung des Augmentationspunktes doppeldeutig (siehe Abbildung 4, Notenbeispiel zu D1, passim). D 2 gibt sicherlich die mit der verschollenen Stichvorlage übereinstimmende, ambige aber korrekte Lesart wieder, deren Sinn durch den Notationsmodus in T. 215 eindeutig erkennbar ist: Der Punkt bezieht sich auf die nach unten gehalste Viertel und nicht auf die nach oben gestielte Achtel (Abbildung 4, Notenbeispiel zu D 2).

D 1 und D 3 beziehen den Punkt jedoch auf die nach oben gehalste Achtel, „korrigieren" deshalb die vorangehende Note c^1 in eine Sechzehntel und entstellen und verunklaren den Sinn der nach unten gehalsten Viertel bzw. punktierten Viertel (Abbildung 4, Notenbeispiele zu D 1 und D 3).

D 4, D 5 und D 6 bemühen sich um eine weitere „Verbesserung" der korrumpierten Lesart von D 1 und D 3, indem der nach unten gerichtete Hals einfach weggelassen wird. Die so entstandene Lesart ist zwar musikalisch sinnvoll, aber korrupt (Abbildung 4, Notenbeispiele zu D 4, D 5, D 6).

Die auf die Redaktion von Clara Schumann sich stützende Breitkopf-Ausgabe schließlich bringt – ebenfalls um eine eindeutige Lesart bemüht – eine völlig willkürliche Konjektur, in der die ursprüngliche, authentische ambige Lesart ebenfalls durch eine akzeptable, aber falsche Variante ersetzt wird (Abbildung 4, Notenbeispiel zu Breitkopf & Härtel 1993).

2.1 und 2.2 Offenkundige und verdeckte Korruptelen

Während „offenkundige Korruptelen" (falsche Tonhöhen, über- oder unterzählige rhythmische Werte beispielsweise) als Textdefekte sich dem kompetenten Leser gewissermaßen von selbst offenbaren, sind „verdeckte Korruptelen" heimtückisch: Sie liefern – wie das letzte Beipiel zeigte – akzeptable, sinnvolle und scheinbar „richtige" Lesarten, deren Nichtautorisation sich erst durch Kollation entpuppt. Ein weiteres Beispiel für verdeckte Korruptelen bietet der Ausgaben-Typ D 4 der *Arabeske* in T. 214: Die Halbtakt-Triole ist in eine binäre Form umgewandelt und geglättet worden, und dies vermutlich deshalb, weil entweder die Proportionsziffer *3* in der Vorlage verschwunden oder als Fingersatz mißdeutet worden ist (Abbildung 4, Notenbeispiel zu D 4).

Johannes Brahms fügt in ein Druckexemplar des op. 18, das als Herstellungsvorlage für die alte, von Clara Schumann herausgegebene Gesamtausgabe der Werke Schumanns herangezogen worden ist, willkürlich die Vorschlagsnote d^2 ein (Abbildung 4, Notenbeispiel zu D 6). Diese musikalisch akzeptable (im Druck verdeckte) Korruptele, erscheint dann auch in der alten Schumann-Gesamtausgabe (Abbildung 4, Notenbeispiel zu AGA).

Zu den verdeckten und deshalb nur durch Kollation erkennbaren Korruptelen gehören auch fehlende Zeichen im dynamisch-agogischen Bereich. Ihre Abwesenheit erzeugt oft keinen erkennbaren Textdefekt oder Mangel.

Ebenfalls zu den schwer diagnostizierbaren, nur durch Kollation erkennbaren verdeckten Korruptelen gehören Textverfälschungen, die durch Hyperkorrektur verursacht worden sind. Sie rühren von einer am Herstellungsprozeß beteiligten Person her (Editor, Verlagskorrektor, Stecher) und entgehen manchmal auch dem korrigierenden Blick des Komponisten. Abbildung 5 zeigt jeweils die Takte +121–129 von Schumanns *Arabeske* in der Lesart der autorisierten Erstausgabe D 1 und in der korrupten Lesart des Nachstichs D 3. Eine bei der Entstehung von D 3 beteiligte Person hat im guten Glauben die in D 1 auf die Takte +121, +123, +124 beschränkte, zusätzliche Viertelbehalsung konsequent auf alle Töne der „Tenor"-Stimme ausgeweitet und damit die authentische Lesart verfälscht. Gleichwohl bietet dieser willkürliche Eingriff eine satztechnisch akzeptable Lesart.

Bei verdeckten Korruptelen ist editorisch durch Kollation der Nachweis zu führen, daß es sich dabei tatsächlich um nicht-autorisierte Varianten und nicht etwa um beabsichtigte Lesarten-Änderungen des Komponisten handelt. Als überlieferungsgeschichtlich verursachte und meist zugleich rezeptionsgeschichtlich verfestigte Varianten müssen verdeckte Korruptelen natürlich emendiert werden. In zweifelhaften Fällen gilt der Grundsatz „in dubio pro auctorem", wobei ein entsprechender editorischer Kommentar die Zweifel erläutern sollte.

3. Lesarten

Im Gegensatz zu graphischen Varianten und Korruptelen sind variante Lesarten autorisierte, lokal deutlich begrenzte Textveränderungen innerhalb eines Werkes.

3.1 Ossia-Lesarten

Ossia-Lesarten bieten gleichrangige Sinnalternativen innerhalb einer lokal begrenzten Textstelle. Obgleich sie im Regelfall spieltechnisch einfacher auszuführende Lesarten enthalten, sind sie keinesfalls „minderwertige" Alternativen. *Oft können zwei Lesarten von gleichem Wert sein*, konstatierte Schumann-Eusebius[15].

3.2 Neue Lesarten

In eine bereits bestehende autorisierte Werkgestalt können vom Komponisten auf unterschiedlichen Wegen neue Lesarten eingebracht werden. Diese Konzeptionsänderungen manifestieren sich in partiellen oder grundlegenden Textveränderungen, in Kürzungen oder Erweiterungen oder in einer gänzlich neuen Konzeption. In letztgenanntem Fall ist es jedoch angemessener, von Neufassungen zu sprechen. In der Überlieferung erscheinen neue Lesarten in folgenden Formen:

a) als Plattenkorrektur,
b) als Neuausgabe,

---

[15] *Gesammelte Schriften I*, S. 28

c) als handschriftlicher Korrektureintrag in ein bestehendes Autograph
d) als handschriftlicher Korrektureintrag in einem gedruckten Handexemplar des Komponisten.

Auch wenn durch eine Willenserklärung des Komponisten eine frühere Lesart explizit verworfen und durch eine spätere ersetzt worden ist, sind beide Lesarten sinnvolle und ranggleiche Textalternativen. Ob damit gleich von unterschiedlichen „Werk-Fassungen" gesprochen werden kann, sei dahingestellt[16]. Zwar ist ein Herausgeber einer kritischen Ausgabe gehalten, im edierten Text sich für die Lesart der Hauptquelle begründet zu entscheiden, gleichzeitig ist er aber auch verpflichtet, die alternative Lesart zu dokumentieren. Dies kann in ossia-Systemen, im Kritischen Apparat oder in einem gesonderten Anhang geschehen.

Unter editorischen Aspekten genügt es also nicht, irgendein als Originalausgabe identifiziertes Druckexemplar als Quelle heranzuziehen, vielmehr ist zusätzlich zu klären, a) ob autorisierte Folgedrucke vorliegen, die möglicherweise bessere Lesarten enthalten, und b) welches Druckstadium (früher oder später Abzug) im Einzelfall vorliegt und c) in welchem Druckverfahren das jeweilige Druckexemplar hergestellt worden ist.

---

[16] Der Begriff „Fassung" ist in der Editionswissenschaft nicht streng festgelegt.

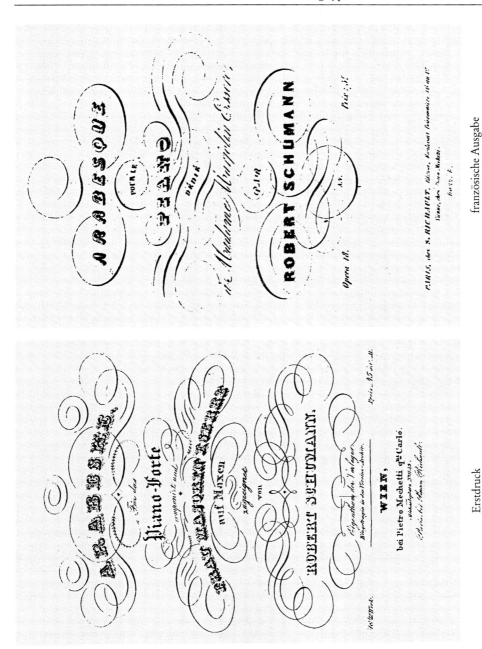

franzöische Ausgabe

Erstdruck

Abbildung 1
Titelblatt des Erstdrucks und der französischen Lizenzausgabe

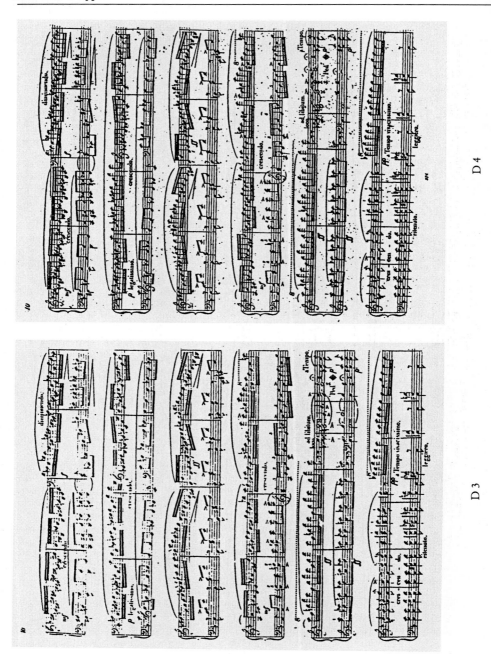

Abbildung 2
Ausgabe D 3 und Ausgabe D 4 (Nachstich)

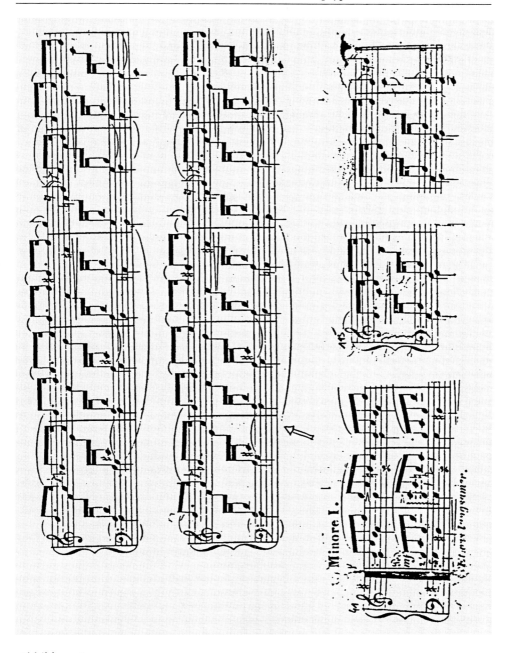

Abbildung 3
Zeichenverlust und Stichbild-Deformationen bei Abzügen von abgenutzten Stichplatten

D 1: Wien, Mechetti [1839]

D 2: Paris, Richault [1839]

D 3: Wien, Mechetti, 1. Nachstich
(Druck von A. Eckel, Wien)

D 4: Wien, Mechetti, 2. Nachstich
(Stich von F. Hahn)

D 5: Wien, Mechetti, Flachdruck

D 6: Paris, Wien, Mechetti, Schnellpressendruck
(um 1863?)

(hier: Exemplar
mit Korrekturen
von J. Brahms)

AGA 1887

Wiener Urtext Edition © 1977, 2. Aufl.

Henle: 1987

Breitkopf & Härtel 1993

Abbildung 4
Robert Schumann, *Arabeske* op. 18, T 214 in den verschiedenen Ausgaben

D 1, T. 121-125

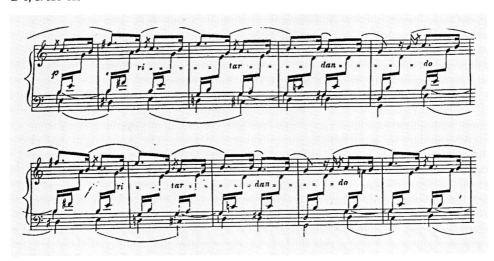

D 3, T. 121-125

Abbildung 5

Diskussion

Herr Wendt eröffnet die Diskussion mit der Frage, warum Brahms, der für die Alte Schumann-Gesamtausgabe u.a. die *Arabeske* op. 18 vorbereitete, nicht das eine passable Lesart enthaltende Schumannsche Handexemplar heranzog bzw. ob Clara Schumann und Johannes Brahms bei den Vorbereitungen zu dieser Ausgabe die Schumannschen Handexemplare überhaupt berücksichtigten.

Für Herrn Appel ist dies nur durch die räumliche Trennung zwischen Clara Schumann und Johannes Brahms zur Zeit der Vorbereitung der Gesamtausgabe erklärbar. Brahms hat sich offensichtlich selbst das Druckexemplar D 6 besorgt. Hierbei handelt es sich um einen nach 1863 hergestellten Schnellpressendruck, der Rätsel aufwirft, denn das Titelblatt dieses Drucks ist mit dem der Originalausgabe von Mechetti identisch, obwohl der Verlag schon seit 1854 nicht mehr existierte.

Das würde nach Meinung Herrn Wendts bedeuten, daß sich Johannes Brahms ebenso wie viele Editoren heute nicht der Problematik Erstdruck – Neuauflage bewußt war, so daß er es nicht für notwendig erachtete, in einem früheren Exemplar nachzuschauen.

Frau Lühning ergänzt, daß diese Unterscheidung im 19. Jahrhundert nicht so wie heute getroffen wurde. Es bedeutete schon viel, wenn der Originalverleger bekannt war, ja man kann dieses Wissen als editorischen und philologischen Erfolg werten. So jedenfalls stellen sich die Verhältnisse bei der Alten Beethoven-Gesamtausgabe dar, für die ein Quellenverzeichnis existiert, das u.a. die Namen der Originalverleger enthält. Die Annahme, daß Brahms noch Auflagen des Originalverlegers verglichen habe, ist ihrer Auffassung nach unrealistisch.

Frau Bär sieht eine Überprüfung der Alten Gesamtausgabe hinsichtlich der in den Handexemplaren vorhandenen autographen Korrekturen Schumanns dennoch als notwendig an, was Herr Wendt sehr befürwortet.

Herr Nauhaus vermutet ebenfalls, daß die Handexemplare nur in Ausnahmefällen für die Alte Gesamtausgabe herangezogen wurden, einfach auch deshalb, weil sie in den gebundenen Bänden zu sperrig waren. Es wurde vielmehr auf Einzelexemplare, die Clara Schumann verschickte, oder zum Vergleich wenn möglich auf die Handschriften zurückgegriffen. Er verweist auf das sich im Zwickauer Robert-Schumann-Haus befindende „durchschossene" Schumannsche Werkverzeichnis, in dem Clara Schumann in der Regel die einzelnen Werkbearbeiter der Alten Gesamtausgabe und in vielen Fällen auch die benutzten Vorlagen eingetragen hat.

In seiner Erwiderung betont Herr Wendt, daß er zwar nicht annahm, daß die Handexemplare als Stichvorlage dienten, daß sie aber wenigstens bei solchen Problemfällen wie op. 18 als Vergleichsquelle berücksichtigt worden wären.

Frau Lühning fragt diesbezüglich nach, ob die Stichvorlagen für die Gesamtausgabe, die ja charakteristische Eintragungen enthalten müßten, überhaupt bekannt sind, was Herr Wendt seinerseits verneint. Weiterführend macht er auf ein anderes Problem aufmerksam. Herr Appel hat D 3 bis D 5 von der Diskussion ausgeschlossen, weil diese Ausgaben Fehler enthalten und daher nicht autorisiert seien. Den Fehler in D 1 hat er aber als passiv autorisiert deklariert. Das ist für Herrn Wendt ein Widerspruch, denn seiner Meinung nach sind dann die Fehler in D 3 bis D 5 auch passiv autorisiert. Schumann hat diese Fehler nur nicht bemerkt. Er könnte wegen der großen Nachfrage Mechetti den Auftrag für Nachauflagen gegeben haben, die er jedoch nicht selbst korrigierte.

Da das Problem der Autorisierung auch mit der Fehlermenge verknüpft ist und bei späteren Drucken oder Auflagen die Fehlermenge oftmals zunimmt, hält Herr Appel es für ausgeschlossen, daß es sich bei den fraglichen um autorisierte Drucke handeln kann. Er verweist in diesem Zusammenhang nochmals auf den Druck von Richault, der an der von ihm erläuterten ambigen Stelle sicherlich die richtige Lesart bringt, und vermutet, daß der Verlagslektor oder der Stecher vom Erstdruckexemplar Mechettis ausgegangen ist und von sich aus den Fehler korrigiert hat, da man sich nur den Folgetakt ansehen muß, um die richtige Lesart ohne entsprechende Hilfsmittel feststellen zu können. Er hält den Begriff der Autorisation für unverzichtbar, da damit deutlich wird, daß es sich um eine textliche Überlieferung handelt, die vom Komponisten gewollt der Öffentlichkeit übergeben wurde. Der Begriff der passiven Autorisierung, der in der Germanistik und anderen philologischen Disziplinen ebenso gebraucht wird, hat einfach die Funktion, das Phänomen festzuhalten, daß auch in autorisierten Drucken immer noch Fehler enthalten sein können, die dem Komponisten bei der Korrektur entgangen sind. Das trifft gerade für Schumann zu, der bekanntlich oft in sehr kurzer Zeit Korrektur las, was letzlich bedeutet, daß er eigentlich keine Korrektur gelesen hat.

Das unterstreichend bekräftigt Herr Wendt, daß dies auch bei D 3 bis D 5 der Fall gewesen sein könnte, wobei editorisch lediglich interessiert, ob die Vorlage zu D 3 bekannt ist. Wenn D 3 keine neuen sinnvollen Lesarten bietet und man die Vorlage D 1 kennt, ist es irrelevant, ob Schumann eine Neuauflage verlangte und sie dann autorisierte oder nicht. Der Druck ist in jedem Fall als abhängige Quelle auszuscheiden.

Ehe man aber über die Problematik diskutieren kann, müssen, wie Herr Appel betont, die einzelnen Drucke analysiert werden. In diesem Zusammenhang verweist er auf die eigentliche Hauptarbeit bei der Vorbereitung seines Beitrages, nämlich den Vergleich Note für Note dieser Druckausgaben. Erst dadurch wurde es möglich, die Druckstadien voneinander zu trennen. Das Prinzip, daß durch Abschriften die nachfolgenden Drucke immer fehlerhafter werden können, zeigt sich hier so deutlich, daß nach seiner Meinung keine Grundsatzdebatte darüber geführt werden muß, ob D 1 tatsächlich autorisiert ist. Er unterstreicht, daß die Folgeauflagen, auch der Druck von Richault, im juristischen Sinn legitime Auflagen sind, denn Schumann hat die Verlagsrechte abgetreten, und der Verlag konnte auf dieser Rechtsgrundlage bekanntlich im 19. Jahrhundert in jeder Hinsicht über das Werk verfügen, bis hin zur Beauftragung von Fremdbearbeitungen. Es stellt sich aber die Frage, welches der autorisierte Druck ist, welche Ausgabe Schumann mutmaßlich in der Hand gehabt hat, welche den besten Text enthält. Letzterem stimmt Herr Wendt zu.

Auf das problematische Verhältnis zwischen Autograph und Originalausgabe geht Herr Mayeda ein. Auch wenn ein Autor Korrektur gelesen hat, kann man diesen Text nicht als hundertprozentig autorisiert betrachten. Dennoch hält er trotz des Bemühens um Exaktheit in der Terminologie den Begriff passive Autorisierung für nicht günstig. Geeigneter wäre, lediglich festzustellen, daß trotz gelesener Korrektur Fehler (die natürlich nicht autorisiert wurden) enthalten sein können. Er schlägt diesbezüglich vor, das Bild des Korrekturlesers Schumann wieder mehr ins Blickfeld zu rücken.

Herr Kapp faßt zusammen, daß die Problematik der Drucke und ihrer Autorisation sehr deutlich wurde. Bisher wurde aber leider nicht angesprochen, welches Gewicht den Drucken gegenüber den rein autographen Quellen zuzumessen ist. Da die Drucke sozusagen grundsätzlich ein späteres Stadium repräsentieren, ist damit die Frage nach der Möglichkeit und dem Stellenwert einer Fassung letzter Hand verbunden.

Herr Appel unterstreicht die Bedeutsamkeit des Terminus passive Autorisation, weil er dazu dient, bestimmte editorische Entscheidungen zu begründen. Er steht auf dem Standpunkt, daß im Falle von ambigen oder zweifelhaften Lesarten, die editorisch nicht konjektural entscheidbar sind, bei autorisierten Quellen auch die zweifelhafte Lesart autorisiert ist. Ehe diese im guten Glauben verändert wird, sollte sie stehengelassen und im Kommentar mit einer entsprechenden Anmerkung versehen werden. Weiterhin bekräftigt er die Wichtigkeit des von Herrn Kapp angesprochenen philologischen Problems und bemerkt, daß das Beispiel der *Arabeske* op. 18 von ihm bewußt gewählt wurde, weil autographe Quelle und Stichvorlage fehlen. Seiner Ansicht nach ist eine Quellenmischung bei musikwissenschaftlichen Editionen erforderlich und unumgänglich, denn wenn Stichvorlagen und gleichzeitig autorisierte, womöglich noch unterschiedliche Abweichungen aufweisende Drucke vorhanden sind, wenn z.B. bei Orchesterwerken wie der 3. Sinfonie von Schumann die Stimmendrucke völlig andere Informationen enthalten als die Partiturdrucke, diese aber wiederum gegenüber den Stichvorlagen differieren, ist man gezwungen, die Quellen zu mischen. Eine prinzipielle Rangordnung innerhalb der Quellen kann deshalb nicht hergestellt werden. Die Bestimmung des Verhältnisses der Quellentypen zueinander muß stets vom Einzelfall aus erfolgen.

Auf einen sehr interessanten Aspekt macht Frau Ozawa-Müller aufmerksam. Sie erinnert daran, daß Clara Schumann häufig die *Arabeske* op. 18 spielte und auch die von Brahms vorgenommenen Korrekturen und die in die Gesamtausgabe aufgenommene Fassung gesehen haben muß. Wenn die Ausgabe, aus der Clara Schumann gespielt hat, bekannt wäre, könnte man diese mit der Alten Gesamtausgabe vergleichen. Die von Frau Ozawa-Müller gestellte Frage nach der von Clara Schumann benutzten Ausgabe und deren Standort konnte durch das Auditorium nicht beantwortet werden.

Register

Werkregister

Skizzen, Entwürfe, Werkfragmente

Schriftstellerische Arbeiten

Ortsregister